T0354786

Aristotélicos y Platónicos

Aristotélicos y Platónicos

Confluencia de las
Corrientes Micaélicas en Nuestro Tiempo

LUIGI MORELLI

ARISTOTÉLICOS Y PLATÓNICOS
CONFLUENCIA DE LAS CORRIENTES MICAÉLICAS EN NUESTRO TIEMPO

Puede hacer pedidos de libros de iUniverse en librerías o poniéndose en contacto con:

iUniverse
1663 Liberty Drive
Bloomington, IN 47403
www.iuniverse.com
1-800-Authors (1-800-288-4677)

Debido a la naturaleza dinámica de Internet, cualquier dirección web o enlace contenido en este libro puede haber cambiado desde su publicación y puede que ya no sea válido. Las opiniones expresadas en esta obra son exclusivamente del autor y no reflejan necesariamente las opiniones del editor quien, por este medio, renuncia a cualquier responsabilidad sobre ellas.

Las personas que aparecen en las imágenes de archivo proporcionadas por Thinkstock son modelos. Este tipo de imágenes se utilizan únicamente con fines ilustrativos. Ciertas imágenes de archivo © Thinkstock.

ISBN: 978-1-5320-0255-7 (tapa blanda)
ISBN: 978-1-5320-0279-3 (libro electrónico)

Información sobre impresión disponible en la última página.

Fecha de revisión de iUniverse: 10/05/2016

CONTENTS

Part II: La Edad Media

Part III: La Nueva Era de Micaél

Part IV: Almas Micaélicas Después de la Muerte de Steiner

Apéndices y Bibliografía

INTRODUCCIÓN

Preguntas acerca de los Aristotélicos y los Platónicos han comprometido mi atención durante unos veinte años. Fueron interrogantes en mi vida que se formaron antes de que los conociera. Llegaron con mi biografía y con mi relación con la antroposofía. Viví las preguntas con curiosidad, y confusión mezclada con angustia. De algún modo sentía que esto era de interés inmediato, y que incluso era accesible a través de la experiencia directa.

Sé que las mismas preguntas, o parecidas, viven en otras personas. Así que la primera pregunta podría ser: "¿Por qué debemos interesarnos en estas cuestiones, y cuán importantes son?" Es de común entendimiento, a partir de la herencia espiritual de Steiner, que la humanidad está al borde del abismo de la muerte de la cultura. Éste también es el tiempo en que para los seres humanos más conscientes se ha hecho posible la percepción cada vez mayor del Cristo en el etérico. Es natural que en tan importante punto de inflexión en la historia todas las fuerzas opositoras estén creciendo en intensidad.

Platónicos y Aristotélicos prepararon el advenimiento del Cristo cuya encarnación se hizo posible en la corriente judía, pero cuyo entendimiento sólo podía fomentar la filosofía griega. De nuevo en la Edad Media se dieron nuevos pasos evolutivos para la humanidad, y nuevos peligros amenazaban la búsqueda del conocimiento y el desarrollo de la individualidad en el tiempo de un creciente alejamiento del espíritu. Aquí de nuevo los Platónicos de Chartres y los Aristotélicos Escolásticos unieron sus esfuerzos para la renovación de la Cristiandad, para poner los fundamentos sobre los que pudiera desarrollar el alma consciente y encontrar su realización.

Y por último, llegamos a los tiempos modernos. Aquí aparecían las fuerzas de renovación de la civilización primero en la cultura clásica alemana, luego en el desarrollo de la antroposofía. Aristotélicos y Platónicos han aparecido juntos en la historia del mundo sólo después de esta última etapa preparatoria. Ellos nunca antes trabajaron lado a lado. Y su hacer es vital para la renovación de la cultura, aunque es nuevo para todos ellos y por consiguiente un gran desafío. Steiner sabía que dar un paso de esta naturaleza estaría lejos de ser automático, y nos advirtió de la necesidad de reconocer las corrientes conforme ellas se manifestaran en nosotros y en el mundo, y de promover su colaboración.

Anticipando los resultados de esta investigación, uno puede decir que lo que representa el trabajo práctico y el mayor impacto social es la colaboración entre las corrientes y sus diferentes tendencias en la antroposofía. Se evita la parcialidad sólo cuando las dos corrientes integran totalmente la conciencia cultural, y por consiguiente el trabajo se hace más sustentable. Cuando miramos el mundo social, ambas corrientes representan una parte de la ecuación, y aquí, más que en cualquier otra parte, sólo el esfuerzo mancomunado puede ofrecer soluciones que sean interiormente coherentes y totalmente viables.

Mi camino a la ciencia espiritual llegó a mi vida muy temprano pero no fue manifiesto; no hubo un reconocimiento inmediato o instantáneo; más bien un laborioso paso a paso que tuvo lugar durante más de un año en el Emerson College entre 1982 y 1983. Habiendo sido entrenado en las ciencias he luchado durante todo un año para llegar a saber que la antroposofía era una ciencia. Ciertamente, el proceso se aceleró al haber estado expuesto a la antroposofía diariamente. Y a finales de ese año las dudas se disiparon definitivamente.

Fue unos quince años después de serme presentado el trabajo de Steiner que en un grupo de estudio encontré 'Relaciones Kármicas', Volumen 3. Reconocí de inmediato lo que Steiner describió allí respecto a las almas viejas y a las almas jóvenes. Y en el proceso, mis dificultades iniciales, y la manera en que reaccioné ante ellas, recibí una adecuada explicación. Podría reconocerme claramente como uno de los dos tipos de alma a los que Steiner se refiría como Aristotélicas y Platónicas.

Más adelante en la vida me he enfrentado a la tensión de sentir una fuerte atracción por el trabajo hecho fuera de la antroposofía, trabajo hecho a la vanguardia de la renovación social. Viví y trabajé a través de muchas experiencias importantes (grupos de hombres, grupos de apoyo, interesados en los Doce Pasos, en la Comunicación Sin Violencia, y después llamada "Tecnología Social" y Teoría 'U'). Fue sólo por etapas que pude integrar las experiencias, y estructurarlas dentro de una creíble clave antroposófica de entendimiento. Al principio lo hizo posible una experiencia: un entrenamiento de tres meses que recibí en Educación para Adultos en Engen, Alemania, en 2001, con Coen van Houten. Una pequeña parte del entrenamiento se consagró al llamado Aprendizaje del Destino. La experiencia fue para mí importante, y parecía incluso más importante para los otros participantes. Lo que experimenté fue en parte un eco de muchas cosas que ya había conocido a través de mi interés biográfico; por otro lado mucho era completamente nuevo. Esta experiencia trajo una intensificación de muchas otras experiencias anteriores. Por primera vez, lo que encontré en los varios temas expresados arriba se reflejó desde dentro de la práctica antroposófica a través del Aprendizaje del Destino. Experimenté un puente entre los dos mundos a los que pertenecía.

Lo que vi en mi propia vida parece repetirse en los fenómenos que se observan en el mundo, que podrían caracterizar así. Cuando observo a las personas trabajando en las ciencias naturales, en la psicología o en el campo social, es de nuevo impactante que se reconozcan claramente dos modalidades. Y sería difícil, o absolutamente imposible, esperar que la misma persona lleve su trabajo en la segunda modalidad si trabaja en la primera, o vice-versa. En la última parte del libro ofrezco ejemplos sobre esto.

Estaba empezando a crear puentes entre los dos mundos que había llevado en paralelo durante muchos años. Una segunda experiencia importante fue la [G]lobal [P]resencing [C]lassroom (un entrenamiento virtual) en Teoría 'U' con Otto Scharmer. Adquirieron nuevo significado todas las experiencias que estaba intentando integrar. Y todo lo que perseguía después se hizo más rápidamente entendible y más fácil de integrar.

Nos ofrecen un microcosmos de la historia del mundo primero la historia del desarrollo de la antroposofía, y después el de la Sociedad Antroposófica. Esta declaración no debe sorprender a nadie que haya estudiado en toda su extensión el trabajo de Steiner. En paralelo a los dos puntos de inflexión en mi biografía, empecé notando que lo que ocurría a lo largo del mundo y se reflejaba en las tendencias modernas, antes ocurrió en la vida de Steiner y en la de los individuos más cercanamente asociados con él, y poco después en el laboratorio social que ha sido, y es, la Sociedad Antroposófica General. Éstas fueron las revelaciones que llegaron a través de 'Relaciones Kármicas', Volumen 4, que en el tiempo sigue muy de cerca al Volumen 3. Aquí de nuevo, esto se manifestó en un grupo de estudio. Lo que había leído adquirió mayor profundidad sólo cuando lo avivaron el estudio más profundo y la conversación.

Para resumir: primero en la vida de Steiner, en el esfuerzo para ofrecer al mundo la antroposofía, luego en la vida de la Sociedad, se refleja la cuestión de la totalidad de la comunidad Micaélica, se refleja y se pone en movimiento para la totalidad del mundo. Y lo que vemos hoy en el mundo refleja, para bien o para mal, el camino que los antropósofos pioneros han andado por delante en el tiempo. También refleja cómo y en qué grado la Sociedad Antroposófica ha integrado las dos Corrientes del Movimiento Micaélico.

En mi primer libro, *Karl Julius Schröer y Rudolf Steiner: La Antroposofía y las Enseñanzas del Karma y la Reencarnación*, me acerqué al tema de las tareas de Schröer y Steiner en el mundo. Allí se contrasta el desarrollo de la antroposofía con la comprensión científica-espiritual del karma y la reencarnación. La meta del escrito era la caracterización de todo el impulso del karma y la reencarnación. El término adoptado en el libro respecto al karma y la reencarnación es "Recordación Espiritual", expresión que se encontró primero en la Meditación de la Piedra de Fundación. El libro contrasta el Recordar Espiritual con el más familiar Contemplar Espiritual que se refiere al estudio del mundo natural, incluido el ser humano, a través de la ciencia espiritual. Hecho esto, el libro explora toda la extensión y campo de actividad del impulso del Recordar Espiritual.

Este libro va más allá. Va desde Aristóteles/Steiner y Platón/Schröer a Aristotélicos y Platónicos. La cuestión subyacente es la de la integración. La meta es la comprensión de la "culminación" de Steiner al final del siglo XX, y lo que significa para todos nosotros los antropósofos, y para aquéllos que podrían llegar a trabajar con nosotros, desde dondequiera que en la actualidad estén en el mundo.

El libro anterior veía a Steiner y Schröer casi exclusivamente desde la perspectiva biográfica. Este nuevo esfuerzo verá la historia kármica de Aristotélicos y Platónicos. Inevitablemente verá a Aristóteles y a Platón, sus encarnaciones intermedias y aquéllas de Steiner y Schröer.

Antes de considerar el nacimiento del Movimiento Micaélico, exploraremos las condiciones históricas que movieron la evolución del mundo desde el antiguo Este al Oeste, a través de Grecia. Luego tendremos en consideración las tres etapas en la vida del movimiento Micaélico. La primera está al principio de la Era de Micaél en Grecia. La segunda la veremos en la Edad Media, y ofrecerá un contraste entre la Escuela de Chartres y los Cistercienses por un lado, y los Dominicos y Escolásticos por el otro. El trabajo de Alain de Lille será contrastado con el de Tomás de Aquino. Es en este punto en el tiempo que un importante estrato de la polaridad de Aristotélicos/Platónicos asume una nueva luz. Éste es simplemente el efecto que el impulso de Cristo tiene sobre el inicial doble impulso. En la Edad Media, fueron cristianizados Aristotelismo y Platonismo. Chartres reunió las más variadas facetas de la cultura y ofreció al mundo el regalo de las catedrales; los dominicos renovaron la cultura y sentaron las bases para el tiempo del Alma Consciente.

Y finalmente llegamos a la Nueva Era de Micaél, con su preparación en la cultura clásica alemana, y al nacimiento de la antroposofía. En ese tiempo reencarnaron las eternas individualidades de Platón y Aristóteles en Schröer y Steiner respectivamente. Aquí se examinará de nuevo su relación, pero esta vez desde una perspectiva más epistemológica de lo que fue el caso en mi libro anterior. Este enfoque resalta la evolución de los iniciados. Las tareas que ellos asumen son aquellas en la que en general se embarca la humanidad.

Los capítulos 6, 7 y 8 echan una mirada a lo que en la actualidad está ocurriendo. De una manera instintiva vivieron en mí preguntas sobre las diferencias entre los Aristotélicos y los Platónicos que actúan en el mundo. Lo percibía, más que lograr una clara expresión de ello. Lo puse en perspectiva en el libro *A Revolution of Hope* (La Revolución de la Esperanza). Lo que intuí en ese trabajo es desarrollado aquí en perspectiva histórica.

Hace un año comprendí que lo que estaba buscando en el presente constantemente había sido objeto de mi interés y estudios, aunque todavía no pudiera reconocerlo y expresarlo. A través de esta comprensión podía revisar fácilmente el material que me era muy familiar. Está claro que no tengo una visión de las encarnaciones de cualquiera de los individuos mencionados en el Capítulo 6, 7 y 8, que no sea la que algunos descubren. Lo que ofrezco es la percepción de enfoques muy diferentes a los mismos campos de investigación que continúan la tendencia de siglos y que presentan polaridades de los Platónicos y los Aristotélicos de manera que corresponde a las caracterizaciones hechas por Steiner de las dos corrientes. Con el paso del tiempo estas polaridades obviamente se han metamorfoseado.

En el Capítulo 6, 7 y 8 ofrezco tres series diferentes de trabajos hechos en psicología, ciencias naturales y sociología. El primer cuadro compara la vida y trabajo de Willem van Zeylmans Emmichoven y Bernard Lievegoed, dos contemporáneos que interactuaron durante unos treinta años. Tenemos acceso a sus biografías y a su propiedad literaria. Podemos caracterizar sus legados como dos gestos complementarios. Bernard Lievegoed ha ejercido una continua influencia en mi vida y trabajo. Hace unos diez años me encontré con Zeylmans van Emmichoven. Encontré que lo expuesto en su libro *La Piedra de Fundación* era una de las apreciaciones globales más completas, profundas y sucintas de la Conferencia de Navidad. Esto me motivó a leer su libro *Comprensión del Alma* y su biografía.

El capítulo también verá algo que llegó a mi biografía en un importante punto de inflexión: la cuestión del perdón. Primero lo encontré en *El Significado Oculto del Perdón* de Prokofieff, una gran fuente de inspiración, y un libro que he leído tres o cuatro veces y explorado en un grupo de estudio. La misma cuestión del perdón adquirió otra dimensión en el trabajo de Marshall Rosenberg conocido como *Comunicación Sin Violencia* (Nonviolent Communication) en la que he tenido entrenamiento, practicado durante muchos años, y ofrecido entrenamiento.

El capítulo 7 presenta un segundo juego de contrastes, en el trabajo de Rudolf Hauschka y del Dr. Edward Bach. Lo que hizo posible esta comparación es la accesibilidad a sus trabajos y sus biografías. El trabajo de Hauschka hizo posible el encuentro de mi biografía con uno de los primeros libros antroposóficos que leí sobre ciencias naturales - *La Naturaleza de la Substancia* (The Nature of Substance) - que me cautivó; muchas de las aserciones o experimentos más llamativo han permanecido conmigo desde entonces como revelaciones iniciales de una manera diferente de mirar las ciencias naturales. Los Remedios de las Flores de Bach me han acompañado durante unos veinte años. Los dos trabajos los he leído tanto como pude, y he progresado en la comprensión de su uso. La biografía del Dr. Bach ejerció en mí una profunda fascinación con la que tampoco podría contribuir sino investigar.

Finalmente, dirijo mi mirada a la expresión de la trimembración en el siglo XX. Encontré la trimembración al inicio de mis estudios antroposóficos. Sumergido como estaba en un enfoque activista para el cambio social, al inicio tuve dificultades para superar mis prejuicios y abrirme a sus conceptos. Muy pronto, en los años siguientes, la experiencia de llevar adelante un negocio me mostró cuán ingenuas eran algunas de las asunciones que me acompañaron desde mi juventud. Unos diez años después de mis primeros esfuerzos, volví a leer los libros sobre trimembración y todo adquirió un nuevo significado.

Cinco años atrás creció mi interés en la llamada "tecnología social," varios acercamientos a la colaboración que son usados para los procesos de transformación social en organizaciones o comunidades. Completé una Maestría en Tecnología de la Participación a través del Instituto de Asuntos Culturales (ICA). Simplemente estaba dando un paso adelante en lo que me interesaba. En medio de mi entrenamiento encontré el llamado "Triángulo del Proceso Social," en lo que emergieron ideas familiares sobre la trimembración desde un lugar muy poco familiar en el mundo, y de una manera aparentemente poco ortodoxa. Lo que ICA articuló es el equivalente a una trimembración que nace de la experiencia. Es esto lo que comparo con las imaginaciones que Steiner tan elocuentemente nos ha legado. En los capítulos anteriores se actualiza el contraste entre Aristotélicos y Platónicos. Esta declaración nos lleva al concluyente conjunto de preguntas. ¿Qué es lo que los Platónicos necesitan aprender de los Aristotélicos? ¿Y qué lo que los Aristotélicos necesitan aprender de los Platónicos? De estas todavía surgen otras dos preguntas más. ¿Qué es lo que necesitamos hacer como miembros del Movimiento Micaélico para acercar estos polos? ¿Y qué es lo que necesita ocurrir para que la culminación al final del siglo se convierta en realidad, aun cuando exista algún retraso?

Es mi más honesto deseo que este libro inspire un sentido de esperanza en aquéllos que lo lean, que surjan nuevos esfuerzos, literarios y/o prácticos, abordando la cuestión de la convergencia de las corrientes Micaélicas en nuestro tiempo.

PARTE I

LA ANTERIOR ERA DE MICAÉL

CAPÍTULO 1

SENTANDO LAS BASES: DEL ESTE HACIA AL OESTE

Para preparar el terreno de nuestras exploraciones es importante entender la trascendental transición que llevó al pasaje del tradicional conocimiento del Misterio del Este al Oeste. Esto condujo al despertar de la misión cultural de Europa, al nacimiento de la filosofía, y de algunos de los prerrequisitos para la realización de los eventos en el punto de inflexión del tiempo y su comprensión por las posteriores generaciones. Aunque nuestra exploración sigue a Aristotélicos y Platónicas, está claro que tenemos más material acerca de las encarnaciones de Aristóteles/ Steiner que lo que tenemos de Platón/Schröer. Por consiguiente, nos ocuparemos principalmente del primero, y de vez en cuando del segundo, aunque analizaremos a profundidad las expresiones del Platonismo. Y cuando hablamos del camino en el tiempo de la eterna individualidad de Steiner, no podemos hacerlo sin tener en cuenta al alma que lo acompañó en cada paso de su camino.

Es notable cómo las dos individualidades — Rudolf Steiner e Ita Wegman — han estado estrechamente asociadas en todas sus encarnaciones. Bernard Lievegoed los define como "almas hermanas" que reencarnan para llevar más allá sus tareas en el mundo e influenciar el karma del mundo. [1] Estas dos almas, notables como puedan ser por sí

---

[1]   Bernard J. Lievegoed, *The Battle for the Soul: The Working Together of Three Great Leaders of Humanity.*

mismas, no podían lograr sus tareas sin la mutua colaboración. Steiner los compara con un hombre ciego y uno cojo: ellos podrían ayudarse como consecuencia de sus grandes diferencias y unilateralidades. [2]

Antes de empezar, preparemos el terreno para la primera encarnación de Steiner en la era post-Atlante.

Evolución de los Misterios en la Era post-Atlante

Después del Diluvio Atlante, el gran Manu del oráculo del Sol condujo a aquéllos que habían empezado a formar los rudimentos para la facultad del pensar, primero desde Atlántida, luego hacia el Asia Central. Dos importantes Corrientes evolucionaron a partir de las migraciones Atlantes, a estas Steiner las llamó Corrientes del Norte y del Sur, caracterizando dos caminos de conocimiento: el camino al macrocosmos y el camino al microcosmos, respectivamente.

La Maya (o ilusión) tiene un doble aspecto. El primero se encuentra en el mundo de los sentidos, el segundo en la vida del alma. Detrás del mundo de los sentidos (el mundo del espacio) están aquellos seres que tienen su centro en el Sol. El camino a la vida del alma fue tomado bajo la guía de Lucifer, es decir de sólo una parte de los seres luciféricos. Los dos diferentes caminos fueron conocidos en todos los tiempos; y se hizo una distinción entre los dioses superiores que llegan más allá del mundo de los sentidos, y los dioses inferiores que apuntan a la vida del alma. El camino a los dioses superiores fue tomado por aquéllos que siguieron la corriente del Norte; el camino de descenso al inframundo fue tomado por los pueblos de la corriente del Sur.

La corriente del Norte se dirigió al Asia y a la India a través de Inglaterra, el norte de Francia, Escandinavia, Rusia. Desde la primera época post-Atlante este desarrollo condujo al nacimiento de la primigenia civilización india. Los pueblos que emigraron a lo largo de esta ruta se adaptaron más al uso de los sentidos para la percepción externa. Algunas culturas quedaron atrás para asumir tareas en posteriores épocas de la humanidad. Un grupo entre éstos creó los fundamentos

---

[2] Rudolf Steiner, Historia Oculta: *Personalidades Históricas y Eventos a la Luz de la Ciencia Espiritual*, conferencia del 28 de diciembre de 1910.

para los Misterios de Hibernia (los Misterios del Oeste) que conservaba la antigua sabiduría Atlante; y otro formó la "cultura de la espera" del norte de Europa (Alemania y Escandinavia) cuya tarea se desarrollaría sólo en posteriores milenios.

Steiner llamó a la corriente de Hibernia la última de los Grandes Misterios porque conservó la unidad del camino interior y exterior dentro de una corriente unificada, como había sido el caso en Atlántida. Estos Misterios fueron después continuados en los Misterios Druidas. En el tiempo después de Cristo ellos fueron conservados en la corriente del Rey Arturo y en la Iglesia Céltica. En el norte de Europa desarrolló la segunda corriente que estaba a espera del futuro. Los celtas desarrollaron cualidades guerreras, una cultura en la que se daba énfasis al valor y al perfeccionamiento del cerebro bajo la influencia de las fuerzas externas. De la cultura céltica desarrollaron las posteriores culturas de Alemania y Escandinavia.

Los pueblos de la corriente del Norte trabajaron para perfeccionar la forma corporal exterior, dándole la imagen del espíritu. Zaratustra es un ejemplo del más alto grado de iniciación de los pueblos del norte que vivió a través de cada encarnación subsiguiente en cuerpos de cualidades morales, estéticas, e intelectuales superiores hasta que el proceso hiciera posible la encarnación del Jesús de la línea de Solomón. Un ser espiritual incorporado trabajó en las encarnaciones de Zaratustra; así lo que irradió a través de su individualidad fue más allá de los límites de su ego y logros personales.

El camino del norte lleva al individuo al macrocosmos. El fundamental número del espacio es doce, y es así cómo se manifiesta el tiempo en el espacio. Este principio se refleja en el hecho que en el momento en que Cristo descendió del mundo del tiempo al mundo del espacio, fue rodeado por los doce Apóstoles, así como el mundo del espacio está rodeado por las doce constelaciones del zodíaco. En éstas es representado lo que está por encima de bien y mal.

Los pueblos de la corriente del Sur emigraron a través de España, África, y Arabia. Ellos siguieron lo que lleva del espacio al tiempo, a los dioses de los reinos luciféricos. Aquí reina el número siete, el número que gobierna todos los ciclos del tiempo. Los dioses inferiores que uno encuentra a lo largo de este camino pertenecieron al inframundo; ellos eran gobernantes de la vida del alma que llevaron al ser humano a la adquisición de la conciencia. Osiris, la divinidad que el hombre encuentra atravesando el portal de la muerte, no puede vivir en el mundo de los sentidos externos; en el mundo de los sentidos él fue superado por los poderes del mal. Así como los pueblos del Norte desarrollaron su forma exterior como una imagen del espíritu, así los pueblos del sur crearon en su vida interior la invisible imagen del alma de la deidad.

El mundo espiritual de los pueblos del sur es llamado el mundo de Lucifer, el portador de la Luz. Hay de hecho dos tipos de seres luciféricos: aquéllos que llevaron al hombre por el camino al microcosmos y aquéllos que permanecían atrasados en su evolución y se aproximaron al ser humano no en su ego sino en su cuerpo astral, llamados "la serpiente" en términos bíblicos. Según la etapa de desarrollo del hombre, los dioses del sur inspiraron miedo y terror o confianza y seguridad, y este es el porqué el camino al mundo interior estaba cargado de muchos peligros.

Los antiguos indios todavía estaban preparados para seguir ambos caminos, a los dioses superiores y a los dioses inferiores: el camino a través del mundo de los sentidos y el camino a través del velo de la vida del alma. Atravesando ambos velos podían reconocer la misma realidad del mundo espiritual. [3] El antiguo Persa miraba más al mundo exterior, al mundo de los sentidos que ellos podían contemplar en el Sol exterior. Más allá podían mirar el Sol espiritual, a Ahura Mazdao, y desde su reino los iniciados recibieron la inspiración para guiar la civilización Persa en la segunda época post-Atlante.

Las cosas cambiaron con la tercera era post-Atlante, antes y después del tiempo del principio del Kali Yuga; éste fue un tiempo de transición conocido como el "Crepúsculo de los Dioses" en que la humanidad progresivamente tuvo que renunciar a toda clarividencia atávica residual. El cuerpo etérico humano se estaba poniendo más denso y contrayéndose, particularmente alrededor de la cabeza física. El Kali Yuga que empezó alrededor del año 3110 A.C., marcó el camino hacia el materialismo y hacia la pérdida de facultades clarividentes.

En la tercera época estuvieron activas dos tendencias: la Egipcia al sur, la Caldea al norte. La Caldea continuó los Misterios del Norte.

---

[3]   Steiner, El Este a la Luz del Oeste, conferencia del 29 de agosto de 1909.

Ellos desarrollaron una astro-teología, experimentando lo que estaba más allá del mundo en el que vivimos entre el nacimiento y la muerte. El camino egipcio al mundo interior estaba cargado de peligros, y por consiguiente posible sólo para los iniciados. En el camino interior el iniciado encontraba a Ishtar, "una benéfica divinidad de la luna que estaba en el umbral que esconde del hombre el elemento espiritual que está detrás de su vida del alma." "Al otro lado, donde se abre la puerta a través del exterior mundo de los sentido al mundo del espíritu, estaba situado el guardián Merodach o Mardach (a quien podemos comparar con Micaél). Merodach e Ishtar dieron clarividencia al alma, y por ambos caminos llevaron a los hombres al mundo espiritual." [4]

Las diferencias entre los Misterios Egipcios y Caldeos fueron bien conocidas por los griegos que en términos culturales los siguieron muy de cerca. Los griegos compararon al dios Caldeo con su reino Apolinio (*). Cuando hablaban de Osiris buscaban la iluminación a través de los misterios Dionisíacos. Ellos podían entender ambas corrientes, la egipcia y la caldea porque en su cultura mezclaron las dos corrientes. Así para representar un cuerpo físico purificado y espiritualizado usaron los tipos raciales del norte. Para representar el desarrollo de la vida del alma usaron los tipos raciales del sur; Hermes, el mensajero para los dioses inferiores, fue representado como africano.

El camino a los seres Apolíneos era el camino externo. Éstos eran los dioses indicados para las masas, para el montón. Cuando se referían a Apolo, los griegos estaban señalando al reino general del que vendría el Cristo. "Apolo es una indicación del Cristo, pero no del Cristo Mismo." [5] El camino a los dioses Dionisíacos (un nombre para el mundo de los dioses luciféricos) no podía ser transitado plena y abiertamente, y estaba reservado para los iniciado más altos. La cultura griega tenía como una

---

[4] Ibid, conferencia del 30 de agosto de 1909.

* N del T: Lo apolíneo es lo moderado, el equilibrio, la belleza serena._Lo dionisíaco es el descontrol, el caos, la locura. Se reflejan en los prototipos de Apolo y Dionisio y todo lo que éstos significan. Nuestro filósofo amigo (Nietzche) concluye que el motor del arte es dionisíaco ya que es el que genera la creación. No olvidar que ambos conceptos surgen en referencia al arte. luego fueron extendidos a muchos otros campos.

[5] Steiner, El Este a la Luz del Oeste, conferencia del 29 de agosto de 1909.

de sus metas permitir la futura aprehensión de la plena naturaleza de Cristo. Sin embargo, en ese momento, el Cristo no podía ser entendido en su naturaleza Dionisiaca, excepto por muy pocos.

Un interesante contraste entre la corriente del norte y la del sur se manifiesta en las importantes individualidades cuyas envolturas prepararon el descenso del Cristo a la encarnación: Gautama Buda y Zaratustra, las dos más exaltados individualidades representan el camino del sur y el camino del norte respectivamente. A Gautama (Príncipe Siddhartha) se le revelaron todas sus encarnaciones anteriores en el esclarecimiento experimentado bajo el árbol de Bodhi, en una meditación que duró varios días. A través de esto él ascendió a la fase de Buda. "Así el hombre descubre el camino a las encarnaciones anteriores a través de la sumersión en su propio ser, y cuando su sumersión es tan intensa, poderosa, e integral, como fue el caso del gran Buda, esta visión de las encarnaciones continúa sin parar." [6] Buda representaba la línea final de una corriente de evolución, y las ideas del karma y la reencarnación formaron el ápice de sus enseñanzas. Para llevar más allá este camino, Buda enseñó la compasión, el amor, y el óctuple sendero.

En el caso de Zaratustra, el conocimiento de las vidas anteriores no participó en absoluto en las primeras etapas. Zaratustra no progresó en el camino de iniciación solamente por sus propios méritos. Él realmente era el escogido como portador de una entidad espiritual que no puede encarnar pero que puede reverberar a través de la personalidad del portador. Temprano en la vida el niño se sintió como un extraño para todos aquéllos que lo rodeaban, quienes no podían entender la naturaleza de los impulsos que animaban su alma. [7] De Zaratustra, las leyendas hablan de una vida llena de eventos dramáticos, tumultos, persecuciones, y demás. Los conflictos surgían alrededor de tal personalidad; la novedad de los impulsos que trabajaron a través de tal iniciado provocó que en todo el ambiente a su alrededor se sintiera una instintiva antipatía hacia él. La vida de Buda fue mucho más serena.

---

[6] Steiner, *Background to the Gospel of Saint Mark*, conferencia del 19 de diciembre de 1910.
[7] Ibid, conferencia del 19 de diciembre de 1910.

La Etapa de la Primera Encarnación de Rudolf Steiner

Para entender el ambiente de la primera común encarnación del alma hermana, es necesario indicar los cambios que ocurrieron en la conciencia en este punto particular que marcó la transición de la gran sabiduría del Este a la evolución de la conciencia de sí mismo que surgió en el Oeste en el tiempo en que empezó el Kali Yuga, el Crepúsculo de los Dioses.

La conciencia humana ha sufrido muchos cambios a lo largo de las eras. Para el ser humano de los primeros tiempos, la memoria estaba asociada a lugares particulares. La erección de monumentos conmemorativos, piedras o montones de tierra (como los dólmenes) se realizaba con la meta de conservar la memoria de hechos y eventos. Los pueblos de antiguos tiempos no tenían la memoria vinculada a la experiencia que todos nosotros damos por hecha. Sin embargo, ellos podían recordar lo que asociaban con lugares específicos; en particular, un lugar conmemorativo. Para este propósito se erigieron dólmenes u obeliscos.

En posteriores tiempos fue adquirida la memoria vía la palabra hablada pero de manera rítmica. Para recordar las cosas era necesario conservarlas de cierta manera. Esta forma después dio nacimiento a la poesía. Sabemos por la historia que la primera poesía estuvo adherida a muy estrictos cañones de metro y ritmo. Vestigios de este tipo de conciencia quedaron en la forma en que se enseñaba a los niños. Inicialmente, la meta de las canciones infantiles era educar a un niño cuya memoria en los primeros años retenía fácilmente lo que estaba asociado con ritmos y ciertas repeticiones, por ejemplo en los sonidos de objetos y animales.

La transición de las civilizaciones asiáticas a Grecia, el punto de inflexión del inicio del desarrollo del Oeste, ocurrió en un momento en que en la conciencia griega estaba surgiendo la memoria temporal, la que actualmente conocemos. Otro importante cambio de conciencia ocurrió en relación a la actitud de la humanidad hacia la muerte. Para el hombre oriental de la antigüedad, la muerte era un reino lleno de realidad y simplemente una transición de una forma de vida a otra. El hombre occidental empezó a considerar la muerte como un misterio, y asociar con ella sentimientos de miedo. Los griegos primero acuñaron el refrán: "Mejor ser un mendigo en el mundo de los sentidos que un rey en el reino de las sombras," un sentimiento con el que todavía se identifica el hombre moderno.

Finalmente, todos estos cambios de conciencia se reflejaron en la manera en que la humanidad recibió instrucción espiritual en los Centros de Misterio, o lugares de iniciación. Los Misterios del Oriente retuvieron una orientación mucho más cósmica. Los pueblos del Este tenían una conciencia que los hizo sentir cómodos en todo el cosmos, mucho más que en la tierra. La iniciación ocurrió según esta forma de conciencia. Podían obtener ciertas experiencias sólo de acuerdo al espacio y la geografía; las experiencias dentro de una cueva fueron de una naturaleza diferente que aquellas posibles en la cima de una montaña. Otras experiencias podían obtenerse sólo de acuerdo a los ritmos de la tierra, las estrellas, y los planetas; por lo tanto, sólo en invierno o en verano; una vez cada veintinueve días para una luna llena; una vez cada veinte años para una conjunción entre Júpiter y Saturno, etc.

Los centros de iniciación de Grecia cambiaron a un tipo de instrucción con la que estamos más familiarizados. Todo el proceso de iniciación podía realizarse en un solo lugar. Sin embargo, la iniciación del pupilo dependía del esfuerzo personal, y estaba acompañada de los ejercicios correspondientes. Según el grado de desarrollo del pupilo, eran posibles para él ciertas experiencias que ya no dependían del lugar o del tiempo. La sabiduría que surgió plenamente en Grecia era menos cósmica y más dirigida hacia la personalidad.

De la Sabiduría del Este a la Conciencia del Oeste

La primera encarnación de Steiner y Wegman a la que volveremos, formaron una importante transición entre Este y Oeste en el tiempo del Kali Yuga, el tiempo en que la humanidad progresivamente perdió su vieja conciencia atávica. La clarividencia original, natural, tenía que sufrir un proceso de decaimiento que alcanzó su culminación en los siglos XIX y XX. La pérdida de la conciencia clarividente y desarrollo de la individualidad a través del intelecto pueden verse, en gran parte, como procesos interconectados.

Las dos almas hermanas aparecieron juntas por primera vez en la ciudad de Erech, durante la civilización Caldeo-Babilónica, hace aproximadamente 5,000 años. Los registros de sus hechos han sobrevivido en forma de mitos que la humanidad moderna ya no está acostumbrada a entender. La odisea de Gilgamesh relata la vida del individuo que en su última vida tomó el nombre de Ita Wegman. Steiner definió a este individuo como un dios-hombre, que los pueblos de la antigüedad llamaron semidios. Por este nombre se refirieron a alguien a través de quien la divinidad habló en la tierra. Gilgamesh fue el inaugurador de la cultura Caldeo-Babilónica. Él tenía cualidades de la antigua conciencia en alguna parte entre el Este y el Oeste. Todavía tenía una memoria asociada con el ritmo, pero empezó a identificarse con su destino en la tierra; por consiguiente, con el cuerpo físico, en lugar de con sus cuerpos superiores y el cosmos. Gilgamesh fue un conquistador en un tiempo en que estaba empezando a ser cuestionado el hábito de conquistar e imponer la propia voluntad sobre otras poblaciones. La ciudad de Erech que él había subyugado, al principio se resistió a su gobierno.

Podemos imaginar las tensiones y contradicciones que vivieron en esta alma que se proyectaron hacia afuera en la situación que el gobernante tenía que enfrentar. El alivio de estas tensiones internas y externas vinieron del encuentro del rey con la figura llamada Eabani, o Enkidu, la más temprana encarnación conocida de la eterna individualidad de Rudolf Steiner. Eabani era un hombre "primitivo", un hombre "salvaje". El mito describe a Eabani como un ser cubierto con pieles de animal, que proyectaba la imagen de un individuo muy diferente a Gilgamesh. Eabani vino a la tierra con muy pocas encarnaciones detrás de él, y un tiempo muy largo pasado en el mundo del espíritu: que Steiner llama un "alma joven." Decir que era salvaje es equivalente a expresar que Eabani normalmente vino a la tierra con todo el conocimiento cósmico adquirido en los recintos sacerdotales. Dice la épica que ese conocimiento (agregado al hecho que tenía poca experiencia terrenal) hizo que pareciera ser bastante diferente de todos los demás salvajes. Eso se debió a que él era completamente nuevo para la vida terrenal, sin exposición a la cultura, ni conciencia de sí mismo. Más bien se sentía más cómodo dentro de la realidad cósmica.

Eabani abandonó su tarea de pastorear animales en la ciudad de Uruk, y fue seducido por una sacerdotisa de Ishtar, y en este acto, él despertó en su cuerpo astral a un más profundo conocimiento de sí mismo y de la realidad de la vida en la tierra. Su encuentro con el rey ocurrió en una lucha que lo llevó a un estancamiento. Desde este episodio viene la amistad entre Gilgamesh/Wegman y Eabani/Steiner que seguiremos en muchas otras encarnaciones. Lo que en ese tiempo unió a los dos, a pesar de sus diferencias, fue el hecho que tenían almas de un cariz muy diferente de cualquier otra en Asia.

El mito indica que los dos lucharon contra el Toro del Cielo, Khumbaba (la deidad que trajo destrucción a su alrededor), y lo derrotaron. Esto señala un episodio en la Montaña Cedro, donde el templo a la diosa Irnini (un aspecto de Ishtar) era defendido por un monstruo que le negaba la entrada a todos los mortales. Después de vencer a Khumbaba, los dos pudieron inaugurar un renacimiento de la vida social de la ciudad que se hizo posible gracias a la experiencia y fuerte voluntad de Gilgamesh, así como por el fresco conocimiento cósmico que vivió en la clarividencia de Eabani. El compañero de Gilgamesh trajo claridad a las decisiones y hechos del gobernante. Sin embargo, no estaba resuelta la tensión entre el rey y el templo local de iniciación de Ishtar. El santuario de Ishtar conservó mucho, en forma sincretista (*), de diferentes fuentes de conocimiento que vivieron en el Este; pero habían entrado en una etapa de decadencia. La conciencia de Gilgamesh ya era en muchos grados extraña a ese tipo de conocimiento iniciático. Él no entendía la espiritualidad del santuario, y en el mito se queja del comportamiento de la diosa. Como consecuencia, los sacerdotes invocaron los dioses y éstos trajeron un castigo sobre la ciudad. Hubo problemas y enfermedades, y, como resultado final, murió Eabani.

---

* N del T: **Sincretismo**, en antropología cultural y religión, es un intento de conciliar doctrinas distintas. Comúnmente se entiende que estas uniones no guardan una coherencia sustancial. También se utiliza en alusión a la cultura o la religión para resaltar su carácter de fusión y asimilación de elementos diferentes.

La muerte del amigo fue un duro golpe para el rey. A pesar de la poca conexión que le quedaba con la sabiduría del Este, Gilgamesh todavía anhelaba entender la inmortalidad del alma. Esta cuestión fue despertando en el alma de Gilgamesh en virtud del nuevo tipo de conexión que el rey tenía con su cuerpo físico — un elemento que hasta ese momento era extraño para la cultura de Asia. Para lograr respuestas a sus preguntas, fue al oeste en busca de otros centros de sabiduría. En sus vagabundeos, el rey llegó a una región que es ahora la moderna Burgenland, en Austria. Aquí encontró la escuela de sabiduría del sumo sacerdote que el mito llama Utnapishtim, en quien vivió el alma del gran iniciado Manu. Steiner indica que esta escuela era una estación remota de los Misterios Hibernianos que conservaron los restos de la vieja sabiduría Atlante. Gilgamesh intentó pasar por el proceso de iniciación que allí se le ofreció. No le fue posible debido al tipo particular de conciencia que él había desarrollado. En cambio le fue ofrecida una iniciación parcial, una sustituta, que contestaría en parte las preguntas que había sacudido su alma por la muerte de Eabani. Como resultado, Gilgamesh continuó recibiendo la inspiración de Eabani que lo ayudó a continuar su misión.

La individualidad de Gilgamesh comenzó una nueva etapa de desarrollo, lo que lo acercó a las civilizaciones del Oeste. Antes de ese tiempo todos los inauguradores de una civilización habían sido iniciados. Gilgamesh había permanecido, por así decirlo, sólo en el umbral de la iniciación que puso un sello particular sobre la civilización Caldeo-Babilónica.

Durante sus encarnaciones juntas, las almas hermanas trajeron a Asia Menor una renovación de la civilización. Su naciente nueva semilla de individualidad reemplazó los Misterios tradicionales que habían dado énfasis a la herencia física, por ejemplo en el sacerdocio. Un nuevo elemento saturó la civilización Caldeo-Babilónica que fue una emergente cultura de la personalidad, que se encontraba apenas en sus comienzos.

Esta primera encarnación nos introduce a lo que Lievegoed ha llamado el "elemento trágico" de las sucesivas vidas de Steiner y Wegman. Este consiste de individuos que experimentan una conciencia que está a la vanguardia de su tiempo, o que retiene cualidades perdidas para la humanidad en general. Ésta también es la fuente de la tensión interna que los estimula a introducir en la civilización elementos que sólo su constitución de alma puede ofrecer. En su primera encarnación, Gilgamesh y Eabani llevaron un conocimiento que no prevaleció en su ambiente, aunque en los dos individuos se expresó de maneras sumamente diferentes. Juntos dieron los primeros pasos a una transición de la sabiduría del Este a la emergente conciencia del Oeste.

CAPÍTULO 2

LA ÉPOCA GRIEGA

La civilización griega introdujo la importante transición del Este al Oeste, y puso los fundamentos para el nacimiento de Europa. Las almas hermanas de Gilgamesh y Eabani también hicieron el cambio del Cercano Este a tierra europea, primero participando en la cultura de los Misterios griegos, luego trayendo a la maduración toda la filosofía griega. El alma eterna de Platón jugó un papel directo marcando el inicio en la transición de la cultura de los oráculos a la instrucción de los Misterios donde el pupilo tenía que sufrir las pruebas del alma que le dieran la madurez necesaria para directamente aprehender la realidad espiritual. En una segunda etapa, cuando los Misterios entraron en una fase decadente, la individualidad de Platón dio a conocer, por así decirlo, la cultura de los Misterios, y creó un camino de individuación a través del pensar, que después fue perfeccionado por Aristóteles. Hay una importante línea de desarrollo entre Sócrates que fue maestro de Platón, el propio Platón, y Aristóteles, quien fue pupilo de Platón. Antes de volver a estos individuos, es útil sentar las bases de la etapa de la civilización griega, su historia y la evolución de su cultura.

I. De los Oráculos a los Misterios

La civilización griega, interpretada por Frederick Hiebel, puede verse como una sucesión de etapas, subiendo desde una conciencia mítica a una identificación con el espíritu del pueblo, y finalmente al individualismo

13

y cosmopolitanismo. [8] Las épocas indicadas abajo son algunos de los indicadores de esta evolución.

La Conciencia mítica y Edad Heroica: Desde el comienzo del Kali Yuga a la Guerra Troyana.

Esta etapa se refiere a la naciente civilización Egea: entre el año 3,000 y 2,000 a.C.; la época Minóica: desde el año 2,000 al 1,600 a.C.; y la época Micénica: desde el año 1,600 al 1,100 a.C. La última ya estaba relacionada con la casi histórica Guerra Troyana. Durante esta era tuvo lugar la transición del uso de la piedra al uso de los metales. Éste también es el tiempo de los héroes griegos o semidioses que fueron considerados hijos de mujeres mortales y de dioses, individualidades directamente inspiradas por el mundo espiritual.

Después de la Guerra de Troya: Siglo XII a IX a.C.

La era de los héroes terminó con la Guerra Troyana. La caída de Troya también marcó la transición de la Era de Bronce a la Era del Hierro y la emancipación de Grecia de la cultura del Este. La Iliada y la Odisea, los primeros registros de Hellas (*), aparecieron al comienzo de la Edad de Hierro. La fase histórica empezó después de la caída de Troya.

Era de Homero: Siglo IX al V a.C.

Un importante cambio de conciencia tuvo lugar cuando se elevó el sol en el equinoccio vernal bajo el signo de Aries, año 747 a.C. Esto marcó el inicio de la Era del alma intelectual, y coincidió con el surgimiento de

---

[8]   Frederick Hiebel, *The Gospel of Hellas: the Mission of Ancient Greece and the Advent of Christ*, Cap. 1.

*   N del T: Hellas es la transliteración del nombre en griego de Grecia.

las polis griegas (ciudad-estado) (†). Las polis gradualmente se convirtieron en metro-polis, una ciudad madre con colonias satélites desde el sur de Italia hasta Turquía.

La Guerra Persa: empezó a fines del siglo V a.c. El punto de inflexión en la historia de las polis llegó durante el tiempo de Solón en Atenas. Alrededor del año 594-593 a.c., él se volvió arconte – magistrado principal — de Atenas, y las reformas de la constitución que inició pusieron las bases para la democracia ateniense y la griega. La guerra contra Persia puso a prueba la supervivencia de la nueva conciencia.

La guerra civil (Guerra del Peloponeso) en el tiempo de Alejandro el Grande: de fines del siglo V a fines del siglo IV a.c.

Se debilitó el reconocimiento de los participantes en las polis, dando lugar al sentimiento en ciernes de la individualidad. Esta transición marcó el inicio del surgimiento del intelecto, con el peligro del completo alejamiento del mundo del espíritu. Es esta amenaza a la que Sócrates se opuso eficazmente, preparando el camino para la siguiente etapa de la civilización Helénica.

Las enseñanzas de Sócrates se opusieron a la caída de la ciudad-estado y conservaron la esencia de su espíritu de manera adecuada a las necesidades del tiempo. El autosacrificio de Sócrates es un evento divisorio en la transición de la metrópoli griega a la cosmópolis inaugurada por Alejandro el Grande bajo la inspiración de Aristóteles.

---

† N del T: Polis (del griego πόλις, romanizado como "pólis" —plural "póleis"—, y asentado en español como voz con plural invariable) es la denominación dada a las ciudades estado de la antigua Grecia, surgidas en la Edad Oscura mediante un proceso de agregación de núcleos y grupos de población (anteriormente vinculados por el "oikos" o casa) denominado sinecismo ("synoikismós", συνοικισμός, «juntar las casas» o «habitar juntos»). La unificación entre el núcleo urbano y su entorno rural, característica esencial de la polis arcaica y clásica, se había completado ya hacia la segunda mitad del siglo VII a. C. La polis fue el marco esencial donde se desarrolló y expandió la civilización griega hasta la época helenística y la dominación romana

A través de ésta se le permitió al espíritu de Hellas (*) viajar fuera, y en la visión del mundo de Platón y Aristóteles fue conservado como un regalo para la humanidad.

La Era de los Héroes

Con la caída de Troya, Grecia empezó a emanciparse de la vieja clarividencia del Este, y trazar el camino hacia el individualismo. En esa fase los griegos sentían agudamente el Crepúsculo de los Dioses, y empezaban a dudar de la inmortalidad del alma que había sido conservada en la cultura Oriental. Antes de la caída de Troya los héroes, considerados hijos de mujeres mortales y de dioses, prepararon el camino para los griegos hacia la conciencia individual y la experiencia de la libertad. Entre los héroes estaba Prometeo que trajo la luz de los dioses a los seres humanos, y Hércules, una figura cuyos hechos prefiguraron la venida de Cristo. Los otros dos héroes a los que nos referiremos fueron Orfeo y Dionisio.

Durante este período la cultura griega también cambió de la vieja espiritualidad de los oráculos a la instrucción del individuo en las escuelas de Misterio. Clave para una comprensión de este contraste es la distinción entre los dioses superiores que actuaron como fuerzas cósmicas y los dioses inferiores que se revelaron dentro del alma humana. Los primeros fueron interpretados por los oráculos, los últimos fueron aprehendidos interiormente a través de los Misterios.

En la temprana civilización griega el ser humano percibía la vida de los elementos alrededor suyo. Hasta ese momento él no había desarrollado una independiente vida de pensamiento. "Hasta ese momento él todavía no experimentaba el pensamiento; en lugar de pensamiento se desplegaba dentro de su alma una imagen simbólica... la imagen simbólica surgía en el alma del hombre cuando contemplaba los eventos del mundo." [9] De esta manera la experiencia del alma continuaba siendo parte de la vida de la naturaleza. El antiguo griego todavía se sentía aunado con la naturaleza en la que él se experimentaba

---

* N del T: Hellas es la transliteración del nombre en griego de **Grecia**.

[9] Rudolf Steiner, Los Enigmas de la Filosofía, Cap. 2.

justo como lo haría con el relámpago, el trueno, la vida de las plantas o el cielo estrellado.

Los oráculos eran consultados sobre las más importantes cuestiones de la vida. Los griegos recurrían a ellos en pos de la profecía, y para guiar sus vidas de acuerdo con la voluntad del espíritu. Y en los oráculos hablaban aquellos individuos que eran particularmente adecuados para conversar con los poderes espirituales.

Las revelaciones de los oráculos eran de naturaleza macrocósmica. Los augurios eran interpretados desde las palomas en las ramas del árbol del roble o desde el murmullo de las aguas en las fuentes. Los oráculos revelaron varias esferas del macrocosmos, acercándose progresivamente a la tierra. Así como Zeus siguió a Cronos (Saturno), así Apolo, el heraldo del Sol, siguió a los oráculos de su padre, Zeus. El oráculo de Saturno (Cronos) vio su auge durante la época prehistórica en Olympia; la memoria del oráculo de Zeus (Dodona) sobrevivió en los primeros archivos de la historia. El oráculo de Apolo estuvo conectado con Helios, el dios del Sol, y alcanzó su clímax en el tiempo de la ciudad-estado o polis.

En contraste con los oráculos, estaban los centros de Misterio de Hellas en el Cabiri en Samotracia, el templo de Artemisa en Éfeso, los Misterios de Delfos y los ritos de Eleusis que seguiremos más de cerca. El camino de los oráculos de Apolo a los Misterios de Dionisio llevaron del politeísmo de los primeros días al monoteísmo, de la conciencia tribal a la individualidad más plena.

Al ser a través de quien fue finalmente cumplida la transición de los oráculos a los Misterios se le recuerda como Orfeo, otro héroe griego. Su misión estaba a mitad del camino entre Apolo y Dionisio. Se le recordó como el inventor de la lira y el héroe que introdujo el don de la música, pero también como el maestro que trajo la medicina, la escritura y la agricultura.

En el momento en que el alma griega estaba empezando a experimentar el crepúsculo de los dioses, aparecía la música como regalo de la luz del cosmos y compensación por la pérdida del estado original de comunión. Orfeo implantó en las almas de los hombres, que todavía vivían dentro de las fuerzas sensibles de la clarividencia, la primera semilla de una facultad que después pudo germinar y florecer como pensamiento lógico, como el poder de discriminación intelectual.

Mientras la humanidad descendía más a la vida de los sentidos, más música, el regalo de Orfeo, seguía otorgándole al ser humano acceso al mundo espiritual. La expresión más elevada de la música ayudó a purificar el alma para una unión superior con el espíritu. La música era la suma de los Misterios del enhebrante y viviente Logos, la Palabra del mundo. El impulso artístico de Apolo restauró la distorsionada armonía entre el pensar, el sentir y la voluntad, permitiendo el desarrollo de las virtudes cardinales griegas de sabiduría, coraje y templanza. Y en las armonizadas funciones del alma pusieron las semillas para la próxima facultad del pensamiento lógico y abstracto. Además, a través de Orfeo, los oráculos Apolíneos que eran exotéricamente accesibles a todos, abrieron el camino a los Misterios Dionisíacos que eran esotéricos, y sólo abiertos a individuos considerados aptos.

Apolo, el dios del sol, trajo la vieja espiritualidad de los oráculos en relación con el impulso del ego humano. Y, bastante significativamente, los oráculos de Apolo tuvieron su lugar en Delfos, una ubicación central en la vida de la antigua Grecia. Apolo era el semblante de Helios como para los hebreos Micaél era la faz de Jehovah. Así como la luna refleja la luz del sol, así el Apolo Délfico reflejaba la palabra del Logos bajo la luz de la luna. Durante noches de luna llena las Pitonisas recibieron y comunicaron a la medianoche la palabra de Apolo.

Con la aparición de la democracia, después de las reformas de Solón, Apolo se convirtió en líder espiritual de la polis de Hellas. Éste fue el amanecer para la geometría, la matemática, las ciencias naturales y la filosofía, todas las cuales sufrieron un tremendo desarrollo en el siglo VI a.C. Apolo era el mensajero y precursor del advenimiento del impulso de Cristo. Y Apolo estaba estrechamente aliado con Dionisio; como el primero reflejó el pasado de los oráculos de Grecia, así lo hizo el otro anunciando el futuro de los Misterios. Y Orfeo creó el vínculo entre ellos.

Dionisio el más Viejo y Dionisio el más Joven

Los mitos griegos hablan de la transición de Dionisio el más viejo (Zagreus) a Dionisio el más joven; esto se refiere a un importante cambio de conciencia. Steiner indica que la concepción de Dionisio el más viejo estaba completamente anclada en la vida del sentimiento; no podía expresarse en la vida del pensamiento. [10] El ego independiente apareció primero como clarividencia, sólo después como pensamiento individual. Y el mito presenta muy correctamente a Dionisio el más viejo como el hijo de Perséfone (la hija de Demeter, y por consiguiente relacionada a la tierra) y Zeus. Las fuerzas de la antigua clarividencia, surgiendo a través del elemento de la Tierra y a través de las fuerzas del cuerpo son, macrocósmicamente hablando, el Dionisio más viejo. Las fuerzas macrocósmicas que acompañaron al ego en el extenso camino de encarnación en el ser humano produjo los rudimentos de una cultura intelectual, pero inicialmente penetrada completamente con la imaginería. El retroceso del tipo de conciencia asociada con Dionisio que el más viejo sentía como una tragedia para los griegos, ahora enfrentaba el desamparo espiritual de la vida cada vez más confinada a los sentidos.

El pasaje de la vieja conciencia clarividente a la nueva cultura intelectual fue indicado en el mito griego con el inicio de la misión de Dionisio el más joven. Dionisio ahora soporta las pruebas de la vida, y es mucho más humano; él es el representante macrocósmico de las fuerzas del alma presentes dentro del Ego. [11] Steiner comenta: "Si él es la contraparte macrocósmica de nuestras fuerzas intelectuales del ego, entonces él debe ser la inteligencia que pertenece a toda la Tierra y se extiende en los reinos del espacio." [12] Por consiguiente él fue imaginado como un ser que se mueve de tierra a tierra, y las leyendas dicen que él fue a Europa, Egipto, e incluso tan lejos como Arabia e India.

Ambos seres de Dionisio manifestaron sus impulsos a través de un ser humano viviente. Dionisio Zagreus llevó a cabo su trabajo entre los

---

[10] Rudolf Steiner, *Wonders of the World, Trials of the Soul, Revelations of the Spirit*, conferencia del 22 de agosto de 1911.

[11] Rudolf Steiner, *Wonders of the World, Trials of the Soul, Revelations of the Spirit*, conferencia del 22 de agosto de 1911

[12] Ibid, conferencia del 22 de agosto de 1911

antiguos Atlantes. La leyenda del Dionisio más joven dice que él nace de una madre humana, y que es mucho más cercano a los seres humanos que a los dioses. Dionisio era uno de los antiguos héroes (semidioses), uno de aquéllos que sentaron las bases para la transición de la era mítica a la histórica. Él perteneció al "pasado oscuro de la Grecia prehistórica," y realmente tuvieron lugar las jornadas de las leyendas. "A su muerte terrenal, su alma entró en la cultura intelectual de la humanidad." [13] Platón en su diálogo *Cratilo* deriva la etimología del nombre de Dionisio del didous oinon (oistai-pensar): el que trae el pensamiento. Rudolf Steiner dio énfasis a esta característica de Dionisio cuando señaló que el principio Dionisíaco trabajó en la construcción del cerebro. [14] Además, fue Dionisio quien trajo el regalo del vino, cuya misión era estropear los lazos consanguíneos de la que dependía la clarividencia atávica, por consiguiente liberó las fuerzas del cerebro atado a la tierra.

Dionisio fue considerado el primer maestro de la civilización intelectual. Sin embargo, Steiner indica que para los griegos el ego de Dionisio todavía no había tomado plena residencia en un ser humano, sino que estuvo a punto de hacerlo. Y más, los griegos imaginaron que "Dionisio y todo lo que a él pertenecía tenían tales cuerpos humanos que estarían obligados a aparecer si ningún ego estuviera en ellos, si el cuerpo humano sólo fuera afectado por el cuerpo físico, etérico y astral." [15] Éstas eran de hecho las formas de los seguidores de Dionisio, del maestro Dionisio, Sileno, y de los sátiros, las formas que uno obtendría separando el ego de la otra envoltura humana. Los sátiros, los faunos y Pan representaron las formas de los cuerpos Atlantes llevados a los tiempos griegos. Dionisio trabajó con aquellos seres humanos cuyos cuerpos tenían al menos un ego para convertirse en el primer maestro del ego.

Dionisio, en contraste con los dioses griegos, describió las aventuras del alma humana en persecución del conocimiento terrenal, y en su logro del conocimiento espiritual. El conocimiento de estas pruebas sólo

---

[13] Ibid, conferencia del 22 de agosto de 1911
[14] Ibid,
[15] Rudolf Steiner, *Wonders of the World, Trials of the Soul, Revelations of the Spirit,* conferencia del 23 de agosto de 1911.

estaba abierto a aquéllos que tomaban el camino de los Misterios, y en la civilización griega Dionisio fue el inaugurador de tales Misterios. [16] En el tiempo después de su encarnación física, Dionisio llegó a ser el maestro más importante de esos Misterios. "En estos Santos Misterios Dionisio apareció como forma etérica, y en relación con él podían ser percibidas las cosas que eran vistas meramente como reflejos, por medio de la conciencia ordinaria, pero que brotaban directamente del ser interior de Dionisio. Porque Dionisio está en nuestros propios egos, cada persona se vio en Dionisio, y aprendió a conocerse..." [17] Dionisio les enseñó a los místicos en los Misterios, y lo vieron como una forma espiritual "que era completamente controlada por la parte más importante, más esencial de la propia naturaleza del hombre, representada por el ego humano firmemente plantado en la tierra." Para los místicos él apareció como "una forma bella y dignificada, que exteriormente representaba al hombre de una manera gloriosa..." Y durante mucho tiempo Dionisio siguió siendo el maestro de los Misterios. [18]

Acerca del cuerpo en que encarnó, Dionisio no representaba la perfección; no poseía la forma humana más fina. Tampoco sus seguidores, los sátiros y faunos. Y se dice que el maestro del propio Dionisio, Sileno, ha sido un hombre muy feo, pero un individuo muy sabio. "Y cometeríamos un error si fuéramos a imaginar al profesor y maestro de este Dionisio — el viejo Sileno — de otra manera que con una nariz chata y fea y orejas puntiagudas, y ni siquiera guapo en lo más mínimo." [19]

Algo se revela arriba que se presenta como una imagen en todo, a lo que volveremos después. La civilización griega reconoció en su seno influencias que se expresaron en el cuerpo humano a través del tiempo y el espacio. Contemplaba tres arquetipos: el tipo Hermes, el tipo Zeus o Apolo, y el tipo sátiro. El tipo sátiro, como hemos visto, era un remanente en decadencia de Atlántida. El tipo Zeus era la estructura racial que vino del norte. El tipo Hermes vino del sudeste.

---

[16] Ibid, conferencia del 24 de agosto de 1911
[17] Ibid
[18] Ibid
[19] conferencia del 24 de agosto de 1911

El cuerpo de piel oscura y pelo rizado era característico de poblaciones Hamíticas del Norte de África y de las poblaciones Semíticas en Asia Menor. Y en la mitología griega Hermes llevó las almas al inframundo. Él llevó al alma por el camino interior, y por consiguiente fue vinculado con el principio Dionisíaco. Platón continuó llevando el tipo de cuerpo de Dionisio; su cara en muchas esculturas lleva los rasgos del tipo Hermes.

El tipo del sátiro de Sileno fue trasmitido a Sócrates, el reconocido amante de la sabiduría. Los sátiros aparecían a menudo con cola, cascos de cabra, piel melenuda y cuernos en sus cabezas, recordativo de la clarividencia atávica. Ellos podían ser reconocidos por sus labios sensuales, sus cortas y respingadas narices. En el tipo sátiro las fuerzas de la cabeza y de los miembros trabajaron juntas, pero en forma como de animal y decadente.

En el tipo Zeus se encontró una armoniosa mezcla de todos los rasgos raciales que derivaron de Atlántida. El tipo Zeus es el de la raza Caucásica o europea cuya mirada ha dado vuelta hacia el mundo externo, y cuya frente muestra el desarrollo de la capacidad del pensar. Aristóteles, pensador por excelencia, o Alejandro el Grande, el hombre de acción, fueron representados en la típica tipología Zeus.

Las polaridades entre los tipos Zeus y Hermes se reflejaron en Apolo y Dionisio. Zeus y Apolo eran los dioses de las alturas del Olimpo que la mitología había asignado al norte del país. Hermes-Dionisio vino del sur, desde donde se introdujeron en Grecia los Misterios del microcosmos. Zeus condujo a las maravillas del mundo de la naturaleza y el microcosmos; Hermes condujo las almas a las pruebas del inframundo.

Los dos diferentes caminos de iniciación se juntaron bajo el mismo techo, y como hermanos vivieron en el santuario de Delfos que para los griegos era el ombligo de la tierra. Aquí el oráculo de Apolo y la escuela de Misterio de Dionisio estaban uno al lado del otro. El oráculo ofrecía revelaciones exotéricas en la que todos podían participar. Los Misterios de Delfos sólo eran esotéricos y abiertos a seleccionados neófitos. Apolo representaba el día, la luz del sol y la razón humana. Dionisio abrió las puertas al mundo interior de los sueños y visiones. Apolo estaba más fuertemente presente en los nervios y los sentidos, Dionisio en la sangre.

En Delfos, con el tiempo, la vieja clarividencia Apolínea dio pase a la iniciación Dionisiaca. Mientras el oráculo Apolíneo era la quintaesencia Helénica, los Misterios Dionisíacos tenían un sabor más cosmopolita, uniendo la sabiduría del Oriente y del Occidente.

Dionisio, Platón y los Misterios

Sileno había sido maestro de Dionisio. Los dos individuos prepararon a los griegos para adquirir la conciencia del ego. Reencarnando, Sileno regresó como Sócrates, Dionisio como Platón. Ahora, "...todo lo que Dionisio y el sabio Sileno habían podido hacer por la antigua Grecia, fue nuevamente hecho por Sócrates y Platón." [20] Ellos volvieron en el tiempo en que los místicos ya no podían percibir clarividentemente en los Misterios, los Misterios habían entrado en decadencia.

Los Misterios revelaron al ser del Logos y predijeron el acercamiento de Cristo. Los juegos Píticos en Delfos fueron casi completamente consagrados a concursos de música y poesía (el arte de la Palabra), a cantar y tocar la flauta y la lira. A través de estas artes Apolo reveló su misión como el portador de la armonía en el alma. En Éfeso, el Logos era todavía más íntimamente entendido, donde estuvo más cerca a la comprensión de la mente humana. Mientras la música se originó en Delfos, Éfeso se volvió el lugar de nacimiento espiritual de la filosofía y la ciencia natural. Fueron de la mano el entendimiento del alma humana y de las maravillas del mundo. Éfeso estuvo muy íntimamente asociado con Atenas, su ciudad madre, y por consiguiente la filosofía fue pronto trasplantada a la emergente capital de Hellas.

Otro centro de Misterio se agregó a la creciente importancia de Atenas. Eleusis, el más importante centro de Misterio de la última época de Hellas — estuvo localizado sólo a doce millas de Atenas. El trasfondo espiritual de los Misterios de Eleusis fueron los reinos de Zeus y Demeter — el Misterio de los cielos y de la tierra cuyos representantes, Perséfone y Dionisio, aparecían como sus hijos. El mito de Dionisio dio un paso más en su evolución. Involucró el nacimiento, pasión, muerte y resurrección del espíritu humano. Eleusis se preocupó principalmente

---

[20] Rudolf Steiner, *Wonders of the World,* conferencia del 24 de agosto de 1911.

de los Misterios de la Caída del Hombre. Y el problema de la muerte, siempre más importante en el pensamiento Helénico, adquirió urgente relevancia en los nocturnales ritos de Eleusis.

Eleusis también tuvo dos Misterios. El Misterio Menor, celebrado en febrero, recreaba el drama de Perséfone, apuntó a alcanzar la catarsis (purificación) en preparación para la etapa siguiente. Los Misterios Mayores, aquéllos de Dionisio, tuvieron lugar en septiembre sólo cada cinco años, por nueve días. El grito de Perséfone en los Misterios Menores despertó a Dionisio. Era el lamento por el nacimiento del hijo de Yaco, o el renacido Dionisio. El drama describió proféticamente "la deidad que fue a descender en el mundo material y enterrada allí dentro para subir de nuevo dentro del hombre." [21] Yaco-Dionisio se hizo portador de la conciencia del ego, el inaugurador de la época del individualismo. La anticipación de los Misterios del Cristo-niño plantó sus semillas en el espíritu griego que después jugó tan importante papel en la difusión de la Cristiandad.

Atenas llegó a ser la ciudad de Dionisio y encarnó la plenitud del ímpetu hacia el individualismo. Dionisio tenía su templo en Atenas, y al pie de la Acrópolis estaba su teatro. Así Atenas se volvió el escenario para sus dramas y el centro de la actividad intelectual en Grecia. Uno podría decir que el último de los Misterios de Dionisio fluyó y reapareció como drama y filosofía. Debido a la importancia de estos impulsos gemelos, Atenas se volvió el centro cultural de Hellas. Muchos de los legados de la cultura griega, como la escultura, la pintura, la historia, la política, la retórica y la gramática también se originaron en Atenas o en su entorno inmediato. [22]

La palabra *theatron* deriva de *theaomai* que contiene la palabra dios — theos — y significa admirar o rendir culto en devoción. El drama fue concebido principalmente como una interacción entre coro y monólogo, que reflejaron el diálogo entre el alma humana y el espíritu del mundo. El alma humana se hizo consciente de lo que se conocía en los Misterios, el matrimonio de Dionisio con Perséfone. El teatro reemplazó al templo, y dentro de él estaban presentes todas las artes, incluida la arquitectura.

---

[21] Rudolf Steiner, *Aristoteles und das Mysteriendrama*, en Lucifer Gnosis, Berlín 1904, citado en Frederick Hiebel, El Evangelio de Hellas, Capítulo 5.

[22] Hiebel, El Evangelio de Hellas, Capítulo 3.

Como hizo su predecesor — Eleusis el drama de Perséfone — el primer drama griego provocó la catarsis, la purificación del alma. En el movimiento hacia el microcosmos (el polo Apolíneo) la superación del miedo condujo a la devoción y al temor; el conocimiento del egotismo en el alma (el polo Dionisíaco) hizo el espacio para la compasión y el amor. Así se reunieron una vez más los principios Apolíneos y Dionisíacos que habían acompañado la etapa histórica de la polis griega. Y la experiencia del teatro ponía el escenario para el renacimiento del ego después de la experiencia de la muerte. La filosofía griega se volvió maduro fruto de todos los desarrollos anteriores que hemos seguido estrechamente.

II. El Nacimiento de la Filosofía

El alma de Dionisio había acompañado el despliegue de la cultura griega del Misterio. Cuando la cultura del Misterio entró en una etapa decadente, el inaugurador de los Misterios regresó en la encarnación de Platón para guiar la siguiente etapa de la evolución. Volvió a entrar la cultura griega en cercana proximidad a su viejo maestro, Sileno. Durante los siglos venideros Sócrates y Platón jugarían un papel crucial en la evolución de la filosofía griega.

Gilgamesh/Wegman y Eabani/Steiner también siguieron muy de cerca estos desarrollos. Ellos reencarnaron primero en la cultura de los Misterios de Éfeso bajo la guía del gran Heráclito. Después llevaron a su florecimiento la filosofía griega y la cultura en forma de Aristotelismo y de cosmopolitanismo griego.

La conciencia griega era la más adecuada para ofrecer al mundo la filosofía y perfeccionar el instrumento del pensar, fundamental para el desarrollo de la civilización occidental. Este es el porqué el pensar tenía una cualidad profundamente viva. Ambas palabras griegas *teoría* e *idea* se conectan con la actividad de ver. Teoría deriva de *horao* (ver) e idea de *oida*, que denotan actos simultáneos de saber y ver. [23] La idea fue así objetivamente aprehendida al mismo tiempo como si fuera interiormente conocida. En Grecia uno podía decir que el pensamiento era conocido como percepción.

---

[23] Hiebel, El Evangelio de Hellas, Capítulo 1

Otro importante cambio que siguió al desarrollo de la personalidad fue el despertar de la conciencia. La palabra para conciencia, *synesis*, fue primero usada por Eurípides en su Medea, alrededor del año 431 a.c. [24] Esto marcó el tiempo en que el individuo despertó de la conciencia grupal de la polis. Hasta ese tiempo la moralidad individual y pública era una y la misma.

El nacimiento de la filosofía ocurrió en el siglo VI a.c., un siglo muy importante que marcó el principio de la Era de Micaél y vio la actividad de Buda en India. En ese tiempo aparecían en Grecia las primeras estatuas de Apolo, y Pitágoras se volvió pupilo de Zaratustra en Babilonia. Individualidades como Ferécides de Syros, Tales de Mileto, Anaximandro, Jenófanes, Heráclito, Empédocles, todos vivieron y trabajaron entre los siglos VI y V a.C. El ímpetu para la sabiduría de los filósofos vino de los Misterios aunque evolucionó fuera de ellos. Y fundamental entre los Misterios fue la luz que brilló desde Éfeso, en forma de enseñanzas acerca del Logos. A través de estas enseñanzas tuvo lugar la transición de la vieja conciencia de la imagen, como todavía en parte sobrevivía en Pitágoras, al intelectualismo. Sin embargo, con la muerte de la vieja conciencia clarividente llegaron nuevos peligros.

Anaxágoras fue el primero en formular una teoría mecánica del universo, declarando que la luna reflejaba la luz del sol. Demócrito sólo aceleró el movimiento hacia una visión mecanicista y materialista de la naturaleza. En su filosofía la naturaleza es completamente privada de alma y vida, y se construye una pared entre el mundo interior y la naturaleza. En esencia ésta es la primera vez que emerge a la superficie de la conciencia una visión del mundo completamente materialista. [25]

El triunfo del seco intelecto dio un gran paso en el sofisma de Protágoras, Gorgias, Kritias, Hipias, Prodikus y otros. El mundo divino dio paso al mundo del hombre. El Logos se convirtió en *dialogos* (diálogo), y evolucionó en dialéctica. Hiebel (*) llama dialéctica a "hablar lo que se piensa y pensar lo que se habla." [26]

---

[24] Ibid

[25] Rudolf Steiner, *Los Enigmas de la Filosofía*, Capítulo 2

* N del T: **Friedrich Hiebel** (10 de febrero de 1903, Viena, Austria - 16 de octubre 1989, Dornach, Suiza) fue un antropósofo austríaco, periodista y escritor.

[26] Hiebel, *El Evangelio de Hellas*, Capítulo 10

En consecuencia, el pensamiento griego se alejó más de la naturaleza y el cosmos. El recientemente desarrollado sofisma convirtió el diálogo en un ejercicio simple en el pensar: debatir solo por debatir, exaltar la supuesta capacidad del intelecto para alcanzar la verdad viviente. El sofisma lo llevó a su extremo, condujo al escepticismo y al materialismo. Sócrates apareció en el tiempo en que Hellas enfrentaba el riesgo de caer en el irrestricto individualismo. Él era un dialéctico y sofista. Sin embargo, elevó el pensamiento y lo redireccionó hacia la persecución de la verdad, en lugar de disiparlo en cuestiones superficiales. Él se llamó a sí mismo "partera del pensamiento" y preparó la transición de la guía de los dioses hacia la voz de la conciencia. Resueltamente se apartó de los Misterios u oráculos, porque confiaba profunda y exclusivamente en lo que el pensamiento podría lograr. A través de su supremo sacrificio, conservó la dialéctica, y demostró lo que había logrado en su enseñanza: la inmortalidad del alma.

Ahora seguiremos la sucesión de encarnaciones que llevaron al nacimiento del Platonismo y el Aristotelismo y al principio de nuestra odisea.

Cratilo y Mysa

La siguiente encarnación de Gilgamesh y Eabani ocurrió en Grecia cerca al templo de Éfeso. La sabia enseñanza en Éfeso formó el último vínculo con la sabiduría del Este. Su posición en Asia Menor simboliza acertadamente la naturaleza de la transición que ocurre en el tiempo. Los griegos empezaban a sentirse muy cómodos en la tierra, en lugar de en todo el cosmos. En Éfeso la instrucción dada a los pupilos era independiente de tiempo y lugar. Ya se remarcaba la preparación individual a través de ejercicios asignados a los pupilos. Un ejemplo es la manera en que dos individuos trabajaban juntos para determinar las propiedades de las plantas y su uso medicinal. Maestro y pupilo a menudo salían juntos para estudiar las plantas en la naturaleza. Uno observaría el aspecto exterior de las plantas; el otro observaría los procesos activos dentro de ella (por ejemplo, el flujo de la savia). Permitirían que sus respectivas experiencias maduraran a través de la noche, y luego compararían los descubrimientos. El uso de la planta se determinaría y construiría en base a la imagen que los dos individuos construirían juntos. [27]

En Éfeso por primera vez, el desarrollo personal y la madurez reemplazaron completamente el papel anterior de la herencia y la sangre. Éfeso también fue el último Centro de Misterio para conservar el conocimiento retrospectivo de todas las etapas más tempranas de la evolución cósmica de la tierra. Este conocimiento retrospectivo extinguió el anhelo que surgió, particularmente en Gilgamesh, sobre el origen del alma y su inmortalidad.

En la encarnación griega, las dos almas que estamos siguiendo muy de cerca, experimentaron lo que había vivido antes en su inconsciente. Por consiguiente aprehendieron plenamente el mundo del espíritu mientras también conscientemente observaban la realidad terrenal. Los dos supieron que lo que sobrevivió en Grecia era sólo una sombra de algo mucho mayor que lo que había vivido en el antiguo Este.

Eabani/Steiner volvió para encarnar como Cratilo de quien solo su nombre sobrevive en la historia. Sabemos que Platón escribió un libro titulado *Cratilo, Sobre la Exactitud de los Nombres*. Gilgamesh/Wegman era ahora su pupilo femenino, llamada Mysa. Significativamente, Mysa, o Misia, era el nombre de la madre-tierra Demeter. Su hija era Artemisia, también llamada Perséfone. El nombre Mysa es uno que después Steiner usó afectuosamente en las cartas a Wegman. Cratilo y Mysa eran discípulos de Heráclito, un filósofo ardiente y apasionado, un maestro nacido en Éfeso que intentó luchar con cada fibra de su ser contra el decaimiento de los Misterios.

Es aquí necesario decir algo sobre Heráclito, dada la importancia de este individuo y sus enseñanzas. El filósofo todavía estaba siguiendo los Misterios, y lo aclara cuando dice que el suyo es "un camino que es difícil de viajar." Es más, este es el porqué fue llamado "el oscuro". [28] Heráclito, un colérico, enfatizó que llegar a ser tiene más importancia

---

[27] Steiner, *Verdaderos y Falsos Caminos en la Investigación Espiritual*, conferencias del 14 de agosto, 15 de agosto y 19 de agosto de 1924

[28] *La Cristiandad como Hecho Místico y los Misterios de Antigüedad*, Rudolf Steiner, Conferencia: "Sagas griegas antes de Platón a la luz de la Sabiduría de los Misterios."

que ser; este es el porqué experimentó en su alma el llegar a ser del mundo. "El alma del mundo pulsa en su propia alma humana y le comunica su propia vida con tal de que el alma humana sepa cómo vivir en ella." [29] A partir de esta inmersión en el alma del mundo, Heráclito habló del espíritu como un fuego consumidor, aunque un fuego de un orden superior. Como fuego derrite o funde la materia, de manera que el fuego del espíritu funde la cognición limitada a los sentidos y libera la cognición de lo eterno.

Debido a que el universo está en perpetuo movimiento, Heráclito vio el papel creativo de la lucha que transforma y mueve las cosas a nuevas etapas de armonía. El hombre lleva el espíritu en sí mismo, en medio del conflicto de los elementos que lo construyen. El espíritu que es liberado en el ser humano debe poder pacificar los elementos y su clara disputa. Y, al final, la misma fuerza que engendra el conflicto es capaz, a través de nuestra cognición, de disolver y resolver el conflicto. El filósofo había experimentado totalmente lo transitorio a la luz de lo eterno, y por consiguiente podía ver más allá de las polaridades activas en el mundo. Lo ilustró en algunos de sus fragmentos, como el siguiente: "Vivir y morir es lo mismo, y así el estar despierto y estar durmiendo, ser joven y viejo. Porque el primero cambia y se vuelve el otro, y el otro, cambiando, de nuevo se vuelve el primero." [30]

Heráclito es uno de los primeros filósofos del Logos. Richard Geldard señala que más de veinte conocidos fragmentos de Heráclito se refieren a ello, directa o indirectamente. [31] El Logos de Heráclito fue el principio del movimiento del mundo creado y en constante creación. A través del Logos se hace visible la voluntad del creador. En el Logos la acción de las fuerzas contrarias alcanza una meta superior. En el Logos el tiempo no existe, y las fuerzas contrarias están simultáneamente en movimiento en una unidad que constantemente está en movimiento, pero también completamente quieta. El universo físico no se manifestaría sin la presencia y poder de manifestarse del Logos. Debemos nuestra existencia

---

[29] Rudolf Steiner, *Los Enigmas de la Filosofía*, Capítulo 2
[30] Rudolf Steiner, *La Cristiandad como Hecho Místico*, Conferencia: "Sagas griegas antes de Platón a la luz de la Sabiduría de los Misterios, 70."
[31] Richard Geldard, *Recordando a Heráclito*, 51

al Logos, derivamos nuestro significado a través de él, y anhelamos la inmortalidad debido a la naturaleza eterna del Logos. Así Heráclito relacionó la idea del Logos con el alma humana.

Cratilo, discípulo de Heráclito, tenía como rol desarrollar nuevas artes del discurso y de la curación. Enseñó al entonces muy joven Platón que como consecuencia fue a Atenas donde creó su famosa Academia. Mysa fue discípula de Cratilo, y en su alma vivió la aplastante comprensión que el encarnado ser humano se estaba haciendo egoísta; esta tendencia se había prefigurado en el alma de Gilgamesh. En ese tiempo Mysa estaba posicionada como precursora de posteriores etapas de desarrollo de la raza humana. Los Misterios de Éfeso trajeron a sus discípulos la gran experiencia que apareció en el alma como miedo, ansiedad, y terror. Estas experiencias despertaron después desde dentro la habilidad de relacionar a todo otro ser humano y seres vivientes con la compasión y el entendimiento, así moderar la tendencia egoísta introducida por el desarrollo de la individualidad.

La encarnación de Éfeso sirvió para un propósito particular, como lo escuchamos en el ciclo de conferencias *La Historia del Mundo y los Misterios*:

> Y así estas dos personalidades [Cratilo y Mysa] pudieron, por un lado, juzgar la palabra espiritual del mundo superior que vino a ellos como resultado de la experiencia de vida, y que vivieron como un eco de sus encarnaciones más tempranas. Y ahora, como el origen de los reinos de la naturaleza les fuera comunicado en el Misterio de Éfeso bajo la influencia de la diosa Artemisa, pudieron juzgar cómo nacen las cosas en el mundo externo a la humanidad...Y la vida de estas dos personalidades (que en parte coinciden con los últimos años en que Heráclito vivió en Éfeso, y en parte con el período que siguió) se llegó a imbuir interiormente con la luz de los grandes secretos cósmicos.
>
> El tiempo de Éfeso fue relativamente pacífico; un tiempo de digestión y asimilación de todo lo que había

pasado a través de sus almas en tiempos más tempranos, más agitados. [32]

Como Platón aparece aquí otra alma íntimamente conectada con la individualidad de Eabani/Cratilo; una que Steiner señaló como la encarnación anterior de Karl Julius Schröer. Ésta fue una relación importante que demuestra que Cratilo encarnó nuevamente muy poco después de su muerte, entrando una vez más en contacto con Platón. A Cratilo reencarnado se le conoce en la historia como Aristóteles. El alma hermana de Gilgamesh/Mysa reapareció como Alejandro el Grande. La encarnación anterior cercana a los Misterios de Éfeso había puesto la base para lo que reapareció después en las almas de Aristóteles y Alejandro el Grande.

Un evento muy importante marcó la etapa en la que regresaron las almas gemelas. El nacimiento de Alejandro el Grande en el año 356 A.C., ocurrió el mismo día en que Eróstrato (*) selló el destino de los Misterios de Éfeso incendiando su templo. Surgía en ese tiempo una transición a una nueva etapa de conciencia. Se borraba el último eslabón con los Misterios del Este.

Platón: Espíritu y Materia

Platón, un ateniense de cabeza a pies, declaró Solón, el legislador y poeta, como su antepasado. Temprano se embarcó en la carrera del drama, la oratoria, la actuación y la poesía, llegando a ser un exitoso dramaturgo. Debido a su descendencia aristocrática estaba abierta para él, si la buscara, una segura carrera política. La vida de Platón cambió completamente al encontrarse con Sócrates y sus enseñanzas. Decidió

---

[32] Rudolf Steiner, *Historia del Mundo y los Misterios a la Luz de Antroposofía*, conferencia del 27 de diciembre de 1923

* N del T: **Eróstrato** o **Heróstrato** (en griego Ἡρόστρατος) fue un pastor de Éfeso, convertido en incendiario. Fue responsable de la destrucción del templo de Artemisa (diosa Artemisa o Diana) de Éfeso, considerado una de las siete maravillas del mundo, el 21 de julio del año 356 a. C., coincidiendo, según Plutarco, con el nacimiento de Alejandro Magno.

quemar todas sus obras y seguir un alma con quien él ya había estado estrechamente asociado en su encarnación de Dionisio.

A la muerte de Sócrates, Platón, sólo de veintiún años, decidió escribir los *Diálogos* en los que reconoció la dialéctica de Sócrates. Nació Platón el filósofo. La nueva demanda lo colocó en una larga jornada, primero a Megara (Attica), donde trabajó con Euclides, luego a Egipto, Cirene, Magna Grecia, y Sicilia. Volvió a Atenas a la edad de aproximadamente cuarenta años.

En sus Diálogos Platón presentó ideas que tenían su origen en la misión de Dionisio. Pero, considerando que los Misterios Dionisíacos anteriormente condujeron a la clarividencia, los *Diálogos* inauguraron el método de pensamiento. Ellos fueron de hecho dramas del conocimiento, la realización de una catarsis, a una fase temprana del despertar de las fuerzas de la conciencia.

Diálogos de Platón

En los Diálogos Platón exaltó la personalidad de Sócrates, quien aparece como el maestro que dirige a sus pupilos. Sócrates murió a la manera de un iniciado, y al hacerlo así, mantuvo la enseñanza a sus pupilos sobre la inmortalidad. "Su personalidad, conociendo por experiencia la falta de valor de la vida, actúa aquí como una prueba de una calidad muy diferente a todo razonamiento lógico e intelectual. No es como si un hombre fuera a convertirse — porque este hombre está a punto de cruzar el umbral de la muerte — sino como si estuviera hablando la propia verdad eterna que había construido su morada en una personalidad pasajera." [33]

Sócrates escogió representar la posición de Platón. Ellos dos se negaron a pertenecer a los Misterios, porque deseaban discutir públicamente ideas y desarrollar la facultad del pensar que estaba muy en sus principios. En el primer diálogo (Apología) Sócrates habla sobre su misión: ayudar a cada hombre a "cuidar su alma." Y en la *Apología* Sócrates se refiere a Dios trece veces. [34] Su noción de un Dios monoteísta era nueva para los griegos, y una desviación de la tradición de su tiempo.

---

[33] Rudolf Steiner, *La Cristiandad como Hecho Místico*, Capítulo 3
[34] Carol Dunn, *Diálogos de Platón: Camino a la Iniciación*, 99

Muchos diálogos ofrecen una revisión de las importantes etapas de la heroica muerte de Sócrates. El *Eutifrón* describe a Sócrates en discusión fuera de la corte donde sería procesado por los cargos de impiedad y de corromper a la juventud. La *Apología* describe su defensa ante el jurado Ateniense, y el *Crito* una conversación durante su posterior encarcelamiento. Finalmente, esto llega a su conclusión en *Fedón*, que cuenta los eventos y conversaciones que ocurrieron el día que Sócrates fue condenado a muerte y tuvo que beber una mezcla conteniendo cicuta.

Los diálogos están basados en el método Socrático de preguntas y respuestas. Ellos describen cómo los estudiantes pueden hacer el esfuerzo de lograr sus propias conclusiones. Ellos ofrecen orientaciones para la conducta moral y ética, y mantiene un firme fundamento para la búsqueda de la verdad superior y el conocimiento esotérico. Steiner arguye que cuando los oyentes terminaban de escuchar un diálogo, encontraban en ellos algo que antes no poseían. Ellos habían experimentado un proceso de desarrollo interior, no sólo de haber asimilado una verdad abstracta. Ellos habían sufrido de hecho algo similar a una iniciación. "Como maestro de filosofía, Platón quiso, en la medida en que fue posible a través de este medio, ser lo que el iniciador fue en los Misterios." [35]

No hay en absoluto ningún acuerdo entre los estudiosos sobre una detallada cronología de los Diálogos de Platón. Ésta también es la opinión de Carol Dunn que sólo los categoriza en diálogos primeros, medios y últimos. [36] Permítanos mirar en más detalle la evolución del contenido y enseñanzas de los diálogos:

- Primera etapa: definición y actualización de las virtudes (Eutifrón, Laques, Cármides, Ión, Hipias Mayor). Poniendo las virtudes en práctica en la vida cotidiana. El primer peldaño de la escalera es el deseo de vivir una vida virtuosa.
- Segunda etapa: el conocimiento superior de la inmortalidad del alma, a través de las ideas de recordación, transmigración

---

[35] *La Cristiandad como Hecho Místico*, Rudolf Steiner, cap. "Platón como Místico"
[36] Dunn, *Diálogos de Platón*, XI

del alma (reencarnación), y la ley de causa y efecto (karma) se encuentran en Menón, Fedón, Fedro, Banquete y República. Tales enseñanzas cambian la percepción del pupilo del lugar que ocupa en el mundo. Ellos profundizan la motivación del aspirante en la persecución de las virtudes.

- Tercera Etapa: las elevadas verdades esotéricas se alcanzaron a través del quadrivium: matemática, geometría, astronomía y música. Los reinos superiores sólo pueden ser contactados por analogía y símbolo. Pueden ser contemplados solo desde el reino del pensamiento puro.

- Más allá de estas experiencias de Sócrates está la unidad con el "Bien." [37]

A niveles más bajos nos ocupamos de una "dialéctica (*) de división" ("dialéctica elenchus") (†) en la que el filósofo, buscando una definición, continuamente escoge entre dos posibilidades. [38] La definición separará el objeto de todos los otros objetos e identificará su singularidad.

En la tercera etapa, a nivel del *quadrivium*, nos ocupamos de una dialéctica de unión e inclusión. Separa la esencia de todos los objetos sensibles. Para Platón el mundo sensible es la encarnación de la

---

[37] Dunn, *Diálogos de Platón, Parte I*

* N del T: Originariamente designaba un método de conversación o argumentación análogo a lo que actualmente se llama lógica. En el siglo XVIII el término adquirió un nuevo significado: la teoría de los contrapuestos en las cosas o en los conceptos, así como la detección y superación de estos contrapuestos. De manera más esquemática puede definirse la dialéctica como el discurso en el que se contrapone una determinada concepción o tradición, entendida como tesis, y la muestra de los problemas y contradicciones, entendida como antítesis. De esta confrontación surge, en un tercer momento llamado síntesis, una resolución o una nueva comprensión del problema. Este esquema general puede concretarse como la contraposición entre concepto y cosa en la teoría del conocimiento, a la contraposición entre los diferentes participantes en una discusión y a contraposiciones reales en la naturaleza o en la sociedad, entre otras.

† El método socrático o método de Elenchus o debate socrático es un método de dialéctica o demostración lógica para la indagación o búsqueda de nuevas ideas, conceptos o prismas subyacentes en la información.

[38] Ibid, 61

pluralidad; el mundo suprasensible es un mundo que abarca la unidad. Más allá, en el esfuerzo por alcanzar el Bien supremo, la experiencia directa sólo puede ser comunicada en imágenes y símbolos.

Primera Etapa

Sócrates discute sobre las diferentes virtudes en diálogos específicos: el valor en *Laques*, la piedad en *Eutifrón*, la templanza en *Cármides*, lo bello en *Hipias Mayor*, etc. En cada caso Sócrates primero intenta definir el ser de la virtud. Cada participante ofrece sus propias visiones, y éstas pueden desarrollarse conforme progresa el diálogo. Sócrates busca de todos los participantes lo universal, la Forma o Idea que cubre todas las manifestaciones de la virtud. En los primeros diálogos los participantes no alcanzan la meta de encontrar una definición de la virtud. *Eutifrón* es nombrado después el hombre de la piedad, un teólogo. Incluso él no puede proponer una respuesta válida sobre la piedad. Lo mismo pasa en *Laques*, un soldado, cuando tiene que proponer una definición de valor en el diálogo del mismo nombre.

Ninguna idea se encuentra en los primeros diálogos, simplemente porque los participantes todavía no pueden alcanzar la meta, y Sócrates sólo puede ir hasta donde ellos van. Los estudiantes también fallan porque necesitan buscar entendimiento a un nivel superior. Este es simplemente el comienzo de su jornada, y ellos no están preparados para ofrecer las necesarias respuestas.

La enseñanza de las virtudes también tiene otra meta, en adición a lo inmediatamente claro. Como en el caso de Sócrates, el valor es lo que nos lleva a desatender nuestro cuerpo y seguir las demandas del espíritu, incluso cuando estas demandas ponen en peligro al cuerpo. Los sentidos no comunican lo eterno en su verdadera forma. Por consiguiente lo que es eterno tiene que ser captado o comprendido por lo que es eterno en nosotros. Y viviendo en el espíritu (lejos de los sentidos) nos sumergimos en la verdad.

Para Platón, los pensamientos provienen del espíritu; ellos surgen como recuerdos que no nos otorga la realidad material. Los pensamientos son eternos: los teoremas matemáticos seguirán siendo verdaderos aun cuando el mundo se derrumbe. Pensamiento y verdad están relacionados a todo lo que es eterno e invariable; el cuerpo es cambiante, mortal y disoluble. Así el camino de los sentidos y el cuerpo, y el camino del espíritu, son mutuamente excluyentes.

Segunda Etapa

En esta etapa se ofrecen enseñanzas que se originaron en los Misterios. En *Menón,* Sócrates postula que el alma es inmortal, y que si nos esforzáramos, recordaríamos lo que el alma pudo conocer en las vidas anteriores, o en el tiempo antes de que encarnáramos. Así para Sócrates el conocimiento es un acto de recordación. Él lo señala mostrando cómo una persona con pequeña educación formal (por ejemplo un muchacho esclavo) puede mostrar gran agilidad mental cuando le es dada una oportunidad, y sorprender a aquéllos que lo rodean.

El diálogo Fedón captura el estado de ánimo de Sócrates el día de su ejecución. Después de alguna preparación, Sócrates habla de polaridades: muerte y vida, despertar y dormir, y cómo uno genera al otro (por ejemplo la vida genera la muerte y viceversa). Aquí la inmortalidad se vincula a la recordación, y como prueba de la inmortalidad del alma se muestra el conocimiento adquirido en el mundo espiritual antes del nacimiento.

Sócrates bosqueja ideas que corresponden a la existencia de un cielo y un purgatorio, diciendo que el alma buena estará en presencia de Dios por el resto de la vida; considerando que el alma que ha morado en los placeres terrenales solo permanecerá cerca de la tierra, y será devuelta a la existencia física antes que el alma virtuosa. Lo anterior necesita educación en forma de sufrimiento, y por consiguiente volverá más pronto a la vida en la tierra donde puede corregir sus errores.

El tema general del diálogo *Fedro* es la relación entre el mundo espiritual y material, y el rol armonizador del amor. El alma se asemeja a un "par de corceles alados controlado por una auriga." Un corcel busca los ideales más elevados; el otro actúa de manera opuesta. El auriga se divide entre los dos, y tiene que esforzarse para dirigir el carruaje hacia el bien. En *La República* Platón va un paso más allá. Él distingue un alma racional que vive en la vida de las ideas y se hace consciente de sí misma en la percepción del pensamiento. Pero la otra parte del alma no es igualmente consciente: el alma no-racional, en la que los pensamientos no están activos y no reciben las ideas. Ésta es un alma doble que aparece por un lado como el alma que desarrolla el coraje que ejerce la voluntad, y por el otro como alma apetitiva, que se vuelve a los sentidos. Es sólo en la inmortal alma racional que nosotros manifestamos nuestra naturaleza eterna en la vida del espíritu. Sin embargo, el ser humano vive en todos los aspectos del alma, y el filósofo educa los tres, que son todos. Esta educación es el resultado del ascendiente del alma racional sobre las otras dos almas. En el alma racional Platón se sintió llamado a desarrollar la *sabiduría*, la *fortaleza* en el alma que desarrolla el coraje, y la *templanza* en el alma apetitiva. Las tres virtudes que trabajan en armonía desarrollan la *justicia*, que dirige al ser humano hacia el bien. [39] La realización de la complejidad de la vida del alma marca un hito en la filosofía; a través de Platón el alma se refleja en su propia naturaleza. El pensamiento se aventura a expresar lo que el alma es, y se siente cómodo en lo eterno. Crea el anhelo por el espíritu.

El conocimiento del karma lleva a la idea de las vidas repetidas del alma en la tierra, aunque adulterado desde sus primeras formas. La meta del alma es llegar a un lugar más allá de los cielos donde moran seres verdaderos. Les tomará a las almas 10,000 años en la tierra volver al lugar de donde ellas vinieron. Las excepciones son los filósofos que buscaron la sabiduría, o aquéllos que de verdad se amaron con pasión y anhelaron la verdad, quienes no tendrán que esperar tan largo tiempo.

Tercera Etapa

El *Banquete* de Platón es el diálogo sobre el amor, y describe una iniciación. En éste se incluye el dialogo Diotima/Sócrates sobre la experiencia más transcendental de lo divino (el Bien).

En el *Banquete* diferentes tipos de hombres hablan de un amor que corresponde a su etapa de desarrollo — la etapa en que está su daimon. Sócrates habla desde la perspectiva del conocimiento de un hombre. Para él el amor es más que Eros, que representa el anhelo por la belleza y la bondad. Pero Sócrates también quiere trasmitir más que

---

[39] Rudolf Steiner, *Los Enigmas de la Filosofía*, Capítulo 2

sus pensamientos. Él habla sobre "una revelación que le dio una mujer [Diotima]." Diotima debe buscarse en el alma de Sócrates. Ésta es la fuerza del alma, el principio maternal que da nacimiento al Hijo de Dios, el Logos. El elemento femenino, como la fuerza inconsciente del amor, permite el influjo de lo divino. [40] En palabras de Steiner: "Si la sabiduría, la Palabra eterna (Logos), es el Hijo del Creador Eterno del mundo, entonces el amor tiene una relación maternal con el Logos." [41]

La República es considerada el logro mayor de los *Diálogos*. Se ocupa de los niveles individual y colectivo (el estado). Mientras el Libro I examina lo que es la ciudad y cuáles son sus necesidades, el Libro III contempla la educación de los "tutores," aquéllos que son entrenados para hacerse sus gobernantes. Los tutores son personas que necesitan ser iniciadas, y en el esfuerzo, renuncian al llamamiento del mundo material y cambian sus aspiraciones a los fines más elevados del espíritu. Sócrates básicamente quiere que los filósofos sean gobernantes, porque ellos pueden reconocer la sabiduría y la belleza. Y el conocimiento de la persona de la sabiduría no es una opinión, sino ciencia.

Es también en este diálogo que Platón indica la naturaleza de la etapa superior de aprendizaje. Él revive el *quadrivium* de Pitágoras de matemática, geometría, astronomía y música. De hecho en este diálogo Pitágoras es llamado por su nombre, considerando que antes casi nunca ha sido mencionado. [42] Y en a este punto Sócrates quiere acercarse al más elevado reino del ser, que es el Bien. Pero declara que sólo hablará del "fruto del Bien mismo", no del propio Bien. Alcanza una conclusión algo que no había aparecido en los diálogos anteriores. Hasta ahora las virtudes habían sido enfocadas como separadas; ahora Sócrates nos invita a verlas como parte de un todo, de una unidad. Y él nos pone en el camino para identificar, o más bien, para experimentar — el Bien, sobre las ideas. Para hacerlo uno debe volver desde el mundo del devenir, hacia el mundo del verdadero ser. Para alcanzar este nuevo nivel las cuatro disciplinas del quadrivium deben ser enfocadas de modo que

---

[40] Rudolf Steiner, *La Cristiandad como Hecho Místico*, Capítulo 3

[41] Ibid, cap. Platón como Místico

[42] Carol Dunn, *Diálogos de Platón*, 52

transciendan el mundo sensible. Lo que se busca es la comprensión de las afinidades transcendentales, las concordancias, las polaridades.

En la matemática, el pupilo comprende el número, lo concibe a través del pensamiento puro para llegar a su verdadera esencia. En la geometría, a través de la contemplación de los sólidos Platónicos aprehende la naturaleza de los elementos, y del éter. En su *Timeo* Platón asocia cuatro de los sólidos con los cuatro elementos básicos — fuego, aire, agua, y tierra a través de los que se manifiesta la materia. Platón asigna al tetraedro, con sus terminaciones en punta y bordes, al elemento del fuego; el cubo, con su regularidad y firmes caras cuadradas, a la tierra; el octaedro y el icosaedro al aire y al agua, respectivamente. Para Platón el dodecaedro, con sus doce caras pentagonales, apunta a los cielos con sus doce constelaciones.

La astronomía se ocupa de los movimientos de los sólidos en el universo, que son modelos o ilustraciones de profundas verdades de la existencia. La música muestra mucho de lo que está activo detrás de las otras disciplinas. El sonido audible debe enfocarse de un modo trascendente, porque el significado final del sonido se encuentra en su polaridad, el silencio.

Para llegar a la compresión del Bien, Sócrates nos dice: Estamos en el límite de lo inteligible. Éste es un segundo umbral, así como hay un umbral entre el mundo sensible y el mundo suprasensible. Más allá de este segundo umbral está el Bien mismo. Si el pupilo Glaucon quiere aprehender las últimas realidades, sólo puede continuar el camino por sí mismo, aun cuando la requerida madurez sólo pudiera alcanzarse en una futura encarnación. Sócrates le ha mostrado a Glaucon que es posible.

Toda la filosofía de Platón todavía tomaba en consideración lo que vivía más allá de lo físico, en el reino de las ideas, entendido como la realidad de vivientes seres espirituales. Platón percibía su corazón y sus miembros todavía unidos con el mundo espiritual circundante, pero su cabeza y su pensar empezaban a aislarse de ese mundo. Él todavía podía experimentar interiormente las ideas plenas de contenido. En él una idea era un principio creativo del mundo, una viva, aunque disminuida percepción del poder creativo del Logos. Las ideas eran como sombras que la luz lanza sobre una pared, una sombra del espíritu.

El Nuevo conocimiento tenía que penetrar más en la realidad del mundo físico y ser elaborado en pensamientos claros. Fue esta la misión que Platón confió a Aristóteles, su discípulo durante dieciocho años. Platón había estado buscando el espíritu detrás de la materia; Aristóteles necesitaba llevar a la humanidad a la comprensión del espíritu dentro de la materia. En la historia, este episodio ha sido transmitido como si Aristóteles hubiera sido un pupilo que estaba en contra, inclinado a hacer las cosas a su propia manera y provocando que Platón lo retire de la Academia en Atenas. Esta interpretación es entendible, porque después Aristóteles fue perseguido por los atenienses que vieron con sospecha sus nuevas enseñanzas; y ellos lo consideraron más como un extraño de la diáspora griega (*). La verdad de la separación de Aristóteles de su maestro, sin embargo, respondía a las más profundas necesidades de evolución del mundo.

El alma de Platón todavía era capaz de contemplar las imaginaciones de las que el alma fue testigo en la vida antes del nacimiento. Aristóteles ya no haría uso de esto; restringió su filosofía a lo que el alma podía reunir solamente de la experiencia terrenal. Entrando a esta siguiente fase de la conciencia, el alma griega perdió acceso a la idea de la preexistencia y de la realidad de la reencarnación y el karma.

Aristóteles: Búsqueda del Espíritu en la Materia

La visión del mundo de Platón fue esencialmente dualista. Percibiendo la naturaleza como un insuperable obstáculo para el espíritu humano, fue incapaz de reconciliar espíritu y materia. Aristóteles vio el camino de la materia al espíritu, mientras todavía percibía las raíces de su pensamiento en el conocimiento de la iniciación. Platón representaba el ocaso de toda una era; Aristóteles formó el alba de una nueva.

Aristóteles nació de sangre mixta, Macedonia y Traciana, y fue lo que los griegos consideraban un bárbaro; en Atenas él nunca adquirió derechos políticos. Temprano en la vida quedó en la orfandad, y a la edad de diecisiete años se unió a la academia de Platón. A lo largo de su

---

* N del T: La **diáspora griega** es el término usado para designar a los griegos, o a las personas de origen griego que viven fuera de Grecia o Chipre.

vida fue juzgado con suspicacia por los atenienses, quienes no podían perdonar sus vínculos con Felipe y Alejandro de Macedonia.

Platón reconoció entre todos sus estudiantes la estatura superior de Aristóteles llamándolo el "Noos (*) de la Academia" (inteligencia personificada). Y los dos muy altos genios se afectaban mutuamente. Hiebel indica que, mientras estaba en la Academia, Aristóteles intentó platonizar su concepción del mundo. Y al final de su vida Platón adoptó un enfoque más metodológico en sus diálogos (Teeteto, El Sofista, El Estadista, Parménides y Filebo), confirmando la influencia del filósofo más joven. [43]

Aristóteles llamó a su maestro "el hombre quien no es válido para los hombres malos incluso para elogiar, quién solo como primero de los mortales claramente revelo, por su propia vida y por el método de sus palabras, cómo un hombre llega a ser bueno y feliz al mismo tiempo..." [44] Y el joven hombre se propuso permanecer en la Academia hasta la muerte de Platón. Incluso después de su muerte continuó trabajando estrechamente con algunos de los más conservadores discípulos de Platón.

Al final de la vida de Platón, Aristóteles y su mecenas dirigieron el famoso "debate" en Eleusis. Es desde este evento que se originan las dos Corrientes de escritos de Aristóteles. Por un lado están los trabajos de la ciencia natural en que Aristóteles propagó la sabiduría Misterio del pasado (sobre todo la de Eleusis) como se enseñó en la Academia de Platón. Estas incluyeron enseñanzas sobre las estrellas, los cielos, las plantas, los animales, la fisonomía, la memoria, el sueño y los sueños, la geografía, la meteorología, la etnología,...La otra corriente incluyó los trabajos lógicos, que luego fueron confiados a Teofrasto.

Después de la muerte de Platón, Aristóteles fundó sus propias escuelas en Asos y Mitilene, pero luego abandonó estos prestigiosos esfuerzos para hacerse maestro del Alejandro de trece años. Un estudiante de historia exotérica podría preguntarse qué lo llevó a renunciar a todos los afanes de su vida por un simple adolescente. Después, cuándo Alejandro lanzó su

---

* N del T: En la Antigua Grecia, el "Nous", intelecto o "Noos", correspondía al espíritu, la parte más elevada y divina del alma

[43] Hiebel, *El Evangelio de Hellas*, Capítulo 11

[44] Aristóteles, *De anima* III/3, citado en Hiebel, *El Evangelio de Hellas*, Capítulo 11

campaña en el Oriente, el filósofo localizó su escuela en Liceo, las tierras del santuario a Apolo, inaugurando el famoso Liceo que fue la primera universidad o escuela de conocimiento independiente de los Misterios. También fue Aristóteles quien introdujo el uso de las bibliotecas, tan importante para cualquier moderno centro de conocimiento.

Frederick Hiebel reconoce tres etapas principales en la vida de Aristóteles, y su conexión con la metamorfoseada sabiduría de los Misterios.

- Los primeros 20 años (de los 17 a los 37 años): estudió bajo la guía de Platón en la academia de Atenas. El primer período estuvo bajo la influencia espiritual de los Misterios de Eleusis.
- El período medio de 13 años: empezó a viajar, fundando sus propias escuelas en Mitilene y Asos, enseñando a Alejandro el Grande (a la edad de 41 años). El segundo período recibió los impulsos espirituales de los Misterios de Samotracia.
- Los últimos 14 años: fundó el Liceo en Atenas. En el tercer período, Hiebel estima que Aristóteles "reconstruyó, espiritualmente, el templo de Éfeso." Entre otras cosas transformó las enseñanzas del Logos en la nueva ciencia de la lógica. En estos últimos años organizó en tratados la presentación de todo su trabajo. [45]

Podría ser engañoso decir que Aristóteles recibió influencias espirituales de los Misterios. En su vida rechazó fuertemente no sólo los oráculos y la vieja clarividencia, sino también los propios Misterios, que él sabía habían entrado en decadencia. Sin embargo, resucitó la sabiduría de estos Misterios en nueva forma. Se aferró a las mejores influencias que anteriormente habían emanado de los Misterios, en cuya etapa final participó durante su última encarnación. Esto lo logró mientras emancipaba el pensamiento del hombre de los Misterios a través de la lógica, la metafísica y la ciencia natural. Desgraciadamente, a diferencia de todos los escritos de Platón que se conservan, este es el caso apenas para el opus de Aristóteles. Permítanos mirar los tres principales campos del trabajo de Aristóteles.

---

[45] Hiebel, *El Evangelio de Hellas*, Capítulo 11

Es creencia de Steiner que: "Con [Aristóteles] se ha completado y ha quedado estacionado el proceso de absorción de la vida del pensamiento en la concepción del mundo." [46] Platón había usado el pensamiento para ir más allá de lo que en el mundo externo se presenta como objeto; según su juicio la idea está (o se cierne) sobre el objeto, sin penetrarlo totalmente. El pensamiento de Aristóteles penetró directamente en el propio objeto y reveló la idea dentro de él. Para él las ideas animan totalmente los objetos en el mundo físico. Armado con este entendimiento, Aristóteles fue más allá de lo que fue Platón al no sólo mirar el alma como objeto de conocimiento, sino mirar el acto de conocimiento mismo. Él así puede investigar las leyes del pensamiento a través de la lógica que recién se establecía.

En su primer trabajo, Aristóteles puso las bases de la lógica a la que consideraba más un arte que una ciencia. En su alma, el pensar todavía era semejante a la percepción. La mente tenía no menos realidad que el mundo externo. A través del ejercicio de la mente más allá de la superficial apariencia de los sentidos, el alma podía alcanzar lo inmortal y eterno. El filósofo afirmaba que era posible la experiencia de la inmortalidad. En este esfuerzo el ser humano entró en contacto con su *daimon*, su genio, o conciencia que despierta al conocimiento de nuestro origen divino.

La lógica le permitió a Aristóteles transformar el conocimiento de los Misterios en el idioma del intelecto. Permítanos mirar el muy conocido instrumento lógico del silogismo, como el famoso "Todos los hombres son mortales; Sócrates es un hombre; por consiguiente, Sócrates es un mortal." Lo anterior puede expresarse en términos matemáticos como $A = B$, y $A = C$; por consiguiente, $B = C$. Este ejemplo ilustra mejor cómo las reglas de la lógica corresponden a verdades evidentes, justo como un axioma geométrico. De hecho el silogismo tiene una arquitectura geométrica. Sus términos pueden subdividirse en:

Premisa mayor: Todos los hombres son mortales
Premisa Menor: Sócrates es un hombre
Conclusión: Sócrates es mortal

---

[46] Rudolf Steiner, *Los Enigmas de la Filosofía*, Capítulo 2

'Sócrates' es el término Menor; 'los hombres' el término medio, común a las dos premisas; 'mortal' el término mayor. El término medio aparece en cada una de las premisas pero no en la conclusión. Los términos en la conclusión son llamados extremos. En este movimiento del menor al mayor nos estamos moviendo en tres círculos concéntricos (desde 'Sócrates', 'el Menor' al centro, 'hombres' en la capa media, 'mortal' en la periferia). Así la lógica de Aristóteles (y el silogismo) pueden ser representados geométricamente.

Hiebel concluye que el silogismo encuentra su refinamiento final en la idea de la entelequia. [47] La entelequia está compuesta de tres palabras: *entos* (interno, o dentro), *telos* (objetivo, propósito) y *eco* (tiene). La totalidad significa "tengo dentro de mí el objetivo o propósito." *Telos* se usó en los Misterios y significa iniciación. En la entelequia el principio de iniciación es transformado en iniciativa de la mente libre que alcanza la realización en el ser humano "teniendo el objetivo dentro de él." Aquí la premisa mayor es: "Estoy dentro de mí; la premisa menor afirma: yo soy la meta, el objetivo o propósito; la conclusión es: la meta, el objetivo, el propósito (*telos*) están dentro de mí."

Para Platón el cuerpo era la prisión del alma; para Aristóteles era el instrumento y órgano del alma. Con este nuevo entendimiento Aristóteles podía ahora mirar el mundo natural y estudiar su evolución desde el mineral a la planta y al reino animal. Para Platón tal indagación habría carecido de significado.

Después de dirigir su mirada a la planta y al animal, Aristóteles ve más allá de lo que está presente en la planta y el animal — el cuerpo anímico del elemento - el ser humano lleva una entidad anímico-espiritual. Lo anímico-espiritual hace uso del elemento del cuerpo-alma como de un instrumento, pero ejerce bien su trabajo más allá de la capacidad del complejo cuerpo-alma. El ser humano tiene la conciencia que no posee el reino inferior. Y Aristóteles elabora más el rol de la conciencia que en la metafísica de Platón está presente sólo embrionariamente. En su *Ética* él señala al arrepentimiento como el fenómeno psicológico provocado por la conciencia, y el trampolín para

---

[47] Hiebel, *El Evangelio de Hellas*, Capítulo 11

la virtud. [48] No poder experimentar el arrepentimiento conduce a un estado de mente que es el opuesto a la virtud moral.

En paralelo a lo anterior, lo que Aristóteles ve en el alma del hombre evoluciona en complejidad respecto a lo que Platón había discernido. Aristóteles define otros niveles del alma:

- *threptikon*, lo vegetativo, la planta - como alma
- *aisthetikon*, lo sensible, animal - como alma
- *oreptikon*, el alma que desarrolla el deseo,
- *kinetikon*, esa parte del alma que vive en la voluntad
- *dianoetikon*, el espíritu-alma [49]

En el espíritu-alma Aristóteles reconoce más:

- *Noos caminoetikos*: el pensamiento pasivo
- *Noos poietikos*: la voluntad dentro del pensamiento [50]

Más que Platón, Aristóteles claramente reconoce en la frontera del alma un elemento espiritual, no sólo un elemento del alma. La transición que ocurre en el ser humano marca la línea divisoria entre un mundo material donde coexisten idea y materia, y un mundo sobre este, habitado por seres y eventos de una naturaleza completamente espiritual; y el espíritu-alma (*dianoetikon*) del hombre pertenece a este mundo.

Aristóteles ha articulado una filosofía de la voluntad, una filosofía de la libertad. Esto es lo que Aristóteles implica en su *Ética a Nicómaco*: "no es posible ser bueno en el sentido estricto sin sabiduría práctica, ni prácticamente sabio sin virtud moral." Sus virtudes básicas - templanza, valor, justicia, amistad — se convierten en posibilidades de libertad. Superiores que estas virtudes son la *dianoética*: el arte, la razón, actuar según la conciencia. La conciencia pone a la razón en relación con la sabiduría (Sofía), la más noble de las virtudes. "La sabiduría es razón pura y espíritu unidos con el conocimiento." La razón se ve como

---

[48] Hiebel, *El Evangelio de Hellas*, Capítulo 1
[49] Steiner, *Los Enigmas de la Filosofía*, Capítulo 2
[50] Hiebel, *El Evangelio de Hellas*, Capítulo 11

teoría pura que concibe la idea mientras la percibe. Y ésta es la base en la que descansa la unidad de pensamiento y acción. "La mente debe corresponder a lo que es pensable, como los sentidos lo están con lo que es sensible." [51] Y sigue que la mente misma debe poder pensarse, así como son pensables los objetos.

La filosofía de Aristóteles alcanzó su pináculo en la idea de la individualidad humana, y el conocimiento de la inmortalidad de la que el alma griega, identificada con el mundo material, ya estaba empezando a dudar. Aristóteles tenía que fortalecer la idea de la inmortalidad individual a expensas de los últimos rastros de conocimiento del karma y la reencarnación que en Platón sobrevivían en forma parcial y a menudo confundida; esas ideas habrían dificultado al ser humano el camino hacia la individuación y penetración del mundo físico.

Al nacimiento de Alejandro el Templo de Éfeso fue destruido por las llamas, pero lo que había vivido en Éfeso permanecía grabado en el éter cósmico. Es como si esta sabiduría, con la que Aristóteles y Alejandro se habían conectado tan profundamente en sus últimas vidas, estuviera ahora disponible en una nueva forma fuera del templo. Aunque Éfeso había llegado a su fin, los Misterios Kabíricos de Samotracia todavía se mantenían para el activo cultivo de los Misterios. A través de la influencia de los Misterios de Samotracia surgió en Aristóteles y Alejandro algo como una memoria del tiempo de los Efesios que ambos habían vivido en sus encarnaciones como Cratilo y Mysa respectivamente. Y más, "Ahora cuando la resonancia cósmica en la Luna [esfera a través de la que el pupilo de Éfeso recibía las revelaciones espirituales] volvía a estar allí y Aristóteles y Alejandro reconocían lo que había significado el fuego en Éfeso, cuando vieron cómo este fuego había llevado al lejano éter del mundo el contenido de los Misterios de Éfeso, entonces fue allí que en los dos surgió la inspiración para fundar la Escritura Cósmica." [52] Y ésta es la escritura que formó los pensamientos definidos como categorías. En estas categorías, que abarcaban los secretos del mundo espiritual

---

[51] Aristóteles, *De anima* III/3, citado en Hiebel, *El Evangelio de Hellas*, Capítulo 11

[52] Rudolf Steiner, *"La Fiesta de Pascua en Relación con los Misterios,"* conferencia del 22 de abril de 1924

y físico, el antiguo griego podía vivir dentro de los conceptos, podía experimentarlos en su alma, y podía leerlos en el cosmos.

De hecho categorías y conceptos son términos intercambiables. "Con la misma justicia se podría decir: todos los conceptos son categorías, como uno podría decir: todas las categorías son conceptos." [53] Un concepto es construido completamente dentro del espíritu. No deriva de la observación. "Toda la red de conceptos que un hombre posee... usted puede representarlo como una tabla, formando el límite entre el mundo suprasensible y el sensible. Entre estas dos esferas el mundo de los conceptos forma el límite."

Cuando uno se acerca el mundo de los sentidos con conceptos/categorías, el mundo externo está de acuerdo con las categorías. Y éstas pueden corroborarse a través de medios clarividentes. "Desde el otro lado de la realidad suprasensible tira sus rayos, por así decirlo, sobre la red de conceptos, como por un lado lo hace la realidad sensible." [54] Sin embargo, la formación de conceptos es tan independiente de las habilidades clarividentes como lo es la observación.

Steiner compara conceptos/categorías con sombras. Si vemos nuestra mano iluminada desde atrás vemos la sombra de la mano. La sombra es eliminación de luz. Igualmente, pueden verse los conceptos como eliminaciones de la realidad suprasensible. Ellos se parecen al mundo espiritual, como la sombra de la mano se parece a la mano.

Se forman conceptos puros en matemáticas, que indican que no es necesario ascender a la realidad espiritual para formar conceptos. Para construir una suma de conceptos un ser humano debe poder construir un concepto sobre otros conceptos. De esta manera Aristóteles construyó una arquitectura de conceptos adaptada al mundo sensible y de acuerdo con la realidad espiritual. A través del estudio de las categorías el antiguo griego podía formar visiones en el mundo suprasensible, en un tiempo en que la instrucción de los Misterios había pasado a segundo plano.

---

[53] Steiner, *The Theory of Categories*, conferencia del 13 de noviembre de 1908 en http://wn.rsarchive.org/Lectures/19081113p01.html

[54] Steiner, *The Theory of Categories*, conferencia del 13 de noviembre de 1908 en http://wn.rsarchive.org/Lectures/19081113p01.html

Alejandro el Grande

Aristóteles se hizo consejero de Alejandro cuando a la edad de dieciocho años el joven heredero asumió el trono. Según Plutarco: "Él amó y apreció a Aristóteles no menos que si él hubiera sido su padre; dando para ello esta razón: que del primero había recibido la vida, el otro le enseñó a vivir bien."

Alejandro es definido por Steiner como "el primer hombre que fue toda una personalidad." La calidad de su vida como Gilgamesh, y su experiencia del egotismo en la vida de Mysa, contribuyeron a este cariz de alma. Alejandro podía naturalmente volver su atención al Este, basado en el conocimiento que vivía profundamente en su alma.

Alejandro fue considerado más que un mortal señalando el hecho que, a diferencia de su maestro, había sido iniciado en los Misterios de Samotracia, los llamados Grandes Misterios que ofrecían la visión de la evolución cósmica de la tierra, su pasado y su futuro. Él también puso su residencia en Éfeso en el lugar del Templo de Artemisa (El Artemision de Efeso), (*) templo que ofreció reconstruir con su propio dinero.

Un evento espiritual estaba asociado con la fundación de Alejandría: la visita de Alejandro al oráculo de Zeus-Ammon en el oasis de Siwa (noroeste del actual Egipto); allí se declaró hijo de Zeus-Ammon, la divinidad del sol. Igualmente, el interés de Alejandro lo llevó en el mismo espíritu a Jerusalén donde intuitivamente reconoció la importancia de lo que estaba allí en preparación para el futuro.

En sus expediciones Alejandro había alcanzado las dos columnas que Heracles había construido en los límites del Norte (el peñón de Gibraltar), y después llevó a sus ejércitos a lo que fue considerado otro límite del mundo civilizado, India, donde en su viaje llegó tan lejos como al Ganges. Aquí una vez más Alejandro tenía en mente más una iniciación que una conquista. Quiso alcanzar "el centro de la tierra," que apuntaba a la última iniciación. [55] El avance de Alejandro debe haber evocado la mayor duración del viaje de Dionisio muchos siglos antes. El gobernante debe haberse sentido como un nuevo héroe griego, un semidios.

---

* N del T: El Artemision de Efeso, el más sensacional, monumental y afamado de los templos jónicos, una de las siete maravillas del mundo.

[55] Hiebel, *El Evangelio de Hellas*, Capítulo 4

Contrariamente a su maestro, Alejandro se mantenía con un pie en los Misterios, y con el otro bajo el discipulado de Aristóteles. Sin embargo, tampoco esta vez pudo alcanzar la iniciación completa, y la historia percibe el lado más humano de su personalidad, que a menudo no alcanzaba sus más elevadas intenciones. Es como si, casi 3,000 años después, la sombra de Gilgamesh siguiera presente en la vida de este gobernante.

La principal fuerza propulsora de las campañas de Alejandro provino de su deseo de diseminar en el Este lo que había perdido, que había sido reelaborado en forma de filosofía griega. Su conquista fue seguida por la fundación de academias, bibliotecas, y museos en más de setenta ciudades, todos los cuales jugaron una parte importante en la posterior difusión del conocimiento griego. El centro más importante de conocimiento, Alejandría, durante los siglos por venir estaba por jugar un importante rol en la difusión de la cultura y el surgimiento de la Cristiandad. Durante todo ese tiempo el joven gobernante con también considerables contribuciones financieras mantuvo vivo el Liceo.

Alejandro se esforzó en su breve vida por integrar la propuesta de su ego inferior con sus ideales más elevados, pero ocurrió de tal manera que su triunfo se mezcló con la tragedia. Las extensas campañas militares del gobernante ya crearon un elemento de alejamiento de Aristóteles que le había aconsejado no emprender la campaña india. Otro elemento de alejamiento puede haber sido su unión con la clase gobernante local.

Alejandro también se permitió caer en excesos. En un momento dado, bebido, perdió el control de sí mismo durante los eventos que llevaron al asesinato de su general, Clito. Aunque inmediatamente se arrepintió de su impetuosidad, el episodio contribuyó a instilar una mezcla de miedo y alienación en muchos de sus más cercanos colaboradores. A esto se agregó el hecho que durante un tiempo adoptó la costumbre persa de la "proskynesis," (*) según la que el saludo dado

---

* N del T: El **incidente de la proskynesis** fue uno de los sucesos en la vida de Alejandro Magno que más ejemplificó la conversión del rey macedonio provocada por el poder absoluto. Muchos historiadores antiguos, griegos y especialmente de la época romana, tomaron el hecho como la muestra más clara de la transformación del joven rey en un tirano producto del embelesamiento al apoderarse del Imperio aqueménida.

a un noble o al rey denotaba el estatus social de la persona. Por cuanto un noble tenía que inclinarse ante el monarca, a un plebeyo le era exigido tenderse en el piso para rendirle homenaje. Tal práctica era muy ofensiva para los griegos que creían que este homenaje sólo era adecuado para un dios, no para un mortal. Steiner también parece señalar los excesos de Alejandro en la siguiente declaración: "E incluso el resultado en el Este de lo que Alejandro llevó desde el Oeste — quizás de una manera que desde cierto punto de vista es injustificable..." [56]

Los excesos del monarca jugaron un rol importante provocando su temprana muerte, que puso en peligro su legado. Tuvo otras consecuencias también en Grecia. Mientras en Babilonia, el joven rey había retirado desde Atenas a su general Antipater, a quien había dejado para proteger a Aristóteles y al Liceo, pero en quien había perdido la confianza. Esta acción desgraciadamente coincidió con el tiempo en que los enemigos de Aristóteles montaron un ataque contra el Liceo, y lo acusaron de ateísmo y traición. El filósofo tuvo que huir hacia Atenas y refugiarse en la isla de Eubea, donde vivió en casi completo aislamiento. Fue un trágico fin para el esfuerzo de Aristóteles y para la futura difusión de sus enseñanzas. El filósofo, sin embargo, se volvió místico, profundizando más su creencia en la inmortalidad del alma.

Advertido del inminente ataque contra el Liceo, Aristóteles consiguió salvar su opus filosófico. Sin embargo, sus escritos fueron por dos caminos diferentes. Llevados por su pupilo Teofrasto los escritos lógico-filosóficos fueron hacia el Oeste. Las enseñanzas que conciernen al conocimiento del cosmos y la naturaleza (incluyendo astrología, biología, fisonomía, geografía, meteorología, etnología, y otros) fueron al Este.

Teofrasto es la persona que jugó el rol más importante en la conservación del legado de Aristóteles. Después de las vicisitudes de la campaña del Oriente y la muerte de Alejandro, el discípulo se separó de Aristóteles, convirtiéndose en su sucesor en el Liceo donde permaneció hasta su muerte en el año 287 a.C. Él ha sido extensamente reconocido como el heredero espiritual de Aristóteles, y aumentó el legado del maestro.

---

[56] Rudolf Steiner, *Historia del Mundo y los Misterios* a *la Luz de la Antroposofía*

Teofrasto permitió pasaran a la posteridad sólo los trabajos lógicos de Aristóteles, y decidió no publicar la "parte esotérica" (principalmente lo relacionado al conocimiento de la naturaleza), porque quiso conservarlos; eso no significa que desaparecieran, como ocurrió después. En consecuencia, como veremos en el próximo capítulo el destino de estos manuscritos coloreó la mayor parte del camino de la conciencia de la futura Europa.

Las limitaciones de Alejandro tuvieron inmediatas repercusiones, no sólo en Aristóteles y su trabajo. También tuvieron su parte en el tardío encuentro de Steiner e Ita Wegman, y en su colaboración.

Conclusiones

Platón continuó de una nueva manera la tradición de los Misterios, que fueron lugares para la experiencia, no para el conocimiento intelectual. En cierto modo Platón todavía representaba el papel que tenía el hierofante en los Misterios. Y el dualismo de Platón se retrotrae al pasado de los Misterios. Se encuentra en el antagonismo persa entre Ahriman y Ahura Mazdao. Este antagonismo continuó en el seno del hombre en la dicotomía entre un alma natural y un alma espiritual.

Para Platón, Dios está embelesado con la naturaleza. Nació el cuerpo del mundo a través de un sacrificio de la Deidad. El alma del mundo (el elemento divino) es crucificada en el cuerpo del mundo. Se ha encontrado con la muerte en el cuerpo del mundo, para darle existencia. Y Platón llama a la naturaleza "la tumba del elemento divino." [57] Es tarea del ser humano resucitar la naturaleza. Y esto sólo puede hacerlo el hombre que es iniciado. El ser humano iniciado ve en el Logoi (plural de Logos) los arquetipos metafísicos de todas las cosas y las fuerzas productivas detrás de todo objeto perceptible. Ellos son los mediadores entre el universo y el hombre.

La filosofía de Platón sólo entra en la primera etapa del proceso de pensar. En reveladoras palabras, Steiner resume así toda la filosofía de Platón: "La concepción del mundo de Platón tiene como objetivo ser una forma de cognición que en toda su naturaleza es religión. Lleva la

---

[57] Rudolf Steiner, *La Cristiandad como Hecho Místico*, cap. "Platón como Místico".

cognición en relación con lo más elevado que el hombre puede alcanzar a través de sus sentimientos. Platón admite la validez de la cognición cuando satisface completamente los sentimientos del hombre. Entonces no se trata de un conocimiento pictórico; es el contenido de vida. Es un hombre superior en el hombre." [58] Aristóteles entendió la misión de Platón en una forma convergente cuando declaró que Platón [reveló] por su propia vida y por el método de sus palabras, cómo un hombre llega a ser al mismo tiempo bueno y feliz..."

Platón fue un retórico. Fue un maestro de la composición y el estilo. Aristóteles no buscaba convencer con su estilo. Más bien, él diría: "No debemos tratar de deleitar [a los oidores]: debemos en justicia, luchar nuestra causa sin ninguna ayuda más allá de los simples hechos: nada, por consiguiente, debe importar excepto la prueba de esos hechos. El idioma imaginativo significa encantar al oidor. Nadie usa un lenguaje refinado cuando enseña geometría." [59] Los trabajos de Platón son más parecidos a composiciones artísticas. Aristóteles inaugura la ciencia en el verdadero sentido de la palabra.

La filosofía de Aristóteles marcó el gran punto de inflexión dentro de la historia de la enseñanza del Logos. La doctrina del Logos de Heráclito se convirtió en la enseñanza de la lógica. El Logos de Aristóteles indicó el camino a la discriminación lógica con respecto a la acción moral. Después, a través del legado de Aristóteles, las enseñanzas del Logos unidas con la tradición hebrea permitieron a los filósofos profundizar la comprensión del Cristo-Logos.

Aristóteles establece las bases para la evolución de la conciencia. Sócrates y Platón hablaron del *daimon* o la voz interior. Pero ellos difícilmente hablaron de conciencia. Hicieron poca distinción entre el conocimiento subjetivo y objetivo de la verdad, de lo bello o de lo bueno. Aristóteles habló más plenamente de conciencia y de la necesidad de enfrentarla a través del arrepentimiento, la marca distintiva del hombre moral. Sembró las semillas para la llegada de la conciencia del Cristo-Logos dentro del pecho humano, posible después del punto de

---

[58] Rudolf Steiner, *La Cristiandad como Hecho Místico*, cap. "Platón como Místico".

[59] Aristóteles, *Retórica* III/1, citado en Hiebel, *El Evangelio de Hellas*, Capítulo 11

inflexión del tiempo. Él diferenció así entre el Logos objetivo exterior y la conciencia interior, capaz de conectar con el Logos.

Aristóteles completó la comprensión del Logos. Cerró el círculo que se abrió con la transición de los Oráculos a los Misterios. En primera instancia el conocimiento fue recibido desde afuera, pero con participación de las fuerzas de la naturaleza que todavía no le hacía un espacio completo a la individualidad. Para usar las palabras de Steiner, en los Misterios las maravillas del mundo fueron reemplazadas por pruebas del alma. Aristóteles alentó el pensar no sólo para que penetrara el reino del alma, sino los Misterios de la naturaleza. El pensamiento podía reflejarse más en sí mismo a través de la lógica.

Después de Aristóteles, el pensamiento griego no generó esencialmente nada nuevo. Los primeros siete a ocho siglos de la cristiandad estaban principalmente coloreados por el Platonismo. Sólo cuando el Aristotelismo fue cristianizado por Tomás de Aquino la cristiandad puso las bases del Alma Consciente. El Platonismo permite la preservación de los tesoros del pasado, y da impulso a importantes reavivamientos. Puede darnos un sabor y precognición de cosas por venir, y la energía para prepararse para ello, pero no puede generar el impulso para una nueva época. El Aristotelismo engendra lo nuevo y prepara el camino para nuevos impulsos.

PARTE II

La Edad Media

CAPÍTULO 3

La Escuela de Chartres
y el Escolasticismo

Steiner reconoce cuatro épocas en la evolución de la filosofía, cada una de las cuales duró entre seis y ocho siglos. [60]

Hemos estudiado la primera época del desarrollo de las visiones filosóficas en la antigüedad griega. Se remonta al siglo VI A.C. en Grecia, y acaba en el tiempo del Gólgota. Los griegos de ese tiempo recibieron el pensamiento como nosotros recibimos la percepción, dando al alma la capacidad de orientarse en el mundo a través de su proceso de pensamiento.

Después del tiempo de Cristo, el pensamiento alcanzó al ser humano vía una experiencia completamente diferente. Ya no se percibió desde afuera, sino que se sintió como generado desde dentro del alma. El alma ahora se sumergía completamente en la experiencia de su propio ser; exploraba la relación entre lo que produce esta actividad interior y lo que puede percibirse en el mundo externo. El pensamiento se enfocó más hacia el autoconocimiento que al conocimiento del mundo. "Este tiempo [es] la 'Era del Despertar de la Conciencia de Sí Mismo.'" [61]

El ego estaba ahora despertando dentro de la vida del alma. Y la relación del alma humana con el mundo se expresaba de acuerdo a

---

[60] Rudolf Steiner, *Los Enigmas de la Filosofía*, Capítulo I, Pensamientos Guías sobre el Método de Presentación

[61] Ibid

las visiones ganadas de las fuentes religiosas que toman el escenario central en la conciencia de los tiempos. El misterio del nacimiento del ego, introducido a través del hecho de Cristo, se contempla a través del mundo de la revelación de los evangelios. Esta tendencia continúa hasta el tiempo de Scotus Erigena (815-877 A.C.).

El tercer período marca un tiempo en que la vida del pensamiento nuevamente se fortalece, y prueba su validez. Y la importante pregunta del tiempo es: "¿Cómo puede algo expresarse en pensamiento vivo que no es en sí mismo meramente producto propio del alma?" [62] Es como si la filosofía griega fuera a renacer pero en un nuevo estado. La facultad de pensar es ahora controlada en un estado en que es colocada en íntima relación con la experiencia del ego. Anticipando los resultados de este capítulo, podemos decir que Chartres continúa la tendencia del segundo período y lo lleva a una culminación; la visión del mundo del Escolasticismo forma la culminación del tercer período.

Los escritos de Platón siempre permanecieron a disposición de la civilización occidental. Los escritos filosóficos de Aristóteles se difundieron en el Oeste. Durante varios siglos se dieron por perdidas las enseñanzas acerca del conocimiento del cosmos y de la naturaleza, hasta que algunas de ellas reaparecieron en un monasterio en Siria. Después se tradujeron al sirio y otros idiomas. Este segundo tipo de conocimiento volvió al Oeste en una variedad de maneras. Los Cruzados, los Caballeros Templarios entre ellos, los regresaron desde el Medio-Este. Después, los árabes difundieron en occidente, en España, las enseñanzas de Aristóteles. En la Edad Media el trabajo del pensador sobrevivió y adquirió nuevas formas en manos de Aquino y Boetius; y después a través de Jacob Boehme, Paracelso, y alquimistas tales como Basil Valentine y otros. Hasta fines del siglo XIX se mantuvieron vivos rastros de la tradición de Aristóteles, tiempo en que encarnaron Rudolf Steiner e Ita Wegman. En su biografía Steiner nos da un ejemplo de cómo tal conocimiento sobrevivía profundamente en el alma del herbolario Félix Koguzki a quien conoció en su juventud. [63] La ciencia en ese tiempo

---

[62] Rudolf Steiner, *Los Enigmas de la Filosofía*, Capítulo I

[63] *Steiner, Autoeducación*: Reflexiones Autobiográficas: 1861-1893, la conferencia del 4 de febrero de 1913

era absolutamente incapaz de explicar de dónde venía tal conocimiento, y en el mejor de los casos, simplemente lo ignoraba.

El trabajo filosófico de Aristóteles sobrevivió hasta el tiempo de Steiner en la figura del Benedictino Vincenz Knauer a quien en una oportunidad Steiner escuchó en la Universidad de Viena. En él, Steiner concluyo: el Aristotelismo todavía mantiene cierta vitalidad. [64]

En el importante punto de inflexión del tiempo el individuo, no importa cuán evolucionado, enfrenta nuevos desafíos para llevar a un nuevo nivel los tesoros que viven enterrados en el alma. Y ningún punto de inflexión tuvo más importancia para la evolución del mundo y para el desarrollo individual que el Misterio del Gólgota. Mientras los escritos de Platón y Aristóteles se abren camino en Europa, Aristóteles y Platón tenían que sufrir la trascendental iniciación en los Misterios cristianos. Nosotros seguiremos uno y otro hilo: la individualidad eterna y los escritos. Alternaremos entre el reencarnado Aristóteles y Platón. Ya que Platón no cumplió a plenitud su misión en esta época, complementaremos su imagen con el del más importante representante Platónico de la Edad Media: Alain de Lille.

La Experiencia de la Cristiandad: Schionatulander y Sigune

El conocimiento de Aristóteles necesitaba asumir una nueva forma, una que fuera influenciada por el surgimiento de la cristiandad. Es por esa razón que las dos almas hermanas primero reaparecieron en una muy fantaseada, pero poco entendida corriente histórico-cultural (la cristiandad del Grial), y después en la cristiandad oficial de la Edad Media. El filósofo griego reencarnó primero como el caballero Schionatulander, y el rey de Mesopotamia como una mujer con el nombre de Sigune. De algún modo aquí se invierten los papeles: el hombre del conocimiento, Aristóteles/Steiner, asumió un papel que lo relacionaba con la actividad exterior. El alma vieja de fuerte voluntad Gilgamesh/Wegman, como la mujer Sigune (*), cumplió un rol más receptivo y subordinado sólo en la

---

[64] Steiner, Relaciones Kármicas, Volumen 6, Conferencia del 19 de julio de 1924
* N. del T.: prima de Parzival en la leyenda de Arturo.

romántica, aunque breve relación que conocemos de esa alma hermana. Los antedichos nombres sólo aparecen brevemente en el poema épico *Parzival* de Wolfram von Eschenbach; escrito en el siglo XII, referido a eventos que habían ocurrido en los siglos IX y X. Los nombres dados en la épica no son aquéllos correspondientes a las personalidades históricas; más bien son nombres imaginativos que apuntan a la esencia de sus seres, y a los roles que representaron en la búsqueda del Grial. Lo poco que sabemos del *Parzival* de von Eschenbach es después útilmente complementado por su inacabada épica: *Titurel*; y por otro libro completado después de medio siglo por Albrecht von Scharffenberg: *Der juengere Titurel*. En ambas posteriores épicas, Schionatulander toma el lugar del héroe principal (en vez de Parzival).

Permítanos repasar los vínculos de destino en esta encarnación, según las épicas. El Rey Titurel tenía un hijo, Frimutel, que lo sucedió. Este último tuvo dos hijos (Amfortas y Trevrizent) y tres hijas (Schoisane, Herzeloyde, y Repanse de Schoie). Schoisane murió en el parto, y su hija Sigune fue criada por la tía Herzeloyde.

Schionatulander era hijo de Gurnemanz, un caballero Arturiano. Cuando todavía era muchacho sirvió como paje a la reina francesa Anflise, y luego después a Gahmuret. Schionatulander había sido entrenado en el arte de los trovadores, particularmente en la poesía y la música. Después de que Gahmuret se casara con Herzeloyde, Schionatulander encontró a Sigune en la corte de la reina. Los dos crecieron juntos y entre ellos se reveló el amor.

Schionatulander como paje luchó al lado de Gahmuret. Él deseaba la tarea de Gahmuret, aunque se encontraba en una encrucijada, entre cumplir la tarea y su amor por Sigune. Schionathulander había ido dos veces a Bagdad con Gahmuret, poco después de la muerte del famoso califa Harun-el-Rashid. Schionathulander era el único encargado de anunciar la muerte por traición de Gahmuret, y Herzeloyde recibió la noticia justo cuando Parsifal estaba a punto de nacer. Por consiguiente Schionatulander se volvió regente del reino de Gahmuret. Él llevó adelante las caballerescas batallas en el ideal de la Mesa Redonda del Rey Arturo, y una vez más regresó a Bagdad. Entre batallas, volvió a Sigune que le imploró que se quedara en casa. Sin embargo, el caballero se sintió interiormente obligado a completar lo que Gahmuret había empezado.

Finalmente regresó de sus campañas y se planeó el matrimonio. Antes de que el matrimonio pudiera tener lugar, se produjo otra tragedia. Schionatulander fue muerto por Orilus, su enemigo, después de haber intentado lograr una misión confiada a él por Sigune. La leyenda relata que Sigune envió a Schionathulander a ir en busca de la correa del perro Gandevie. Orilus confundió a Schionathulander por Parzival y lo mató. Sigune después participó dirigiendo a Parzival en su expedición por el Grial.

La breve encarnación de Schionatulander permitió al alma de Aristóteles/Steiner entrar en una corriente cristiano-esotérica en la que la cristiandad era cultivada en forma de una moderna instrucción de Misterio. Pero debido a que su vida fue interrumpida, él probablemente nunca alcanzó la etapa de iniciación que habría sido posible dentro de la cristiandad del Grial. Sin embargo, como en más de una ocasión lo señala Prokofieff jugó un importante papel defendiendo la vida y misión de Parsifal. Emil Bock llega a la conclusión de que Schionatulander no sacrificó su vida, los impulsos de la corriente de Arturo y aquéllos del Grial habrían llegado a su fin. [65] A su muerte, Schionatulander/ Steiner tomó con él un impulso para unir las Corrientes de sabiduría precristiana y la cristiana. Y esta tarea fue continuada al retornar el alma a la encarnación.

Hroswitha de Gandersheim

Primero seguiremos el hilo del reencarnado Platón, luego veremos el trabajo de la Escuela de Chartres en la que floreció todo el Platonismo cristianizado y ofreció sus frutos para el futuro de Europa. Luego veremos a Alain de Lille, y el lugar que ocuparon sus escritos en la cultura europea. Y finalmente, volveremos nuestra atención a lo que tuvo lugar en la corriente Cisterciense, a la que Alain se unió en la última parte de su vida. Siguiendo esta corriente llegaron a los tiempos modernos los últimos rastros de un Platonismo viviente. Incluso en posteriores tiempos entre las grandes almas Cistercienses y Platónicas pudieron a

---

[65] Emil Bock, La Vida y Tiempos de Rudolf Steiner: Volumen 2: "Origen y Crecimiento de Sus Visiones," 227

veces comunicar su sabiduría a los miembros de la orden. Y esa orden, como se mostrará en el Capítulo 5, jugó un papel importante en la vida de Steiner. De la corriente Platónico pasaremos a los Escolásticos, la nueva expresión del Aristotelismo dentro de la cristiandad.

Mientras Aristóteles continuaba su camino en la cristiandad, Platón experimentó la dificultad de reencarnar en las nuevas condiciones de Europa central. Ni podría él encarnar en una posición que le permitiera influenciar significativamente en la mayor difusión del Platonismo. Irónicamente, el Platonismo desarrolló sin su fuente principal de inspiración. Si queremos tomar en consideración al siguiente y más importante exponente Platónico de la Edad Media, éste sería indudablemente Alain de Lille. Él llegó al final de una línea de desarrollo, y después de él disminuyó el papel de los Platónicos y emergió plenamente la tarea de los Aristotélicos.

El Platonismo se reavivó a lo largo de la Edad Media, más significativamente en lo que se llamó *Escuela de Chartres*. Sin embargo, a la individualidad de Platón le era difícil mirar hacia abajo a lo que como Platonismo sobrevivía en la tierra. Según la investigación de Steiner en *Relaciones Kármicas IV*: "...demasiado frecuentemente fue solo para él una terrible perturbación en su vida suprasensible de alma y espíritu." [66] Tenía gran dificultad para regresar a la tierra e ingresar en la época cristiana, encontrar un cuerpo en el que pudiera conllevar las anteriores inclinaciones de su alma. Esto fue debido a que Platón había sido griego, imbuido en el elemento artístico. La siguiente civilización había adquirido la estampa romana de cabeza a pies; y el neoplatonismo sobrevivió sólo como una pálida copia de lo que había sido el Platonismo. Todo esto explica la dificultad por la que pasó el alma de Platón en búsqueda de la reencarnación. En la misma conferencia también oímos, "Y hubo también cierta dificultad para que su naturaleza recibiera la cristiandad; porque en cierto sentido él representaba el punto más alto de la concepción del mundo precristiano." [67]

---

[66] Steiner, Relaciones Kármicas, Volumen 4, conferencia del 23 de septiembre de 1923

[67] Steiner, Relaciones Kármicas, Volumen 4, conferencia del 23 de septiembre de 1923

Platón reencarnó en el siglo X como la monja Hroswitha que perteneció al convento de Gandersheim en Brunswick (Bajo Sajonia, Alemania). Ya en ese tiempo, ella se unió fuertemente con el espíritu germánico de Europa central, sin embargo se resistía a recibir y trabajar a través de la identidad de la cultura romana. Ésta puede haber sido una causa más para retrasar su alma.

Poco se conoce sobre el origen y vida de Hroswitha. El hecho de haber sido aceptada en la abadía real de Gandersheim implica que era de descendencia noble. Bajo el reino del Rey Otto I (936–973), se le había otorgado a la abadía poder autónomo; sólo respondía al control de la rectora nombrada por el rey, no a cualquier otro seglar o autoridad religiosa. Las mujeres que vivían en Gandersheim estaban de acuerdo en regular su conducta por una regla, pero no ha tomar votos permanentes. Como resultado, las personas se movían libremente entre la corte y la abadía, promoviendo un vivo intercambio de ideas. Otto (Emperador que gobierna sobre parte de Alemania, Austria, Suiza, y el Norte de Italia) había impulsado un pequeño renacimiento en su corte. Llegaron a verlo escritores y artistas de toda Europa, y Hroswitha disfrutó del acceso que tuvo a mucho material escrito de su tiempo.

Hroswitha escribió desde aproximadamente el año 960 de nuestra era, hasta poco después del año 973. Al final de este período, ella aparentemente organizó sus escritos en tres libros en los que probablemente existía una sucesión cronológica. El Libro 1, *Historia*, contiene principalmente cinco leyendas; el Libro 2 se enfoca en alrededor de seis dramas; en el Libro 3 se encuentran dos poemas épicos: *Gesta Ottonis* (Los hechos del Rey Otto), y una narrativa de los principios de la Abadía de Gandersheim. Nada se conoce de la posterior vida de Hroswitha.

Los dramas de Hroswitha son narrados en forma de diálogo que tienen su origen en Platón. Aunque describió historias dramáticas, ellas no fueron escritas para la escena. El esfuerzo que se encuentra en ellas podría expresarse en términos de la pregunta de cómo cristianizar el arte. Esto es lo que ella hizo bajo la influencia del dramaturgo romano Terence, a quien tomó como modelo. No escribió comedias como su predecesor; más bien usó sus historias como un medio para educar el alma. Resulta interesante que ella también fuera la primera escritora en introducir en su *Theophilus* el tema de Fausto. Él es descrito como un alma que siempre lucha por avanzar, y debido a esto puede encontrar la redención a pesar del abatimiento.

Aunque Hroswitha von Gandersheim tuvo cierta influencia en su tiempo, esta encarnación fue una importante dimisión de lo que uno esperaría del Platón reencarnado. Naturalmente, uno tendería a buscar a la reencarnada individualidad entre los maestros de la Escuela de Chartres. En efecto, el neoplatonismo recibió su mayor impulso sin una significante contribución de su protagonista principal. Este elemento parece explicar las posteriores dificultades en la encarnación de Karl Julius Schröer.

La Escuela de Chartres

Hasta los siglos VII y VIII, en algunos centros de la cristiandad todavía se retenían algunas características de las enseñanzas de los Misterios. Esta conservación fue posible debido a que el alma humana todavía retenía una conexión con el mundo espiritual. Algunos seres humanos todavía recibían sus pensamientos desde la inteligencia cósmica, antes de que esto se volviera terrenal en el tiempo después de los siglos VIII a X. En aquéllos centros de Misterio, aparecía la Diosa Natura como un ser viviente con quien los pupilos podían conversar. Cuando el buscador del conocimiento había sido preparado suficientemente por la Diosa, aprendía a conocer por ella la naturaleza de los cuatro elementos. Después era introducido al sistema planetario; con eso surgió el conocimiento del alma humana. Con el tiempo podía acercarse a lo que se llamó el Océano Cósmico, que lleva desde los planetas a las estrellas fijas, desde el mundo elemental al mundo espiritual. Ese tal lugar donde estos Misterios fueron enseñados fue el Camino de Santiago de Compostela en el norte de España. Chartres continuó la tradición, y de hecho formó su última expresión cultural, aunque este tipo de conocimiento permaneció, en lugares aislados, hasta los siglos XIV y XV.

La "Escuela de Chartres" conservaba las abiertas e intuitivas condiciones de alma a las que había sido fiel cuando la humanidad todavía tenía acceso a la inteligencia cósmica. En Chartres vivían almas que todavía tenían acceso a la inteligencia cósmica, y lo tendrían por unos pocos siglos más que el resto de la cultura que los rodeaba.

En la Escuela de Chartres, a los pupilos se les enseñaron las siete artes liberales clásicas: gramática, dialéctica, retórica, aritmética, geometría, astronomía, y música; éstas no eran sólo disciplinas de conocimiento como nosotros las describiríamos ahora, sino Diosas vivientes, seres divino-espirituales. Las enseñanzas que tuvieron lugar en la Escuela de Chartres no eran sólo Platonismo; "ellas contenían las enseñanzas del antiguo vidente de los Misterios pre-platónicos que desde entonces estaban imbuidos con el contenido de la cristiandad." [68]

Fulbert

La Escuela de Chartres fue fundada por Fulbert, un individuo que venía de una desconocida y pobre familia italiana, nacido algún tiempo después de del año 960. En Italia fue instruido por un obispo desconocido que le dio los rudimentos de las ciencias y la teología. Después de ser ordenado forjó una importante amistad con Gerbert, un monje Benedictino que en el año 999 fue el Papa Silvestre II. Gerbert era un hombre sabio distante de ser corriente u ordinario, que fuera instruido por maestros árabes en Córdova. Creó una escuela eclesiástica, y Fulbert fue uno de sus estudiantes más exitosos. Fulbert también era amigo íntimo de Robert II, rey de Francia, un alma muy piadosa dedicada a las artes.

Fulbert hizo dos viajes a Francia, estableciéndose finalmente en Chartres, donde asistió a las conferencias médicas dadas por el famoso doctor Heribrand que había conservado el conocimiento de Galeno, Hipócrates y Oribase. Aprendió una medicina que tuvo sus orígenes en el conocimiento de los antiguos Misterios. En Chartres recibió reconocimiento tras reconocimiento, llegando a ser primer maestro, luego canciller, y finalmente, en el año 1006, canónigo y obispo. Fulbert a quien sus pupilos llamaban "Sócrates", era un estudioso y cristiano muy devoto. Su amplia reputación le hizo consejero de príncipes y obispos a lo largo de Francia, e incluso Europa.

Chartres, posicionada en un muy especial lugar de encuentro de

---

[68] Steiner, Relaciones Kármicas, Volumen 3, conferencia del 13 de julio de 1924

líneas clave, habían sido lugar de los Misterios en tiempos célticos. El centro de Chartres sobrevivió al cierre decretado por Tiberius y Claudius y después de ese tiempo continuó con alternadas fortunas. En tiempo de Fulbert Chartres vio en el año 1020 la construcción de una primera catedral Romanesca. La fama de la escuela creció rápidamente y atrajo algunas de las mentes más inteligentes del tiempo. Poco se conoce de todos los maestros que siguieron a Fulbert, de personas como Bernard de Chartres y su hermano Thierry de Chartres, Bernard Silvestris, Gilbert de la Poirée, o William de Conches. Sólo tenemos información vaga sobre los últimos grandes maestros de Chartres: John de Salisbury y en particular de Alain de Lille.

Alain de Lille fue prácticamente el último maestro de la escuela y después de él Chartres perdió su importancia, pero la catedral erigida puede ser la iglesia más importante de Europa. Todo el conocimiento de la Escuela de Chartres encontró expresión en las magníficas y esculturales imaginaciones que llevan a la posteridad la grandeza de las enseñanzas de Chartres.

Los Maestros

Una carta de Adelmann, Archidiácono de Liege a su amigo Berengarius de Giras, nos da una idea de cómo fueron vistas por sus estudiantes las enseñanzas de Fulbert, "Y él guía hacia él nuestra voluntad a través de deseos y demandas silenciosas, llamándonos a esos secretos coloquios de la tarde que a menudo condujo en el pequeño jardín de la capilla; allí nos contaba de ese reino en que él, por voluntad de Dios, persiste como senador." [69] El registro histórico es ampliado por Steiner que respecto a todos los maestros de Chartes declara: "[Ellos son] personalidades que...con características de iniciados estuvieron entre las gentes." [70] Y más, respecto a Alain de Lille, Bernardus Silvestris y Bernardus de Chartres: "...[ellos] todavía estaban entre otras personas con el carácter de iniciados, con el carácter de una persona que sabe mucho sobre los

---

[69] Virginia Sease y Manfred Schmidt-Brabant, *Pensadores, Santos y Herejes: Camino Espiritual en la Edad media*, 51

[70] Steiner, *Relaciones Kármicas*, Volumen 8, conferencia del 14 de agosto de 1924

secretos de la existencia, como el gran Joachim de Fiore que también fue iniciado en el sentido medieval." [71] Basado en lo que habían sido iniciaciones en encarnaciones anteriores, tales individualidades podían sondar e intuir mucho de lo que había desaparecido u olvidado de la cultura de sus tiempos.

Parece intencional que se conozca poco acerca de las vidas de los maestros de Chartres. Ellos vivieron en una simplicidad del pasado, sacrificando conscientemente su reconocimiento personal. Se dedicaron a la humildad, la pobreza, la vida tranquila y a un deseo de conocer. También es muy indicativo que la mayoría se llamara entre sí "hermano" y que vivieran cerca de la naturaleza como también era la costumbre entre los Cistercienses, que incluía a un gran número de maestros de Chartres. Este espíritu de Chartres se expresaba en los recurrentes términos que uno encuentra en las cartas de la escuela: "estimular la amistad, el amor, la sabia bondad, la cálida consideración", etc.

Las Enseñanzas

Las visiones platónicas de Chartres abarcaban la totalidad de las tradiciones de los Misterios de la humanidad. Además de la Gnosis y Pitágoras, las gentes de Chartres sacaron provecho de la libre circulación de las tradiciones esotéricas, fueran ellas cristianas nósticas, sufi, o judías. En ese tiempo este eclecticismo no era raro, como se conoce de los ejemplos de Etienne Harding de los cistercienses o Hughes de Payens y André de Montbard, algunos de los fundadores de la Orden de los Templarios, quienes recibieron el conocimiento del Medio Este. Sin embargo, en todas las enseñanzas Platón ocupaba el escenario central.

Platón tuvo carácter prioritario incluso sobre los Padres de la Iglesia, y algunos de los exponentes de Chartres tuvieron que defenderse de las imputaciones de herejía que les atribuyeron. Gilbert de la Porrée fue acusado de Maniqueísmo, e igualmente diez discípulos de Amaury de Chartres que habían llevado a su extremo el pensamiento Platónico, por lo que fueron quemados en la hoguera.

El Neoplatonismo de la Escuela de Chartres llevó a su culminación

---

[71] Ibid

la unión del espíritu visionario Platónico con la cristiana visión del mundo de la Edad Media. Los maestros de Chartres sólo podían hablar a través de imaginaciones inspiradas, no en forma racionalista y abstracta. Y la mayor expresión de las enseñanzas de Chartres encuentra su camino en las formas esculturales de la catedral; aquí también en imágenes, más que en conceptos abstractos. Resulta interesante que Chartres cultivara los rudimentos de la música que después llevara al uso de la armonía musical. Pierre Morizot indica: "Las lecciones desarrollaron en el plano intelectual lo que procedía del corazón...(a través de la música, la devoción, y los servicios religiosos)."[72] En general, el Platonismo de Chartres implicaba una vida de pensamientos imbuida con imaginaciones y un humor artístico.

Las primeras tres de las siete artes liberales se agrupan bajo el nombre de *Trivium*, y se ocupaban de la Palabra: la Gramática, la Dialéctica/Lógica y la Retórica. El *Quadrivium* comprendía la Aritmética, la Geometría, la Astronomía y la Música.

La gramática es el fundamento para la comprensión del idioma y para el correcto hablar. La Dialéctica/Lógica proporciona la estructura para el correcto pensar. La retórica modela las formas de expresión, vistas como: estructura, invención (idea), presentación, estilo y memoria (el hecho que pueda ser recordado por otros). La retórica podía apoyarse en el fundamento del correcto hablar y el correcto pensar.

La aritmética, que revela las leyes y propiedades de los números, fue vista como íntimamente relacionada a la música a través de las proporciones e intervalos. La geometría indica cómo surge la armonía a través de las ecuaciones y proporciones. La astronomía aplica a los mundos celestiales las proporciones, las ecuaciones, la armonía y la geometría. La música concluye el trabajo de la astronomía llevando al alma al reino de la Armonía de las Esferas.

El espíritu en la escuela de Chartres no podía ser abordado a través de conceptos, sino a través de experiencias. En ese tiempo todavía podían recibirse impresiones de la naturaleza como experiencias espirituales, por lo menos para esa parte de la población que por más tiempo había retenido anteriores condiciones de conciencia. Cómo fue el caso se verá

---

[72] Pierre Morizot, *La Escuela de Chartres*, 34

cuando volvamos en más profundidad al *Anticlaudianus* de Alain de Lille. En palabras de Steiner: "En Chartres...lo que entró, sobre todo el resto, fue un rayo de la todavía viva sabiduría de Pedro de Compostela que había trabajado en España, donde cultivó una viviente cristiandad relacionada a los Misterios, que todavía hablaba de la sierva Natura, todavía hablaba del hecho que sólo cuando esta Natura lleve al ser humano a los elementos, al mundo planetario, al mundo de las estrellas, sólo entonces estaría preparado para conocer por medio de su alma...los siete siervos; estos siervos no aparecen ante el alma en teóricos capítulos abstractos de un libro, sino como diosas vivientes: la Gramática, la Dialéctica, la Retórica, la Aritmética, la Geometría, la Astronomía, la Música. El pupilo llegó a conocerlas de una manera viva como figuras espirituales divinas." Más allá, en la misma conferencia, esto es lo que se agrega en referencia primero a Pedro de Compostela y luego a Bernardus de Chartres: "Aunque, claro, él ya no podía mostrarles a la Diosa Natura o a la diosa de las Siete Artes liberales, todavía hablaba de ellas con tal vivacidad que por lo menos las imágenes eran evocadas ante estos pupilos y, en todas las horas de instrucción, el conocimiento se volvió un arte que despide luz, de mucha claridad." [73]

Las enseñanzas de la Escuela de Chartres se difundieron a lo largo de Europa del norte y del sur. Es significativo que Steiner incluyera a Joachim de Fiore como representante de la Escuela de Chartres, aunque vivió y enseñó en Italia del sur, y no se conoce que hubiera estado en Chartres.

Alain de Lille

Para el mayor de los estudiosos modernos es creíble que Alain naciera en algún momento por los años 1116 o 1117, pero ésta es simplemente una estimación. Ni su muerte es determinada con mayor certeza que una aproximación a los años 1202-03. Alrededor de 1140 Alain asistió a la Escuela de París, luego a la Escuela de Chartres, probablemente estudiaran con él Peter Abelard, Gilbert de Poitiers y Thierry de Chartres, como lo cuenta John de Salisbury. Él vivió y enseñó en París, luego en

---

[73] Steiner, *Relaciones Kármicas*, Contenido 3, conferencia del 13 de julio de 1924

Montpelier, al sur de Francia, y pasó sus últimos años en el monasterio de Cîteaux, la abadía madre de los Cistercienses. Su estancia entre los Cistercienses fue uno de los momentos importantes en la vida de la institución, y marcó el paso de la corriente Platónica desde Chartres, en su etapa de ocaso, a los Cistercienses.

El punto de inflexión que lleva a la experiencia Cisterciense de Alain es narrada en forma de leyenda que ofrece una profunda visión de esta figura histórica. En ese momento importante de su vida Alain estaba planeando dar un sermón sobre la Trinidad. Antes del tiempo señalado, se tropezó con un niño que estaba sacando agua del Sena y echándola a un agujero. Cuando le preguntó lo que estaba haciendo, el niño respondió que quería vaciar el Sena en el agujero. "Pero te tomará una eternidad" replicó Alain, a lo que el niño respondió "estaré aquí mucho tiempo antes de que usted termine con su explicación de la Trinidad." Humillado por la experiencia, Alain reconsideró su vida y valores, y decidió convertirse en el porquero de Cîteaux.

Alain había entrado en la orden Cisterciense en la que continuaba viviendo el Platonismo ahora que el sol se había puesto en Chartres. Y la presencia de Alain entre los Cistercienses fortaleció la orden. Casualmente, éste era el tiempo en que la herencia de Chartres fue tallada en la piedra en su famosa catedral gótica. Cierto período estaba llegando a su fin, y Alain de Lille era consciente de ello. Él era el último representante de un conocimiento destinado a debilitarse para dar paso a una búsqueda más intelectual de los dominicos de inspiración Aristotélica. Steiner nos recuerda que incluso el nombre por el que se le recuerda a Alain, Alanus ab Insulis, señala a la isla de Hibernia, y a un legado de sus pasados Misterios. [74]

Alain de Lille tuvo una considerable producción literaria, principalmente consistente de alegorías filosófico/morales, tratados teológicos y sermones. Debido a su amplio conocimiento se le conocía como Doctor Universalis. Sus trabajos más conocidos son *De Planctu Naturae* (La Queja de la Naturaleza) y *Anticlaudianus*; los dos podrían llamarse tratados morales, y los dos son escritos en verso latino.

---

[74] Steiner, Antiguos Mitos: su significado y conexión con la evolución, conferencia del 30 de diciembre de 1917

Desde sus días en París Alain había adquirido un profundo conocimiento de la dialéctica Aristotélica. Indicios de esto están presentes en su escrito *Summa Quoniam Homines* en que Alain muestra un escenario del futuro en que la humanidad ha de lograr la directa visión espiritual. Él lo ve como una ciencia que también es percepción de la verdad de las cosas; una ciencia que incluye una resonancia interior y conocimiento de las causas más profundas. Aquí Alain se dirige hacia el Aristotelismo, y lo que puede derivar de éste: un conocimiento intuitivo que significa la unión entre el conocedor y el ser del objeto conocido. Él lo llama 'teofanía' algo que se parece a la manera en que los ángeles conocen. Para Alain esta etapa fue primero realizada en María.

En su más famoso y citado opus, el *Anticlaudianus*, regresa a su anterior valoración de la dialéctica y la lógica, mostrando lo que ve como sus límites, y tomando distancia de Aristóteles, a quien antes admiró. Él ahora da preferencia a Platón. Permítanos ver cómo.

Anticlaudianus

Como en el *De Planctu Naturae*, el elemento moral se entreteje a lo largo del *Anticlaudianus*. Entre los vicios, se hace continua referencia a la homosexualidad como el pecado que para Alain de Lille es el más claramente ejemplificado que va contra la unión de los contrarios de la Naturaleza. De hecho la imaginería sexual es usada al otro extremo para ejemplificar los dones de la diosa Natura – atestiguan estos versos: "Sus curvados costados, complaciente para ajustarse a la restricción, une la parte superior e inferior de su cuerpo, la cabeza y los pies. Quién no sabe que bajo éstas, están escondidas otras y mejores cosas para lo que el tranquilo exterior sirve pero como una introducción." [75] Se alcanza la mayor beatitud en la unión de los contrarios. La indirecta sexual apunta a lo que está dentro de los límites del lenguaje terrenal, en lo positivo y en lo negativo.

Antes de volver al viaje al corazón del *Anticlaudianus*, permítanos considerar algunas ideas claves que resumen mucho del neoplatonismo

---

[75] Alain de Lille, *Anticlaudianus, o el Hombre Bueno y Perfecto*, Traductor: James J. de Sheridan, 57

de Chartres; primero el papel de Natura en el esquema de la creación, luego el contraste entre lógica/dialéctica y retórica que se refleja en las caracterizaciones de Aristóteles y Platón respectivamente.

Lógica y "Pinturas."

Dios estableció la red de las causas secundarias, definió su dominio y orientó su campo de acción, luego les dio autonomía y dejó de intervenir. Natura representa este sistema en el orden físico y en el moral. Así todas las virtudes brotan de Natura. Entre ellas está la Concordia, la Risa, la Templanza, la Razón, el Decoro, la Prudencia, la Piedad, la Sinceridad, la Nobleza. Dos virtudes importantes son la Razón y la Prudencia. La prudencia es la única que también tiene un nombre griego, Frónesis (*).

Natura puede perfeccionar al ser humano en tanto es de la tierra. "El cuerpo mortal reconoce nuestro yunque [de Natura], convoca a nuestros artesanos y nuestro arte; el nacimiento de una alma demanda otros artesanos." [76] Y más: "Sin embargo, la mano del propio Dios hará bien lo que la regla de la Naturaleza deja bajo la normativa de la perfección. Lo que hace la naturaleza, lo perfeccionará el Artista divino. Lo Divino crea de la nada. La naturaleza hace las cosas mortales a partir de algo material..." [77] En la *Queja de la Naturaleza* oímos: "Él es el Creador de mi trabajo, yo soy el trabajo del Creador; Él trabaja desde la nada, yo mendigo el trabajo de otro; Él trabaja por Su propia y divina voluntad, yo trabajo bajo Su nombre." [78] Esta separación de tareas reaparece claramente en toda la imaginación que es el *Anticlaudianus*.

La lógica aparece en claro contraste con la retórica, y lo mismo es amplificado cuando Alain de Lille describe el papel de las imaginaciones que están en el centro de su poder de retórica. Esto es lo que lo hace orador y teólogo, no filósofo de la misma manera como a Tomás de Aquino.

En muchos lugares a la lógica le es dado lo que es debido en el

---

* N del T: *Frónesis: En la "Ética a Nicómaco", de Aristóteles, la frónesis (del griego: Φρόνησις "phronesis") es la virtud del pensamiento moral, normalmente traducida como 'sabiduría práctica', a veces también como 'prudencia' (en cierto sentido se contrapone a la hibris o 'desmesura').*

[76] Alain de Lille, *Anticlaudianus*, 60

[77] Ibid, pag. 68

[78] Alain de Lille, La Queja de la Naturaleza, traductor: Douglas M. de Moffat, 29

opus maestro de Alain, pero casi nunca sin un toque de ironía, como en lo siguiente que compara el papel de las imaginaciones (pinturas) y la lógica: "Así este poder del arte [pintura] sutilmente comprueba los argumentos y triunfos de la lógica sobre los sofismas de la lógica [y Alain no tiene nada positivo qué decir sobre los Sofistas]. La lógica da la prueba, la pintura crea; la lógica argumenta, la pintura lleva a cabo todo lo que puede existir. Así, los dos desean que lo falso [ilusorio] parezca verdadero pero la pintura persigue este fin más fielmente." [79]

En lo antes citado podemos reconocer la apreciación de Alain y la inclinación contra la lógica. La tradición incorpora la lógica en las artes liberales. Alain tiene una mente dividida sobre ella. En su descripción de la lógica, la antipatía se desliza en lo que no está presente con los otros. Simplemente escuche las palabras: "...la cara sufrió aquí y allá de cierta flaqueza. La flaqueza la define y, la define por esta flaqueza, es profundamente ahuecada, y la seca piel se une a los huesos descarnados... Su pelo, luchando en un tipo de disputa, tuerce su camino hasta que llegue el momento y los revoltosos hilos permitan una insípida expansión. Ningún peine lo refrena, ninguna hebilla lo sostiene firmemente, ni la mordida de las tijeras lo recortan." [80] Es una descripción en llamativo contraste a los otros seis artes liberales en que Alain usa sólo imaginería de armonía. Sin embargo, uno puede definitivamente darse cuenta que lucha por reconciliarse con ella. Compare la descripción anterior con la de la retórica, que es central para el trabajo y arte de Alain. "la doncella de la misma manera traza una flor en el eje y con las flores frescas hace que el acero rejuvenezca de nuevo. Aunque el acero [del eje que la lógica construye para la cuadriga] es normalmente rígido con la tiesura del frío y recuerda al de la profunda escarcha de invierno, este acero no conoce el invierno, deja atrás su afable frío, establece su demanda con la sonriente alegría de la primavera y con su modelo de flores coloca ante nosotros una vista del prado." [81]

La lógica es comparada con el papel de "las pinturas," o imaginaciones. Las virtudes son representadas imaginativamente como

---

[79] Alain de Lille, *Anticlaudianus*, 49
[80] Alain de Lille, *Anticlaudianus*, 90
[81] Ibid 102

doncellas, y sus túnicas o vestidos llevan pinturas (imaginaciones). La constante referencia a la mitología griega sirve al mismo propósito; habla imaginativamente del contenido esotérico. Y sobre la naturaleza de las imaginaciones presentes en la casa de Natura (una en particular retrata el 'carácter de los hombres') se dice: "¡Oh pintura con sus nuevas maravillas! Lo que no puede tener existencia real nace y la pintura, imitando la realidad y desviándose con extraño arte, se vuelve sombra de las cosas y cambia mentira en verdad." Y de nuevo, hablando sobre los límites que alcanza la Razón en el reino de las estrellas fijas, el poeta comenta: "lo que la lengua no puede decir lo hace la pintura: cómo el lenguaje, desde que no alcanza la esencia de Dios, crece sin sentido cuando intenta expresar cosas divinas, pierde su poder de comunicar e intenta tomar refugio en su viejo significado." [82]

Lo que se dice acerca de la lógica continúa en la apreciación que tiene Alain de Aristóteles, Aquí de nuevo el contraste está todavía presente, aunque encuentra algún grado superior de resolución: "Aristóteles, el perturbador de las palabras, está aquí [en la pintura de la lógica]; él no perturba a muchos por su turbulencia y se congratula de ser complicado. Él trata la lógica de tal manera que da la impresión de no haberla tratado..." (24) Y finalmente expresa la superioridad de Platón: "En ese mural [uno que retrata el 'carácter de los hombres' en la casa de Natura] Aristóteles prepara armas para la lógica y presenta su escuela de lógica, pero la profunda mente de Platón tiene una visión más inspirada de los secretos del cielo y de la tierra e intenta investigar la mente de Dios." [83]

El Viaje

El *Anticlaudianus* es expresado en forma de un viaje desde la tierra al cielo llevado a cabo con el objeto de formar al "nuevo hombre." Empieza con la construcción de un carruaje que llevará al poeta al reino de las estrellas fijas y más allá.

Las siete artes liberales forman el carruaje para la jornada; La

---

[82] Ibid 141
[83] Alain de Lille, *Anticlaudianus*, 95

Prudencia/Frónesis (*) coordina el trabajo. Una vez el carruaje está listo, la Razón, "recordada e instruida por la señora Natura," presenta la Frónesis con los caballos. Éstos son los cinco sentidos: la vista, el oído, el olfato, el gusto y el tacto. Sobre el oído Alain dice que es "inferior al primero [la vista] y las proporciones bajan en apariencia", pero también "superior a los otros, y primero entre ellos por su cualidad de belleza." [84] Aquí, y después en el poema, está una referencia a la superioridad del poder de inspiración que pasa por el sentido del oído, sobre el de la Razón, que ve.

Ahora el carruaje está formado por las siete artes liberales, representadas como sirvientas, y estas pueden empezar su travesía. El trívium construye el carruaje; el *quadrivium* forma las cuatro ruedas. Los viajeros se mueven a través de la "región del Aire." Aquí ellos encuentran "un Ángel, excluido del vestíbulo del reino celestial, destronado de su asiento, quebrado por su jactancia, derribado por su orgullo, arruinado por su envidia, paga por su pecado con el destierro y sufriendo por su culpa," [85] una clara referencia a Lucifer.

En un segundo paso el carruaje se mueve a través de las regiones del Éter, "el reino superior donde domina el brillo [la luz] y el fuego." En esta región de la Prudencia se puede oír una clase de muy baja música de las esferas (el sonido del arpa celestial). Ésta es de hecho la región de la Luna. A esta le sigue la región del Sol, y de los otros planetas. Marte es descrito como una región de lucha. La sexta región, la de Júpiter, está en severo contraste con Marte y es comparada con la "inacabable felicidad de primavera." [86] El carruaje continúa a la séptima región, la de Saturno, de nuevo en severo contraste con Júpiter: "Allí el invierno es febril.... Aquí dominan los gemidos de pesar, las lágrimas, la discordia, el terror, la tristeza, la palidez, el luto, la injusticia. [87]

---

* En la *Ética a Nicómaco*, de Aristóteles, la **frónesis** (del griego: Φρόνησις *phrónesis*) es la virtud del pensamiento moral, normalmente traducida como 'sabiduría práctica', a veces también como 'prudencia' (en cierto sentido se contrapone a la 'desmesura').

[84] Ibid, 49

[85] Ibid, 129

[86] Alain de Lille, *Anticlaudianus*, 134

[87] Ibid, 135

Más allá de Saturno, la octava etapa de la jornada lleva al reino de las estrellas fijas y al mundo espiritual superior. Aquí se nombran las constelaciones del zodíaco y el ojo de "Frónesis" disfruta esta visión de los cielos que su vista no puede penetrar; ella extraña la familiar materia y es afectada por la maravilla de tanta luz." [88] Sin embargo, está perpleja, y su espíritu vacila, no consigue encontrar un punto fijo de referencia. El lector puede recordar que Alain había buscado deslumbrar con el intelecto, y, la leyenda lo dice, un niño lo había ridiculizado a orillas del Sena, antes de que él retrocediera a la vida simple y modesta de los Cistercienses. Esto también nace del resto de los comentarios de Alain en relación a lo que lleva a un hombre a entender lo que está en esta región: "No lleva hacia allá la nobleza del linaje, no el encanto de la belleza,...no la irrestricta temeridad sino la virtud del alma, la constancia de mente, la nobleza lograda no por el nacimiento sino cultivada en el corazón, la belleza interior, una hueste de virtudes, *reglas de vida, pobreza en bienes terrenales, desprecio de posición*." [89] En la primera o segunda línea Alain parece hablar de lo que le ocurrió al regresar a la vida Cisterciense.

Surgen los obstáculos cuando los viajeros intentan pasar al reino de las estrellas fijas. En primer lugar, los caballos no pueden seguir adelante; se niegan a jalar el carruaje. Los sentidos no pueden ir más allá, y la Razón no puede guiarlos. La propia *Frónesis* es afectada por un conflicto de sentimientos. Una doncella se le acerca; es la Teología. Ella describe cómo este reino está más allá del alcance de la razón, y lo expresa así: "Él [Dios] es el justo sin justicia, vive sin vida, principio sin principio, fin sin fin, carente de medida sin medida,..." [90]

Más allá del reino de las estrellas fijas el carruaje entra en la esfera de la Trinidad. Y aquí Frónesis se encuentra con Noys (Nous), "Reina del polo, la diosa del cielo, la hija del Maestro sobre..." A Frónesis se dirige en piadosa petición la reina del polo quien le pide que deje el carruaje y los caballos bajo la protección de la Razón. Si intentaran

---

[88] Ibid,138

[89] Ibid, 139

[90] Ibid, 141

continuar "...La razón flaquearía y el carruaje tambalearía." [91] En este punto hay un importante cambio de conciencia de la que Alain habla así: "Pero abandonando lo fútil, ahora arranco un cordón más poderoso y dejando completamente de lado el rol del poeta [la retórica], asigno una nueva parte hablada, la del profeta." Y al mismo tiempo él agrega "seré la pluma en este poema, no el escriba o el autor." [92] En efecto está diciéndonos que estamos en el reino de la Inspiración. Esto confirma que Alain ha recibido la inspiración y ha hablado de la experiencia acerca del porqué en este reino lo que conoce como razón no puede comprender la realidad.

Aquí se da un paso muy importante. *Frónesis puede continuar montando el segundo caballo que puede llevarla arriba.* Éste es el caballo del oír, para cuya importancia antes nos ha preparado el poeta. [93] Ahora Frónesis es expuesta a los secretos más elevados de la creación, y "[los] establece por deducciones hechas en el acto," otra referencia a la Inspiración.

Ahora Frónesis contempla a las jerarquías que son brevemente descritas según la tradición. Más allá ella es presentada al Cristo, al reino de los santos, y a la Virgen María. En el Misterio del nacimiento de la virgen la mente de nuevo enfrenta un desafío a la comprensión. Donde la Razón falla, la Frónesis llama en su ayuda a la Fe. Nos dicen que la Fe viene antes de la Razón; la Fe se anticipa y la Razón puede obedecer los dogmas de Fe y seguirla, y después transfiere las visiones de fe en escritos.

A pesar de la ayuda que está recibiendo, Frónesis entra en un tipo de letargo. Esto no puede ser comparado al sueño ordinario, porque se parece a una extinción de la conciencia "lo que oscurece la luz de la vida y amortigua el elemento vital en mayor magnitud que el sueño ordinario pero menos que la muerte..." [94] A Frónesis le es dado un trago "preparado por manos celestiales." [95] Ella revive, recobra la conciencia

---

[91] Alain de Lille, *Anticlaudianus*, 146
[92] Ibid
[93] Ibid, 146
[94] Ibid, 159
[95] Ibid, 160

y supera el miedo que engrilló su mente. La fe presenta a Frónesis un espejo, "provisto de imágenes. En este espejo se refleja todo lo que abarca la región ardiente." El espejo atenúa la ardiente luz e impide que se quemen sus ojos.

Frónesis ahora está delante de la Virgen María y observa el Misterio de su nacimiento. Aquí una vez más Alain ilustra el dilema de la Lógica (y la Razón) que no puede reconciliar virginidad y maternidad. Esto sólo puede resolverlo la Fe. Y, mientras Frónesis intenta entender, la Fe le recuerda la inutilidad del intento porque aquí están activas leyes superiores que transcienden las leyes terrenales, o incluso las leyes espirituales inferiores.

El esfuerzo de coronamiento de la jornada es la creación del Nuevo Hombre. El contraste cielo/tierra está muy claro en la descripción de Alain de este logro de coronamiento: "A través de su alma se le permítale morar en el cielo, a través de su cuerpo en la tierra," un típico dualismo Platónico. [96]

El más famoso opus de Alain de Lille resaltaba la naturaleza Platónica de la Escuela de Chartres. Todo el trabajo es una alegoría moral, y nos lo recuerda a través de la constante referencia a las virtudes. La retórica es resaltada a expensas de la lógica; de hecho todo el trabajo es un testimonio al poder de la retórica. Aunque a la razón se le da lo que merece, finalmente es contrastada con "...virtud de alma, constancia de mente, nobleza no lograda por el nacimiento sino cultivada en el corazón, belleza interior, una hueste de virtudes, reglas de vida, pobreza en bienes terrenales, desprecio a la posición." Y la razón debe dar paso a la fe en las últimas fases de la jornada. Igualmente la meta de la jornada es una meta moral, el logro del Nuevo Hombre, no el perfeccionamiento de una filosofía.

La retórica es explícita y recurrentemente contrastada con la lógica, oír para ver. Aunque reconocida como una de las siete doncellas, la lógica puede ser considerada una hermana pobre de las otras. Y la atención para oír es importante en el pasaje de la razón a la inspiración que solo puede guiar al alma a los reinos espirituales superiores. Finalmente, esto es más explícito en la supuesta superioridad de Platón sobre Aristóteles.

---

[96] Alain de Lille, *Anticlaudianus*, 160

En la vida de Alain esta tensión entre los dos filósofos vivió con destinos alternos dentro de su biografía, aunque finalmente la balanza se inclinó hacia Platón. Todo esto es muy entendible dada la composición del alma de las personas de la Escuela de Chartres, en quienes la Inteligencia Cósmica sobrevivió más tiempo, considerando que por todas partes alrededor ésta había cedido el lugar a la inteligencia terrenal.

Los Cistercienses y el Platonismo

Lo que se enseñó en la Escuela de Chartres encontró una continuación en la Orden de Cluny, pero allí se volvió más exotérica. La abadía de Cluny era un monasterio Benedictino en el centro oriental de Francia. Como iglesia adherida a la reformada regla Benedictina de fines del siglo X, Cluny se hizo prominente; pronto se convirtió en una de las más prestigiosas instituciones monacales europeas.

El rol principal de Cluny fue después asumido por la Orden de los Cistercienses, que tomó su nombre del pueblo de Cîteaux en Francia oriental. Allí, un grupo de monjes Benedictinos fundaron su abadía central en 1098, donde se adhirieron de manera estricta a la Regla Benedictina. Bernard de Clairvaux que a principios del año 1100 se unió al monasterio, ayudó a asegurar la rápida expansión de la orden. A finales del siglo XII habían abadías Cistercienses a lo largo de toda Europa occidental, e incluso en Europa oriental. Según estimara Steiner, "entre los Cistercienses que partieron de Cluny estaban "las últimas reliquias de un esfuerzo para despertar el Platonismo — la concepción Platónica del mundo, en unión con la cristiandad...." [97] Y aquí sobrevivió lo que había vivido en la Escuela de Chartres, aunque alterándose con el pasar del tiempo. Mirando más de cerca a los Cistercienses encontraremos algunos de los motivos que ya habían aparecido en la Escuela de Chartres. Aunque realmente metamorfoseados, el hilo Platónico aparece bastante claramente.

Etienne Harding, uno de los pioneros que dieron su firme estructura a la orden, poseía una cultura extraordinaria y un talento para la organización. Podría ser considerado la verdadera inspiración de la orden,

---

[97] Steiner, Relaciones Kármicas, Volumen 4, conferencia del 13 de julio de 1924

siguiendo muy de cerca a su fundador histórico, Robert de Molesmes. Durante sus primeros años Harding dio testimonio del rechazo de la cristiandad irlandesa-escocesa. Dejó el monasterio Benedictino de Sherbourne y encontró refugio en Iona, probablemente el centro de la cristiandad irlandesa-escocesa. Él también asistió algunas veces a la escuela Celta-druídica del monasterio de Lismore en Irlanda. Estudió después en la escuela de Chartres, du Bec, Reims y París. Después de una peregrinación a Roma que parecía haber estado en la raíz de una conversión interior, decidió ir a Cîteaux. Etienne pidió el permiso de Robert de Molesmes para aprender hebreo y estudiar bajo el famoso rabino Schlomo Jitzchaki en Troyes. También estudió árabe junto con Hughes de Payens y André de Montbard, dos de los fundadores de la Orden Templaria. En esencia, en verdadera forma Platónica, Harding reunió todos los hilos de la antigüedad, particularmente céltica y Medio Oriental, para que convergieran en la nueva orden. Y aquéllos los entretejió estrechamente con el nuevo hilo de Chartres.

Otro de los pilares de la orden fue Bernard de Clairvaux (residente en Clairvaux desde 1115 hasta 1153). Para Steiner él fue "quizás la personalidad más resaltante del siglo XII." [98] Desde la temprana juventud Bernard desplegó una gran sensibilidad, un don para la profecía, un fuerte vínculo con el mundo de los que han partido, y grandes capacidades para sanar a través de la oración y de la imposición de manos. Tenía un extraordinario carisma, testificado por el hecho que entró a la abadía de Cîteaux con unos treinta parientes y amigos que durante seis meses antes de su llegada se habían preparado bajo su guía. Harding le confió a Bernard la fundación de la abadía de Clairvaux en 1115, y ésta se volvió la abadía Cisterciense más grande del siglo XII. Aunque cinco veces rechazó el obispado, desde la abadía de Clairvaux Bernard tuvo una marcada influencia sobre toda Europa. A menudo fue llamado el mediador, y fue quién escribió los estatutos de la orden de los Templarios. No sorprende que Clairvaux fuera considerada una segunda Roma.

En primer lugar Bernard era un místico; no tomó el camino del

---

[98] Rudolf Steiner, *Una mirada a la Actualidad y una Genuina Esperanza para el Futuro*, conferencia del 16 de julio de 1918

pensar, más bien el camino del sentimiento hacia el Cristo. Su alma fue un receptáculo para el Logos. A él no se le podría comparar con cualquier figura posterior, sólo con las anteriores, en particular con San Francisco. Entre otras cosas, también era un gran amante de la historia del mundo. La personalidad de Bernard hizo posible que el Platonismo de la Escuela de Chartres se uniera con la orden Cisterciense, y ése incluso fue más el caso después de la entrada en la orden de Alain de Lille. Steiner indica que los maestros más notables de Chartres pertenecieron a la orden Cisterciense. [99] Esto significa que la luz espiritual de Chartres continuó viva dentro de la orden como Platonismo cristiano.

A través de Bernard, Cîteaux se opuso al duro mensaje Agustino que Dios juzgaría cada hecho que ha dejado mucho qué desear, y que ninguno de éstos quedaría impune. Esta visón del mundo se manifestó e intensificó al final del milenio con gran miedo al Día del Juicio. En general, se reforzó la visión de un dios implacable del Antiguo Testamento, y Bernard se opuso a ella con el mensaje del Nuevo Testamento de un Dios de amor. Al principio las ideas de Bernard impactaron en los círculos Cisterciense y eclesiásticos. Un siglo después, fueron adoptadas por grandes místicos como Meister Eckhart y Tauler.

El Platonismo más temprano volteó su mirada lejos de la tierra y hacia el Logos y el Sol. Tenía carácter de reminiscencia. El Platonismo de Chartres, y después de Cîteaux, tornó al servicio de la tierra. Celebró la metamorfosis de la Tierra que algún día se volverá el nuevo Sol. Por esta razón, el culto a María también asumió un papel especial. Había sido venerada en Chartres como diosa de la fertilidad en tiempos celtas; ahora regresaba como María que lleva al salvador.

La cinco primeras abadías Cistercienses – muy cerca una de otra en Borgoña – fueron a dar nacimiento, en menos de un siglo, a una red que se extendió por Europa. A fines de la Edad Media la orden contaba con unas 1500 abadías. Ninguna otra orden contaba con tan rápida expansión. Esto fue debido al hecho que Harding había previsto que las abadías no se sometieran a un ilimitado crecimiento. Una vez alcanzado un número de unos sesenta monjes, la abadía tenía que crear abadías hijas. Entonces unos doce monjes eran enviados a colonizar una nueva

---

[99] Steiner, *Relaciones Kármicas*, Volumen 3, conferencia del 13 de julio de 1924

área. La más grande expansión ocurrió durante la vida de Bernard de Clairvaux. Y el propio Clairvaux contribuyó con 355 abadías hijas o un 48% de todas las abadías Cistercienses en Europa. [100]

Dondequiera que fueran, los Cistercienses ponían en uso la tierra. Alrededor de cada abadía se instalaron un variable número de granjas que introdujeron importantes innovaciones agrícolas tales como el uso de un arado con ruedas, o la rotación del suelo cada tres años (pasturas, seguidas por el cereal invernal, seguidas por el cereal de verano). Campos que antes habían sido tierras baldías fueron sembrados con forraje y plantas leguminosas. Los Cistercienses usaron la granja como un sistema cerrado. Siempre había animales para producir compost para mejorar los suelos. Al estiércol le agregaron polvo de piedra de su construcción y calcio. Se ha estimado que los Cistercienses pudieron multiplicar los rendimientos comunes por un promedio de cinco, y un máximo de quince veces. El exceso, fruto del rendimiento extra, era acumulado en los almacenes Cistercienses. Así podía evitarse el hambre después de las catástrofes naturales o malas cosechas. [101]

Los Cistercienses a menudo escogían lugares entre atractivos paisajes, por ejemplo donde un río sale de un bosque arbolado. Desde que a menudo hicieron surgir comunidades en el fondo de los valles se veían obligados a drenar los excesos de agua y rescatar la tierra para la agricultura. Ya que eran especialistas en la construcción de sistemas de disposición de aguas, aceptaron a menudo donaciones de tierras juzgadas inutilizables debido a los problemas de drenaje. Con los nuevos cuerpos de agua desarrollaron la actividad de la pesca. Por esta razón fueron apodados "los castores humanos de Europa."

Los Cistercienses escogieron muy cuidadosamente las proporciones de sus edificios, regresando al conocimiento acumulado desde el Vitruvius romano. Y prestaron gran atención a la acústica, dado que la canción jugó un rol importante en sus servicios. Las iglesias tienen entre dos a doce segundos de eco según los materiales usados. [102] Ellos

---

[100] Ekkehard Meffert, *Les Cisterciens et leur impulsión civilisatrice: L'ecole de Chartres, Alain de Lille*, 141

[101] Ibid, 157, 196

[102] Meffert, *Les Cisterciens et leur impulsion civilisatrice*, 281

también pueden haber tenido otro conocimiento geomántico. E. Meffert descubrió que en Pontigny, el 21 de junio, el sol del mediodía permite que algunas manchas de luz brillen justo en medio de la nave, y que durante el resto del día, la luz viaje del Oeste al Este hacia el altar principal. [103]

Las iglesias Cistercienses son la expresión del pasaje del Romanesco al Gótico. El estilo se desarrolló en paralelo en las abadías y catedrales de París y sus alrededores hasta Chartres, y entre la orden Cisterciense en Borgoña y Champán. Incluso parece que los elementos importantes - el arco ojival, los arbotantes aéreos - se usaron primero entre los Cistercienses y luego fueron aceptados en la arquitectura de la "Ile de Francia" (alrededor de París). Todos los abades, obispos y arzobispos estuvieron presentes en el Concilio de Troyes, junto con los Templarios; luego todos regresaron a su hogar, y de algún modo surgió de repente el estilo gótico. Suger de San Denis (París), quién era muy cercano a Bernard de Clairvaux, fue uno de los primeros en usar el estilo gótico durante la reconstrucción del coro de su abadía. Poco después, en Reims y Chartres, aparecían réplicas del estilo, seguido inmediatamente después por los Cistercienses bajo la guía de Bernard. Y ellos introdujeron el estilo gótico en Alemania e Italia.

Alain de Lille percibía profundamente la realidad de una transición a una nueva conciencia. Sabía que lo que seguiría a la Escuela de Chartres necesitaba ser radicalmente diferente. Él llevó esta dicotomía en su alma y biografía. Su constitución de alma le hizo posible desde su ambiente contactar la Inteligencia Cósmica que estaba desvaneciéndose, y la entregó a un Platónico natural. Pero, incluso en su juventud había revisado los escritos de Aristóteles e intuido su importancia. Esta tensión en su alma se reflejó en su vida después de la muerte. Desde el mundo espiritual Alain de Lille envió a la tierra un pupilo no especificado a quien él había instruido en el mundo espiritual, y quién primero se volvió Cisterciense y luego Dominico. La meta de la misión de ese pupilo es revelada en las palabras de Steiner, "Porque con este pupilo él envió a la tierra todas las discrepancias, es verdad, que podrían surgir entre el Platonismo y el Aristotelismo; pero las envió de manera que pudieran

[103] Ibid, 277

armonizarse a través del principio Escolástico de ese tiempo." [104] El gesto de Alain de mirar al futuro y ver la necesidad de entregar la posta a los Aristotélicos, nos recuerda la visión de Platón que sólo Aristóteles podría progresar en el cumplimiento de su misión.

La orden de los Cistercienses conservó hasta el tiempo de Steiner un papel muy importante. Continuó llevando el impulso Platónico a los tiempos modernos, aunque muy debilitado.

Tomás de Aquino, Reginaldo de Piperno y los Escolásticos

La siguiente etapa en la progresión del alma hermana ve el retorno de Schionatulander como el famoso Santo Tomás de Aquino, encarnado en una familia que vivió en el pueblo de Aquino, entre Roma y Nápoles. Sigue se reencarnó no muy lejos de allí, como Reginaldo de Piperno. Tomás entró a la vida cristiana de la iglesia católica en la orden de los Dominicos, y se convirtió en el más famoso exponente de la escuela de pensamiento llamada Escolasticismo, enseñando en Nápoles, Roma, París, y Colonia. La misión de Aquino era cristianizar el pensamiento Aristotélico. Él estaba muy familiarizado con el cuerpo del pensamiento Aristotélico y tradujo del griego mucho del trabajo de Aristóteles. De hecho, resucitó el pensamiento de Aristóteles para el mundo occidental, y lo convirtió en el gran filósofo de la cristiandad — tanto así que el filósofo griego fue a menudo representado en el arte Medieval con el halo de los santos. Durante la Edad Media las ideas de Aristóteles fueron integradas a la teología cristiana; por eso la creencia en las recientemente creadas almas en cada nueva encarnación. Lo mismo ocurrió con el dogma del castigo eterno. Según Aristóteles, las almas de los que han partido se mantienen por siempre mirando atrás sus vidas y hechos en la tierra. [105]

Cuando Tomás era niño, su hermana, que en ese momento estaba a su lado en la habitación, fue impactada y muerta por un relámpago; que

---

[104] Steiner, *Relaciones Kármicas*, Volumen 4, conferencia del 13 de julio de 1924

[105] Steiner, *Polaridades en la Evolución de la Humanidad: Oeste y Este, Materialismo y Misticismo, Conocimiento y Creencia*, Conferencia del 13 de junio de 1920

a él no lo afectó. Éste es el episodio que llevó a la impresión del cuerpo astral de Jesús en el cuerpo astral de Tomás. Según su biógrafo, Karl Werner, Aquino tenía entonces cinco años. [106] Alrededor de la misma edad, se informa haber ocurrido el único caso en que el niño se resistió a las exigencias de su madre. Su madre le pedía a Tomás que le devolviera una hoja de papel con las palabras "Ave María," que él tenía en sus manos mientras tomaba un baño. En vez de obedecer él se lo tragó. A la misma edad fue llevado a la abadía dominica de Monte Cassino donde el abad era su Tío Sinibald. Aquí Tomás le preguntó al abad, para su sorpresa, sobre la naturaleza de Dios.

Desde temprana edad, Tomás supo donde lo pondría su destino. A la edad de diecinueve años resolvió unirse a la Orden de los Dominicos en Nápoles. Esto le desagradó a la familia, sobre todo a su madre, Teodora, que quería que se hiciera Benedictino. Mientras estaba en camino a París, su hermano lo mantuvo cautivo durante dieciocho meses en el castillo de su padre en Roccasecca; allí Tomás tuvo la oportunidad de estudiar a Aristóteles. Uno o dos de los hermanos de Tomás intentaron cambiar su mente sobre sus votos utilizando para ello las supercherías de una cortesana. Para superar la tentación, Tomás la asustó con un palo ardiente. En el proceso, la llama dejó la impresión de una cruz en la pared del calabozo donde Tomás estaba cautivo. Karl Werner, el biógrafo de Aquino escribió, "Mientras todavía estaba orando, lo superó un apacible sueño, durante el que fue arrebatado por una tierna visión. Vio ángeles flotando y dirigiéndose hacia él, y ciñendo sus lomos con el cinturón de castidad, armando al casto como caballero del cielo. Esta coraza estaba conectada con un vívido y sensorio sentimiento de dolor que lo hizo despertar con una involuntaria exhalación." [107] Esto es lo que Tomás confió en su lecho de muerte solo a Reginaldo de Piperno, contándole que esto fue lo que le dio completa insensibilidad a los deseos de la carne.

Poco después del episodio anterior, en 1245, Tomás fue a París a estudiar, donde se encontró con Albertus Magnus, y lo siguió a Colonia.

---

[106] Thomas H. Meyer, la Misión Principal de Rudolf Steiner: *Nacimiento y Desarrollo de la Investigación Científica-Espiritual del Karma*, 72

[107] Thomas H. Meyer, la Misión Principal de Rudolf Steiner, 127-128

Esta reunión fue muy importante para Tomás; como resultado, declinó el ofrecimiento del Papa Inocente IV de hacerle abad de Monte Cassino. Juntos, Albertus y Tomás estudiaron los textos de Dionisio el Areopagita. En Albertus vivió el alma que después retornó como Marie von Sivers.

El alma de Gilgamesh/Alejandro acompañó a Aquino los últimos catorce años de su vida, y lo hizo en la persona del monje Cisterciense conocido como Reginaldo de Piperno. Aquino lo encontró en el convento de Santa Sabina (en viejos tiempos consagrado a Artemisa), donde se detuvo en su camino de París a Roma. Este encuentro casual evolucionó en una profunda y recíproca amistad. Lo que es peculiar y llamativo en esta asociación es que el pupilo, Reginaldo, también resultó ser el confesor de Tomás de Aquino. Reginaldo acompañó a su maestro con devoción en cada manera práctica en que podía apoyar su trabajo. A veces Tomás de Aquino llegó a estar tan absorto por sus experiencias espirituales que olvidaría las necesidades prácticas de la vida. En esos momentos Reginaldo siempre estuvo a su lado.

Tomás viajaba y se mudaba con mucha frecuencia. Sus paradas en el camino eran Nápoles, Orvieto, Roma, y de nuevo, París. Pero su tarea permanecía constante: enseñar y escribir. Los años en París, entre 1268 y 1272, fueron consagrados a materias doctrinales dirigidas contra el surgimiento del estilo de Aristotelismo de Averroes. El 6 de diciembre de 1273, Aquino tuvo lo que parece haber sido una importante experiencia espiritual con el Cristo. Esta experiencia nunca se la contó a otra persona, excepto a su confiado Reginaldo de Piperno; y después de que Aquino dejara de escribir. Reginaldo le preguntó por qué; se cree que Aquino dijo, "no puedo, porque todo lo que he escrito me parece paja."

Debemos dar un paso atrás para entender la misión de Aquino y su importancia para el pensamiento occidental, para ver la evolución de la cristiandad y su cuerpo de conocimiento en el tiempo que lleva a la Edad Media. En el año 529 el Emperador Justiniano cerró la Escuela de Filosofía de Atenas y expulsó a sus filósofos. La escuela era la fuente original del conocimiento de los Misterios, que en su tiempo permitió a San Pablo poner los fundamentos de una nueva teología. Toda la sabiduría conservada desde los antiguos Misterios, y lo que podría ofrecer a la cristiandad, fue cerrado de una vez y para siempre. Este paso minó el logro de una coherente teoría cristiana del conocimiento;

y por el tiempo de Tomás de Aquino la cuestión adquirió una urgencia cada vez mayor. El conservado conocimiento de los Misterios cristianos había sobrevivido sólo en secreto, y no podría beneficiar a la cristiandad exotérica.

San Agustín (354–430 DC), adelantado a su tiempo, ya había superado las primeras etapas del alma intelectual. Ya podía vivir en la creciente dimensión del individualismo, pero en ese tiempo no había un marco de referencia en el cuerpo de pensamientos dentro del cual colocar sus experiencias y creciente conocimiento. Él recurrió a la unión de la fe cristiana con el pensamiento Neo-platónico, particularmente desde la perspectiva de Plotino. Agustín dio forma a la teoría de la predestinación en la que la mitad de la humanidad estaba predestinada a la salvación — considerando el mérito personal - la otra mitad a la condenación.

Opuesto a Agustín estaba Pelagio que promovía la visión del individualismo. Él afirmaba que la humanidad podía encontrar en sí misma el poder para oponerse a la tentación interior y así tomar parte en su propia salvación. [108] En efecto, en esta etapa de desarrollo, la humanidad estaba empezando a percibir que las ideas se originaban desde dentro. La Iglesia tomó una intrincada posición entre Agustín y Pelagio afirmando que el ser humano tiene alguna posibilidad de llegar a ser un pecador o encontrar la salvación del alma, pero Dios sabe de antemano cuál será el resultado. La doctrina de la iglesia fue sustentada e incluida en el postulado de esta "doble verdad". Este postulado argumentaba que una idea podía ser teológicamente verdad mientras filosóficamente fuera falsa. Ante este dilema, uno simplemente tenía que quedar satisfecho con la aceptación de la contradicción, y finalmente atenerse a la fe en el dogma. Este compromiso no soportaba que hubiera un inherente e insuperable abismo entre los dos; más bien eso era así para el nivel de entendimiento en el que vivía la humanidad. Obviamente, esta sutil gimnasia mental a la larga no fue defendible.

En el tiempo de Tomás de Aquino, el importante paso a lograrse en el pensamiento individual fue amenazado desde otros rincones. Averroes

---

[108] Steiner, *La Redención del Pensar: Un Estudio en la Filosofía de Tomás de Aquino*, Conferencia del 23 de mayo de 1920

y el pensamiento árabe mantuvieron un tipo de universalidad de mente que negaba la individualidad. Su visión del mundo argumentaba que tenemos cuerpos individuales, pero que todos tienen una mente universal común que corresponde a una comunión espiritual de la humanidad, en lugar de una expresión de la individualidad. Esta línea de pensamiento implicaba, más, que no hay inmortalidad individual, sólo inmortalidad de la humanidad. En este contexto, la externa y vehemente oposición entre los Escolásticos que Aquino representaba y los exponentes del Arabismo adquiere un significado más profundo. Lo que estaba en juego era la idea del propio ser humano.

En el tiempo de Aquino, los individuos se percibían verdaderamente individuales en sus sentimientos y en sus impulsos a la acción. Ellos no sentían que les pertenecieran sus pensamientos. Más bien, podían decir que los pensamientos llenaban el éter desde la Tierra hasta la Luna y que ellos lo respiraron, lo recibían en ellos. [109] Sentían verdaderamente que vivían en una atmósfera común de pensamiento, y que pensaban un poco como nosotros respiramos, liberándolos al final de la vida cuando pasaban de nuevo al cosmos. Esta percepción fue conservada y profundizada en el Aristotelismo que desde Asia llegó a Europa a través de la civilización islámica. Los árabes reconocieron que a la muerte los pensamientos eran expirados con una "coloración humana individual", pero esta pequeña concesión habría permitido sólo el más ligero y más débil sentimiento para que surja el ego. Los Árabes que pensaban así se percibían a través de su pensamiento como estando íntimamente conectados con la tierra, pero no se percibían como individualidades de la misma manera como empezaban a hacerlo los pueblos de Europa. Los árabes y los moros españoles sostenían que la parte más importante del conocimiento humano no permanecía con el ser individual después de la muerte. Esta visión no negaba la inmortalidad per se; sino la inmortalidad personal. Los dominicos declararon que los seres humanos eran personalmente inmortales. Esto explica la vehemencia con que se opusieron a las ideas de Averroes.

Al extremo opuesto de Averroes estaba el Nominalismo, una tendencia que en la actualidad puede ser mucho más fácilmente

---

[109] Steiner, *Relaciones Kármicas*, Volumen 1, conferencia del 1 de julio de 1924

entendida. Para los representantes del Nominalismo, los pensamientos no eran más que abstracciones vacías; los nombres eran cáscaras vacías sin contraparte espiritual. A través de esta visión del mundo, de hecho podía desarrollar el individualismo, pero también separarse progresivamente del espíritu. El conflicto de ideas se desarrolló dentro de la Orden Dominica y entre los dominicos y los franciscanos (nominalistas). Tomás de Aquino era como el punto de equilibrio entre una espiritualidad que apunta al pasado, tal como la de Averroes, y un temprano materialismo que apunta al futuro, en el Nominalismo. A través de Aquino podrían sobrevivir el individualismo y una viva y significante espiritualidad.

Aquino continuó la existente corriente de Escolasticismo debido a que llevaba dentro de él el impulso para reconciliar la filosofía y la teología con la cuestión del individualismo. Los filósofos antiguos no habían considerado la individualidad, sino sólo la humanidad en su conjunto, de manera que el edificio de pensamientos de Aquino no pudiera descansar sobre esa base. La utilización del "entendimiento" y el "intelecto" originado en el Escolasticismo, es producto de la creciente conciencia de la individualidad.

Aquino quiso fomentar el trabajo de Aristóteles; pero lo hizo desde una perspectiva completamente terrenal, no teniendo el instintivo vínculo que Aristóteles mantuvo con el mundo del espíritu, ni la proximidad a los Misterios. La encarnación de Aquino fue colocada por la sabia guía de las jerarquías espirituales de tal manera que experimentara la muy excepcional condición de la completa separación entre el mundo físico y el mundo espiritual que duró un tiempo durante los siglos XII y XIII. En ese tiempo, incluso los iniciados eran incapaces de establecer la conexión con el espíritu, y experimentaron la misma oscuridad que todas las almas humanas. Esta condición duró hasta alrededor del año 1250, momento en que ocurriera la primera y breve encarnación del niño Christian Rosenkreutz. Sin embargo, después Aquino restableció el contacto con el mundo espiritual, como nos dice Steiner en *Los Principios de Economía Espiritual*. Así es cómo en esas conferencias Steiner describe a los filósofos: "Siendo no menos estudioso que místico, Tomás pudo darnos tales vívidas descripciones, similares a aquéllas del vidente Dionisio el Areopagita, porque vio las jerarquías espirituales; y así pudo resolver los problemas más difíciles durante sus largas meditaciones nocturnas delante del altar. Por consiguiente, encontramos combinado en él las cualidades de un místico y de un pensador inteligente que no es influenciado por los sentidos." [110]

La precisión del pensamiento, cuyo fundamento puso el Aristotelismo, ahora se aplicaba a la comprensión del ser espiritual de Cristo, a su vida y hechos. Por cuanto Aristóteles hubo alcanzado la culminación del arte de la filosofía, Aquino fue el primer pensador moderno en confiar solamente en su facultad de pensamiento. Steiner dice que en el Escolasticismo encontramos "el perfecto florecimiento del juicio lógico y de la técnica lógica." [111] De hecho, él sostiene que el pensamiento nunca logró de nuevo tal pináculo de precisión y rigor.

Tomás de Aquino quiso conservar la filosofía de Aristóteles y adaptarla a las cambiadas condiciones de conciencia. Quiso animar a los individuos a elaborar sus propias ideas. Desarrolló en gran detalle y exactitud toda la noción de percepto y concepto. Los Nominalistas hablaban de "universales" meramente como una abstracción usada para definir el mundo. Dijeron que al mirar el mundo encontraban no el concepto de "lobo," sino ejemplos de lobos; nunca el propio concepto. Esta abstracción se vertió de la filosofía a la teología. Así Roscelin llegó a la conclusión que la "Trinidad" era simplemente un nombre conveniente para una realidad insondable de Padre, Hijo, y Espíritu Santo. [112] Aquí está la tarea de Aquino: ofrecer una filosofía que pudiera alcanzar las ideas que pronto serían nada más que abstracciones.

Los Realistas (Escolásticos) tenía un diferenciado acercamiento al tema de los "universales" y la relación en que estaban con los objetos. Desde que Aquino también prestó atención a la tradición cristiana de las jerarquías, mantuvo la creencia que sobre el concepto había todo un mundo espiritual. Él también sabía que el alma y el espíritu trabajan en la formación del cuerpo y que cuando se completa, "el alma se vuelve

---

[110] Steiner, *El Principio de la Economía Espiritual*, conferencia del 31 de marzo de 1909

[111] Steiner, *La Redención del Pensar*, conferencia del 23 de mayo de 1920

[112] Ibid

un espejo para sí misma"; es decir, el alma adquiere capacidades que emancipan del cuerpo al ser humano.

Aquino sostenía: por lo que observamos en la naturaleza con nuestro pensamiento, podemos llegar a la comprensión de que ella es la manifestación de algo superior, de algo espiritual. Lo que brilla desde atrás de los objetos en el mundo del pensamiento es lo que Aquino y los Escolásticos llaman *universalia ante res* (lo universal detrás de los objetos). Es lo universal que fluye de la actividad creativa de las jerarquías. Lo que está presente para nuestros sentidos lo llamó *universalia in rebus* (lo universal en los objetos). Es lo que percibimos cuando nos acercamos al mundo con la actividad de nuestros sentidos. Esta actividad es la etapa de la percepción.

Después de percibir con nuestros sentidos, cambiamos a la actividad mental vía el poder de la memoria. Lo que hemos aprehendido exteriormente se vuelve una imagen mental que podemos convocar y a través de ella formar conceptos desde dentro de nosotros. El reflejo dentro de nuestra alma de lo que se aprehende exteriormente es lo que Aquino llama *universalia post res* (lo universal atrás del objeto). A través del desarrollo del poder de pensar, los seres humanos pueden estar ante un objeto exterior (tal como un gato) y luego alejarse y experimentar la realidad que se manifiesta en el objeto; la realidad de lo que está invisiblemente presente detrás del gato. Él lo hace observando y estudiando profundamente el objeto que tiene al frente hasta que experimenta la *universalia en rebus*, el concepto detrás del percepto. Lo universal presente en los objetos (*universalia in rebus*) difiere de lo universal que experimentamos en nuestra alma (*universalia post res*) después de que hemos percibido. No obstante, en su esencia son lo mismo. A través del intenso pensar y los procesos lógicos, la Escolástica encontró su retorno desde el concepto a una comprensión (no a una directa aprehensión) de la realidad espiritual de una cosa (*universalia ante res*). "El problema que anteriormente fue resuelto por la visión directa, fue ahora traído a la esfera del pensamiento y la razón. Ésa es la esencia de las enseñanzas de Aquino, la esencia del Escolasticismo." [113]

---

[113] Steiner, *La Redención del Pensar: Un Estudio en la Filosofía de Tomás de Aquino*, Conferencia del 23 de mayo de 1920

Aquino tenía que cumplir su tarea a expensas de la temporal división del conocimiento externo, conducente a una ciencia que podría aun en el futuro encontrar su camino al espíritu, y a la esfera de la revelación acerca de los mundos divinos e interiores. Él reconoció que en tiempos más tempranos la revelación se había vertido desde el propio mundo del espíritu, pero los seres humanos de su siglo y de siglos anteriores no pudieron corroborarlo. Aquino allanó el camino a través del que estas ideas superiores podían mostrarse como razonables, aunque no pudieran probarse. Ésta fue la salida de la prevaleciente doctrina de la "doble verdad." El filósofo cristiano nos dejó conceptos detallados a través de los que la humanidad moderna podría comprender la verdad en la revelación. En esencia, reconoció que el intelecto no aprehendería directamente lo suprasensorio, pero todavía podría aspirar exitosamente a comprenderlo.

Lo que finalmente logró Aquino fue la construcción de un puente entre la Razón y la Fe. Aunque la Razón a través de la lógica y la dialéctica podría ofrecernos una comprensión del mundo creado, lo que estaría más allá de esto es el dominio de la Fe. Sin embargo, el pensamiento podría ofrecernos una comprensión del dominio de la Fe, aunque no podría demostrarlo. "...después de emplear su razón para a lo sumo probar la existencia de Dios, Aquino tiene que admitir que al final llega a la misma imagen de Dios como la imagen ortodoxa dada en el Antiguo Testamento como Jehovah", nos dice Steiner; y él continúa, "para llegar al Cristo, sostiene él que uno debe pasar a la esfera de la fe. En otras palabras, según la visión del Tomismo, el hombre no puede alcanzar al Cristo por la autoridad inherente de su propio intelecto." [114] Finalmente, la pregunta que Aquino no pudo contestar fue: "¿Cómo el pensamiento humano puede ser imbuido por Cristo? ¿Cómo puede ser cristianizado?" Esta pregunta todavía confrontó a Aquino en su lecho de muerte en el año 1274. Por esta razón, dejó de escribir y argumentó: "no puedo, porque todo lo que he escrito me parece como paja." Es de poco interés para nuestras exploraciones que Aquino haya muerto en el monasterio Cisterciense de Fossanova; y que Reginaldo fuera Cisterciense.

---

[114] Steiner, *La Redención del Pensar: Un Estudio en la Filosofía de Tomás de Aquino*, Conferencia del 23 de mayo de 1920

El alcance del trabajo de Aquino puede ser medido por el hecho de que por la segunda mitad del siglo XIII, sus enseñanzas se usaron en todas las instituciones de aprendizaje, particularmente en los monasterios. Puede medirse la importancia de su legado en contraste con el hecho que el franciscano Roger Bacon (1214–1294) instituía la etapa para una ciencia puramente materialista que ganó extenso predominio conforme pasaron los siglos. Este movimiento fue continuado y ampliado a un totalmente nuevo nivel por Francis Bacon (1561–1626).

Aquino llevó a su lecho de muerte la pregunta, "¿Cómo puede ser cristianizado el pensamiento?" Él la contestaría sólo en una encarnación posterior. La filosofía de Aquino que había absorbido algo del pensamiento de Aristóteles, continuó participando hasta en los tiempos modernos. Así lo hizo el legado de Aristóteles.

Siguiendo el destino del trabajo de Aristóteles, uno puede distinguir dos corrientes: el conocimiento de la naturaleza por un lado, y la lógica y la filosofía por el otro. Como ya lo hemos visto, la corriente de la lógica y la filosofía fue elaborada por los Escolásticos. El conocimiento de la naturaleza fue llevado al Medio Este y a Egipto a través de las expediciones de Alejandro. Europa no podía recibirlo; sólo quería de momento el conocimiento externo. El conocimiento de la naturaleza necesitaba almas de los antiguos Misterios asiáticos, o lo que quedaba de ellos en el tiempo que siguió al incendio del templo de Éfeso. Este tipo de conocimiento podía ser recibido en Asia Menor o Egipto. Después, se extendió del Medio Este a Europa, a menudo en forma diluida; o directamente del Este, a través de las Cruzadas, o vía España a través de los moros.

Steiner habló sobre la corriente de la naturaleza de las enseñanzas de Aristóteles en su ciclo de conferencias *La Historia del Mundo y los Misterios a la Luz de la Antroposofía*: "Las encontramos en cada esquina de Europa, discretas, fluyendo silenciosamente en lugares ocultos." [115] Y fue allí que fue tomada por personas como Jacob Boehme, Paracelso, Valentine Wiegel, Basil Valentine, y en la verdadera alquimia de los claustros de la Edad Media.

---

[115] Steiner, Historia del Mundo y los Misterios a la Luz de la Antroposofía, conferencia del 29 de diciembre de 1923

Por el siglo XIX, los seres humanos modernos ya no podían acercarse a Aristóteles con la correcta actitud de mente; ellos se acercaron a él, más bien, como lo harían con cualquier otro libro. Hasta los años 60 y 70 del siglo XIX todavía habían aislados remanentes. E incluso tan tarde como en las últimas décadas del siglo podían encontrarse estos remanentes "dentro de ciertas órdenes y en la vida de cierto círculo cerrado," aun cuando "tristemente disminuido y escasamente reconocible." Así que los últimos rastros sobrevivieron hasta el tiempo en que Steiner empezó su actividad. "Las dos corrientes [del Aristotelismo] han durado hasta el mismo momento en que es posible empezar una vida renovada del Espíritu." [116]

Los últimos rastros del Platonismo y del Aristotelismo sobrevivieron hasta que en el escenario del mundo reaparecieron los portadores de ambas filosofías para continuar la evolución de ambas corrientes. Las almas de Aquino/Steiner y Hroswitha/Schröer no reencarnaron hasta el siglo XIX, y a esto volveremos después.

---

[116] Ibid

PARTE III

La Nueva Era de Micaél

CAPÍTULO 4

EL IDEALISMO ALEMÁN

Las Repetidas Eras de Micaél

Micaél alterna su tiempo de regencia con otros seis arcángeles; cada uno gobierna un período de aproximadamente 350 años. Micaél es el único de los arcángeles que cree totalmente en los seres humanos, a pesar de estar ellos en una fase inferior a la que Dios inicialmente les había destinado. "Ésta es de hecho la relación de Micaél con los otros *Arcangeloi*. Él es el que más fuertemente ha protestado contra la Caída del Hombre." [117] Rafael, Zacariel, Anael, Orifiel, Samael, y en menor grado Gabriel, han dejado de creer completamente en la humanidad; es decir, creer que la humanidad podrá ver más allá del *maya* en el que está enfangada en la actualidad. Vivir en la era de Micaél significa que la humanidad tiene acceso a una renovada esperanza para ascender a lo divino.

Antes del tiempo de la regencia de Micaél, la desesperación y el desaliento habían reinado en los Misterios griegos que ingresaban a un período de decadencia. Un sentimiento de resignación penetraba los Misterios cuando las personas creían que la humanidad ya no podría ascender al conocimiento del espíritu. Entonces llegó la era de Micaél que culminó en el momento en que Aristóteles fundó su escuela de filosofía y Alejandro el Grande dirigió sus campañas en Asia y África.

---

[117] Steiner, *Relaciones Kármicas*, Volumen 4, conferencia del 1 de agosto de 1924

Alejandro respondió a la llamada cosmopolita y universal que es el impulso de Micaél.

Durante esa era Micaélica, no había tal cosa como la inteligencia personal; ni había cualquiera "ingenio" en su forma moderna. El ser humano no tenía noción alguna de cosa tal como el pensamiento producido por sí mismo. Cuando emergía un pensamiento, una persona sabía que era una inspiración del mundo espiritual, no algo que posiblemente solo él podría generar. Éstos fueron pensamientos que irradiaban desde el reino de Micaél, quien administraba la Inteligencia Cósmica. Y aquí es necesaria una palabra sobre lo que es Inteligencia Cósmica. Steiner definió Inteligencia como "...la mutua relación de conducta entre las Jerarquías superiores. Lo que ellas hacen, cómo se relacionan entre sí, lo que son una con otra — esa es la Inteligencia Cósmica." [118] Alejandro el Grande lo conocía, y se consideraba el enviado de Micaél; lo que le dio la fuerza para lograr hechos de tal osadía e impacto. Pero ya en ese tiempo, e incluso mucho después, Micaél y sus huestes vieron que la Inteligencia Cósmica se estaba deslizando del asir de Micaél; ellos podían prever un tiempo futuro en que la Inteligencia Cósmica se encontraría en la Tierra, ya no más en el reino del Sol.

Una realidad más adquiere importancia aquí para nuestra exploración. En la última era Micaélica, la idea de la inmortalidad difería de lo que es actualmente posible, principalmente porque los griegos habían perdido acceso a la idea de la reencarnación. Para Aristóteles o Alejandro, la inmortalidad significaba que sus almas fueron enviadas a la Tierra desde el Sol, y que ellos serían recibidos de nuevo por Micaél en la esfera del Sol.

En el tiempo del Gólgota, los Micaelitas dieron testimonio de la partida de Cristo desde la esfera del Sol, y le vieron unir su destino con la evolución de la Tierra. La mayoría de ellos descendieron a la tierra para su primera encarnación cristiana entre los siglos III y V; algunos encarnaron después, incluso tan tarde como en los siglos VII y VIII.

En el momento en que todas estas almas retornaban al mundo del espíritu después de una encarnación cristiana, ocurría una importante

---

[118] Rudolf Steiner, Relaciones Kármicas, Volumen 4, conferencia del 4 de agosto de 1924

transición. Desde que los seres humanos estaban empezando a formar los pensamientos por sí mismos, los Micaelitas vieron que Micaél ya no podía administrar la parte de la Inteligencia Cósmica que de hecho se había vuelto inteligencia terrenal; y progresivamente ésta sería el campo de la lucha entre Micaél y Ahriman.

Debido a la "caída" de la Inteligencia cósmica, después de aproximadamente el siglo IX los seres humanos escucharon y recibieron de nuevas maneras inspiraciones para su vida del alma. Empezaban a desarrollar la habilidad de formar una comprensión personal desde dentro de ellos, en lugar de a través de una inspiración divina. Antes del siglo VIII o IX, los seres humanos podían ser influenciados por el calor del entusiasmo de quien hablaba y llevaba impulsos del espíritu. El oyente realmente excarnaría lentamente hasta su cuerpo etérico. Tenía el sentimiento de ser "transportado" o llevado. Podía experimentar la simpatía más allá de las palabras, en la vivacidad que animó al ser humano inspirado por dios. Esto podría ser llamado un simple "escuchar elemental."[119]

Sin embargo, después del siglo IX, al oyente ya no se le podía enseñar de la misma manera. En la Iglesia surgió otra clase de instrucción dada a través de la interacción de preguntas y respuestas, como se encontró en el catecismo. Éste fue un sustituto para el elemental y simple escuchar que había vivido antes de la caída de la Inteligencia Cósmica. También empezó a cambiar algo más. Antes de ese tiempo, la Misa había conservado un componente esotérico. No a todos los cristianos les era permitido asistir a todo el servicio. Algunos sólo podían estar presentes hasta la lectura de los Evangelios; otros, quienes habían recibido una preparación interior considerablemente más larga, podían dar testimonio del Misterio de la transubstanciación, el aspecto esotérico de la Misa. El primer grupo fue llamado *Catechumenoi*; el segundo, *Transubstantii*. Alrededor del mismo período en el que surgió el catecismo, la Misa se volvió completamente exotérica.

Otro evento, además del surgimiento del catecismo y la naturaleza exotérica de la Misa, dejó una importante impresión en las almas de

---

[119] Relaciones kármicas, Volumen 3, conferencia del 11 de julio de 1924

los Micaelitas conforme seguían la evolución del mundo desde el reino del espíritu. Ésta fue la abolición de la idea de la trimembración de la naturaleza humana en cuerpo, alma y espíritu, en el Octavo Concilio Ecuménico de Constantinopla en el año 869. Allí se dijo que el ser humano posee sólo cuerpo y alma, aun cuando el alma puede tener algunos atributos del espíritu. Desde el reino del Sol, las huestes de Micaél dieron testimonio de la desaparición de toda la idea del ser humano; ellos previeron el impacto que esto tendría en el futuro de la humanidad.

La decisión tomada en Constantinopla fue en sí misma consecuencia del hecho de que muchos ángeles partían del reino de Micaél y se acercaban a la Tierra. Desde que los ángeles son seres que nos conducen en esta vida y en otras, y participan en el karma humano, terminó siendo afectado el destino humano como un todo. Desde los siglos XV al XIX los ángeles que habían tomado una orientación terrenal no podrían participar en la Escuela de Micaél en el mundo espiritual. La decisión de los ángeles, que naturalmente está entretejida con el karma individual, afectó las posteriores encarnaciones de los seres humanos. Refiriéndose a las opciones de los ángeles, Steiner comentó que "esta...es una de las cuestiones más difíciles que posiblemente pueden plantearse en relación con la evolución moderna de la humanidad." [120]

Micaél trabaja desde el Sol en relación con las otras Inteligencias planetarias — Mercurio (Rafael), Venus (Anael), Marte (Samael), Júpiter (Zacariel), Luna (Gabriel), y Saturno (Orifiel). Pero es Micaél el que gobierna toda la Inteligencia Cósmica. Las otras Inteligencias planetarias se emanciparon del Sol bajo la dirección de Orifiel, y desde ese momento en adelante trabajan en contra de Micaél. Esos ángeles que se volvieron las otras Inteligencias planetarias, en lugar del Sol, también voltearon su mirada hacia la tierra, mientras los otros ángeles permanecían fieles a Micaél, el único arcángel que retuvo completamente la confianza en la humanidad. Desde ese tiempo, mucho desorden ha entrado en el karma de la humanidad, porque algunos ángeles individuales siguieron a Micaél, y otros se volvieron terrenales. En las siguientes encarnaciones muchos seres humanos ya

---

[120] Relaciones kármicas, Volumen 4, conferencia del 8 de agosto de 1924

no podrían encontrar su camino a todo su pre-ordenado karma. Y ésta es uno de las raíces que llevan al estado presente del caos social del mundo. Esta situación sólo podría administrarse con el retorno de una nueva era de Micaél en el siglo XIX.

Filósofos Alemanes

Durante la Edad Media, y sobre todo a través del Escolasticismo, los principales filósofos habían vuelto a despertar la energía de vida del pensar. El pensar de hecho alcanzó una madurez apenas igualada. El pensamiento se sentía como algo que el alma tenía que producir desde su propia profundidad. "¿Cómo puede expresarse algo en la vida del pensar que no es en sí mismo meramente producto del alma?", esa se había vuelto la pregunta central de la era.[121] Los Escolásticos habían fortalecido la vida del intelecto y probado el poder interior del pensamiento.

El surgimiento del Alma Consciente está marcado por las emblemáticas palabras: "Pienso, por consiguiente soy," dicho por Descartes (1596-1650). Él expresó la convicción de que la vida del pensar puede descansar sobre su propio fundamento y ser una fuente segura de conocimiento. Sin embargo, esta visión del mundo se sumergió completamente en y fue condicionada por la emergencia de las ciencias naturales. Emergió una imagen de la naturaleza que desató sus lazos con la vida interior del alma. El alma estaba perdiendo toda conexión con la naturaleza, y ahora confinaba sus indagaciones a un subjetivo mundo interior. Allí surgió el desafío de una imagen de la naturaleza que ya no más podría integrar cualquier elemento de la conciencia de sí mismo. Conforme la humanidad se acercaba a otro importante momento del despertar espiritual estas prevalecientes tendencias fueron desafiadas por la cultura clásica alemana, el alba de la nueva Era de Micaél. Volveremos ahora a cuatro de los exponentes más prominentes del idealismo alemán: Fichte (1762–1814), Schelling (1775–1854), Schiller (1759–1805) y Hegel (1770–1831).

---

[121] Rudolf Steiner, Los Enigmas de la Filosofía, Capítulo 1: "Pensamientos Guías Sobre el Método de Presentación".

Fichte

Johann Gottlieb Fichte era bajo y rechoncho. Sobre su temperamento Steiner cuenta: "Él era todo voluntad, y su voluntad se hizo realidad en la descripción de los conceptos más abstractos." [122] La fuerza de su discurso se comparaba a una tormenta, y su entrega a los golpes del relámpago. Su imaginación tenía en fuerza y poder lo que le faltaba en gracia. [123] Continuando la descripción de una persona de voluntad, Steiner lo llama un "entusiasta de la concepción del mundo." [124]

Desde su temprana niñez Fichte asumió muy definidas opciones de vida y mostraba inusuales capacidades; aquí están dos ejemplos de su niñez. A la edad de siete años, su padre quiso premiar a Johann, un buen estudiante, dándole el libro de leyendas, *The Horned Siegfried*. El niño quedó completamente absorto en la lectura, y el padre quedó así muy sorprendido cuando vio a su hijo tirar el libro a una corriente. Aunque completamente atado al libro, el niño cuestionaba una pasión que podía llevarlo a descuidar sus deberes. Esto denota la impresión en la mente de una persona que vive en un impulso hacia un deber superior, un deber que quiere expresarse más allá de intereses pasajeros.

A la edad de nueve años, un evento anecdótico muestra otra inusual capacidad en el muchacho. Un día un vecino del pueblo de su padre vino al pueblo para la Misa, pero llegó demasiado tarde para oír el sermón. Ante la instigación de la gente local que conocía las inusuales habilidades de Fichte, el vecino fue llevado ante la presencia del niño, quien pudo repetir todo el contenido del sermón mostrando que se había sumergido completamente en la experiencia de su trasmisión. No sólo podía trasmitir las palabras, sino que hablaba desde el espíritu del sermón, como si todavía estuviera viviendo en éste.

Años más tarde Fichte se hizo profesor en Jena. El científico Steffens describió una de sus conferencias. Durante la conferencia, Fichte apeló al compromiso de su público. Les pidió "Piensen en la pared," y después:

---

[122] Relaciones kármicas, Volumen 4, conferencia del 1 de junio de 1924
[123] Steiner, Los Enigmas de la Filosofía, Parte 1, Capítulo 6: "La Era de Kant y Goethe".
[124] Ibid

"Y ahora piensen en aquel que pensó sobre la pared." [125] Estaba así comprometido con su público y les pedía emprendieran una inmediata actividad del alma, de manera que estimularan nuevas capacidades y exploraran una nueva relación con el mundo.

Fichte ve el mundo como cambiando constantemente, dentro y fuera. Él no puede concebir una fuerza cualquiera que tenga durabilidad, ni una manera de llegar a conocerse a sí mismo o a cualquier otro ser. Para él el mundo sólo ofrece imágenes de naturaleza ilusoria, imágenes que viven en un estado similar al de un sueño. Y no hay vía de escape en el pensar. "Ver — eso es el sueño; pensar - la fuente de todos los seres, de toda realidad que yo imagino, de mi ser, la fortaleza de mis propósitos. Éste es el sueño de ese sueño." [126] En este mundo del pensar él no encuentra manera de despertar la conciencia de sí mismo. Este sueño del pensar es contrastado por el orden moral del mundo, y la actividad interior de la voluntad.

Los seres en el mundo externo nos dicen lo que ellos son, a través de las cualidades que podemos descubrir en ellos. De estos el ser humano puede decir: "ellas son [cualidades]." Las cosas están en una relación totalmente diferente con respecto a la existencia del ser humano. El hombre es el único que puede decir "yo soy", no "es". Esto denota la presencia de la individualidad, éste es el punto de partida de la visión del mundo de Fichte. Lo que él no encuentra en el mundo del pensamiento, lo busca en la voluntad y en la expresión de la individualidad. En ese momento Fichte encuentra algo con respecto a lo que él se ve a sí mismo completamente independiente de cualquier otra entidad. [127] "Es como yo vivo y es como yo soy; es cómo yo soy invariablemente — firme y completo para toda la eternidad; porque, este ser no es tomado desde fuera; es mi propio verdadero ser y existencia." [128] El alma que se reconoce como un "yo," haciéndose consciente del poder interior que es activado en ese reconocimiento, se compromete en un proceso de autodespertar.

---

[125] Steiner, Relaciones Kármicas, Volumen 4, conferencia del 1 de junio de 1924
[126] Steiner, Los Enigmas de la Filosofía, Capítulo 6: "La Era de Kant y Goethe
[127] Ibid
[128] Johann Gottlieb Fichte, Vocación del Hombre, citado en Steiner, Los Enigmas de la Filosofía, Capítulo 6: "La Era de Kant y Goethe."

Desde que esto es así, al enfrentar los objetos externos y reconocer su ser, éstos se hacen parte del ser humano, porque él percibe que estos objetos están allí para él.

En última instancia para Fichte, toda la realidad, incluso la del pensamiento, recibe su certeza a través de la expresión de esa luz que brilla en el alma cuando la voluntad del mundo trabaja sus revelaciones dentro de ella. Y los seres humanos sólo pueden conocer su ser más elevado comprometiéndose en viviente acción. Un elocuente ejemplo: "Los medios más seguros de convencerse a sí mismo de una vida después de la muerte es llevar nuestra vida presente de tal manera que uno pueda desear una vida posterior." [129]

En la medida en que el "yo" se despierta en su experiencia de la voluntad del mundo, logra apoyo firme para la certeza acerca de su ser. Esta afirmación de la voluntad lleva a Fichte a postular la existencia de un orden moral del mundo que tiene un orden de la realidad independiente de la existencia humana, algo fuera del "yo." Admitiendo la imposibilidad del conocimiento, Fichte camina en el reino de la creencia. "Porque para Fichte el conocimiento es un sueño y el orden moral del mundo es la única verdadera realidad, él coloca la vida a través de la que el hombre participa en el orden moral del mundo que es superior al conocimiento, la contemplación de las cosas." [130] Y esta creencia implica la necesidad de una entrega incondicional al orden moral del mundo para que la vida humana logre el más alto valor y significado. Esto encuentra expresión en las palabras "yo, yo mismo, y mi necesario objetivo es lo suprasensible." [131]

Fichte es una personalidad que creía que para seguir el curso de la vida, no tenía necesidad del mundo real y sus hechos; más bien, él mantenía sus ojos fijos en el mundo de las ideas. Él mantiene en baja estima a aquéllos que no entienden tal idealista actitud de espíritu. Para esta vigorosa personalidad cuyos ojos están completamente dirigidos

---

[129] Rudolf Steiner, El Enigma del Hombre: desde el Pensamiento, Observaciones, y Contemplaciones de una Serie de Personalidades alemanas y austríacas: Lo que Ellos han Dicho y Dejado de Decir, Capítulo: "El Idealismo como un Despertar del Alma: Johann Gottlieb Fichte.

[130] Steiner, Los Enigmas de la Filosofía, Capítulo 6: "La Era de Kant y Goethe

[131] Ibid

a la vida interior, es repugnante buscar una concepción del mundo en cualquier otra parte, el más alto objetivo que el hombre puede obtener, salvo en su vida interior. El esfuerzo de Fichte se vuelve totalmente al mundo de las ideas. Él desatiende completamente el mundo externo y sus limitaciones.

La mirada de Fichte se vuelve completamente interior, y no puede entender otra búsqueda de los más elevados significados de otra manera que en la vida interior. Cree que haciéndolo así cada ser humano puede llegar a ser consciente de sí mismo como si viviera en la realidad suprasensible. Es sólo a través del conocer el 'Yo' dentro de sí mismo que uno puede llegar a ser verdaderamente filósofo. Pero él no espera que uno pueda llegar a ser filósofo a menos que encuentre algunas precondiciones. "El don de un filósofo es innato, más a través de la educación y luego obtenido por la autoeducación, pero no hay arte humano para hacer filósofos. Por esta razón, la filosofía espera pocos prosélitos entre aquellos hombres que ya están formados, pulidos y perfeccionados..." [132] Fichte destrona el conocimiento para abrir el camino para la acción viviente y la actividad moral. Él quiere que el ego exprese su más alto grado de independencia, pero al hacerlo le niega un lugar al mundo externo. Esto significa que el conocimiento del mundo externo es para él secundario, y ese conocimiento de la naturaleza no parece tener poder alguno para revelar la realidad del "yo."

La filosofía de Fichte dejó una verdadera huella sobre su generación. Volveremos ahora a Schelling a quien Fichte admiró, sobre todo en los primeros años.

Schelling

Steiner describe así al filósofo: "Schelling que siempre dejaba una significante impresión en cualquier lugar en que aparecía en público — el pequeño y regordete hombre, con cabeza inmensamente impresionante, y ojos que incluso en su vejez extrema chispeaban fuego, porque de

---

[132] Steiner, Los Enigmas de la Filosofía, Capítulo 6: "La Era de Kant y Goethe

sus ojos salía el fuego de la Verdad, el fuego del Conocimiento." [133] Y él hizo mención del seductor estilo para hablar de Schelling, palabras vivas y poder inspirador. Otro pensador, Gotthilf Heinrich Schubert, evocando el impacto de la presencia de Schelling en Jena, compara el leer o escuchar a Schelling con el efecto de un nuevo Dante, cuyos ojos están abiertos en otro mundo. Él se refiere a sus palabras como "moderadas, matemáticamente precisas" y elegantes. [134]

Friedrich Wilhelm Joseph Schelling empezó su carrera bajo la influencia del impulso de Fichte, ofreciendo claras ideas en las que vivía su inmensa voluntad. [135] Sin embargo, muy pronto tomó nuevas y propias dimensiones, sobre todo cuando escribió *The Foundations of Human Freedom* (Fundamentos de la Libertad Humana) que Steiner llama "un tipo de resurrección de las ideas de Jakob Böhme." [136] Esto fue posible porque, contrariamente a Fichte cuya voluntad se expresaba en la fuerza, Schelling tendió más hacia la imaginación, aunque una imaginación que no produjo imágenes artísticas sino conceptos e ideas. [137]

No muy diferentemente de Fichte, Schelling al principio se ve con el despertar del ego en el alma, confrontando el enigma de la naturaleza que no puede ofrecerle respuestas inmediatas. Él ve que el alma despierta desde la naturaleza, y al principio está oculta la relación entre los dos. Sin embargo, aquí es donde él parte de la trayectoria de Fichte, en tanto que él ve la posibilidad de despertar las capacidades cognoscitivas humanas para que ellas adquieran una experiencia tangible de lo que como alma y espíritu está activo en la naturaleza, oculto detrás de su apariencia. Él puede ir más allá que Fichte debido a la capacidad imaginativa que le faltó a este último.

Schelling intenta así moverse desde el punto de apoyo del "yo" despertado en su alma a través de pensamientos que están imbuidos

---

[133] Steiner, Relaciones Kármicas, Volumen 4, conferencia del 16 de septiembre de 1924

[134] Steiner, El Enigma del Hombre, Capítulo: "Friedrich Wilhelm Joseph Schelling".

[135] Steiner, Relaciones Kármicas, Volumen 6, conferencia del 1 de junio de 1924

[136] Steiner, Relaciones Kármicas, Volumen 4, conferencia del 16 de septiembre de 1924

[137] Steiner, Los Enigmas de la Filosofía, Capítulo 7, "Los Clásicos del Mundo y la Concepción de la Vida".

de vida y significando. Cree poder crear un puente entre el mundo natural y el mundo moral. Encontrar el reino de los pensamientos vivos en su imaginación, él los llama "imaginación intelectual." Postula con convicción que la naturaleza expresa y manifiesta las leyes del espíritu. "La naturaleza está para ser espíritu visible: y el espíritu para ser naturaleza invisible." Y más, "la Naturaleza y el espíritu, entonces, no son en absoluto dos entidades diferentes sino uno y el mismo ser en dos formas diferentes." [138] Esta comprensión viene de la intuición de lo que vive en su alma como "imaginación intelectual" es también el poder activo en el proceso de la naturaleza. Las fuerzas espirituales están activas en la naturaleza, y todo lo que después luce muerto a los ojos humanos, se originó del espíritu. Y ve la naturaleza actual como producto de una larga evolución en que lo que aparece como mineral, planta o animal, es sólo el producto final endurecido de lo que en un momento estuvo mucho más animado, el proceso de evolución está llegando a su fin. Todo en la naturaleza es una manifestación del espíritu. El espíritu que se oculta detrás de los objetos y fenómenos naturales se muestra más plenamente en la vida del alma.

La naturaleza sólo se muestra como producto final, pero el ser humano tiene la habilidad de descifrar cómo el espíritu hace estos productos finales. Así Schelling a través de su visión del mundo intenta ofrecer ideas sobre cómo el espíritu creativo tiene poder para producir en la naturaleza. Steiner resume así las visiones del filósofo: "Lo que precedió las cosas y lo que las creó es lo que surge en un espíritu humano individual como pensamiento. Este pensamiento es para su existencia real original como la imagen memoria de una experiencia es para la propia experiencia." [139]

En referencia a la "imaginación intelectual" que hace posible la aprehensión del espíritu creativo activo en la naturaleza, Schelling apunta a un despertar del alma, a algo que va más allá de las facultades cognoscitivas ordinarias. Este poder del alma puede revelar el trabajar de la naturaleza viviendo en el elemento del alma de la naturaleza;

---

[138] Ibid
[139] Steiner, Los Enigmas de la Filosofía, Capítulo 7, "Los Clásicos del Mundo y la Concepción de la Vida".

esto se debe a la participación del alma, más que a la brillante creación de conceptos. Steiner concluye: "Fichte había tomado todo en el ego; Schelling había extendido este ego por encima de todo. Lo que quiso mostrar no fue, como lo hizo Fichte, que el ego era todo, sino que todo era el ego. Schelling tuvo el valor de no sólo declarar el contenido de ideas del ego como divino, sino a toda la humana personalidad del espíritu." [140]

Las visiones de Schelling se extendieron más allá que aquéllas de Fichte a las que podríamos ver como el principio de una cosmología centrada alrededor de la cuestión del bien y el mal, y la creativa y evolutiva relación entre creador y criatura. Así como Schelling coloca el esfuerzo por el conocimiento directamente dentro de las facultades evolutivas del alma y del despertado "yo," de esa manera ve en la raza humana la capacidad de co-crear con Dios en libertad. Él no puede aceptar la idea de una imperfecta y desvalida humanidad subyugada a una deidad perfecta. El mundo que Dios crea debe llevar por necesidad en sí mismo la perfección, o por lo menos la habilidad de alcanzar la perfección. Schelling ve a Dios revelando su trabajo en una criatura que es similar a él, en seres que son dotados de la misma libertad, seres que son como Dios y tienen su existencia en Dios.

Lo que es creado por Dios es divino en sí mismo. Sin embargo, algo nuevo entra en la cosmología de Schelling. Él ve lo divino nacido de lo no divino. La luz nace de la oscuridad, y desde esta no divina oscuridad fluye el mal y el egoísmo. Y la libertad está en el hecho que Dios no tiene bajo su hechizo a todos los seres, que éstos deben esforzarse para salir de la oscuridad a la luz. La evolución es un proceso continuo a través del que lo divino nace de lo no divino. Esta exploración lleva a Schelling a preguntas sobre Cristo, a quien Schelling ve como permitir que la luz de lo divino penetre lo no divino en un punto central de la evolución humana. La pasión de Cristo y la resurrección son así vistas como un acto completamente libre. Sus hechos aparecen en oposición a la forma personal que el mal ha asumido en el mundo. Este es el porqué se presentó en forma humana. Cristo se volvió el mediador entre la

---

[140] Ibid

creación y Dios; él fue el que le permitió al ser humano que se hiciera divino una vez más.

Somos afortunados por tener más conocimiento de fondo sobre la eterna individualidad de Schelling que la que tenemos de Fichte, particularmente su relación con los Misterios griegos. Y es interesante prologar éstos con una profunda visión de Schelling que coincide con las revelaciones de Steiner, y eso concierne a la evolución de la filosofía. Schelling revela que durante la civilización griega el ser humano era parte integral de la naturaleza y por consiguiente no necesitaba buscar la naturaleza. Las cosas cambiaron después del tiempo del Gólgota: el original estado de inocencia de la humanidad se debilitó, y apareció una polaridad entre lo divino y lo natural — lo primero considerado como divino y bueno, lo segundo como malo, estando contra el bien. Vemos aquí que la visión de Schelling coincide con lo que ha salido a luz a través de la ciencia espiritual.

Steiner consideraba que Schelling tenía una inspirada conexión con el mundo de los Misterios griegos, y consideró "extremadamente profundo y significante" el trabajo de Schelling sobre los Misterios de Samotracia. Él revela que este trabajo fue escrito bajo la inspiración de Julián el Apóstata/Herzeleide (madre de Parzival)/Tycho Brahe (*) "...Si entramos bastante profundamente en el curioso idioma que usa en estos pasajes, entonces inmediatamente escuchamos la voz de Tycho Brahe, ya no la de Schelling." [141] En otros tiempos también lo inspiraron otras individualidades, como por ejemplo en la *Filosofía de la Revelación*.

En sus conferencias en Berlín, Schelling predicó una desviación de la filosofía de sus días. Él establece los límites de la visión racionalista del mundo, a favor de lo que escasamente parece conocer de la experiencia: la necesidad de algo que penetra el alma desde el exterior, imbuyéndola con inspiraciones directas del mundo espiritual. Steiner ofrece comentarios sobre la transición de Schelling de lo racionalista a la después inspirada filosofía: "Entonces casi vemos un tipo de Platonismo que brota del alma de Schelling. Escribe un diálogo filosófico titulado

---

* Astrónomo danés, considerado el más grande observador del cielo en el período anterior a la invención del telescopio.

[141] Steiner, Relaciones Kármicas, Volumen 4, conferencia del 1 de junio de 1924

Bruno que es verdaderamente recordativo de los Diálogos de Platón, y profundamente penetrante." [142] Este paso en el trabajo de Schelling marca un renacimiento de la antigua mitología griega y de la filosofía, "un renacimiento de los antiguos dioses de una manera muy moderna, pero con la vieja espiritualidad que muy evidentemente trabaja en él." [143] De tal poder son sus inspiraciones, particularmente acerca de la Cristiandad, que Steiner ve como heraldos de lo que está por entrar en el mundo como antroposofía, directamente de la visión espiritual más que de fuentes de inspiración.

En la segunda fase de evolución de su pensamiento, Schelling califica todo conocimiento racionalista como "filosofía negativa." Otra clase de conocimiento puede alcanzarse cuando el ser humano se sumerge en la vida del espíritu creativo. Él podrá entonces transcender la razón a través de un conocimiento más intuitivo. Él está complementando el conocimiento a través de la razón con el conocimiento que deriva de la inspiración. Y a esto lo llama "filosofía positiva." "[La filosofía negativa] seguirá siendo la filosofía preferida para la escuela; la filosofía positiva para la vida. Sólo si las dos se unen se obtendrá la completa consagración que puede exigirse de la filosofía." [144] Y la conclusión de Steiner realmente revela lo que vive en el alma de Schelling como consecuencia de los Misterios griegos. Él nos recuerda la diferencia entre los Misterios menores (Apolíneo) y los Misterios mayores (Dionisíaco). La filosofía negativa de Schelling corresponde a los Misterios menores, la filosofía positiva a los Misterios mayores, y así la filosofía positiva forma el coronamiento de la filosofía negativa, sobre la que ésta puede construir.

Schiller

Friedrich Schiller respondió a Fichte de distinta manera que a Schelling. Fichte desconfiaba de la habilidad de conocimiento a alcanzar más allá

---

[142] Ibid

[143] Steiner, Relaciones Kármicas, Volumen 4, conferencia del 1 de junio de 1924

[144] Steiner, Los Enigmas de la Filosofía, Capítulo 7, "Los Clásicos del Mundo y la Concepción de la Vida".

de la simple apariencia, y abrió las puertas para la acción viva, para la actividad moral. En el caso de Fichte la importancia de la acción fue reemplazada por la imaginación, y el conocimiento inspirado de Schelling por la belleza en Schiller.

El trabajo de Schiller puede ser dividido en dos fases, la fase más temprana y las más tardía. Lo que las separa es el importante punto de inflexión de su encuentro con Goethe. La visión del mundo de Schiller tenía que luchar contra las principales corrientes de pensamiento de ese tiempo: el materialismo de la Revolución Francesa y el alejamiento de la vida que vive en la cultura de la filosofía de Rousseau. La personalidad de Schiller tenía que afirmarse contra estas dos opresivas visiones. Y sus dramas juveniles fueron una de las primeras respuestas a esta lucha del alma. Fue el poeta Christian Gottfried Körner, un fuerte promotor de la vida cultural quien introdujo a Schiller a la filosofía. Desde este momento en adelante, la principal pregunta con la que vivió su alma fue "¿Cómo puede encontrarse de nuevo la interrelación de lo sensual con el espíritu?" [145]

En un tratado escrito después de que completara sus estudios de medicina, Schiller explora la vida del alma en el cuerpo, y cómo el cuerpo condiciona a la mente. El tratado acaba en la cuestión de la vida después de la muerte, con Schiller que sostiene que de hecho la muerte no es el fin de la vida; después de la muerte, el alma simplemente pasa a otra realidad, otra atalaya para mirar su vida pasada. Y desde allí él bastante naturalmente explora la posibilidad que el alma necesita repetir varias veces esta experiencia, lo que por consiguiente implica la reencarnación. [146]

La vista anterior es ampliada en sus cartas filosóficas donde Schiller examina los fenómenos naturales y los equipara a jeroglíficos descifrables. Un ejemplo es el de la crisálida que cambia en mariposa. Aquí, lo que al principio parece muerte es sólo una metamorfosis. Para Schiller esto es más que una analogía; es la garantía de que el alma

---

[145] Rudolf Steiner, Origen y Meta del Ser Humano, conferencia del 4 de mayo de 1905
[146] Ibid

humana sufre una evolución similar. Es la garantía de la inmortalidad humana.

Después de que Schiller desarrolla hasta este punto su arte y pensamiento, tiene lugar un evento que cambia y forma su trabajo: su amistad con Goethe. Después de una conferencia dada por el botánico Johann Karl Batsch, Schiller expresa a Goethe su descontento con lo que ve como una manera fragmentada de mirar la naturaleza. Goethe que apunta a otra ciencia de la naturaleza, podía ver el arquetipo o el cuerpo etérico de la planta y representárselo al confundido Schiller en un dibujo esquemático. El filósofo de la belleza ahora se dispone a alcanzar una comprensión similar al abarcante punto de vista de Goethe, que, sin embargo, podía lograr sólo en un grado.

Una nueva fase del pensamiento de Schiller es alcanzada en sus Cartas sobre la *Educación Estética del Hombre*. Su primer esfuerzo puesto en movimiento más allá de Kant, que había inspirado su juventud, pero quién también presentó formidables obstáculos para su sentido común. Emmanuel Kant había afirmado el espíritu frente a la naturaleza sensual del cuerpo; él veía que sólo negando el cuerpo podría uno oír la voz del espíritu en la llamada al deber, y así ser virtuoso. Schiller se rebela contra esta declaración, porque la ve como una limitada visión sobre la naturaleza humana. Él no quiere suprimir, sino educar y transformar.

Schiller reconoce dos impulsos principales, y un impulso mediador. Por un lado está el impulso hacia lo sensual; el hombre, entregándose a éste, cae en el peligroso egotismo. Por otro lado, puede resolver llevar su vida según el imperativo de la razón, con su seria lógica y deber. Aquí aparece un dilema aparentemente insoluble. Si el ser humano sigue lo sensual sin refrenamiento, le impone silencio a la razón; si sólo escucha a lo imperativo de la razón, mortifica su sensualidad. Allí parecería no haber salida.

La lógica y el deber nos niegan la libertad: sólo podemos decidir someternos a ellos. Siguiendo los impulsos de la naturaleza, el ser humano se vuelve esclavo de ellos. ¿Cómo puede encontrarse la armonía entre los dos extremos? Schiller quiere que el deber se alinee con el deseo humano, y la moralidad llegue a ser algo natural. Él quiere que el ser humano desee y disfrute lo que es su tarea. ¿Y dónde puede encontrarse tal camino? Schiller busca ese estado en que lo sensual y lo espiritual se encuentran a mitad de camino, y lo reconoce en la creación de la belleza. Al producir una verdadera obra de arte, como lo conoce por su propia experiencia, sigue sus inclinaciones naturales sin ser conducido por la pasión. Él es llevado por la imaginación y el espíritu. Pero este estado no está limitado por el que produce la obra de arte; se aplica igualmente al que la disfruta, desde que la obra de arte en ambos satisface a sus sentidos y a su espíritu, sin despertar la pasión. Y Schiller compara el goce de lo bello con el impulso del niño para jugar. Él ve en la obra la posibilidad de satisfacer los imperativos morales mientras sigue las inclinaciones sensuales. Él ve la posibilidad del ser humano comprendiendo la virtud de la misma manera como puede perseguir la belleza. Él concluye, "estoy por lo menos seguro de esto: El poeta es el único verdadero hombre y, comparado con él, el mejor filósofo es meramente una caricatura." [147] Note que el filósofo al que se está refiriendo principalmente es a Kant, cuya filosofía divorcia a la humanidad de la naturaleza.

Reflexionando sobre el mundo moral, Schiller lo ve como abarcando ambos reinos, el de la razón hasta donde reina el puro espíritu, y el de la naturaleza donde dominan la necesidad y la coacción. En una sociedad en que la moralidad es vista como una cuestión estética, los seres humanos renunciarán al gobierno de la ley y encontrarán colaboración espontánea. Ellos incorporan las leyes que hacen posible el armonioso vivir juntos.

Schiller puentea la considerable división al enfrentar la artística visión del mundo de Goethe. Cuando Goethe le presenta la planta arquetípica, con la concreta experiencia de una idea, Schiller muestra su sorpresa. Él no puede entender que una experiencia corresponda a una idea. Para él la misma naturaleza de una idea excluye la posibilidad de la plena materialización en una experiencia: el mundo de las ideas y el mundo de la experiencia son dos reinos separados. La experiencia tiene lugar en el espacio y el tiempo; el reino de las ideas es aprehendido por la razón más allá del espacio y el tiempo. Y por consiguiente el conocimiento del hombre mana de dos fuentes diferentes: externamente a través de la observación, e interiormente a través del pensar. [148] Steiner

---

[147] Steiner, Los Enigmas de la Filosofía, Capítulo 6, "La Era de Kant y Goethe".

[148] Rudolf Steiner, La Visión Goetheana del Mundo, Capítulo "Goethe y Schiller".

concluye: "Uno debe buscar en la antigüedad griega las subyacentes imágenes mentales que le han dado su sello a la filosofía [de Schiller], y que se han convertido en fuerzas directrices de todo nuestro desarrollo espiritual occidental...[en contraste con las visiones de Goethe, las visiones de Schiller reflejan] la manera de imaginarse las cosas que, originadas desde un aspecto del Helenismo, ve un abismo entre la experiencia de los sentidos y la experiencia espiritual." [149] No habría una referencia más clara al Platonismo que la que Goethe sacó de un callejón sin salida. Uno puede ver hasta qué punto el espíritu de Grecia vive tanto en Schiller como en Schelling.

Tenemos alguna idea sobre la biografía kármica de Schiller. Una encarnación fundamental tuvo lugar alrededor de Roma en el siglo 2 DC, durante la que percibió y fue conmovido en su alma por la mansa actitud de los mártires cristianos tratando de defender su fe contra la persecución. A esta forma de mal se unieron aquellos de extrema injusticia, perversidad, degradación y corrupción. Los ejemplos del bien por un lado y el mal por el otro formaron como preguntas en su alma. "Surgió [en este individuo] un tipo de comprensión que también era una pregunta: ¿Dónde está el equilibrio, el medio? ¿Hay en el mundo sólo lo totalmente Bueno y lo totalmente Malo?" [150] En esta encarnación vivió una larga vida, y después reencarnó como mujer en el esfuerzo por equilibrar la contundente agudeza del alma causada por la ansiedad de la pregunta con la que vivió. Él ahora podría convertir esta angustia en un aislado y razonado entendimiento del bien y el mal. Esta callada contemplación fue más elaborada en su vida entre la muerte y el renacimiento en la esfera de Saturno. En la nueva vida de Schiller, este conocimiento permitió un abarcante y sereno entendimiento del pasado, y gran entusiasmo idealista por el futuro.

Acercándose a la esencia del trabajo de Schiller, Steiner llama a las *Cartas sobre la Educación Estética del Hombre* "...un bálsamo del corazón;...ellas apelan al centro del ser humano y quieren elevar este centro a un estado superior." Y además recomienda que uno no simplemente lea las cartas, sino que les permita acompañar nuestra vida

---

[149] Steiner, Origen y Meta del Ser Humano, conferencia del 4 de mayo de 1905
[150] Steiner, Relaciones Kármicas, Volumen 6, conferencia del 1 de junio de 1924

como un libro de meditación, "de manera que él quiera llegar a ser como Schiller deseaba llegar a ser." [151]

Hemos visto los vínculos entre Fichte, Schelling y Schiller. Las cosas están en una postura bastante diferente con Hegel, quien de los cuatro es el pensador más puro.

Hegel

"Con Hegel se trata de formar la vida de esta alma de tal manera que su pensamiento se vuelva una revelación de los pensamiento del mundo." [152] Solo entre los Románticos alemanes, Georg Wilhelm Friedrich Hegel ve la posibilidad de elevar el pensamiento emancipándolo de sus conexiones con el mundo de los sentidos. En su *Fenomenología*, este tipo de saber se llama "saber absoluto," el pensamiento que va de lo finito a lo infinito, que se alcanza a través de una separación del contenido sensual, pero también desde el sentimiento humano. Éstos son "pensamientos que se revelan en el alma cuando el alma se transforma en un espectador del proceso por el que *un pensamiento, libre de todo lo que sea de naturaleza de no-pensamiento*, se desdobla en más y siempre más pensamientos. Entonces no es el alma la que piensa; todo el mundo se piensa dentro del alma..." [153] Al caracterizar la capacidad de Hegel de construir conceptos sobre conceptos libres de las impresiones de los sentidos o del sentimiento humano, Steiner los compara con "las categorías" de Aristóteles. Una categoría es intercambiable con un concepto que vive al límite entre lo sensorio y el mundo suprasensible. [154] Los conceptos están de acuerdo con la naturaleza del mundo sensible, y su exactitud puede percibirse clarividentemente. Sin embargo, la formación de conceptos es como independiente del conocimiento clarividente como lo es de la observación sensoria. Hegel quiere construir su filosofía sobre la razón

---

[151] Steiner, Origen y Meta del Ser Humano, conferencia del 4 de mayo de 1905
[152] Steiner, El Enigma del Hombre, Capítulo: "El Idealismo alemán como Contemplación de los Pensamientos: Hegel".
[153] Ibid
[154] Ibid

humana completamente desprovista de misticismo; pero viviendo en su mundo de ideas pueden volverse una verdadera experiencia mística. [155]

No diferente a Schelling, Hegel ve el proceso del pensamiento en su culminación en el ser humano. El pensamiento está presente primero en el mundo natural, pero es inconsciente de sí mismo. El pensamiento está presente luego en el ser humano cuando vuelve su atención a la vida del alma. Para Hegel, el pensamiento es la esencia de la naturaleza y del ser humano, pero en el ser humano el pensamiento finalmente tiene la posibilidad de observarse a sí mismo. En ninguna otra parte que en el cognoscente ser humano es posible ser autoconsciente del pensamiento. El pensamiento está meramente contenido en la naturaleza; el ser humano lo vuelve a activar dirigiéndolo hacia sí mismo. Sólo los seres humanos pueden lograr la pensativa comprensión del pensamiento. La meta final de Hegel es permitir a su conciencia entrar en el proceso creativo del mundo que se manifiesta en el pensamiento. Una vez este proceso está presente en su conciencia, el filósofo, cree Hegel, puede permitir al espíritu del mundo revelar su propio ser.

A través de su arquitectura de conceptos, Hegel quiere traer orden y armonía a los resultados obtenidos por la investigación científica. Quiere reemplazar la ciencia de la naturaleza con una ciencia que organiza y ordena los pensamientos sobre la naturaleza.

Para Steiner, "a través de Hegel el idealismo alemán ha expresado esta afirmación de la naturaleza espiritual de lo sensorio-perceptible." [156] Sin embargo, la valoración de Steiner del éxito de Hegel en este esfuerzo está en contraste con la declarada meta de Hegel. "Al principio Hegel busca encontrar el ámbito o las fronteras de todo el pensamiento suprasensible que surge en el alma humana cuando el alma se eleva desde toda observación de la naturaleza y desde toda terrenal vida del alma. Él presenta este contenido como su *Lógica*. Pero esta lógica no

---

[155] Rudolf Steiner, La Teoría de las Categorías, conferencia del 13 de noviembre de 1908, publicada en Das Goetheanum el 13 de noviembre de 1908

[156] Steiner, El Enigma del Hombre, Capítulo: "el Idealismo alemán como Contemplación de los Pensamientos: Hegel"

contiene un solo pensamiento liberador de la región circunscrita por la naturaleza y la terrenal vida del alma." [157]

Hegel es firme en su creencia que el mundo del pensamiento espiritual se expresa en el mundo físico, y que por consiguiente todo en el mundo de los sentidos deriva su ser de un origen espiritual. Sin embargo, en su esfuerzo por descifrar la realidad espiritual no parte del mundo de los sentidos, ni ofrece otro claro punto de partida. Así, no puede acercarse a la realidad suprasensible de la naturaleza, ni acercársele claramente desde otra perspectiva. Y aunque afirmó la naturaleza suprasensible del pensar, no pudo llevar su pensamiento a lo suprasensible. [158]

Steiner determina que a pesar de su "idealismo suprasensible," Hegel permanecía confinado al mundo de los sentidos. Pero advierte: "Uno puede reconocer todo esto en uno mismo y aún así no buscar juzgar *negativamente* la expresión del idealismo alemán en la visión del mundo de Hegel... Uno puede llegar a un juicio positivo y encontrar que lo esencial acerca de esta visión del mundo está en el hecho que contiene la afirmación: Quienquiera observa en su verdadera forma el mundo expandiéndose ante nuestros sentidos reconoce que en realidad es un mundo espiritual." [159]

Intentaremos ahora completar una comprensión de la personalidad de Hegel y trabajaremos haciendo alusión a sus otras visiones, primero en la teología y después sobre las cuestiones sociales. Como se ha referido antes, Hegel vio en el ser humano la corona de la creación de Dios. Es en el ser humano que el pensamiento puede reflejarse en sí mismo, y que Dios puede saber de sí mismo y alcanzar la perfección. Con esto Hegel se aparta de la idea de un perfecto e inmutable "primer ser" a la idea que el propio mundo espiritual está en proceso de continuo desarrollo.

Hegel ve al primer ser como el agente que creó los reinos de la naturaleza y al ser humano. Pero ha dejado a la humanidad la tarea de crear pensamientos sobre el mundo creado. Y, al hacerlo, el ser humano se ha vuelto un co-creador junto a la deidad.

---

[157] Ibid

[158] Ibid

[159] Steiner, El Enigma del Hombre, Capítulo: "el Idealismo alemán como Contemplación de los Pensamientos: Hegel".

La capacidad de co-crear pone sobre el tapete la cuestión de la libertad. No sorprende que dada sus visiones, Hegel hace de la libertad no un don innato, sino algo por lo que hay que esforzarse. Esto significa elevar nuestro propio ser de una pura satisfacción en el mundo sensual a una progresiva comprensión de nuestra naturaleza espiritual, una activa aprehensión del mundo interior. Y el logro fundamental de la libertad significa hacerse a sí mismo independiente del mundo material. "...gradualmente el individuo se fuerza a salir de este mundo de convicciones morales que es así bajado al mundo externo y penetra en su propia vida interior, reconociendo que puede desarrollar convicciones morales y normas desde su propio espíritu... Porque él ya no busca su precepto moral en el mundo externo sino dentro de su propia alma." [160]

La visión de Hegel sobre la relación de lo humano con lo divino tiene consecuencias en el mundo social. Según Hegel, el ser eterno es la "eternamente real verdad en que la eternamente activa razón es libre por sí misma, y porque la necesidad, la naturaleza y la historia sólo sirven como formas de manifestación y como recipiente de su gloria." [161]

Aquí se expresa primero la subordinación del ser humano a un mundo de necesidad, en este caso el mundo del espíritu, uno que limita la noción de libertad, incluso dentro del glorioso concepto de la co-creación. Estas limitaciones salen a la luz en las visiones de Hegel sobre la historia y sobre el lugar del individuo respecto al estado.

Para Hegel el mundo del espíritu está inexorablemente comprendido en el curso de la historia, y el individuo es meramente una herramienta en su realización. En las grandes figuras históricas aparece la coincidencia de la voluntad individual y de la voluntad del mundo del espíritu. Estos individuos son afortunados por haberse hecho agentes de una voluntad mayor y actuar para el progreso de la humanidad. Steiner concluye que en tal visión: "Lo particular es principalmente despreciable comparado con lo general; los individuos son sacrificados y abandonados." [162]

---

[160] Steiner, Los Enigmas de la Filosofía, Capítulo 7: "Los Clásicos del Mundo y la Concepción de la Vida".

[161] Steiner, Los Enigmas de la Filosofía, Capítulo 7: "Los Clásicos del Mundo y la Concepción de la Vida".

[162] Steiner, Los Enigmas de la Filosofía, Capítulo 7: "Los Clásicos del Mundo y la Concepción de la Vida".

En efecto, Hegel ve lo individual como cumpliendo un rol en la historia y la sociedad tanto como lo anima la razón o el pensamiento suprasensible, sólo porque el pensamiento es el agente central de la evolución del mundo. Y Hegel ve en el estado la realización de tales pensamientos en la sociedad, y muy naturalmente sostiene que lo individual debe subordinarse a las necesidades del estado, no lo contrario. Con esto Hegel niega la capacidad del individuo para determinar sus metas y dirección en la vida; sólo si actúa de acuerdo con los dictados del estado está el ser humano actuando en libertad.

En conclusión, podemos decir que Hegel ve la más elevada actividad del espíritu humano en el pensar y en el esfuerzo por aprehender la realidad suprasensible en el pensamiento, cuyas expresiones más altas se han de encontrar en el arte, la religión y la filosofía. Él no puede llevar el pensamiento de lo sensible a lo suprasensible; sin embargo, su esfuerzo pone el fundamento que alcanzará la madurez en la ciencia espiritual. Parece apropiado que Steiner dé esta última valoración de Hegel: "Hegel es en el mundo moderno lo que Platón era en el mundo de los griegos. Platón elevó contemplativamente su ojo del espíritu al mundo de las ideas para en esta contemplación asir el misterio del alma. Hegel tiene el alma inmersa en el espíritu del mundo y desarrolla su vida interior después de esta inmersión." [163]

El Idealismo alemán: una Valoración

Los filósofos que acaban de ser examinados manifestaron su personalidad y se acercaron al portal del mundo espiritual desde perspectivas muy diferentes: más típicamente en la voluntad en Fichte, en el sentimiento en Schiller, y en el pensamiento en Hegel.

Steiner ve que en el idealismo alemán "la íntima alianza...entre la imaginación poética y la concepción del mundo ha liberado esta concepción de la expresión sin vida que debe asumir cuando entra exclusivamente en la región del intelecto abstracto." [164] Los cuatro filósofos descritos en este capítulo traen un elemento personal en sus

---

[163] Ibid
[164] Steiner, Los Enigmas de la Filosofía, Capítulo 6: "La Era de Kant y Goethe".

concepciones del mundo. Ellos creen que es posible construir una concepción del mundo, que es posible alcanzar una comprensión del mundo conforme a su propia naturaleza, o que, a la inversa, confiando realmente en su alma pueden construir una comprensión del mundo dentro de ellos. Ellos creen que de esta manera pueden alcanzar un entendimiento objetivo del mundo, no meramente una fantasía personal. Y cada uno lo hace de maneras notablemente diferentes.

Fichte abandona todo el conocimiento que no sea obtenido de una fuente interior y experimentado en la vida diaria. Schiller siente que él está limitado a su humanidad cuando creativamente puede interpretar y experimentar la belleza. Su perspectiva es un ejemplo para muchos otros de su generación. Steiner resume que "el Romanticismo quiere transformar el mundo entero en un reino artístico." [165] Y más: "Con ellos [los Románticos], el pensar fue completamente absorbido por la imaginación poética." [166] Esto, sin embargo, no significaba depender de la creencia. Sólo Fichte postuló un mundo moral independiente del ser humano; los que lo siguieron después cultivaron la imaginación artística y confiaron abiertamente en los poderes del alma.

Una perspectiva artística en los idealistas alemanes está estrechamente aliada con las cualidades de la "intuición." Recuerde las impresiones dejadas por Fichte o Schelling, sus mismas personalidades, el fuego de sus convicciones, el poder de su discurso. Y agrega a esto lo que Steiner llama "...las poderosas estructuras del pensamiento de Fichte, Schelling y Hegel se expresaron aforísticamente como golpes de relámpago..." [167] En *La Misión de las Almas del Pueblo en relación con la Mitología Germano-Escandinava* escuchamos a Steiner hablar más acerca de la razón para éstos "golpes de relámpago". Sin embargo, para mejor entender la materia necesitamos mirar la naturaleza de la conciencia adquirida por las almas germanas y escandinavas en los siglos que siguen al Misterio del Gólgota.

Los pueblos de Europa del norte estaban más cercanos al estado de conciencia de la antigua Atlántida, y experimentaron la transición de la

---

[165] Ibid

[166] Ibid

[167] Ibid, Capítulo 9: "Las Concepciones Radicales del Mundo."

vieja visión al nuevo tipo de visión. Mientras todavía no despertaba el "yo", ellos podían contemplar a los seres espirituales. En este estado de conciencia dieron testimonio del "yo" que les era otorgado y gradualmente despertaron. Entre los siglos VIII-X DC, ellos podían ver cómo las fuerzas del alma empezaban a trabajar en el cuerpo. Todavía podían percibir la impresión de las fuerzas del alma en el cuerpo, y también la incorporación del "yo." "[El germano-escandinavo] estuvo presente cuando el 'yo' se integró al cuerpo y tomó posesión de cada ser humano." [168] Los pueblos germanos despertaron al "yo" en una fase en que el espíritu del pueblo todavía trabajaba en sus almas, una fase que corresponde a la antigua Atlántida. Ellos literalmente podían percibir el "yo" como un ser entre otras entidades; lo vieron clarividentemente. De hecho "desarrollaron la visión del 'yo' desde mucho antes de que se hicieran conscientes de la verdadera lucha interior por el 'yo'." [169] A través del "yo" podían dirigir más conscientemente su relación con el mundo exterior y formar variadas relaciones con éste. Fue así que en Europa el ser humano empezó a hablar de la relación del 'yo' con al mundo.

Los pueblos del norte de Europa todavía llevaban el recuerdo de una más temprana fase de vida, un tiempo en que percibieron todo como si en un océano de niebla, el tiempo de la antigua Atlántida. Recordaban a los dioses que todavía estaban activos en el tiempo de Atlántida (a quien ellos llamaron Vanas). Y percibieron después a los Ángeles y Arcángeles trabajando (Asas) en sus almas. Ellos todavía vieron activos a este segundo conjunto de dioses, formando las fuerzas del alma e imprimiéndolas en el cuerpo, como si esto estuviera pasando en el momento, tan tarde como los siglos VIII, IX y X después de Cristo. La memoria del mundo espiritual no estaba en un pasado muy distante, como lo fue para el antiguo indio o para civilizaciones posteriores.

Las filosofías de Fichte, Schelling y Hegel son "el resultado de la más penetrante y vieja clarividencia adquirida por el hombre cuando trabajaba en cooperación con los seres divino espirituales. De otra manera habría sido imposible para un Hegel haber visto sus ideas como

---

[168] Steiner, La Misión de las Almas del Pueblo en relación con la Mitología escandinava germánica, conferencia del 14 de junio de 1910
[169] Ibid

realidades." Y más, "el mundo de las ideas de Hegel es la última, la más altamente sublimada expresión del alma espiritual, y contiene en conceptos puros lo que los hombres del norte todavía vieron como divinos poderes espirituales sensibles-suprasensibles en relación con el 'yo'." [170] Esto también explica cómo toda la filosofía de Fichte parte de la idea del "yo", que fue un regalo del Dios Thor a los viejos pueblos del norte.

Basado como estaba en el substrato de los Misterios del Norte, la filosofía alemana no cae en una vacía abstracción. El idealismo alemán muestra que la cultura alemana está en esencia lista para recibir las ideas de la ciencia espiritual, una vez que el tiempo se los permita. Y el alma alemana también es la más adecuada para entender las revelaciones de la venida del Cristo en el etérico. [171]

La filosofía clásica alemana está construida sobre la "experiencia de la idea." En la declaración de Steiner: "En Goethe, Fichte y Schiller, la experimentada idea — también se podría decir la experiencia de la idea — se mete con fuerza en el alma. [172] Recuerden el énfasis de Fichte sobre la actividad del alma: "Piensa acerca de la pared" y "Ahora piensa sobre el que pensó en la pared." Es esta experiencia de la idea la que crea la sólida base para una visión del mundo que ve al ser humano como perfecto y tan libre como es posible. [173]

El fruto de la cultura clásica alemana es un mundo de ideas en el cuál uno puede despertar la conciencia del ego. "Con Fichte, la concepción del mundo está lista para experimentar la conciencia de sí mismo; con Platón y Aristóteles se llegó al punto de pensar en el alma consciente." [174] Y más, "Goethe, Schiller, Fichte, Schelling y Hegel concibieron la idea de que el alma autoconsciente era tan comprensiva que parecía tener su raíz en una elevada naturaleza del espíritu." [175]

Todo lo anterior podría recordarnos la Escuela de Chartres, en

---

[170] Steiner, La Misión de las Almas del Pueblo en relación con la Mitología escandinava germánica, conferencia del 16 de junio de 1910

[171] Ibid, conferencia del 17 de junio de 1910

[172] Steiner, Los Enigmas de la Filosofía, Capítulo 6: "La Era de Kant y Goethe."

[173] Ibid

[174] Ibid

[175] Ibid, Capítulo 9: "Las Concepciones Radicales del Mundo

particular lo que se ha dicho de Alain de Lille, pero también de todas las otras personas de la escuela que vivieron en el fuego de un mundo de ideas con el que podían relacionarse intuitivamente y que todavía podían percibir en imaginaciones. Por cuanto en Chartres se reunieron los frutos de los antiguos Misterios Célticos y el conocimiento de los Misterios y tradiciones del Medio Este, el idealismo alemán tomó una forma similar a la experiencia de la iniciación germano-escandinava, y dio en ideas las experiencias que habían tomado forma en el alma alemana y dado forma a su mitología.

En los filósofos que hemos bosquejado en este capítulo, como en Alain de Lille, la retórica ocupa un espacio mucho mayor que la lógica. Incluso en Hegel, pensador por excelencia, la lógica está por debajo. Parece que todavía no había llegado el tiempo para la redención del pensar. Los idealistas alemanes se oponen con toda su energía a los fundamentos de la perspectiva científica natural. Pero no pueden hacerlo sobre bases epistemológicas. Goethe, cuyo pensamiento va más lejos en esta dirección, sólo puede expresarse en términos aforísticos y artísticos. Cada uno de los otros contribuye con su grano de arena a la construcción de una nueva visión del mundo.

Es importante tener presente que el fruto del idealismo alemán habría encontrado en el liberalismo alemán su más plena expresión y culminación en la esfera social, lo que no había sido por los eficaces impulsos contrarios de las hermandades occidentales. Por cuanto el liberalismo británico tenía sus raíces en el pensamiento económico, el liberalismo alemán tenía un alcance más amplio. Incluía una visión más grande del ser humano, como hemos visto en parte cuando las visiones de sus *Cartas Sobre la Educación Estética del Hombre* de Schiller fueron tomadas en cuenta en el reino social. Schiller consideraba que el trabajo del político ha de ser el tipo más elevado de arte, el arte social. *La Esfera y Deberes del Gobierno* de Wilhelm von Humboldt (1767-1835) es, según Steiner, "...el primer esfuerzo para construir una vida independiente de los derechos o del estado, un esfuerzo para encontrar la independencia del reino político." [176] Los esfuerzos que tomaron forma en Europa

---

[176] Steiner, Ideas para una Nueva Europa: Crisis y Oportunidad para el Oeste, conferencia del 15 de diciembre de 1919

central estuvieron fundados en impulsos que podrían convertirse en ideas de la trimembración del orden social.

La elaboración de las ideas que tomaron forma en el liberalismo alemán podrían haber encontrado expresión política a través de alguien como Kaspar Hauser (1812-1833). El Conde Polzer-Hoditz guardó registros de una conversación que tuvo con Steiner en la que este último indicó que el reino de Hauser habría abierto la puerta de un "nuevo castillo del Grial" en el sur de Alemania, en el área de Baden-Württemberg, Baviera, y también Austria. [177] Los unidos principados podrían haber resistido el surgimiento del materialismo y la amenaza de la hegemonía Prusiana.

El materialismo refutó al liberalismo en el Marxismo. En 1848 Karl Marx escribió *El Manifiesto Comunista*, continuando el impulso del rechazo del espíritu del Concilio de Constantinopla del año 869, y llevándolo más lejos con la negación de la existencia del alma. Para Marx sólo la lucha por el bienestar económico ocupaba el centro del escenario; la cultura reflejaba esta tendencia, volviéndose una simple "superestructura." Desde 1848 en adelante el impulso liberal luchó contra el estado central de Bismarck y los impulsos socialistas. La represión del impulso liberal ocurrió ya en el año 1850, y a esto siguió la restauración de la Confederación alemana, llevando al poder al reaccionario Bismarck contra los deseos de los liberales. Allá por 1871, cuando Wilhelm I fue coronado emperador alemán, Alemania le había dado las espaldas al legado de Goethe y a su tarea espiritual. "Desde ese evento, la garganta del espíritu alemán de hecho ha sido bien y verdaderamente cortada", es la declaración de Steiner. [178]

La Cultura Clásica Alemana y la Antroposofía

Hay una relación entre la cultura clásica alemana y la antroposofía, sobre lo que Steiner quería que alcanzáramos la mayor claridad. Steiner fue enfático al decir que uno no encontrará las fuentes de la antroposofía en cualquier parte del siglo XIX. En esencia, Steiner hizo una gran

---

[177] Sergei Prokofieff, Pueden los Seres Humanos Oír, 711
[178] Steiner, Ideas para una Nueva Europa, conferencia del 15 de diciembre de 1919

distinción entre la continuidad espiritual y la contribución histórica. La Antroposofía no está en continuidad espiritual con la cultura clásica alemana; sin embargo, la antroposofía fluyó más naturalmente dentro de la corriente que creó ésta última.

Por el tiempo de Steiner el Goetheanismo sobrevivía en una "forma algo petrificada", pero era una forma que podría hacerse rejuvenecer. La ciencia materialista afectaba los logros del idealismo alemán. La imposición de la cultura ahrimánica hizo ininteligible todo el trabajo de Goethe para las nuevas generaciones alemanas. En ese tiempo, Steiner juzgó que era anómalo sumergirse uno mismo en la visión Goetheana del mundo. Lo que el pueblo alemán recibió de su trasfondo (principalmente del Protestantismo) no los prepara para asimilar el Goetheanismo.

Alemania repitió lo que antes había ocurrido en Grecia y en toda Europa, con la continua sucesión de Platónicos y Aristotélicos. Los tiempos modernos que condujeron a la antroposofía estuvieron precedidos en Alemania por el Platonismo del tiempo de Goethe. Emil Bock no sólo vio en Goethe el Platonismo, sino en la totalidad de la era Goetheana; y el presente trabajo lo ha corroborado. [179] De hecho, toda la estampa de la cultura clásica alemana es un eco de la vieja sabiduría ahora formulada en abstracciones intelectuales derivadas de grandes intuiciones. Vemos aquí una situación análoga a la que había ocurrido con la transición de la Escuela de Chartres al Escolasticismo. La Escuela de Chartres ofreció una visión sobre los Misterios del pasado, vía la preservación de los últimos vestigios de la Inteligencia Cósmica. Luego el tiempo del Alma Consciente no hizo sino borrar los últimos remanentes de la vieja conciencia; ellos sobrevivirían sólo como semillas para futuros impulsos. Los dominicos Aristotélicos tenían que poner nuevos cimientos, aunque los Platónicos pudieran todavía inspirarlos desde el mundo espiritual. Los filósofos alemanes del siglo XIX conservaron el conocimiento inspirado que sólo con cierto grado de incomodidad tendría acceso a la captación intelectual. Por todas partes sus intuiciones parecen más grandes que lo que las palabras pueden trasmitir; ellas encuentran una expresión más artística y poética que científica.

---

[179] Emil Bock, La Vida y Tiempo de Rudolf Steiner: Volumen 1: Personas y Lugares

Aunque Austria era católica, el catolicismo parecía no afectar directamente el alma austríaca; era como si no fuera relevante. Los austríacos todavía podían acceder a la herencia de Goethe, Lessing, Schiller, Hegel, y otros; y Austria jugó un papel para el alma alemana similar al papel que Macedonia había jugado para Grecia, diseminando el Helenismo hacia el Este allá por el tiempo de Alejandro el Grande. A través de Austria, el legado alemán del Romanticismo pasó al pueblo del Imperio de Hapsburg. El Goetheanismo que había muerto en Alemania, encontró en Austria una clase de refugio. Bock declara: "En la segunda mitad del siglo XIX Austria discretamente proporciona un ambiente Platónico para el progreso de la humanidad". [180]

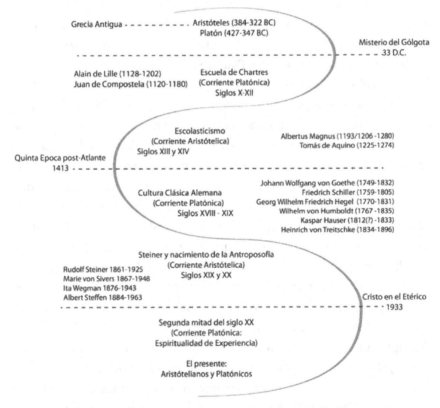

Cuadro 1: *Cronología de las Corrientes Aristotélica y Platónica*

---

[180] Emil Bock, La Vida y Tiempo de Rudolf Steiner: Volumen 1: Personas y Lugares

Es interesante notar que en Austria Platón/Schröer llegó al fin de un impulso, con la misión de elevarlo a un nuevo nivel. Esto es precisamente lo que habría tenido que hacer, el retorno de Platón, llevar el Platonismo a un nuevo nivel, empezando desde Goethe que había sido uno de sus pupilos. El Cuadro 1 resume nuestras más importantes conclusiones y anuncia los capítulos que vienen.

CAPÍTULO 5

LA TAREA DE STEINER Y SCHRÖER EN EL MUNDO

Después de estar en Alemania, a fines del siglo XIX, el foco de atención de la renovación cultural cambió hacia al Imperio Austrohúngaro. Fue allí que encarnaron Karl Julius Schröer y Rudolf Steiner para continuar y seguir sus tareas en el mundo. Es interesante notar que Schröer/Platón llegó al final de la línea de Platónicos que encarnaron en Alemania. Él claramente fue el que se supone llevaría al Platonismo a un nuevo nivel, y particularmente el trabajo de Goethe. Y Steiner/Aristóteles volvió de nuevo cerca a su viejo maestro para construir lo que el anterior (Schröer/ Platón) pretendía ofrecer.

El entretejido de los karmas de Rudolf Steiner y Karl Julius Schröer ya se ha explorado en *Rudolf Steiner and Karl Julius Schröer: Antroposofía and the Teachings of Karma and Reincarnation* (Rudolf Steiner y Karl Julius Schröer: La Antroposofía y la Enseñanzas del Karma y la Reencarnación). Esto se hizo principalmente desde la perspectiva ofrecida en las conferencias conocidas bajo el título: Relaciones Kármicas, Volumen 4, último ciclo de conferencias dado por Steiner. Permítanos retornar brevemente a algunos de los hilos desarrollados en ese libro: el más temprano descubrimiento de Steiner de su encarnación como Tomás de Aquino; el destino que lo unió con los Cistercienses; lo que dijo sobre Karl Julius Schröer en relación a la antroposofía; y una completa caracterización de los impulsos que habrían sido representativos de Schröer y Steiner.

Pasos Iniciales de Steiner en la Investigación Kármica y los Cistercienses

El año 1888 fue claramente un punto de inflexión en la vida de Steiner respecto a sus facultades de percepción kármica. Steiner se había sentido conmovido por los poemas de Fercher von Steinwand, y tuvo la oportunidad de encontrarse con el solitario poeta. En él reconoció a alguien cuya fuerte individualidad no podría ser explicada por su ambiente. Steiner sintió que, aunque avanzado en edad, Steinwand era el más joven en espíritu entre todas las personas que lo rodeaban. "Su expresión facial y cada gesto me revelaba un ser de alma que sólo podría haber sido moldeado en el tiempo del paganismo griego y su influencia en el desarrollo de la cristiandad, a principios de la era cristiana", es el comentario de Steiner en su autobiografía. [181]

En noviembre del mismo año Steiner tuvo otro encuentro decisivo, esta vez con Wilhelm Anton Neumann, un ilustrado sacerdote Cisterciense. Con Neumann Steiner ya había tenido muchas largas conversaciones, incluso una trascendental sobre la reencarnación. Aunque interesado en el tema, Neumann era de dos mentes. Su interés personal estaba en las desigualdades con todo lo que el catolicismo dogmático declaraba estar al margen de la fe.

El 9 de noviembre de 1888, Steiner dio una conferencia sobre "*Goethe como el padre de una nueva estética.*" Neumann que lo había escuchado con interés, compartió su intuición con Steiner que "¡Las semillas de esta conferencia que usted dio hoy han de encontrarse en Tomás de Aquino!" Haciendo referencia a esta conversación en la conferencia

---

[181] Steiner, Autobiografía, Capítulo 20. Friedrich Zauner ha continuado la caracterización del poeta y ha llegado a la conclusión, de acuerdo con T. H. Meyer, que él era la reencarnación de Dionisio el Areopagita. Esto había jugado un importante rol en la educación de Aquino'. Vea *La Misión Principal de Rudolf Steiner: El Nacimiento y Desarrollo de la Investigación Científica-Espiritual del Karma*, T.H. Meyer, 2009 (versión traducida al español por EWMC: emc700@gmail.com)

del 18 de julio de 1924, Steiner comentó: "Y luego llegó lo destacable que en una ocasión estaba dando una conferencia en Viena. La misma persona [Neumann] estaba presente y después de la conferencia hizo un comentario que podría entenderse como el hecho que en ese momento él tenía pleno entendimiento de un ser humano moderno y su relación con su anterior encarnación. Y era correcto lo que en ese momento dijo sobre la relación entre dos vidas. Pero él nada entendió en absoluto, sólo lo dijo." [182] Concerniente a esta misma conferencia, Steiner dijo a Friedrich Rittelmeyer, "...mi propia anterior encarnación alboreó en mí." [183] Esto indica que Steiner nada sabía de esto. El conocimiento de una anterior encarnación llegó a él vía un sacerdote Cisterciense.

En *Relaciones Kármicas*, Volumen 4, Steiner hace repetidas referencias a los Cistercienses y al papel que jugaron desde su temprana niñez. El lector puede recordar que también estaban presentes en la encarnación de Aquino que muriera en el monasterio Cisterciense de Fossanova, teniendo a su lado a Reginaldo de Piperno, también Cisterciense. Respecto a los Cistercienses, Steiner dijo: "Desde mi juventud más temprana, hasta cierto período de mi vida, algo de la Orden Cisterciense se me acercaba una y otra vez. Habiendo pasado por la escuela elemental, por estrecho margen escapé — por razones que expliqué en mi autobiografía: *La Historia de mi Vida* — me convertí en pupilo de un gimnasio o escuela primaria dirigida por la Orden Cisterciense. *Todo parecía conducir en esta dirección;* pero mis padres, como he explicado, eventualmente decidieron enviarme a la escuela moderna [Realschule]". [184]

En los años que siguieron, la presencia Cisterciense continuó en la vida de Steiner. Steiner recuerda: "Pero la escuela moderna a la que asistí estaba a sólo cinco pasos de la escuela primaria Cisterciense. Así que conocimos a esos excelentes maestros Cistercienses cuyo trabajo en ese tiempo de hecho era de alta calidad." Más tarde comentaremos hasta

---

[182] Rudolf Steiner, Relaciones Kármicas, Volumen 8, conferencia del 18 de julio de 1924 (Londres: Rudolf Steiner Press, 1977)

[183] Rudolf Meyer, la Misión Principal de Rudolf Steiner, 52

[184] Steiner, Relaciones Kármicas, Volumen 4, conferencia del 12 de septiembre de 1924

dónde llegó esta relación, cuando Steiner nos dice: "fui profundamente atraído por todos estos sacerdotes, muchos de los cuales eran hombres sumamente eruditos. Leí mucho de lo que escribieron y por ello fui profundamente conmovido. Amaba a *estos sacerdotes...*". [185] Y concluye: *"Para abreviar, la Orden Cisterciense estaba cerca de mí.* Y sin duda (aunque éstas por supuesto son hipótesis tales como las que uno usa sólo para propósitos de ilustración), si hubiera ido a la escuela Cisterciense *debía, como cosa natural, haberme hecho Cisterciense."* [186] Merece la pena añadir una declaración similar que se encuentra en *Relaciones Kármicas*, Volumen 6: "Debería haberme hecho sacerdote de la Orden Cisterciense. De eso no hay duda...Amaba a *estos sacerdotes* y la única razón del porqué pasé por alto la Orden Cisterciense fue debido a que no asistí al Gimnasio". [187]

Después, en los años que pasé en Viena, se formaron importantes amistades en el círculo de María Eugenia delle Grazie, donde se reunían muchos notable personajes Cistercienses. Aquí fue que Steiner llegó a entender el karma del movimiento Micaélico y el destino de las almas de la Escuela de Chartres. "Y para mí esas cosas fueron las más importantes que me revelaron: es de hecho imposible que cualquiera de aquéllos que eran discípulos de Chartres encarnaran en la actualidad, y todavía parece como si algunas de las individualidades relacionadas con esa Escuela llegaran a incorporarse, si puedo decirlo así, por breves períodos, en algunos de los seres humanos que llevaban la vestimenta Cisterciense." [188] En el círculo formado alrededor de delle Grazie vivían personas íntimamente conectadas con Steiner, por consiguiente más probablemente Aristotélicos. La inspiración que al otro lado del umbral ellos recibieron de los Platónicos, de hecho nos recuerda lo que ocurrió entre los Escolásticos. En el tiempo de su trabajo en la tierra las almas de Chartres habían partido del plano físico, pero desde el mundo del

---

[185] Rudolf Steiner, Autobiografía, Capítulo 14

[186] Steiner, Relaciones Kármicas, Volumen 4, conferencia del 12 de septiembre de 1924

[187] Steiner, Relaciones Kármicas, Volumen 6, conferencia del 18 de junio de 1924

[188] Steiner, Relaciones Kármicas, Volumen 3, conferencia del 13 de julio de 1924

espíritu todavía estaban inspirando activamente a sus compañeros Micaelitas.

El círculo de delle Grazie también formó un importante vínculo con Schröer, aunque uno que no podría cumplir con su rol. Dejar este círculo de personas fue una decisión difícil, en palabras de Steiner se dice: "yo estaba ahora dividido entre esta casa [delle Grazie], que mucho me gustaba visitar, y mi maestro y amigo paternal Karl Julius Schröer que, después de la primera visita, nunca más apareció en delle Grazie." [189] Steiner aquí se refiere a la tarea de Schröer que él tuvo que hacer suya — el seguir trabajando el Goetheanismo, estableciendo la base para la ciencia espiritual. Veremos ahora esta última e importante conexión kármica.

Schröer, Steiner, Platonismo y Aristotelismo

El alma de Schröer trasmitía un profundo respeto para con todo lo que Goethe había logrado. Él intuitivamente percibía que su trabajo científico estaba muy por delante de lo que en el siglo XIX profesaba la ciencia, pero rechazó investigar o estudiar más profundamente la materia. Steiner había notado que Schröer formaba sus ideas a partir de cierto nivel de intuición, pero tenía poco interés en estructurar su mundo de pensamientos. [190] "Él había logrado la intelectualidad, había podido unirla con la espiritualidad de Platón, la propia Antroposofía habría estado allí," esa es la reveladora conclusión de Steiner en la última conferencia de *Relaciones Kármicas*, Volumen 4. Una conclusión similar se obtiene en su Autobiografía: "La antroposofía realmente habría sido su vocación [la de Schröer]....Lo mismo que porta dentro de él de una encarnación anterior, si hubiera podido entrar en el intelecto, se habría vuelto Antroposofía; se detiene; duda, por así decirlo, del intelectualismo." [191]

Notando que Schröer se aparta de su tarea, Steiner sólo podría

---

[189] Steiner, Relaciones Kármicas, Volumen 6, conferencia del 18 de junio, 1924

[190] Steiner, Autobiografía, Capítulo 9

[191] Steiner, Relaciones Kármicas, Volumen 4, conferencia del 23 de septiembre de 1923

concluir: "Pero como dije, que más podría hacer uno, que liberarle la congestión que se había producido, y llevar adelante el Goetheanismo, hacia la Antroposofía." Y agregó: "Resolví en ese momento vivir el destino de Schröer como mío, y abandonar mi propio camino de destino." [192] Walter Johannes Stein que publicó su recuerdo de una de sus conversaciones con Steiner en 1922, indica que Steiner sólo pudo retomar su misión después de la Conferencia de Navidad, "considerando que todo lo que estaba en este espacio intermedio de tiempo fue hacerse cargo del camino que Schröer debía haber recorrido." Esto se hizo más explícito en la respuesta a la pregunta de cuál habría sido la tarea de Schröer. La respuesta fue "Toda la enseñanza de la Imaginación, Inspiración, e Intuición, y todo lo que concierne a las formas del edificio del Goetheanum." [193]

En varias conversaciones privadas Steiner indicó cuál habría sido su más importante tarea de vida. Esto es lo que registró W. J. Stein: "Rudolf Steiner consideraba como su misión traer a la humanidad el conocimiento de las vidas terrenales repetidas — no en forma de un principio proclamado en vagas generalizaciones, sino como un conocimiento concreto que debe protegerse con un sentido pleno de responsabilidad, tacto, y visión." [194] Muy temprano en la vida, Steiner ya había construido todas las facultades del alma que lo equiparon para el cumplimiento de su tarea en el mundo, ofreciendo las nuevas enseñanzas científico-espirituales del karma y la reencarnación desde una perspectiva cristianizada. De hecho, ya en 1888 pudo investigar espiritualmente la vida anterior de un individuo dado, si no fue antes. Pero las señales del destino ya habían mostrado que algo más le estaba reservado: algo que requería su buena disposición para el sacrificio. Hubiera continuado el karma del mundo de una manera óptima, Schröer habrían tenido que redimir el hundido intelecto. Habría tenido una completamente adiestrada facultad del pensamiento para construir las bases para la ciencia espiritual. Steiner simplemente habría presentado lo que podía percibir directamente en el mundo espiritual, como un

---

[192] Ibid
[193] Steiner, *Autobiografía*, Capítulo 27
[194] Walter Johannes Stein, *Vida y Trabajo de Rudolf Steiner*, 20

nuevo Platón trabajando desde el mundo de las ideas. Habría logrado la educación de las facultades del intelecto en sus encarnaciones como Aristóteles y Aquino.

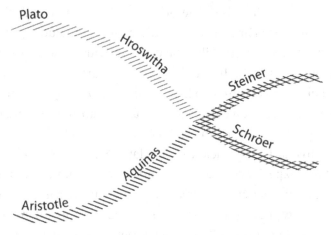

Ilustración 2: Steiner y Schröer: el escenario ideal

Si Schröer hubiera procedido normalmente para desarrollar la tarea que el mundo del karma le había confiado, la situación habría sido como la presentada en la Ilustración 2. En el diagrama, el cruce indica que Schröer habrían tenido que trabajar de una manera más Aristotélica, considerando que Steiner podría haber trabajado de manera más Platónica. Sin embargo, la historia del mundo se desarrolla de otra manera.

El Camino de Sacrificio de Steiner: El Documento de La Haya

El primer paso en el camino de sacrificio de Steiner le fue traído a él del mundo externo. Las limitaciones de Schröer afectaron más de un destino individual, así como el destino del mundo. El más directamente afectado fue Steiner. Esto significó, en primer lugar, tomar el camino del Realschule en lugar del Gimnasio; y abandonar la compañía de su más íntimo y kármicamente relacionado círculo de los Cistercienses.

Tenemos una crucial comprensión de la tarea de Steiner en la

Conversación de la Haya que en 1922 tuvo Steiner con Walter Johannes Stein (Vea Apéndice 1). Steiner le confió al antropósofo alemán cómo había aceptado el destino de Schröer como propio. De momento había decidido abandonar su propia tarea para hacer lo que necesitaba el mundo; él asumió la misión de Schröer. "Al tomar esa decisión en ese momento, experimenté la verdadera libertad. Pude escribir mi *Filosofía de la Libertad* [La Filosofía de la Actividad Espiritual] porque experimenté lo que es la libertad." Y en otra parte, para indicar cuán personal había sido el camino a la escritura de *la Filosofía*, comentó que el libro no tenía como objeto describir el único camino a la verdad, sino el camino que anduvo un alma en busca de la verdad. [195]

En la misma Conversación de la Haya, Steiner describió los tres niveles de la experiencia de la libertad: Imaginación, Inspiración, e Intuición. Al mismo tiempo, estos niveles pueden experimentarse como una unidad; después en la vida pueden emerger tres diferentes fases en la manera de conocer. "Para la experiencia inmediata, estas fases [Imaginación, Inspiración, e Intuición] aparecen como una unidad, pero, con el pasar del tiempo, ellas pueden entrar en la conciencia como entidades separadas." Las que siguen son las tres fases descritas en la carta:

> Porque uno lo ama, lo que uno decide hacer aparece como una verdadera Imaginación. El segundo elemento que es tejido en esta experiencia unificada es que los poderes superiores nos exhortan a seguir el impulso que está surgiendo dentro de nosotros. "Hágalo," dice la voz interior, y hacerse consciente de esta voz es Inspiración perceptible. Todavía hay un tercer elemento tejido en esta experiencia unificada: a través de este hecho libre uno se coloca dentro del ámbito exterior del destino al que de otra manera nunca habría entrado. Uno encuentra a otras personas, es conducido a otros lugares;

---

[195] Rudolf Steiner, *De los Síntomas a la Realidad en la Historia Moderna*, "Breves Reflexiones Sobre la Publicación de la Nueva Edición de 'La Filosofía de la Libertad'", conferencia del 27 de octubre de 1918

lo que fue primero asido interiormente a través de la Intuición ahora se acerca a uno externamente como nuevo destino. Esto ocurre cuando se desarrolla la verdadera Intuición.

Thomas Meyer concluye que después de la reunión con Neumann y su revelación del karma, a su pesar Steiner dejó Viena, y se mudó a Weimar. Allí encontró diferentes personas, y entró en actividades recientemente escogidas; diferentes actividades que habrían estado en consonancia con el normalmente pensado karma del mundo. Como resultado de su desvío a través del trabajo de Goethe, Steiner dijo: "Porque mi destino me trajo la tarea de Goethe como parte de mi vida, este desarrollo [normal] fue considerablemente retardado. Por otra parte, habría seguido mis experiencias espirituales y las hubiera descrito exactamente como se me presentaron. Mi conciencia se habría ensanchado más rápidamente en el mundo espiritual, pero no habría sentido necesidad de trabajar tan difícilmente para penetrar mi ser interior." [196] Si en el camino Steiner no hubiera encontrado el destino de Schröer, podría haber presentado su conocimiento de manera más Platónica, directamente desde la esfera de la revelación. Incluso habría sido un mejor Platónico que Platón, porque podría haber percibido mucho más exactamente lo que vivía en el mundo del espíritu.

En su autobiografía, Steiner indica que la tarea de Goethe no encontró su camino, él habría presentado la investigación científica de una manera diferente. "Inicialmente, no era mi intención intentar interpretar [las palabras de Goethe] como lo hice poco después en mi introducción a los escritos científicos de Goethe en la *German National Literature* (Literatura Nacional Alemana) de Kürschner. Mi intención era presentar independientemente algún campo de la ciencia, así como la ciencia apareció ante mí de acuerdo con el espíritu." [197] Hella Wiesberger completa este planteamiento. Steiner renunció a la condición de ser a través de la que se reveló el espíritu del mundo por medio de la gracia. Un estado natural de gracia que desde su niñez lo dotó de facultades

---

[196] Autobiografía, Capítulo 27
[197] Autobiografía, Capítulo 15

especiales, contrasta con el otro estado de alma "en que, paso a paso, el alma desarrolla una afinidad con el espíritu para estar dentro de lo espiritual del mundo una vez que se ha experimentado a sí mismo como espíritu. Sólo en esta real participación uno experimenta cuán íntimamente el espíritu humano y la espiritualidad del mundo pueden desarrollarse juntos en el alma humana." [198] El "desvío" en el destino de Steiner ocurrió al principio entre los años 1882 y 1889; luego desde 1889 a 1896. En el primer período, Steiner se encontraba trabajando en la edición de Kürschner de los trabajos de Goethe. En el segundo trabajaba en la edición normal de Sophien y publicó *La Filosofía de la Libertad*.

Steiner entró al período de Weimar, encontrando allí lo que Schröer realmente debió haber hecho de su karma como Platón. Y así Steiner caracteriza el paso que dio: "Llegué a Weimar todavía influenciado por el humor de mi estudio completo del Platonismo. Creo que esto me ayudó inmensamente a encontrar mi camino en mi trabajo en los archivos Goethe-Schiller. ¿Cómo vivió Platón en el mundo de las ideas, y cómo lo hizo Goethe? Esta pregunta me ocupó cuando hice mi camino a y desde la construcción del archivo; también me ocupó cuando estudié los documentos del patrimonio de Goethe." [199] Esta cita se refleja en los escritos de Steiner de *La Visión del Mundo de Goethe* en 1897. En el Capítulo 1, "El *Lugar de Goethe en el Desarrollo del Pensamiento Occidental*", unas treinta páginas se dedican a caracterizar la visión Platónica del mundo respecto al desarrollo de la filosofía moderna, y sobre todo sus teorías del conocimiento. Y todas son contrastadas con la visión del mundo de Goethe. En esencia, Steiner asumió el karma de Schröer/Platón, tenía que adentrarse profundamente en el Platonismo, y en la relación que había existido entre Platón y el joven artista que trabajó dentro de su círculo de influencia, el futuro Goethe.

Lo que Steiner dijo acerca de embarcarse en la tarea de Schröer, lo confirmó así: "En cierto modo, *El Pensamiento Intuitivo como Camino Espiritual* [*La Filosofía de la Libertad*] me liberó de lo que el destino había exigido de mí en términos de formar ideas durante la primera parte de mi vida, y lo puso en el mundo externo; esto tuvo lugar a través

---

[198] Ibid
[199] Autobiografía, Capítulo 31

de mi experiencia de los misterios científicos naturales de la existencia. Mi próxima tarea podría ser sólo un esfuerzo para formar ideas del propio mundo del espíritu". [200]

Cuando comparó sus propias visiones con aquéllas que se formaron en el espíritu de Schröer, Rudolf Steiner encontró más que la diferencia entre el pensamiento de dos individuos. Vio la posición individual dentro de las grandes relaciones de las corrientes históricas, y el reconocimiento del "tipo" espiritual de Goethe como el de la escuela Platónica. Así como Goethe pensó sobre la planta original, así Platón pensó sobre las ideas que están debajo de las percepciones de los sentidos como su ser espiritual. Y Rudolf Steiner encontró que Schröer, quien como estudioso de Goethe vivió en el reino de las ideas Platónicas, no fue capaz de encontrar el puente que lleva desde el reino de las ideas a la realidad. Vio en Schröer las solitarias alturas de esta disposición supramundana del alma. Y para él eso se volvió el mayor problema de la humanidad; sentía que era necesario encontrar un nuevo puente entre lo sensible y lo suprasensible.

Tales eran los pensamientos que estimularon a Steiner a ocuparse del *Cuento de Hadas de La Serpiente Verde y la Bella Azucena* de Goethe. Vio el reino de la azucena, es decir, del espíritu, como existiendo dentro de la corriente Platónica de tal manera que el contacto con el tiempo presente no pudiera tener lugar de una manera viviente. Vio la Serpiente Verde, cuya tarea es formar el puente entre el mundo del espíritu y el mundo de los sentidos, impulsada a la decisión de sacrificarse. El pensamiento de este sacrificio vivió en el alma de Steiner.

Al final, uno podría decir que desaparece el interrogante de "continuar con mi tarea/asumir la extinguida tarea de otra persona", aunque no todas las consecuencias kármicas para la humanidad. De hecho, en el sacrificio de Steiner estaban presentes las condiciones para un aprehender más profundo de la polaridad de libertad y destino tan importante para su propia tarea — ofrecer una comprensión científica espiritual del karma y la reencarnación. Steiner concluyó:

---

[200] Autobiografía, Capítulo 25

Debido a mi relación con el trabajo de Goethe, pude observar vivamente "cómo trabaja el karma en la vida humana." Hay dos aspectos del destino que se unifican en nuestra vida. Uno surge del anhelo del alma, y es dirigido hacia el mundo exterior; el otro viene hacia una persona desde el mundo exterior. Mi propio impulso del alma se dirigió hacia la experiencia consciente del espíritu, y la vida espiritual del mundo exterior me llevó a la tarea de Goethe. En mi conciencia tenía que armonizar las dos corrientes. [201]

La conclusión a esta línea de argumentación nos devuelve a la separación inicial de los caminos en el karma de Steiner en el tiempo en que escogió ir al Realschule, y a la conclusión que "esto fue también por muy buenas razones kármicas." [202] Steiner supo que de no haber recibido una educación científica, no habría podido rescatar la herencia de Goethe y escribir *La Filosofía de la Libertad*. Podemos así entender cuánto del trágico karma de la Sociedad Antroposófica es resultado del hecho que Steiner tuvo que abarcar su propia tarea y la de Schröer (Ilustración 3).

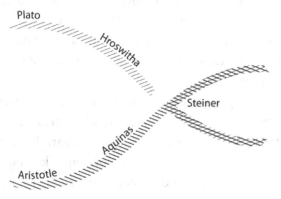

Ilustración 3: *Steiner y Schröer: el escenario final*

---

[201] Autobiografía, Capítulo 27
[202] Steiner, Relaciones Kármicas, Volumen 4, conferencia del 12 de septiembre de 1924

La tarea de Steiner respecto a Schröer aparece en una perspectiva aun más clara si vemos algunas de las indicaciones de Steiner acerca de los caminos de las tareas individuales — más claramente aquéllas de los iniciados — desarrolladas a través de las encarnaciones. Veremos este aspecto después.

La Evolución de la Tarea de los Iniciados del Mundo

La interacción e intersección entre las vidas de Steiner y Schröer tiene una cualidad profundamente misteriosa. Cuando seguimos la línea de encarnaciones de Steiner, hay en particular una progresión natural entre tres encarnaciones: la de Aristóteles, Aquino, y Steiner. Aquí está la base para el desarrollo del pensar en toda la civilización Occidental. En la antroposofía, este pensamiento es redimido y re-espiritualizado. En este sentido, la encarnación de Steiner alcanza una culminación en total congruencia con los desarrollos que lo precedieron. Así, ¿por qué entonces Steiner afirma que su tarea está en promover las enseñanzas del karma y la reencarnación?

Hemos considerado esta cuestión desde la perspectiva biográfica e histórica. Podemos encontrar un entendimiento complementario sobre este problema si consideramos lo que Steiner dijo en una conferencia sobre la Segunda Venida de Cristo en el Mundo Etérico. Aquí nos dice:

> Así como el espíritu de Moisés prevaleció en la época que está ahora terminada, así por nuestro tiempo empieza a prevalecer el espíritu de Abraham, para que después de que los hombres hayan sido conducidos a la conciencia de lo divino en el mundo material, puedan ahora salir de esos límites. Porque es una ley cósmica y eterna que cada individualidad tiene que realizar un hecho particular más de una vez, periódicamente — dos veces en todos los eventos, uno como antítesis del otro. Lo que Abraham hundió para la humanidad en la conciencia física de nuevo lo trasportará para ellos arriba al mundo espiritual. [203]

---

[203] Steiner, *La Reaparición de Cristo en el Mundo Etérico*, conferencia del 6 de marzo de 1910

Para entender cómo se aplican a Steiner las palabras aquí citadas, consideraremos la individualidad de un maestro de la humanidad cuyo rol fue conducir a la humanidad a través de la pérdida de un prístino estado de ser. Tal fue el caso de Adán/Juan el Bautista, el "alma más vieja" de la humanidad, el único cuya vida anterior cubre el principio del proceso de encarnación. Adán llevó a la humanidad a través de la Caída, desde su primera comunión con el mundo espiritual. En ese tiempo el ser humano había roto su estado de unión con la Deidad, y ese proceso alcanzó su punto más bajo en el tiempo del Gólgota. El Adán reencarnado como San Juan Bautista, fue el que nos pidió que cambiáramos nuestros caminos porque el reino de Dios estaba cerca. A través de la preparación para el evento del Gólgota — que ocurrió en el punto más profundo de la encarnación de la humanidad y alejamiento del espíritu — la misma individualidad que había dado un paso fuera del seno de los dioses también preparó el camino para un gradual retomar el ascenso de lo físico a lo espiritual. Habiendo sido el primero en descender, podría ahora mostrar el modo de inaugurar el camino de ascensión.

Cuando desde la perspectiva ofrecida consideramos la antedicha conferencia, las dos figuras, Platón y Aristóteles, aparecen bajo una nueva luz. El trabajo filosófico de Platón promovió una conciencia de lo divino desde los recintos de los Misterios. Habló sobre los Misterios, pero desde fuera de éstos. Dionisio había inaugurado el camino de los Misterios griegos; Platón, Dionisio reencarnado, trajo sus enseñanzas filosóficas a Grecia en un momento en que los Misterios se estaban haciendo decadentes. Aun cuando su conocimiento todavía estaba arraigado en la revelación de los Misterios, él le mostró a la humanidad el camino hacia la nueva conciencia incluida en la filosofía que se estaba emancipando de la atmósfera de los Misterios. Platón también dejó al mundo el legado de una dividida visión del mundo: ahora se separan materia y espíritu.

Aristóteles nunca fue parte de los Misterios. En él el proceso evolutivo continuó de una manera mucho más específica a través del riguroso cultivo de la facultad de pensar. Para lograr esta meta, Aristóteles tuvo que abandonar el conocimiento de la reencarnación y el karma. Él originó el concepto de la nueva formación de las almas al nacimiento y la idea de la eterna salvación o condenación. Los últimos rastros de conocimiento de la reencarnación todavía sobrevivían en Platón, aunque de una manera alterada. Aristóteles conscientemente tuvo que cerrar las puertas a este conocimiento porque la facultad de pensar tenía que desarrollar dentro de los exclusivos límites de la vida en la tierra.

Más de dos milenios después, los mismos dos individuos podrían realizar un hecho que es una antítesis de lo que habían hecho antes: la restauración de una perdida condición de la humanidad. Schröer podría volver a inaugurar el conocimiento de los Misterios al que cerró las puertas en su encarnación como Platón, y esto habría llevado a la inauguración del camino de la ciencia espiritual. De hacerlo, habría sanado también la fisura interior que vivió en su alma donde la materia estaba en oposición con el espíritu. Esa fisura se sana en la antroposofía, pero Schröer se negó a entrar totalmente en el intelectualismo. Steiner, el nuevo Aristóteles, arraigado en la realidad de la reencarnación y el karma restauró el camino a un conocimiento consciente de nuestra eterna individualidad. Él ahora podría cristianizar estas enseñanzas. Éste fue el conocimiento al que Aristóteles le había dado la espalda, en virtud de las necesidades de la evolución del mundo.

Una mirada más cercana a Goethe y el desarrollo de la filosofía y el pensamiento moderno resaltarán más el destino y tarea de vida de Platón/Schröer en relación con el karma del mundo. Mucho de esto fue presentado por Steiner en un crítico punto de inflexión de su vida, en su libro *La Visión del Mundo de Goethe*.

El cambio que precedió a Platón en la filosofía griega fue introducido cuando los filósofos empezaron a desconfiar de sus percepciones sensorias como el medio para lograr el conocimiento. Steiner rastreó este cambio hasta la escuela de filosofía Eleática y a Jenófanes, su primer representante que nació en el año 570 a.C. Platón expresó esta incapacidad para confiar en los sentidos diciendo que las cosas que percibimos no tienen un verdadero ser. Él los describe como en proceso de "llegar a ser", pero nunca "ser." Hay un abismo entre la imagen mental de un mundo de semejanza y el mundo de las ideas en que se encuentra la eternidad. Platón no podía atribuirle un ser real a su propio mundo de los sentidos. El abismo entre un mundo de semejanza frente a los sentidos, y un verdadero mundo a ser encontrado en las ideas, es lo que Steiner llamó el "aspecto unilateral del Platonismo," que coloreó toda la filosofía Occidental.

En la evolución del pensamiento Occidental, la parcialidad Platónica en una forma u otra está presente hasta los días de Kant. Incluso estaba presente en las antítesis materialistas. Francis Bacon sólo vio subjetividad en el reino de las ideas; la realidad, creía él, estaba frente a los sentidos y que nada más era necesario. El suyo fue el "Platonismo al revés" y la fundación de la ciencia moderna.

David Hume vio en las ideas nada más que hábitos de pensamiento. Finalmente, Kant reelaboró la pasada filosofía sin agregar mucho que fuera nuevo. Partió de la premisa que hay verdades fundamentales independientes de la experiencia, y una prueba de estas verdades nos es dada a través de la matemática o la física. Como Hume, Kant creía que los pensamientos no provienen de la experiencia, sino que son agregados a ella por el ser humano. Él confiaba en el pensamiento científico hasta el punto donde el ser humano plantea las últimas interrogantes acerca de la libertad, la inmortalidad, y lo divino. En el último reino, el considera que sólo la fe puede ofrecernos una respuesta. Este elaborado sistema de pensamiento fue nada más que un esfuerzo por conservar un lugar para las más elevadas aspiraciones del alma humana. Hasta los días de Kant, el Platonismo unilateral había continuado a través de los siglos. Incluso cuando se adoptó la posición inversa, como es más notoriamente en el caso en Bacom y Hume, todavía se mantenía la separación entre la idea y la percepción de los sentidos que unificó las diferentes visiones del mundo.

El Platonismo unilateral le era completamente extraño a la naturaleza de Goethe. Según su sentimiento más profundo, lo que surgió en su espíritu fue lo que surgió dentro de él en virtud del poder de la naturaleza. Vivió en el instinto que le decía que todo lo que necesitaba era vivir en las cosas para extraer de ellas lo que está presente como idea. No había necesidad de elevarse sobre ellas. Él no podía imaginar el percibir un objeto en la naturaleza sin que lo acompañe la idea. "El recíproco trabajar de idea y percepción era para él una respiración espiritual." [204] Y la naturaleza prosiguió desde la totalidad en la idea a la manifestación particular de ésta que se presentaba a los sentidos.

La actitud que Goethe tenía hacia la naturaleza es puesta en práctica

---

[204] Steiner, *La Visión del Mundo de Goethe*, Mercury Press, capítulo "Goethe y la Platónica Visión del Mundo."

en la ideación artística. Percibió que la creación artística aparece de la misma manera en que una planta es la expresión de una idea. Para él, el arte era inseparable del elemento espiritual. Eso explica el porqué a menudo estaba deseoso de esperar un tiempo muy largo para completar una obra de arte, en lugar de la prisa por terminarlo a través de algún artificio de imaginación. *El Fausto* de Goethe no pudo ser completado hasta que en el artista hubiera vivido suficiente madurez interior para asir las ideas espirituales por las que se había estado esforzando tanto tiempo para traerlas en una forma perceptible. Y esto es lo que Goethe escribió sobre el arte: "Las grandes obras de arte han sido al mismo tiempo producidas por los seres humanos de acuerdo a la verdad y a las leyes naturales, como las más grandes obras de la naturaleza." [205] En su viaje a Italia pudo contemplar el componente espiritual del mundo de la planta — la planta primigenia — así como él observaba los arquetipos del gran arte que se exponía en los museos italianos. Para él la visión en la naturaleza básicamente no difería de la que él logró en el arte. Y Steiner dijo sobre este proceso: "Goethe logra su visión del mundo, no en la senda de la deducción lógica, sino, a través de la contemplación del ser del arte. Y lo que encontró en el arte también lo buscó en la naturaleza." En este reino, Goethe estaba borrando los finos límites que Platón había erigido entre el arte y la naturaleza, el arte y la ciencia. El arte fue para Platón el reino de la fantasía y del sentimiento; la ciencia fue el resultado de conceptos libres de fantasía. Para Goethe, la diferencia entre el arte y la percepción científica de la naturaleza estaba en el hecho que el arte hace perceptible la idea, y a través de éste, el artista toma las ideas de la naturaleza que están ocultas dentro de ella. Y Steiner concluye: "es una y la misma verdad que el filósofo presenta en forma de pensamiento, el artista en forma de un cuadro. Los dos sólo difieren en sus medios de expresión." Sin embargo, en la mente de Goethe las ideas no fueron llevadas a la conciencia en forma de conceptos claros.

En todo esto, podemos ver cuán importante fue el trabajo de Goethe para la redención del Platonismo. Los fundamentos para la cultura clásica alemana fueron preparados por las almas Platónicas

---

[205] Steiner, *La Visión del Mundo de Goethe*, Mercury Press, capítulo "Goethe y la Platónica Visión del Mundo."

reencarnadas. Podemos sondar cuán importante habría sido para el propio Schröer/Platón continuar esta tarea. Habría traído equilibrio a lo que vivió en su alma, que se manifestó en su renuencia para sumergirse en el intelectualismo de la era y cuya consecuencia final fue una débil mentalidad en la vejez.

También podemos ver un gesto de complementariedad entre los dos principales filósofos de los tiempos griegos. El alma de Platón vivió en el gesto del alma de una comprensiva realidad espiritual, mejor expresado en la noción del amor Platónico. En Schröer este gesto tenía que encontrar un complemento en el pasaje a través del crisol del intelecto. Aristóteles ya había adquirido un riguroso entrenamiento de mente, y el mismo continuó en Aquino. Este riguroso entrenamiento llevó a Steiner, más naturalmente de lo que fue el caso con Schröer, a la condición contraria en que él ahora podía aprehender el puro mundo del espíritu como una realidad dada. Pero para asumir la tarea de Schröer, él no hizo pleno uso de esta condición de alma.

Podemos notar en el anterior gesto de alma que los iniciados muestran el camino a la anímica-espiritual integración de las facultades humanas que en el futuro todos los seres humanos tendrán que lograr. Que no es una tarea fácil se demuestra por el hecho que incluso un iniciado puede fallar. Uno podría decir que Steiner necesitaba integrar el Platonismo en su alma y misión en el mundo, y hacerlo bastante naturalmente y muy temprano en su biografía; considerando que Schröer dejó de hacer lo mismo con el Aristotelismo. Esto es lo que se muestra en las Ilustraciones 1 y 2, en el cruce entre las dos corrientes.

A la luz de lo anterior, podemos suponer que Schröer hubiera estado más apto para encontrar su tarea de vida en la teosofía. Toda la sabiduría de los antiguos Misterios del Este que vivió en el alma de Platón podría haber sido cristianizada en la Sociedad Teosófica que naturalmente se vinculó con la fuente original de la sabiduría del Este. Dentro de la teosofía Schröer podría haber traído la antroposofía a la realidad, y hacerlo así antes de lo que Steiner pudo. Además, Schröer podría haber trabajado dentro de la Sociedad Teosófica cuando los impulsos originales de Christian Rosenkreutz todavía tenían influencia en el curso de los eventos. En ese caso, Steiner podría haber desplegado su misión dentro de la corriente cristiana, partiendo de las personas en la orden Cisterciense, profundamente ancladas en las tradiciones occidentales, y además con profundos vínculos karmáticos con él. Sin duda que esto no se lograría dentro de la propia orden Cisterciense, dado su fundamento católico; los individuos que lo siguieran habrían tenido que abandonar su lealtad católica. Dentro de los límites de la vieja orden Cisterciense, Steiner habría encontrado un vínculo entre el Aristotelismo y el Platonismo, desde que en ocasiones las almas Platónicas inspiraron a los Cistercienses desde el mundo espiritual. Nada habría sido más natural para Steiner que insertar su tarea en tan fecunda tierra.

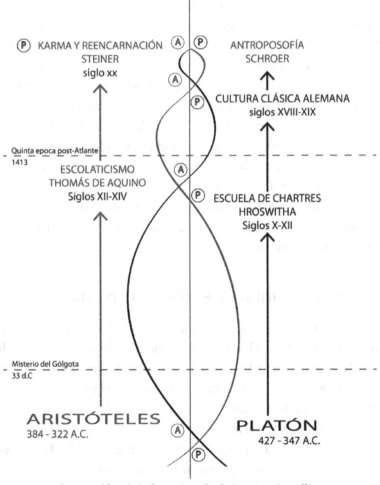

Ilustración 4: *influencias Platónicas y Aristotélicas desde la Antigua Grecia al Presente*

Ofrecemos las conclusiones de este trabajo en forma gráfica en la Ilustración 4, donde los sucesivos impulsos Platónicos y Aristotélicos se muestran entretejidos en el tiempo. El lector debe tener presente que la ilustración se cumple para los Platónicos y Aristotélicos en su conjunto; sin embargo, sólo algunos Aristotélicos y Platónicos pueden haber encarnado en cada sucesiva fase de su respectiva corriente. La ilustración también indica las fases de encarnación de Aristóteles y Platón. (En la Edad Media Platón no continuó su trabajo dentro de la Escuela de Chartres, sino independientemente de ella como la monja Hroswitha.)

Ahora nos referiremos a la tarea original de Steiner y Schröer con los versos originales de la Meditación de la Piedra de Fundación, y en particular a lo que en el primer tablero se llama "Recordar Espiritual" (o "Espíritu que Recuerda") y el tercer tablero llama "Contemplación Espiritual" (o Visión Espiritual). El Recordar Espiritual es la práctica que finalmente nos permite aprehender la realidad de nuestras individuales vidas anteriores. A lo largo del camino del Contemplar Espiritual vemos la idea activa en la materia; andamos el camino del Goetheanismo a la ciencia espiritual. Sobre esto, mucho se ha dicho en *Schröer y Steiner: La Antroposofía y las Enseñanzas del Karma y la Reencarnación*. De hecho fue toda la tesis del libro. Aquí, expondremos suficientes elementos para voltear nuestra mirada a los Aristotélicos y Platónicos en el presente.

Contemplar Espiritual y Recordar Espiritual

El término Contemplación Espiritual y Recordación Espiritual sólo aparecen al final de la vida de Steiner, dentro de la Meditación de la Piedra de Fundación, a finales del año 1923. La misma polaridad se expresó en 1923 en otras palabras con la caracterización del camino de Saturno y el camino de la Luna, o el camino al macrocosmos y el camino al microcosmos respectivamente.

El porqué esto sólo ocurrió hacia el final de la vida de Steiner es entendible cuando volvemos al destino personal de Steiner y la interacción de su vida con la de Schröer. Sólo hacia el fin de su vida Steiner pudo traer a completa realización las enseñanzas del karma y la reencarnación. Sólo en 1924 pudo recordarnos que entender el karma y la reencarnación en nuestras vidas significa trabajar en ejercicios específicos. Sólo entonces podría él revelar las enseñanzas esotéricas que las fuerzas de oposición habían impedido difundir. Estas nuevas circunstancias explican por qué de repente la totalidad de la antroposofía se expresa en términos nunca antes usados, particularmente las tres prácticas indicadas en la Meditación de la Piedra de Fundación.

La Meditación de la Piedra de Fundación entrega una completa expresión de tres caminos o impulsos: el Recordar Espiritual (o Espíritu que Recuerda), Visión Espiritual (o Conocimiento del Espíritu) y Contemplar Espiritual (o Visión Espiritual). Consideraremos la expresión de los dos términos que forman una polaridad en Recordar Espiritual y Contemplar Espiritual. El término central está a mitad del camino entre las dos, o más bien forma una síntesis superior. Se vuelve más entendible a la luz de los otros dos caminos.

En el año que lleva a la Conferencia de Navidad, Steiner introdujo el contraste entre el "camino de Saturno" y el "camino de la Luna." [206] Respecto al camino de Saturno, Steiner partió de *La Filosofía de la Libertad*. Pensamiento abstracto que da libertad a la asociación de ideas, es resucitada de una actividad pasiva en un camino de percepción de lo espiritual en la materia, cuando el pensador intenta aprehender la relación entre el pensamiento y él mismo; cuando pone su atención en la actividad del pensar mismo. Esto es lo que lleva al pensamiento puro, o pensamiento espiritualizado. Steiner describió "cómo la voluntad impacta en el por otra parte pasivo reino del pensamiento, estimulándolo a despertar y haciendo al pensador interiormente activo." Éste es el camino a través del que en el futuro el alma humana irá más allá de Saturno en el universo (el camino al microcosmos). Steiner continúa, "en ese libro [*La Filosofía de la Libertad*] limité la discusión completamente al mundo de los sentidos, guardando los aspectos más avanzados para trabajos posteriores, porque materias como éstas tienen que ser gradualmente desarrolladas."

Entonces, el camino de Saturno es contrastado con el camino de la Luna en que "uno puede avanzar por el lado opuesto [microcosmos]

---

[206] Steiner, *Awakening to Community*, conferencia del 6 de febrero de 1923

entrando profundamente en la voluntad, hasta llegar a la inmovilidad total, al punto de convertirse en un polo de quietud en el movimiento que de otra manera uno engendra en la voluntad." En lugar de llegar a ser una parte inconsciente del movimiento del mundo, uno puede conscientemente llegar a una paralización. A través de esto "uno logra mantener tranquila el alma mientras el cuerpo se mueve a través del espacio; logra estar activo en el mundo mientras el alma permanece quieta; tiene actividad, y al mismo tiempo la observa calladamente; luego el pensamiento impregna la voluntad, así como antes la voluntad impregnó el pensamiento." El camino de la Luna le permite a uno separar la voluntad del cuerpo físico, así como el camino de Saturno ofrece liberar el pensamiento del cuerpo. En el camino de la Luna "uno aprende a decir: 'Usted alberga en su esfera de la voluntad una gran variedad de deseos, instintos y pasiones. Pero...ellos pertenecen a un mundo diferente que meramente se extiende en este primero, un mundo que mantiene su actividad bastante separada de todo lo que tiene que hacer con el mundo de los sentidos'."

Por un lado el pensamiento libre de los sentidos; por el otro la voluntad libre de los sentidos. Esto es lo que se dijo antes de la Asamblea de Navidad. Ahora podemos llevarlo más allá con la *Meditación de la Piedra de Fundación*, Los *Pensamientos Guías*, y las *Cartas a los Miembros*. [207]

El tercer panel de la Meditación de la Piedra de Fundación contiene la mención de la Visión del Espíritu, en que se nos dice:

¡Alma humana!
tú vives en la calma de la cabeza,
que desde los fundamentos eternos
los pensamientos cósmicos te transmite:
Practica el Contemplar Espiritual
en la calma del pensar
donde los eternos fines de los dioses
otorgan

---

[207] Rudolf Steiner, *Pensamientos Guías*: La Antroposofía como un Camino de Conocimiento; El Misterio de Micaél

150

luz del ser cósmico
al propio yo
para su libre voluntad:
y pensarás verdaderamente
en lo profundo del espíritu humano.
Pues los pensamientos cósmicos del espíritu,
implorando luz, obran en el ser cósmico.
Archai, Arcangeloi, Angeloi,
permitid que desde las profundidades los ruegos
en las alturas sean oídos.
Esto dice:
Per spiritum sanctum reviviscimus.
Oyen esto los espíritus elementales
al Este, Oeste, Norte, Sur;
que lo oigan los hombres. [208]

Aquí, aparece bastante claramente que es a través del pensamiento que podemos aprehender el trabajo del espíritu, en la quietud de la cabeza. Las palabras claves son: Pensamientos del Mundo y Luz del ser de los Mundos. A través de "la quietud de Pensamiento" los "objetivos Eternos de los Dioses" nos conceden "la Luz del Ser del Mundo." Ésta es la actividad penetrada de pies a cabeza por la voluntad, que nos conduce a "verdaderamente pensar" en tierras del espíritu en el Hombre." Es la actividad que nos lleva al "verdadero pensar" que nos conecta con el Mundo del Espíritu Santo, o los Pensamientos Universales del Espíritu, a través de los que el alma resucita en la eternidad ("Per Spiritum Sanctum Reviviscimus" o "En los Pensamientos Universales del Espíritu, despierta el Alma.")

El Pensamiento Guía No. 66 expresa: "Los Seres de la Tercera Jerarquía se revelan en la luz que se despliega como fondo espiritual en el Pensamiento humano. Esta vida esta oculta en la actividad humana del pensamiento. Si trabajara en su propia esencia en el pensamiento humano, el hombre no lograría la libertad. Donde cesa la actividad del

---

[208] *La Meditación de la Piedra de Fundación: Una Clave para los Misterios Cristianos*, Sergei O. Prokofieff (Londres: Temple Lodge, 2006), 210-212

pensamiento cósmico empieza la actividad del pensamiento humano."
En la Carta 17 del 6 de julio de 1924: "Entendimiento del Espíritu y
Experiencia Consciente del Destino" (vea Apéndice 2), el camino del
pensar a través de la voluntad (camino de Saturno) es tal que los seres
humanos pueden decir: "estoy formando pensamientos sobre lo que mis
sentidos me revelan según el mundo," y él puede experimentarse en su
pensamiento, y por consiguiente se hace consciente del yo.

El camino de la Recordar Espiritual resuena en las palabras del
primer panel de la Meditación de la Piedra de Fundación.

> *¡Alma humana!*
> *tú vives en las extremidades*
> *que por el mundo del espacio*
> *al mar del ser espiritual te llevan:*
> **practica el recordar espiritual**
> **en lo profundo del alma,**
> *donde, en el obrar*
> *del ser creador de los mundos,*
> *nace*
> *el propio yo*
> *en el yo de Dios;*
> *y vivirás verdaderamente*
> *en el ser cósmico del hombre.*
> *Pues obra el Espíritu Padre de las alturas*
> *generando ser en las profundidades del cosmos.*
> *Serafines, Querubines, Tronos,*
> *haced resonar desde las alturas*
> *lo que eco encuentra en las profundidades.*
> *Esto dice:*
> *Ex Deo nascimur.*
> *Oyen esto los espíritus elementales*
> *al Este, Oeste, Norte, Sur:*
> *que lo oigan los hombres.* [209]

---

[209] *Fundación: Una Clave para los Misterios Cristianos,* 210-212

Aquí podemos deducir que la Recordar Espiritual se dirige al reino del Padre y la actividad de la voluntad a través de los miembros. La actividad de la Recordar Espiritual nos hace retroceder en el tiempo (a través del fluir de la memoria) al tiempo en que nuestro "yo nace dentro del Yo de Dios," que después es abordado en la misma estrofa en las voces del lema Rosicruciano "Ex Deo Nascimur," o "De Dios, la Humanidad tiene el Ser." Esto se refiere a, entre otras cosas, el tiempo en Lemuria en que tuvieron lugar la Caída y la corriente de encarnaciones terrenales. El fin de la actividad de la Recordar Espiritual no es verdaderamente la voluntad, sino "verdaderamente vivir en Todo el Ser del Mundo del Hombre." Los miembros mencionados aquí deben verse como miembros en movimiento, como la actividad de los miembros que nos mueven a través del mundo del espacio en busca de nuestro destino. Estos activos miembros están en contraste con los pulmones y el corazón cuya actividad es un ritmo (segundo panel), y en incluso más contraste con la cabeza que tiene que encontrar completa tranquilidad en la Contemplar Espiritual (tercer panel).

En el Pensamiento Guía No. 95 (21 de septiembre de 1924) se lee: "En la manifestación de la Voluntad trabaja el Karma. Pero su trabajo permanece en el inconsciente. El Karma es aprehendido *elevando* a la *imaginación consciente* lo que trabaja inconscientemente en la Voluntad. El hombre siente su destino dentro de él". Importante en esta frase son las palabras "elevando a la imaginación consciente," a la que volveremos después. Lo anterior encuentra una continuación en la formulación del Pensamiento Guía No. 68: "Los seres de la Primera Jerarquía se manifiestan en la creación espiritual más allá de la humanidad - un mundo cósmico de Seres espirituales que moran en la voluntad humana. Este mundo de Espíritu cósmico se experimenta en la acción creativa cuando lo quiere el hombre. Primero crea la conexión del ser del hombre con el Universo más allá de la humanidad; sólo entonces el hombre llega a ser, a través de su organismo de la Voluntad, un libremente dispuesto ser humano."

Finalmente los elementos que hemos explorado llegan a una culminación en la Carta No. 17 del 6 de julio de 1924: "El entendimiento del Espíritu y la Experiencia Consciente del Destino" (vea Apéndice 2). Aquí Steiner de nuevo contrasta los dos caminos previamente definidos como los caminos de Saturno (macrocosmos) y de la Luna (microcosmos). En el camino de la Luna —correspondiente a la Recordar Espiritual— dirigimos nuestra atención a la vida del alma; luego surgen en la conciencia aquellos eventos que pertenece al destino de nuestra vida, eventos hacia los que nuestro ego se ha remontado en el esfuerzo de memoria. El ser humano que experimenta esta mejorada memoria, puede decirse: "yo con mi propio ego he experimentado algo a lo que el destino me trajo." En este camino despierta la conciencia de que no estoy solo en mi destino, y que el mundo participa en la expresión de mi voluntad. Revelándome a mí mismo a través de una memoria mejorada, paso de experimentarme a mí mismo a experimentar el mundo.

Desarrollo de las Imaginaciones del Ego y Otros: Ejercicios del Karma de Steiner

Antes de que intentemos el contraste entre el camino de Recordar Espiritual y el del Contemplar Espiritual daremos un paso más caracterizando el esfuerzo de elevar a la imaginación consciente lo que trabaja inconscientemente en la Voluntad.

Sobre todo en los últimos años de su vida, Steiner indicó que los seres humanos son antisociales en su vida consciente, y sociales en su vida durmiente. Este rompecabezas de impulsos antisociales conscientes e impulsos sociales inconscientes parecería tender hacia una disolución del mundo social por las fuerzas antisociales. La realidad de este fenómeno no es difícil de intuir cuando miramos el presente. La salida de este falso dilema está precisamente en "elevar a la imaginación consciente lo que trabaja inconscientemente en la Voluntad."

Para ayudarnos a estar más conscientes en nuestros encuentros o en la escritura de nuestra vida, Steiner formuló muchos ejercicios diseñados para despertar el interés, adquirir objetividad, y aumentar nuestra comprensión de las personas y eventos en nuestras vidas. Fundamental para el esfuerzo de Steiner fueron los ejercicios que pueden despertar un sentido para el reconocimiento individual de las fuerzas del destino en nuestra biografía, y finalmente el despertar de los recuerdos de vidas anteriores. El esfuerzo de Steiner nunca recibió la consagración o forma final que el camino del pensar encontró en *La Filosofía de la*

Libertad. La razón podría ser que en el último año de su vida Steiner escasamente logró completar la colocación de los importantes ladrillos de este edificio. No obstante, una vez que estudiamos algunos de estos ejercicios surge una total y coherente dirección, ordenándolos del más inmediato al más exigente o de largo alcance. Esta revisión de ninguna manera es exhaustiva; es meramente indicativa de la amplitud del trabajo de Steiner sobre la materia. Un análisis más detallado de los ejercicios aparece en *Karl Julius Schröer y Rudolf Steiner: Antroposofía y las Enseñanzas del Karma y la Reencarnación*.

Ejercicio del karma I: Recordación de la Gratitud:

El nombre para este ejercicio ha sido escogido por el autor. El ejercicio está diseñado para despertar gratitud y un sentido de perspectiva concerniente a nuestros logros personales. [210] En éste, Steiner nos pide repasar nuestra vida y ver qué rol han desempeñado otras personas en ella, descubriendo cuánto le debemos a nuestros padres, parientes, amigos, maestros, colegas, y así sucesivamente. Cada persona que recordamos debe ser vivamente retratada. El ejercicio debe llevar a la comprensión de cuánto debemos a otros. Repetido con el tiempo, nos permite desarrollar imaginaciones de esas personas que cumplen un importante rol en nuestra vida, imaginaciones que apuntan a su ser más profundo. Una variación en este ejercicio, ofrecido en la conferencia: "Fuerzas Sociales y Antisociales en el Ser Humano," avanza un paso más. [211] Nos piden que traigamos ante el ojo de nuestra mente las imágenes de aquéllos que han jugado un papel en nuestras vidas, directa y positivamente, o indirectamente a través del estorbo y la oposición, y verlos tan vivamente como sea posible. Debemos poder desarrollar un sentido objetivo de nuestra deuda. Steiner ofrece este conmovedor comentario: "Es sumamente importante, para la habilidad de imaginarse interiormente a otro individuo sin amor u odio, dar

---

[210] Steiner, *El Aspecto Interno de la Cuestión Social*, conferencia del 4 de febrero de 1919

[211] Steiner, *"Fuerzas Sociales y Antisociales en el Ser Humano,"* conferencia del 6 de diciembre de 1918

el espacio a otro individuo dentro de nuestras almas, por decirlo de alguna forma; ésta es una facultad que está disminuyendo semana tras semana en la evolución de la humanidad. Es una capacidad que estamos perdiendo completamente, por grados; pasamos unos junto a otros sin despertar el más ligero interés mutuo." Vigorizando esta habilidad desarrollamos una verdadera imagen de las personas en nuestras vidas: en efecto, una imaginación de ellas. Esto desarrollará más en la habilidad de "relacionarnos imaginativamente con aquéllos con los que nos encontramos en el presente."

Ejercicio del Karma II: Ejercicio Básico del Karma Menor:

Otro ejercicio simple, el Ejercicio del Karma Menor, consiste en recordar un solo evento en nuestra vida, uno que en apariencia es debido a la oportunidad, o a algo que no deseamos pasar. Steiner habló de este ejercicio en más de un lugar. [212]

El ejemplo que Steiner ofrece es el de un guijarro que cae desde un tejado hacia nuestra cabeza. Él nos pide que imaginemos el hecho desde la "segunda persona en nosotros" que suelta el guijarro desde el tejado justo en el momento en que pasamos para que caiga sobre nuestra cabeza. En otras palabras, él quiere que imaginemos que hemos planeado nuestras vidas antes de nuestro nacimiento de tal manera de llegar a ciertos puntos críticos de inflexión en la tierra. Cuando entramos al ejercicio las primeras veces, este segundo hombre se ve claramente como una invención, algo artificialmente convocado. Sin embargo, crece y se desarrolla en nosotros al punto que no podemos escapar del sentimiento que él realmente está dentro de nosotros, acompañado con la creciente comprensión de que realmente quisimos que ocurriera este evento. La memoria del hecho de haber deseado estos eventos ha sido prácticamente borrada de nuestra conciencia; y el ejercicio, repetido en muchos eventos de la vida, sirve para despertarlo. Podemos así profundizar una convicción interior y tener una idea

[212] Steiner, Karma y Reencarnación, conferencia del 30 de enero de 1912. También vea *Cristiandad Esotérica y la Misión de Christian Rosenkreutz*, conferencias del 29 de enero de 1912 y el 8 de febrero de 1912

de nuestra biografía kármica. El cultivo de este sentimiento otorga profunda fuerza interior y modifica nuestra actitud hacia eventos que antes podríamos haber enfrentado con miedo. Adquirimos cierta paz y aceptación, junto con el sentimiento de que todo en nuestra vida tiene un propósito. Esto incluso puede ir más allá, como Steiner indicó en una conferencia de 1912. [213] "A través del tales imágenes mentales – que nosotros mismos hemos deseado los sucesos en nuestra vida — despertamos, en la vida del sentimiento, el recuerdo de nuestras encarnaciones anteriores. De esta manera entendemos que estamos arraigados en el mundo espiritual, empezamos a entender nuestro destino." Si logramos o no más que un simple sentimiento para el contenido de nuestras vidas pasadas, algo más se hace claro: empezamos a asumir la responsabilidad de nuestro destino, y dejamos de culpar a padres, amigos, adversarios, o los eventos aleatorios de aquellas cosas que nos causan la infelicidad.

Ejercicio del karma III: Ejercicio del Karma Mayor:

Un ejercicio final es el llamado ejercicio de cuatro noches y tres días o Ejercicio del Karma Mayor. [214] Esto involucra traer a la memoria un evento de la vida diaria que pueda o no pueda involucrar a otros individuos. Es cuestión de describirlo interiormente, o "pintarlo espiritualmente," como lo pone Steiner, recreando en grandes detalles todas las impresiones recibidas por nuestros sentidos. Si el recuerdo incluye a una persona, uno recrea interiormente la manera en que ella se movía; la cualidad, el tono de su voz; las palabras usadas, los gestos, los olores, y así sucesivamente. Esta experiencia es llevada a cabo en la noche y repetida durante los dos días siguientes. La imagen la forma primero el cuerpo astral en el éter externo. De allí, la mañana siguiente la imagen es impresa en el cuerpo etérico. Uno despierta con definidos sentimientos y la impresión que la imagen quiere algo de nosotros. Se hace real en nosotros. El cuerpo etérico continúa trabajando en la imagen. El tercer día, la imagen es impresa en el cuerpo físico. Allí la

---

[213] Steiner, Cristiandad Esotérica, conferencia del 29 de enero de 1912
[214] Steiner, Relaciones Kármicas, Volumen 2, conferencia del 9 de mayo de 1924

imagen es espiritualizada. Steiner describe la experiencia del día como una nube en la que la persona se mueve. Adquirimos el sentimiento de ser parte de la propia imagen: al principio con nuestra voluntad paralizada, helada, por así decirlo. Esta experiencia evoluciona y se vuelve visión, una imagen objetiva. Ésta será la imagen del evento de la vida anterior que en la presente encarnación está más inmediatamente conectada con el evento. Es muy probable que una experiencia de este tipo no surja hasta que el ejercicio se lleve a cabo un gran número de veces.

Antes de seguir, podemos observar el contraste entre los Ejercicios del Karma Menor y Mayor. La distinción es significante. La primera fase es la de "tomar responsabilidad por nuestras vidas"; las segunda conduce al conocimiento preciso. La primera fase es emblemáticamente alcanzada por el carácter de Strader en el Drama Misterio de Steiner, 'El Despertar de las Almas' (Escena 1), con las palabras "Y todavía vendrá lo que tiene que ocurrir". Strader ha adquirido una inquebrantable fe en la sabia guía del karma, una que lo lleva a aceptar la amarga oposición, e incluso la completa parálisis en sus propósitos de vida, con el conocimiento que después de la muerte se le abrirán otras puertas. Muy diferente a él, Thomasius encuentra tremendos desafíos con un aspecto de su doble, llamado el "Espíritu del Joven Johannes," y sólo se redime a través del conocimiento de su encarnación anterior como mujer egipcia (Escena 10). Este segundo caso ilustra una fase que puede lograrse a través del Ejercicio del Karma Mayor.

Podemos presentar gráficamente la evolución de los ejercicios de Recordar Espiritual de Steiner en el Cuadro 5. Todo esto implica un fortalecimiento de nuestro poder de observación, y de nuestra memoria. El ejercicio quintaesencial, es decir más puro, más fino y sin mancha o defecto, que forma el fundamento y preludio de todos ellos es el Rückschau. La actividad del Rückschau es una de pura revisión, de retrospección, en que pasamos revista a los eventos del día en orden inverso, incluso en movimiento inverso. Conforme nos movemos hacia los otros ejercicios, se agregan a la pura revisión significantes conceptos, conceptos que el alma tiene que esforzarse por individualizar. Sólo el Rückschau es pura observación y memoria.

Ejercicio Preliminar	Ejercicio I	Ejercicio II	Ejercicio III
Rückschau	Recordación de la Gratitud	Ejercicio del Karma menor	Ejercicio del Karma mayor
Revisión de los eventos diarios en orden inverso.	Desarrollar cuadros imaginativos de sí mismo y de otros.	Asumir la responsabilidad de nuestras vidas.	Percibir el origen de los eventos presentes y modelos en los eventos de las vidas anteriores.

Cuadro 5: Ejercicios de Recordación Espiritual

Permítanos volver ahora al contraste entre el Recordar Espiritual y el Contemplar Espiritual. Está claro que estamos mirando un contraste entre pensamiento y voluntad en el panel uno y tres de la Meditación de la Piedra de Fundación. Sin embargo, el término "pensamiento" y "voluntad" evocan caracterizaciones simplistas, y en este caso tales no son aplicables. Más bien, uno tiene que ver el pensamiento y la voluntad como actividades interpenetradas; allí está el pensamiento en la voluntad, y la voluntad en el pensamiento.

En un extremo nuestro pensamiento es penetrado de pies a cabeza por el acto de voluntad implicado en el acto de cognición, en el acto de dirigir el pensamiento hacia un objeto sin cualquier distracción exterior, y sin desviarse en pensamientos asociativos. Éste es el camino del pensar a través de la voluntad: el camino de Saturno, y el camino de Contemplar Espiritual.

Al otro extremo, la actividad de la voluntad es penetrada de pies a cabeza por el pensamiento evocado por la memoria. Esto es lo que le permite a uno ser espectador de los propios hechos; actuar y al mismo tiempo percibir nuestras acciones como espectadores. Éste es el camino en que la actividad de la voluntad es penetrada por el pensamiento: el Camino de la Luna, y el camino de Recordar Espiritual. Debido a que estamos acostumbrados a llamar al primero el "camino del pensar," el segundo debe llamarse el "camino de la voluntad." Una caracterización más completa de cualquier impulso sería el "camino del pensar a través de la voluntad," Contemplar Espiritual, y el "camino de la voluntad a través del pensar," o Recordar Espiritual. El camino de Contemplar Espiritual es el camino del pensar transformado por la voluntad. El camino de Recordar Espiritual es el camino en que la voluntad es transformada a través del pensar. Esta última transformación se hace posible por la recordación, la actividad que consiste en mirar hacia atrás en el curso del tiempo.

En el camino del pensar a través de la voluntad (Contemplación [Visión] del Espíritu), los ejercicios en el *¿Cómo se Alcanza el Conocimiento de los Mundos Superiores?*, la meditación, y la totalidad de la antroposofía forma la base esencial que acompaña al pupilo en su entendimiento superior de cómo el espíritu penetra todo lo que contemplamos a través de los sentidos.

En la Recordar Espiritual, los ejercicios que hemos descrito, y otros similares, forman el núcleo esencial del camino. Toda la antroposofía e incluso el conocimiento del karma y la reencarnación forman el complemento. De hecho, para por lo menos dar los primeros pasos en el camino de la voluntad, como lo confirma el estudio de Prokofieff, no es necesario saber de antroposofía. [215] Y la actitud de alma necesaria en este segundo camino también difiere grandemente de la que se necesita en el camino de Contemplar Espiritual. Esta diferencia es claramente establecida en *La Filosofía de la Libertad*, Capítulo 12, "Imaginación Moral." Contrastando el conocimiento científico-natural (y todo conocimiento externo) con el conocimiento que lleva a la acción moral, Steiner dijo:

> La confusión se debe a que como naturalistas partimos de los hechos que tenemos ante nosotros, y sólo después los observamos para llegar a conocerlos; mientras que en la actividad moral somos nosotros mismos los que creamos primero los hechos que luego incorporamos a nuestro conocimiento. En el proceso evolutivo del orden moral del mundo realizamos lo que la Naturaleza hace a un nivel inferior: transformamos lo perceptible. Por lo tanto, la norma ética no puede ser objeto de *conocimiento* como lo es una ley de la naturaleza, sino que tiene que ser creada. Sólo cuando ya existe, puede ser objeto del conocimiento.

---

[215] Sergei O. Prokofieff, *La Importancia Oculta del Perdón*, Capítulo 5. Vea el ejemplo de Bill Cody

El contraste entre los dos caminos aparece emblemáticamente cuando observamos las polaridades entre el "ejercicio del lápiz" (control del pensamiento) y el Rückschau como expresión de la Contemplación (Visión) Espiritual y la Recordar Espiritualrespectivamente. En el ejercicio del lápiz enfocamos toda nuestra atención en un objeto, tal como el lápiz, distinguiendo nuestra impresión sensoria del objeto, pensando sobre sus elementos y sus relaciones, imaginando los pasos del proceso que lo creó, y así sucesivamente. Durante los pocos minutos de la observación todo pensamiento extraño al objeto es cuidadosamente mantenido alejado, lo que requiere un tremendo esfuerzo de voluntad. Es de verdad una educación del pensar a través de la voluntad.

Su contrario polar, aunque esto puede no ser inmediatamente claro, pasa en el ejercicio Rückschau, en el que se intenta enfocar interiormente la totalidad del día o parte de él, imaginándose los eventos en orden inverso a su ocurrencia, e incluso moviéndose también en el sentido inverso. En lugar de mirar hacia afuera, cambiamos nuestro enfoque interior con un esfuerzo de memoria. Lo que nuestra voluntad ha provocado a lo largo del día, todo lo que permanecería inconsciente o semiconsciente es elevado al conocimiento. Éste también es un esfuerzo consciente de la voluntad, pero aquí el pensar impone el orden en el curso del despliegue de la voluntad durante el día, recordándonos la precondición de Steiner para la acción ética en que "primero debemos crear los hechos." En el ejercicio del lápiz, el ver externamente se vuelve un ver interior en el Rückschau; el primero aborda el pensamiento a través de la voluntad, el segundo la voluntad a través del pensar.

Es bastante sintomático que al final de su vida Steiner pudo articular la gran polaridad entre los caminos del Contemplar (Visión) Espiritual y del Recordar Espiritual. Esto no podría salir a la luz sin las completas revelaciones del karma, principalmente presentadas en las conferencias *Relaciones Kármicas*. El Recordar Espiritual es el camino más natural para el Platónico; el Contemplar Espiritual es lo que Steiner enseñó la mayor parte de su vida, y el camino que bosquejó para los Aristotélicos de su tiempo. No sorprende que, con la inminente llegada de más almas Platónicas, Steiner tuvo que acelerar la difusión de las enseñanzas del karma y la reencarnación. De él dependía el futuro de la convergencia de las dos corrientes.

El contraste entre Aristotélicos y Platónicos recibe gran atención en la conversación que en 1922 mantuvo Walter Stein con Steiner en la Haya (vea Apéndice 1). Después de la alusión a la tragedia de la Bella Azucena y la necesidad del sacrificio de la Serpiente Verde, Steiner indicó que la polaridad entre Schröer y él era más que un asunto personal. Y aquí él nos lleva a otra polaridad, la que hay entre "el conocimiento científico-natural" y "el conocimiento histórico-literal." A Stein, quien preguntó sobre la diferencia entre los dos, Steiner le contestó:

> El conocimiento actual en estos dominios es este: la Ciencia Natural abarca fantasmas con sus pensamientos. Usted sólo tiene que tomar la palabra en su sentido original. Lo que el cosmos hila, lo que los planetas tejen, eso es lo que comprende el pensamiento científico-natural. El pensamiento histórico, por otro lado, comprende los "demonios," pero esta palabra también se toma en su sentido más noble: de la manera que Sócrates habla de su daimonion, como un espíritu guía, un espíritu tal como el que Plutarco describe como la buena estrella que los hombres pueden seguir. Cada hecho histórico es un demonio en el sentido de los griegos. Y cuando uno reúne las dos formas de conocimiento, se acercan ambos en su forma más noble, entonces se abre un camino. Sí, un verdadero camino. Los pensamientos históricos son pensamientos tentativos, pensamientos de naturaleza experimental. Uno debe pedir a los seres espirituales que lo animen. Entonces en el curso del tiempo ellos se corrigen, y se vuelven verdad. Y los pensamientos científico-naturales también son pensamientos que se piensan vías el experimento. Uno debe presentarlos al cosmos, entonces ellos se vuelven cuadros artísticos, imaginaciones. Y luego, cuando uno anda por ambos caminos simultáneamente y logra la imaginación científico-natural y la inspiración histórica, entonces la vida misma sufre un cambio; se transforma el destino. Luego, sacrificando, y celebrando nuestro destino, uno

mismo se coloca en la corriente. Ése es el camino; ése es el conocimiento antroposófico; ésa es la vida antroposófica.

Las últimas palabras escritas por Stein nos dan la impresión de que la "culminación" a finales del siglo XX sería "una fiesta del destino," no sólo para el individuo, sino también para el Movimiento Micaélico en su conjunto; y más, una manera de reunir "conocimiento antroposófico y vida antroposófica." El primero es el don de los Aristotélicos, el segundo el de los Platónicos. La última declaración refleja a nivel global lo que se ha dicho sobre el individuo, particularmente respecto al camino del Recordar Espiritual en contraste con el camino del Contemplar (Visión) Espiritual, y del camino de Saturno en oposición al camino de la Luna. Es sólo a través de la integración de estos dos caminos (que representan, respectivamente, el logro de la Imaginación e Inspiración) que podremos entrar en la próxima época cultural. Igualmente, la culminación del Movimiento Micaélico en el siglo XX y XXI deriva de la habilidad de reconocer y validar la Imaginación Aristotélica y la Inspiración Platónica que juntas llevarán el conocimiento antroposófico y la vida antroposófica para la renovación de la civilización.

El camino del Recordar Espiritual es el camino que más naturalmente es seguido por los Platónicos; el camino del Contemplar Espiritual es más natural para los Aristotélicos. No sorprende que los Aristotélicos se sientan más cómodos dentro de las ciencias naturales. Los Platónicos acuden a las humanidades. Esto, sin embargo, es una caracterización demasiado amplia. La realidad es mucho más matizada, como veremos en los Capítulos 7, 8 y 9 en que investigaremos las polaridades entre Aristotélicos y Platónicos cuando vemos maneras complementarias de trabajar en las ciencias naturales, en la psicología y alrededor de la cuestión social. En el Cuadro 6 podemos resumir nuestros hallazgos.

El Recordar Espiritual y los Siete Procesos de Vida

El Recordar Espiritual nos conecta a nuestro estar en el tiempo, al despliegue de nuestra biografía en la tierra, y más a nuestro ser eterno conforme encarna repetidamente. El reino del tiempo es el del número siete. Como los doce sentidos nos conectan al mundo del espacio, así los siete procesos de vida están debajo de todo desarrollo en el tiempo, como la edificación de nuestras envolturas corporal y anímica.

Los siete procesos de vida son: respiración, calentamiento, nutrición, secreción, mantenimiento, crecimiento y reproducción. El proceso de vida en el cuerpo etérico está estrechamente asociado con los sentidos en el cuerpo físico. Hay un proceso de respiración, de calentamiento, de nutrición, y así sucesivamente, para el sentido de la vista, el oído, el equilibrio, y para cada uno de los doce sentidos. Los primeros tres procesos, respiración, calentamiento y nutrición, conectan a los seres vivientes con el mundo externo. En el medio está el proceso de secreción que cubre asimilación, absorción y excreción. Es el punto de inflexión, que individualiza lo que el organismo recibe del ambiente. Los tres procesos restantes son internos. Primero viene el mantenimiento: la habilidad de sostener la vida del organismo; el crecimiento: la habilidad de producir cambios cuantitativos y cualitativos en el organismo; y finalmente la reproducción: que conduce a la formación de organismos nuevos e independientes.

VISIÓN DEL ESPÍRITU	RECORDAR ESPIRITUAL
camino de Saturno (microcosmos)	camino de la luna (microcosmos)
camino del pensar a través de la voluntad	camino de la voluntad a través del pensar
Ejercicio de observación del lápiz: mirando el mundo exterior	Rückschau: mirando el mundo interior
Preparación a través del estudio de la antroposofía	Preparación a través del ejercicio del karma: revisión de los ejercicios yendo primero al Karma Menor y luego a los ejercicios del Karma Mayor
Avanzar a través de la meditación, y profundización del estudio	Avanzar a través del estudio del karma y las enseñanzas de la reencarnación: eventualmente, la investigación kármica
Tercer panel de la Meditación de Piedra de Fundación: Visión del Espíritu	Primer panel de la Meditación de la Piedra de Fundación: Recordar Espiritual
Entendimiento del Espíritu	Experiencia consciente del Destino
Los hechos son dados	Los hechos necesitan ser creados para ser conocidos y entendidos
El pensamiento científico-natural (Conversación de La Haya)	El pensamiento histórico-literario (Conversación de La Haya)
Imaginación	Inspiración
Pensamiento Antroposófico	Vida Antroposófica

Cuadro 6: Contemplar Espiritual y Recordar Espiritual

La vida construye el organismo humano en sus envolturas antes de la finalización de la madurez del ego: primero el físico, luego el etérico y el astral, hasta el nacimiento del ego. Lo que se consagra a la construcción de nuestra forma adulta es luego liberado primero por los procesos del alma, luego por los procesos espirituales. Naturalmente, éstos no son procesos estrictamente secuenciales, sino unos que se superponen a otros.

Los procesos de vida en un ser humano están activos en los primeros tres ciclos de siete años en la respectiva construcción del cuerpo físico, etérico, y astral, hasta el nacimiento del ego a la edad de veintiún años. En este punto, los procesos de vida están más liberados del cuerpo y disponibles para un nuevo proceso de aprendizaje conducido por el ego consciente. El Aprendizaje del Adulto y el Aprendizaje del Destino, que son programas de educación para adultos desarrollados por Coenraad van Houten, nos llaman a conscientemente mejorar el proceso de vida con el propósito de aprender. [216]

El ejemplo de Aprendizaje del Destino sigue muy de cerca al Ejercicio del Karma Mayor. El camino del Aprendizaje del Destino explora nuestro ser interior y lo que se nos aproxima en los eventos que ocurren en nuestras vidas. Por cuanto en el Aprendizaje del Adulto empezamos de lo que es universal y objetivo, en el Aprendizaje del Destino volteamos a lo que es absolutamente personal y subjetivo. Finalmente sabemos que podemos alcanzar la base objetiva que forma el fundamento de una biografía, o lo que por la ciencia espiritual conocemos como nuestras encarnaciones anteriores. En este contexto, ya no somos meramente producto de nuestro ambiente físico y fuerzas sociales y culturales. No somos sólo la única manifestación de la individualidad, sino también el resultado de fuerzas discernibles activas en el universo y en nuestras almas. Los Dramas Misterio pueden servir como un cianotipo para esta perspectiva. Ninguna vida en esas obras sigue el modelo supuestamente

---

[216] Para el contraste entre el Aprendizaje del Adulto y el Aprendizaje del Destino vea van Houten, Coenraad, *El Despertar de la Voluntad: Principios y Procesos en el Aprendizaje del Adulto*. Para una comprensión en profundidad del Aprendizaje del Destino vea *Practising Destiny* and *The Threefold Nature of Destiny Learning*

universal de desarrollo bosquejado en el libro ¿*Cómo se Alcanza el Conocimiento de los Mundos Superiores?* Quiénes somos ahora deriva de una lógica kármica superior: de quién éramos en el pasado distante, de lo que pusimos en movimiento en la vida presente, y de quiénes contribuyen a nuestro desarrollo personal. Permítanos ver cómo es ése el caso desde la perspectiva del Aprendizaje del Destino, como un acercamiento complementario al Aprendizaje del Adulto (vea Cuadro 7). Veremos aquí el Aprendizaje del Destino tal como es conducido en un taller que dura tres a cuatro días (Taller 1 - Aprendizaje del Destino). Los pasos 1 a 4 son parte de este proceso. Los pasos 5, 6 y 7 cubren el Taller 2 y 3 del Aprendizaje del Destino, y sólo se les mencionará en forma breve.

Paso	Proceso de Vida	Aprendiendo a Aprender el Proceso	Proceso de Aprendizaje del Destino	
I	Reapirar	Observar	Observar un evento de la vida, encontrar el gesto	
II	Calentar	Entender	Ubicar un evento simple en la biografia, encontrar el sintoma del ser	Aprendizaje del Destino I
III	Nutrir	Digerir, Asimilar	Encontrar la causa kármica y aprender la tarea para esta vida	
IV	Secretar	Individualizar	Aceptación, decir si al destino	
V	Mantener	Ejercitar, Practicar	Practicar la transformación de su doble	Aprendizaje del Destino II
VI	Crecer	Desarrollar facultades	Trasformar las relaciones en la red del destino	
VII	Reproducir	Crear algo nuevo	Ordenar el karma	Aprendizaje del Destino III

Cuadro 7: *De La Trimembrada Naturaleza del Aprendizaje del Destino, C. van Houten, pág. 3.*

Una vez más empezamos educando la actividad de nuestros sentidos. Podemos hacerlo mirando un evento importante en nuestra biografía tan clara y objetivamente como sea posible. Traemos a la mente cada posible detalle de configuración, personas y ambiente, así como los sentimientos, sensaciones, pensamientos, etc. "Inspiramos" el evento. En el segundo paso, ponemos este evento en el flujo de nuestra biografía. Al hacerlo, lo reconocemos como algo que nos pertenece, incluso cuando parece pertenecer a los aleatorios caprichos de la oportunidad. Realmente tiene un lugar en nuestra biografía, y ha contribuido a formarnos en quién somos. De hecho, muchas veces el evento forma un racimo con otros eventos similares en nuestras vidas, y podemos reconocer un gesto común a todos ellos. Este es el porqué eventos recurrentes, en lugar de uno de un tipo, son tomados como puntos de partida para el Aprendizaje del Destino. El siguiente paso es el de digerir; es decir, encontrar las causas y la tarea de aprendizaje que surge de este racimo de eventos. En este paso intentamos alcanzar las más profundas causas que lo originaron en una vida anterior; luchamos por el autoconocimiento. Esta fase es mejor soportada a través de la conversación, el arte, y los ejercicios, y a través de la ayuda de un facilitador. Además de la pregunta anterior ("¿Cuáles son las causas más profundas de los eventos en mi destino?") hay otra que está muy cercana a ésta: "¿Qué está tratando de decirme este evento, y qué fuerzas internas necesito desarrollar para hacer que forme parte de mi vida?"

La siguiente fase de la individualización y/o aceptación de nuestro destino nos empuja a dar un paso determinante de la voluntad, hacia una completa identificación con el evento. Por cuanto antes de que yo pueda haber observado incómodamente el evento, o incluso haberme alejado de él, en esta fase tal cosa ya no es posible. Enfrentamos ahora todas las formas en que el doble se oculta a nuestra conciencia, como el enojo, el rechazo o la culpa. Básicamente podemos reconocer, por un lado, la naturaleza Luciférica del doble que fomenta el amor propio o egoísmo y nos aleja de nuestra verdadera tarea. Por otro lado está el doble Ahrimánico que nos endurece y nos mantiene como encarcelados en la realidad de los cinco sentidos, en conceptos encasillados o poco flexibles, y en recurrentes modelos de conducta. De hecho nos estamos acercando al reconocimiento de lo que está más allá de los dos, la "segunda persona en nosotros," quién organiza los eventos en nuestra biografía.

La siguiente fase del trabajo consiste en sostener y/o trabajar en la transformación de nuestro doble. A través del compromiso diario, aprendemos a reconocer las maneras a través de las que limitamos nuestra libertad de encontrar nuevas situaciones. Podemos asumir la práctica de transformar nuestro doble avanzando poco a poco, con lo que el Aprendizaje del Destino llama "actos más libres"; acciones que podemos planear cuidadosamente, sabiendo razonablemente cuánto podemos esperar de nosotros. De hecho, inicialmente podríamos trabajar en transformar la manera en que pensamos en una persona con quien tenemos hostilidad o dificultades. Un próximo paso puede confinarse a no evitar a la persona, sino saludarla, absteniéndose de comentar a la primera frase, etc. Haciéndolo así, podemos notar cómo reacciona el doble en nosotros. En esta fase, el diario ofrece apoyo para la observación y conocimiento de nuestra dinámica interior, y por eso apoya la habilidad de afectar la dinámica y transformarla.

El siguiente paso se refiere a las habilidades que la humanidad desarrollará más plenamente en el futuro: el desarrollo de las facultades de la percepción kármica y de llevar armonía a nuestro karma. En primera instancia desarrollamos la habilidad de percibir las fuerzas del destino desde nuestros corazones. En esta fase hemos adquirido bastante familiaridad con nuestro doble que gradualmente asume el papel de guía, permitiéndonos conocer o percibir lo que es posible llevar a cabo en nuestros actos y lo que todavía no está maduro para la acción. En las últimas dos fases podemos hacernos verdaderos agentes para el cambio social: primero desarrollando un sentido más profundo de lo que convoca una situación, y después percibiendo los más profundos eslabones del destino, y desarrollando la habilidad de trabajar fuera de los lazos kármicos creados en el pasado (nuestro "karma de la Luna"). En otras palabras podemos actuar libremente, y crear nuevo "karma del Sol."

El Aprendizaje del Destino se mueve en fases desde el individuo a sus relaciones kármicas, y desde el tejido de las relaciones al proceso social. En el Capítulo 9 volveremos a los siete procesos de vida y veremos como ellos están debajo de muchos otros procesos sociales.

CAPÍTULO 6

ARISTOTÉLICOS Y PLATÓNICOS EN LA NUEVA ERA MICAÉLICA

Estamos llegando al final de nuestras exploraciones, y ahora estamos conectando todo lo que hemos hablado, y relacionándolo con el presente. Sólo en 1924 Steiner empezó a hablar de los Micaelitas y los diferenció en dos corrientes: Aristotélicos y Platónicos. De hecho, cuando Steiner estaba llegando al final de su vida, hizo más que ordenarnos retomar los ejercicios del karma. También nos pidió pensar en si somos almas jóvenes o viejas, y si somos Aristotélicos o Platónicos (las dos polaridades están íntimamente conectadas, como veremos abajo).

Durante la primera conferencia ofrecida sobre el tema de relaciones kármicas en que Steiner exploró el karma del movimiento antroposófico, él notó una resistencia de los miembros. Al final de esta conferencia dijo: "Pero en algunas mentes esto puede causar gran ansiedad por las consecuencias, cuando vean que muchas cosas ponen de manifiesto lo que ellos preferirían permaneciera más o menos ignorado. ¿Por qué ahora hemos de decidir si pertenecemos a un grupo o al otro?" [217] Conociendo las dificultades que los miembros podrían enfrentar, Steiner animó en ellos actitudes de asombro y valor para alejarse de la tentación de hilar fantasías sobre las vidas anteriores (tentación Luciférica), o la

---

[217] Steiner, Relaciones Kármicas, Volumen 3, conferencia del 8 de julio de 1924

tendencia a tener miedo incluso para intentar la investigación kármica (tentación Ahrimánica).

Bernard Lievegoed nos recuerda ambos extremos en la historia de la Sociedad Antroposófica. Por los años treinta muchas personas en Dornach hablaban libremente sobre el karma; después, y sobre todo después de la expulsión de miembros que tuvo lugar en 1935, hablar del karma se volvió algo tabú. [218] También es verdad que después de la muerte de Steiner se maltrataron las revelaciones del karma y se volvieron fuente de disputa y desarmonía. Por un lado la identificación de Ita Wegman como el reencarnado Alejandro el Grande, encarnación que sirvió para alimentar en algunos miembros la esperanza de una sucesión directa de Steiner; por otro lado, para una inmensa mayoría de miembros las aseveraciones se convirtieron en la "leyenda de Alejandro," y fueron usadas para desacreditar a Wegman. [219] A la luz de tales excesos uno puede entender por qué las investigaciones kármicas fueron después incómodamente manipuladas. Pero, no obstante, sigue siendo lo más urgente.

Debido a que la cuestión de las corrientes en el movimiento antroposófico está cargada de numerosas capas y varios riesgos de mal entendimiento, llevaremos nuestra atención a superponer los temas; luego volveremos a la polaridad de Aristotélicos y Platónicos. Presentaremos las polaridades en varias ramas y después separaremos las ramas que más importan.

Adquisición de una Perspectiva de los Corrientes

Las corrientes - Aristotélica y Platónica - se iniciaron en el tiempo en que estaba llegando a su fin la tradición de la Escuela de Misterio que se origina en el Este. En el Capítulo 1 vimos cómo las corrientes de Misterio se diferenciaron después de la caída de Atlántida en una Corriente del Norte y una Corriente del Sur. El grueso de la Corriente

---

[218] Bernard Lievegoed, La Batalla para el Alma: El Trabajar Juntos de Tres Granes Líderes de la Humanidad, 25

[219] Thomas Meyer, la Misión Principal de Rudolf Steiner, (traducida al español por Edgardo Macchiavello)

del Norte dio el ímpetu para los Misterios que inauguraron la era post-Atlante primero a través de la civilización india, después a través de la cultura Persa. Durante la tercera era post-Atlante, los Misterios del Sur unieron sus influencias con los Misterios del Norte en la doble civilización de Egipto y Caldea. Los Misterios del Norte se expresaron más plenamente en Caldea, los Misterios del Sur en Egipto. En Grecia estaban presentes las dos corrientes y se expresaron en el contraste entre el camino del Sol Cristiano/Apolíneo para el macrocosmos (norte), y el camino Luciférico/Dionisíaco para el microcosmos (del Sur). Éste fue el preludio al punto de inflexión del tiempo y la encarnación del Cristo. Es dentro de este contexto que ahora podemos ver el tema de Aristotélicos y Platónicos.

En primer lugar, intentaremos aclarar el campo de posible confusión. Esto es útil porque los Platónicos y Aristotélicos pueden ser comparados o amalgamados con la polaridad de Pastores y Magos; con los Caballeros del Grial y los Caballeros Arturianos; y con las almas viejas y las almas jóvenes. Permítanos mirar este grupo de polaridades, una después de la otra, para diferenciarlas y adquirir claridad.

Pastores y Magos:

La cuestión de los Magos y los Pastores fue extensamente tratada por Steiner en *La Búsqueda de la Nueva Isis, la Divina Sofía*. [220] Steiner los presentó como "los últimas herederos de dos modos diferentes de clarividencia." Y al respecto él se refirió a "las prístinas facultades de visión en el hombre" procedentes de Turania, la región montañosa de Asia, de los precursores de los que después llegarían a ser las culturas Egipcio-Caldea y Griega. Fue allí, en Asia Central, que primero se unieron las Corrientes del Norte y del Sur. [221] Pastores y Magos constituyen la culminación de lo que hemos visto en los caminos del Norte y del Sur respectivamente después del colapso de la civilización Atlante. Permítanos ver cómo.

---

[220] Steiner, La Búsqueda de la Nueva Isis, la Divina Sofía, conferencias del 23 al 26 de diciembre de 1920

[221] Ibid, conferencias del 19 y 26 de diciembre de 1910

Los Pastores, como los conocemos por los Evangelios, eran almas simples completamente unidas con la Tierra. Portaban una "percepción interior... espontánea e inspirada, relacionada a la voluntad." Y recibieron la revelación de la aproximación de Cristo en los corazones que tenían capacidades clarividentes. Los Magos continuaron la tradición de la sabiduría del Este que se tradujo en una visión imaginativa de naturaleza intelectual, aunque completamente diferente de lo que hoy es intelectualismo. Ellos supieron del Cristo por lo que podían leer en los glifos del cosmos. No hay contraste más llamativo entre los dos grupos que su presencia en el nacimiento de los dos niños Jesús. Los Pastores acompañaron en toda su inocencia al alma prístina del niño Jesús Natánico del Evangelio de Lucas — el alma más joven del mundo. Los Magos prestaron su sabiduría dando testimonio del nacimiento del niño Jesús Salomónico del Evangelio de Mateo — el Zaratustra reencarnado, una de las individualidades más maduras en la evolución de la Tierra.

Los Pastores podían percibir las fuerzas que emanaban de la tierra. Podían experimentar interiormente los varios tipos de paisajes y percibir si en ellos había granito, arenisca, caliza o tiza. En palabras de Steiner, estas percepciones "...surgían internamente como colores o nubes, interiormente percibidos, interiormente experimentados. Así el hombre experimentó las profundidades de la tierra; así también, el alma en su prójimo y en la vida de los animales." [222] A través de estas mejoradas percepciones los Pastores recibieron indicios de qué fuerzas estaban activas en la vida social o en el mundo animal.

Los Magos, por otro lado, podían experimentar lo que el mundo espiritual manifiesta en el mundo de las estrellas, y en los minerales y plantas, a través de la memoria cósmica de lo que ellos habían experimentado en la vida antes del nacimiento. "Y esta memoria cósmica también les permitió contemplar lo espiritual en todo el mundo externo, ver el destino del hombre en la tierra." [223] En el tiempo de Cristo, los Pastores podían percibir que la tierra estaba cambiando, considerando

---

[222] Steiner, La Búsqueda de la Nueva Isis, la Divina Sofía, conferencias del 23 al 26 de diciembre de 1920

[223] Ibid

que en la escritura de las estrellas los Magos podían leer que el Cristo se estaba acercando.

La diferencia entre los dos tipos de conciencia está en el hecho que el conocimiento de los Magos era lo que sobrevivía de su vida antes del nacimiento; la conciencia de los Pastores encuentra su plenitud en la vida después de la muerte. Ellos llevaban las juveniles cualidades que desarrollarían totalmente sólo en la vida después de la muerte. Mientras los Magos pueden percibir las fuerzas activas en el cosmos, los Pastores tienen percepciones de las fuerzas activas en las profundidades de la tierra. Todo lo anterior confirma que los Magos son precursores del camino del Norte al macrocosmos, la corriente Apolínea de los griegos. Los Pastores sondean las profundidades de la jornada del alma al inframundo, el camino Dionisíaco griego. Lo que los Pastores lograron en la voluntad, los Magos lo cumplieron en su pensamiento, y Steiner concluyó "...lo que los pastores del campo, sin sabiduría, experimentaron a través de la piedad de sus corazones es lo mismo que estimuló a los Magos del Este como la más elevada sabiduría." [224]

Los Pastores y Magos marcaron el fin de la línea de iniciación de Abel; el surgimiento de la línea de iniciación de Caín está más adecuadamente representada por Lázaro/Juan, Hiram Abiff reencarnado, el mismo que desciende de la línea de Tubal-Caín. Lo que Steiner dijo en una lección de la Escuela Esotérica de la Sociedad Teosófica es verdad para todos los viejos iniciados, sean de la Corriente del Norte (Magos) o de la Corriente del sur (Pastores): "En el momento de la iniciación, el cuerpo etérico de estos líderes (Moisés, Hermes, Zaratustra, Buda, y así en adelante) estaba fuera del cuerpo físico de cada uno de ellos, y observaba la naturaleza de todas las razas." [225] Es así cómo los iniciados pudieron impartir sabiduría a sus pueblos en las leyes y disposiciones que podían dar. Pero esto también significó que los iniciados cargaran con la responsabilidad

---

[224] Ibid, conferencia del 23 de diciembre de 1910

[225] Steiner, *Freemasonry and Ritual Work, the Misraim Service: Letters, Documents, Ritual Texts, and Lectures from the History and Contents of the Cognitive-Ritual Section of the Esoteric School: 1904-14*, (CW 265), pp. 379-432, "The Further Evolution of the Abel and Cain Races at the Time of Christ" (de una Lección de Instrucción dada en Berlín el 15 de abril de 1908) texto según el manuscrito original de Rudolf Steiner, sin fecha

de las transgresiones del alma del pueblo, y tuvieron que reencarnar en la línea de herencia racial "hasta que el karma del pueblo de esas gentes había sido expiado, purificado." El iniciado se hizo responsable del cumplimiento de las leyes. En la misma lección, Steiner agregó, "En el caso de estos viejos iniciados, durante la ceremonia [de iniciación], el alma grupal de la nación se unía con su cuerpo etérico. Después esta continuaba viviendo en ellos, también." Todos los viejos iniciados eran de la línea de Abel; ellos recibían inspiraciones a través de las fuerzas de la Luna, las fuerzas de Yahvé que recibían por la noche. Éstas fueron las mismas fuerzas conectadas con el nacimiento y la procreación, fuerzas que trabajaron a través de la sangre. En el tiempo de Cristo, los Magos y los Pastores fueron la última expresión de estas corrientes.

Por su tiempo, Hiram Abiff (quién había trabajado con Solomón en la construcción del templo) llegó al límite exterior de la iniciación; pero su verdadera iniciación sólo llegó en su posterior encarnación de Lázaro. El Espíritu del Sol tenía que descender a la Tierra, en la encarnación física en Cristo. Y sólo Cristo podía iniciar a Hiram Abiff en su encarnación de Lázaro/Juan. Steiner enfatizó que esta iniciación fue un alejamiento de los lazos de sangre. "Tenía que permanecer lo que Hiram Abiff había adquirido a través de su vida en el plano físico. Era ahora de importancia no la vida del conjunto, sino la de cada encarnación. Cada encarnación tenía que agregar una página al Libro de la Vida..." Hubo una transición del trabajo de las fuerzas de la Luna al trabajo de las fuerzas del Sol. Después del hecho del Gólgota, la iniciación se liberó de las fuerzas de la herencia que trabajaron a través de la sangre.

Así no podemos encontrar una relación directa entre Pastores y Magos por un lado, y Platónicos y Aristotélicos por el otro.

El Grial y la Corriente Arturiana:

En dos conferencias de *Relaciones Kármicas* Volumen 8, Steiner habla de los caballeros Arturianos y del Grial, del karma de las dos corrientes, y de su relación con la Escuela de Chartres. Allí aprendemos que los caballeros Arturianos en posteriores tiempos continuaron los impulsos de Hibernia que conservaron la unidad Atlante de los Misterios internos y externos. En efecto, los caballeros Arturianos trabajaron mucho más tiempo que cualquier otra corriente en la preservación de la Inteligencia Cósmica de Micaél. Los iniciados de los Misterios de Hibernia, y después los caballeros Arturianos, percibieron el espíritu de vida de Cristo en el propio espíritu de vida de la Tierra, a través de la interacción de los elementos en la luz y el aire. [226] Ellos conocieron a Cristo como el Héroe del Sol, y leyendo el libro de la naturaleza percibieron el Misterio del Gólgota como un hecho. Sus impulsos se extendieron de Oeste a Este.

La corriente del Grial viajó del Este al Oeste: de Palestina a Grecia, el norte de África, Italia, España, y a través de Europa. Emanó de un entender más interior del evento de Cristo. Aquí también, como en los Misterios Arturianos, doce discípulos fueron reunidos alrededor del iniciado. En la corriente del Grial los individuos se esforzaron por familiarizarse con una inteligencia que ya no es cósmica; lo atestigua la famosa tontería de Parzival. Por otro lado, los caballeros del Grial quisieron preparar un camino para el Cristo en los corazones y mentes de los hombres.

Los caballeros Arturianos buscaron al Cristo en la esfera del Sol que fue para ellos la fuente de la cristiandad. Steiner caracterizó la corriente de Arturo como portadores del Cristo "precristiano"; esto es contrastado directamente por la corriente cristiana de los caballeros del Grial ("la corriente cristiana del Cristo") quién conoció a Cristo como Hermano de la Humanidad. Los caballeros del Rey Arturo fueron aquéllos quienes más se esforzaron por conservar la Inteligencia Cósmica de Micaél. El representante de los caballeros del Grial, 'Parzival', es el necio, el hombre ordinario que se esfuerza por encontrar su camino a la inteligencia de Micaél a partir de la inteligencia humana.

Las dos corrientes se encontraron en el año 869. Sobre todo se trató de un evento espiritual, más que algo que pueda encontrarse en la Tierra, y puede ser caracterizado como la reunión de Cristo el Hermano de Humanidad con Cristo el Héroe del Sol; de Cristo con su "Imagen," lo que los caballeros Arturianos conocieron como el espíritu de vida de Cristo. "Y luego tuvo lugar el encuentro — el encuentro entre el Cristo Quien había bajado a la Tierra y Su Propia Imagen [el Espíritu de Vida] que es llevada a Él desde el Este al Oeste. Esta reunión tuvo lugar en el

---

[226] Steiner, Relaciones Kármicas, Volumen 8, conferencia del 27 de agosto de 1924

año 869. Hasta ese año tenemos dos corrientes, claramente distintas una de otra." [227] El año 869 también fue el año en que el Concilio de Constantinopla repudió la trimembración de cuerpo, alma, y espíritu, en efecto integró alma y espíritu en uno.

Los hombres de Chartres (la corriente Platónica del siglo X al XII) mantuvieron una posición intermedia entre la corriente del Grial y la de Arturo. Ellos vieron al Cristo en el impulso que se vertió a través de la evolución de la Tierra, y también en el impulso que emanó del Sol. "De manera notable esta Escuela de Chartres está a mitad del camino entre el principio de Arturo en el Norte y el principio del Grial en el Sur." [228] En Chartres todavía estaba presente la actitud de la corriente de Arturo. Los maestros de Chartres se refirieron a las viejas tradiciones en las que la naturaleza todavía no era vista intelectualmente, sino que se percibía y conocía como un ser colmado de vida. Ellos todavía se aferraban a la conservación de la Inteligencia Cósmica de Micaél, mientras alrededor de ellos la mayoría de civilizaciones europeas trataba de mantener bajo control la inteligencia humana. Aquí tampoco encontramos una conexión directa entre la corriente de Arturo y la del Grial por un lado y el Platonismo y el Aristotelismo por el otro.

La polaridad "almas jóvenes/almas viejas" está más cercanamente conectada con la dualidad Aristotélica/Platónica que las anteriores.

Almas Viejas y Almas Jóvenes:

Steiner nos invitó a distinguir o percibir a cuál de los dos grupos pertenecemos. En sus palabras: "¿Estamos ahora empezando a trabajar y pensar si pertenecemos a un tipo o al otro? Mis estimados amigos, a esto debo darle una muy definida respuesta." [229] Él respondió preguntando si sería inconcebible revelarle a un niño que él es francés, alemán, ruso, polaco, u holandés. Desde que ése no es el caso, concluyó, "Debemos crecer en el autoconocimiento tan natural y simplemente

---

[227] Ibid
[228] Steiner, Relaciones Kármicas, Volumen 8, conferencia del 27 de agosto de 1924
[229] Steiner, *Relaciones Kármicas*, Volumen 3, conferencia del 8 de julio de 1924

para comprender que pertenecemos a un tipo u otro." Como precaución, también agregó que esto no puede hacerse de manera simplista.

El 8 y 11 de julio de 1924 en Dornach, Steiner habló de las almas viejas y de las almas jóvenes, y de nuevo en Arnhem el 18 de julio de 1924. Durante Lemuria, debido a una tendencia hacia la solidificación que después se anticipó por la separación de la luna, las almas partieron de la Tierra a morar en otros planetas del sistema solar. En cierto momento durante el tiempo de Lemuria y Atlántida ellas volvieron a la Tierra; algunas vinieron relativamente pronto y otras comparativamente tarde. Las almas jóvenes, cuando son vistas atrás en el tiempo, alcanzan sus encarnaciones más tempranas comparativamente pronto. Las almas viejas encarnaron relativamente temprano, durante tiempos Atlantes. El alma más vieja de todas las almas es la de Adam/Juan el Bautista; el alma más joven es la del Jesús Natánico; las dos almas jugaron un papel crítico en la encarnación del Logos.

Las almas de ambos grupos encarnaron en la cristiandad. Para la mayoría, su primera encarnación fue entre los siglos III y V, y excepcionalmente, tan tarde como en los siglos VII u VIII. Las experiencias de esta primera encarnación cristiana fueron "fijadas o confirmadas" en una encarnación posterior. En el tiempo, ambos conjuntos de almas tenían características que las diferenciaban de las almas no-Micaélicas que las rodeaban. Esto tenía que hacer con cómo se integraban sus envolturas una en cada una de las otras al despertar y al dormir. Al despertar, ellos podían percibir al ego y al astral penetrando primero el cuerpo etérico, luego su cuerpo físico, de cierta manera que en la actualidad los seres humanos ya no lo pueden hacer. Algo similar pasó al caer dormidos, porque el astral y el ego se separaban gradualmente, no simultáneamente como lo hacen en la actualidad. Debido a este gradual reingreso en sus envolturas, las almas todavía podían traer a su conciencia despierta imágenes de las experiencias que habían sufrido por la noche en el mundo espiritual. Y, sobre todo en las primeras horas de la mañana podían percibir el aura astral de los seres vivientes, en las plantas y en los animales. En otras palabras, todavía podían percibir cómo estaba presente lo espiritual en la naturaleza.

Las almas jóvenes experimentaron como su encarnación más importante la que aconteció en los primeros siglos antes de Cristo, y sólo después del siglo VII volvieron a encarnaciones "de importancia". Las almas viejas experimentaron más profundamente la encarnación que ocurrió por los siglos inmediatamente después del evento del Gólgota. Steiner encuentra más diferencias entre los dos sub-grupos de almas viejas. Un grupo experimentó el tipo de cristiandad que se había extendido en Europa del sur, pero en los primeros siglos también en alguna magnitud a Europa Central. [230] En esta espiritualidad del Sur, Cristo fue presentado como un "Poderoso Mensajero Divino," y todavía era visto como Dios del Sol. Esta imagen fue parte de una antigua percepción clarividente, pero una que empezaba a debilitarse. Después de este punto en el tiempo, nadie podía decir con certeza si el Cristo era completamente divino o si hubiera sido hombre y Dios; ni cómo el elemento divino se relacionó al humano. Eventualmente el dogma reemplazó a la visión.

El segundo sub-grupo de almas viejas, aquéllas conocidas como "herejes o heréticas" en una encarnación cristiana, retuvo la percepción de Cristo como Ser Solar, y continuó haciéndolo así hasta el siglo VIII. Las herejes llegaron a estar, en palabras de Steiner, "cansadas de la cristiandad," porque ya no podían reconocer la cristiandad en las enseñanzas de su tiempo. Y en este humor de alma atravesaron el portal de la muerte. Su encarnación más importante seguía siendo para ellas la única que habían experimentado en los primeros siglos de la cristiandad. Acerca de este sub-grupo Steiner dijo: "Aquellos pertenecientes a éste sub-grupo fueron excitados por lo que aun vivía en el Platonismo de la antigua Grecia. Tan excitados fueron ellos que cuando a través de las noticias que emanaron de antiguos tiempos se abrió su visión interior, siempre fueron capaces, bajo la influencia de una genuina, aunque débil Inspiración, de percibir el descenso del Cristo a la Tierra y vislumbrar Su trabajo en la Tierra. Ésta fue la corriente Platónica." [231]

Después de los siglos VII y VIII, las tradiciones perpetuadas por los herejes estaban ya muy debilitadas. Sin embargo, en pequeños círculos sobrevivió su conocimiento hasta el siglo XII. "Estos círculos estaban

---

[230] Steiner, *Relaciones Kármicas*, Volumen 6, conferencias del 18 de junio de 1924, y *Relaciones Kármicas*, Volumen 8, conferencia del 21 de agosto de 1924
[231] Steiner, *Relaciones Kármicas*, Volumen 6, conferencia del 18 de junio de 1924

compuestos de Maestros, Maestros divinamente benditos, que todavía cultivaban algo de este antiguo conocimiento de la Cristiandad espiritual, de la Cristiandad cosmológica. Hubieron algunos entre ellos, también, quienes había percibido comunicaciones directamente del pasado, y en ellos surgió un tipo de Inspiración; así pudieron experimentar un reflejo — fuerte o débil, una verdadera imagen — de lo que en los primeros siglos cristianos los hombres había podido contemplar bajo la influencia de una poderosa Inspiración del descenso del Dios Sol que lleva al Misterio del Gólgota." [232] Sin mencionarlos en esta conferencia, Steiner estaba hablando de personas como los maestros de Chartres que todavía tenían acceso a la Inteligencia cósmica, cuando la mayoría habíamos alcanzado la fase de la inteligencia terrenal.

Las almas jóvenes tuvieron su encarnación más importante pocos siglos antes del evento del Gólgota, no en los primeros siglos cristianos. Ellos traían recuerdos de los antiguos Misterios Paganos, no de los Misterios cristianos, a través de los que sabían que el Cristo encarnaría. Sus encarnaciones verdaderamente cristianas empezaron sólo después del siglo VII d.C. [233] En contraste con las almas viejas, ellas no estaban cansadas de la Cristiandad, sino que la anhelaban; anhelaban una forma de ella que tenía el elemento cósmico del Paganismo, pero en su centro tenía al Cristo. Rudolf Steiner e Ita Wegman, en sus respectivas encarnaciones del siglo X de Schionatulander y Sigune, ambas almas jóvenes sólo encontraron una más profunda cristiandad esotérica.

La tarea de las almas jóvenes era preparar el intelecto para la época que empezaría en la primera mitad del siglo XV. Todas aquellas que propagaron las enseñanzas Aristotélicas hasta bien entrado el siglo XII fueron almas que habían atravesado su última y más importante encarnación en antiguos tiempos paganos, sobre todo en el mundo de la cultura griega.

Hablando sobre él e Ita Wegman, la quintaesencia del Aristotelismo, que reencarnaron entre los dominicos, Steiner dijo: "Puedo recordar lo que dije en la Asamblea de Fundación de Navidad, cuando hablé de esas individualidades con quienes se conecta la épica de Gilgamesh.

---

[232] Ibid
[233] Ibid, conferencias del 18 de julio y el 21 de agosto de 1924

Expliqué ciertas cosas sobre tales individualidades. Encontramos, como mirando hacia atrás, que comparativamente habían tenido pocas encarnaciones. [234] Es más, las dos almas tuvieron sus encarnaciones más importantes en el tiempo antes de Cristo y no encarnaron durante los primeros siglos de la cristiandad. Así parece razonable concluir (en consonancia con lo que Steiner dice en otra parte) que los Aristotélicos fueron exclusivamente almas jóvenes, y los Platónicos exclusivamente almas viejas.

La diferencia entre las almas viejas y jóvenes puede entenderse más claramente de la manera en que ellos empezaron y se relacionaron con la cristiandad. De hecho, ésta es una radical diferenciación. Las almas viejas tenían muchas encarnaciones detrás de ellos cuando se sumergieron en la corriente cristiana. Por el tiempo de Steiner, y en la actualidad, estas almas, como antropósofos, anhelan llamarse cristianas. Ellas se sentirían incómodas si no encontraran al Cristo en el centro de la antroposofía. Muchas de las almas viejas que regresaron a la encarnación en la cristiandad en alguna parte entre los siglos III y VIII, ya no podían comprender la naturaleza Solar del Cristo — el hecho de que Él morara en el Sol antes de descender a la Tierra. No podían entender que Cristo se había vuelto un ser cósmico, y que ellos ya no podrían seguir mirando al cosmos para encontrarlo. Sabían de Él pero no podrían encontrarlo o entenderlo totalmente. Después de la muerte experimentaron gran incertidumbre sobre Él, y en la siguiente encarnación tendieron a volverse herejes.

Las almas jóvenes encuentran gran satisfacción en la cosmología antroposófica, y de allí son naturalmente conducidos a la Cristiandad. Ellos no ponen al Cristo a toda costa en el lugar central. Estas almas, sin embargo, tienen la predisposición de tomar al Cristo como un ser cósmico. Su desafío está en movimiento directo hacia adelante en dirección de las ideas antroposóficas, evitando ser desviado. Las fuerzas de este grupo, dijo Steiner, jugarán una parte importante en la difusión de una atmósfera de progreso continuo; pero las fuerzas pueden surgir con dificultad. Sin embargo, entre las almas jóvenes están aquéllas que trabajan y cooperan más activamente con la antroposofía. Las almas

---

[234] Steiner, *Relaciones Kármicas*, Volumen 3, conferencia del 8 de julio de 1924

bien adaptadas a los actuales tiempos son a menudo almas jóvenes. Éstas almas no se habían hastiado del Paganismo en los primeros siglos de la cristiandad; así, en ese tiempo, los impulsos del Paganismo todavía estaban trabajando fuertemente en ellos. No habiendo anteriormente desarrollado dentro de la cristiandad, ellas han estado esperando llegar a ser verdaderos cristianos.

Después del comienzo del tiempo del alma consciente en el siglo XV, las almas viejas y jóvenes se encontraron en el mundo espiritual como parte de la Escuela de Micaél que acabó en el suprasensible gran *cultus*, o ritual, en los siglos XVIII y XIX. El ritual consistió en poderosas Imaginaciones en que el gran Misterio del Sol de Cristo fue promulgado en relación a los Misterios del pasado y el futuro. Asumió su forma inicial en el mundo espiritual lo que en la Tierra después se volvió antroposofía. Las almas jóvenes internalizaron los impulsos provenientes de las imaginaciones de la Escuela suprasensible, principalmente en su voluntad. Y en la Tierra en el tiempo de Steiner: "...fue como si ellas recordaran la resolución que habían tomado durante la primera mitad del siglo XIX: una resolución para llevar a la tierra todo lo que había estado ante ellas en tan poderosas imágenes, y traducirlas a una forma terrenal. [235]

Por otro lado, las almas viejas habían participado en el ritual suprasensible con gran anhelo, pero lo alcanzaron a partir de un indefinido humor místico; al encarnar de nuevo trajeron sólo recuerdos oscuros. Esto los relevó de muchas dudas, y les dio una memoria de lo que habían recibido sobre el Cristo. El ritual volvió a despertar una inmensa devoción y calor de sentimiento hacia la Cristiandad que se tradujo en el anhelo de ser verdaderamente cristiano. Sin embargo, para estas almas fue difícil encontrar un lugar en la antroposofía en la Tierra, porque la antroposofía primero estudia el cosmos, y deja la consideración sobre el Cristo para una fase posterior. Puede suponerse que éste es todavía el caso.

Finalmente, podemos reconocer "el alma transicional" en aquéllos que no pueden ayudar a traer a la antroposofía los hábitos de la vida no antroposófica. En su caso ninguno de los impulsos de las almas jóvenes o viejas es muy fuerte.

---

[235] Steiner, *Relaciones Kármicas*, Volumen 4, conferencia del 11 de julio de 1924

Reuniendo Todas las Vertientes

El conjunto de corrientes (Magos/Pastores, Arturo/Grial, almas viejas y almas jóvenes que hemos visto aquí no podemos confundirlas o igualarlas entre sí. En el resto de este capítulo estaremos hablando exclusivamente de Platónicos y Aristotélicos, o almas viejas y jóvenes.

Una orientación hacia la voluntad o hacia el pensar se expresa en muchas variaciones en todo las polaridades exploradas anteriormente. El tema de la polaridad está presente como un hilo a lo largo de la evolución post-Atlante, empezando del contraste entre el camino del Sur (al microcosmos, tendiente hacia la voluntad) y el camino del Norte (al macrocosmos, tendiente hacia el pensar). Sin embargo, en el tiempo el pensamiento difícilmente fue una actividad humana independiente como se piensa es hoy. La polaridad persistió hasta el tiempo de Cristo, en la diferencia entre Magos (macrocosmos, tendiente hacia el pensar) y Pastores (microcosmos, piedad y voluntad). Después del tiempo de Cristo, la polaridad continuó, en cierto sentido, por un lado con los caballeros del Rey Arturo (macrocosmos, Cristo como el Héroe del Sol, "pensamiento"); y por otro lado, los caballeros del Grial (microcosmos, Cristo como Hermano de la Humanidad, voluntad). Y finalmente, cuando nos referimos a Aristotélicos y Platónicos, podemos rastrear el mismo hilo, asignando el pensamiento al primer grupo y la voluntad al segundo. Obviamente, ningún par de caracterizaciones iguala completamente a cualquier otra.

Finalmente, el contraste entre pensamiento y voluntad aparece dentro de la misma corriente en el ejemplo de las almas gemelas, Steiner y Wegman. Wegman representó el papel de la persona volitiva respeto a su maestro. Esto aparece claramente en las encarnaciones como Alejandro el Grande, Reginaldo de Piperno, y Wegman. Así la polaridad básica de pensamiento/voluntad reaparece en las modalidades siempre en desarrollo, y no pueden ser usadas como un criterio para diferenciar a Platónicos y Aristotélicos, aunque es parte de ello.

Antes de preocuparnos de la relación con la encarnación de Platónicos y Aristotélicos al final del siglo XX y su posible colaboración en lo que Steiner llama "la culminación," es útil repasar lo que hemos estudiado, y caracterizar totalmente a Platónicos y Aristotélicos.

Platónicos y Aristotélicos: Algunas Caracterizaciones

Hemos recogido bastante de una imaginación para poder diferenciar entre los impulsos Platónicos y los Aristotélicos. Platón miraba al pasado de la existencia del mundo; a nivel personal esto culminó en la anamnesis, el recuerdo del alma de la existencia antes de su nacimiento en el mundo de las ideas. Aristóteles confinó su mirada al presente, y por consiguiente cerró la puerta a la memoria de vidas anteriores. Los Platónicos de Chartres miraban al pasado de los Misterios del mundo, y conservaron condiciones que en el pasado eran verdaderas. Los Aristotélicos del Escolasticismo prepararon para el futuro lo que se materializaría totalmente sólo en nuestra quinta era post-Atlante. Y podemos ver cómo el Platonismo de la cultura clásica alemana trajo a la vida después de su tiempo los últimos vestigios de la antigua sabiduría de Europa del norte. Este es el porqué Steiner dijo de Hegel (otro Platónico) que "...fue uno que trajo el vislumbre final de la antigua luz espiritual a una era en que el espíritu es velado en la oscuridad por la cognición humana." [236]

Una orientación hacia el pasado o el futuro es así un primer elemento que diferencia a las dos corrientes. Otro contraste se encuentra en los respectivos humores del alma. La Escuela de Chartres fue caracterizada por Steiner, "no tanto por el contenido real de las enseñanzas, como por la total actitud y humor de alma de los pupilos que se reunieron con resplandeciente entusiasmo en el 'salón de conferencias' — como lo llamamos en la actualidad — de Chartres." [237]

Steiner describió así la reunión de Platónicos y Aristotélicos en el mundo espiritual en el siglo XIII: "Todas estas almas después se reunieron de nuevo — aquellas que con ardientes palabras habían anunciado antiguas y sagradas enseñanzas en la Escuela de Chartres, y aquéllas que habían luchado con en el frío y claro, pero consagrado de corazón, trabajo del Escolasticismo para experimentar el verdadero significado de la Inteligencia." [238] Y describiendo una conversación que había tenido con un sacerdote de la Orden Cisterciense, Steiner integró los atributos

---

[236] Steiner, *Autobiografía*, Capítulo 58
[237] Steiner, *Relaciones Kármicas*, volumen 8, conferencia del 21 de agosto de 1924
[238] Steiner, *Relaciones Kármicas*, volumen 3, conferencia del 28 de julio de 1924

de ambos corrientes así: "...con claridad Aristotélica y definición de concepto, y todavía al mismo tiempo con Platónica luz espiritual." [239] Del más grande de los Platónicos, el propio Platón, Steiner dijo, "Nuestras almas crecieron por su maravilloso idealismo y noble entusiasmo." [240] Y otra importante diferenciación entre Aristotélicos y Platónicos está detrás del pensamiento de sus dos mayores representantes:

> Schröer era un idealista; para él, la fuerza directriz de todo lo creado, si por la naturaleza o por el ser humano, era el mundo de las ideas. Para mí [Steiner], las ideas eran sombras lanzadas por un mundo espiritual viviente. Encontré difícil, incluso para mí mismo, decir que la diferencia estaba entre la manera de pensar de Schröer y la mía. Él hablaba de las ideas como las fuerzas directrices de la historia. Él sentía que las ideas tenían vida. Para mí, la vida del espíritu estaba detrás de las ideas que sólo eran manifestaciones del espíritu dentro del alma humana. [241]

Todo lo anterior habla de un contraste entre una manera de ver las cosas desde una perspectiva global y con cierto humor de alma saturada de entusiasmo entre los Platónicos; y de una actitud de aislada devoción, gran claridad y un enfoque a pequeña escala entre los Aristotélicos. En conjunto, los Platónicos tienen una orientación más general hacia la voluntad, los Aristotélicos al pensar. Pero principalmente el contraste entre Aristotélicos y Platónicos se hará claro a través de la evolución y metamorfosis de sus gestos durante siglos.

La evolución de la corriente Micaélica nos ha llevado desde la antigua Grecia a los tiempos y vidas de Steiner y Schröer. Antes de seguir al presente podemos repasar las fases de encarnación del impulso Micaélico, hasta el tiempo en que ellos pueden trabajar juntos, y ya no más en sucesión alternada.

En la antigua Grecia a los oráculos le siguieron los Misterios. El estado de unión del mundo interior y la naturaleza todavía dominaba

---

[239] Ibid, conferencia del 13 de julio de 1924
[240] Steiner, *Autobiografía*, Capítulo 12
[241] Steiner, *Autobiografía*, Capítulo 14

en el tiempo en que los oráculos hablaban al antiguo griego y ofrecían indicaciones sobre la vida del individuo y del cuerpo social. El antiguo griego de ese tiempo no había desarrollado una vida de pensamiento; él experimentaba el mundo circundante en imágenes, y se percibía como parte de la vida de la naturaleza. Experimentaba lo que Steiner llamó "las maravillas del mundo." Desde este estado original de unión de macrocosmos y microcosmos Grecia pasó al tiempo de las "pruebas del alma." Esto significó moverse de los oráculos a los Misterios, con la transición más claramente realizada en el santuario de Delfos con su oráculo del Sol y su Misterio Dionisíaco. Dionisio abrió el camino para una conexión más individualizada con el mundo espiritual a través de fases de pruebas para encontrar al individuo digno de ser iniciado en el espíritu. A lo largo de este camino el propio Dionisio era el hierofante, primero en el cuerpo, luego como una entidad desencarnada.

La vida de los Misterios entró a un estado de decadencia aproximadamente alrededor del siglo VI A.C. Fue entonces Platón, el Dionisio reencarnado, quien mostró la salida de los Misterios y disciplinó la facultad del pensar de la que la filosofía desarrolló sus primeros rudimentos. Platón actuó como el hierofante de la nueva facultad del pensar. Ayudó en la transición de la cultura de los Misterios a las recientemente evolucionadas facultades del intelecto.

Aristóteles percibió que el ser humano necesitaba una completa separación del reino de los Misterios. Él volvió su mirada a la vida entre el nacimiento y la muerte. En su categoría, o en su lógica, vivió el concepto que refleja la realidad de los mundos espiritual y físico, y puede ser confirmado a través de la clarividencia. No obstante uno no necesita ser clarividente para elaborar tales conceptos, y cualquiera con un pensamiento saludable podría verificar su validez.

Aquí podemos ver un primer gesto/contraste entre Platón y Aristóteles. Platón deduce todo del pasado. Él lleva los recuerdos de su vida antes del nacimiento, siglos después éstos habían desaparecido de la experiencia de la mayoría de los griegos. Él reúne toda la sabiduría de los Misterios, de Grecia y de Egipto, y la hace accesible para el pupilo. En el proceso se corrompe algo de este conocimiento y ya no puede confiarse completamente en él; es como una memoria de largo tiempo atrás. A través del Platonismo, se reúnen las condiciones para que el ambiente asuma un nuevo paso evolutivo. El *polis* Ateniense del que Platón es hijo orgulloso, pronto, bajo Alejandro el Grande y Aristóteles, puede volverse *cosmópolis*. Los frutos de la Academia de Platón, y sobre todo del Liceo de Aristóteles, pueden ahora ser difundidos del Oeste al Este. Ellos han alcanzado la madurez en un pensamiento que puede aprehender la realidad del mundo natural y el alma, un pensamiento que incluso puede reflejarse en sí mismo. Después de Aristóteles y durante los siglos por venir ninguna filosofía alcanza el pináculo del maestro.

Platón cosechó los frutos del pasado y creó un espacio sobre el que podría ser construida una sólida plataforma para el futuro. Solo Aristóteles, en el tiempo de la última regencia de Micaél antes de la presente era, podría sembrar las semillas del futuro y crear las condiciones para una cultura cosmopolita y universal.

La Edad Media nuevamente recrea y metamorfosea este gesto. La Escuela de Chartres cosecha los frutos de las tradiciones del Misterio de la Europa Central y del Este. Chartres recapitula y extrae la esencia del pasado, y sobre todo reafirma los impulsos de Platón y los cristianiza. Los maestros de Chartres viven en una condición de conciencia que hace tiempo ha desaparecido del ambiente inmediato. Ellos pueden percibir la Inteligencia Cósmica y con entusiasmo comunican a sus pupilos que pueden elevarse a un nivel superior de percepción y vivir en las imaginaciones que sus maestros han evocado. Los maestros ofrecen a sus pupilos gloriosos reflejos del pasado. Chartres y los Cistercienses hacen algo más: ellos domestican el paisaje de Europa, reclaman los humerales, ponen indomadas tierras bajo cultivo, aumentan el rendimiento agrícola y ayudan a evitar el hambre. El suyo es un impulso sumamente social. En esencia el impulso Platónico una vez más prepara la tierra y las condiciones para un cambio importante, y no podría mencionarse imagen más digna que la de las grandes catedrales cuyos secretos mueren con el impulso final de Chartres. Los maestros de Chartres viven vidas anónimas; todavía no sienten el impulso hacia el fortalecimiento del individualismo que viene de la Inteligencia Cósmica que se hace terrenal. Este también es el porqué ellos no pueden repeler los peligros que acechan el futuro cercano, sobre todo en el reino cultural — ellos que viven en condiciones más reminiscentes del pasado.

La Escuela de Chartres también trajo a su fin un gran reavivamiento.

Conservó del pasado todo lo que fue digno de ser conservado. Unió la cristiandad con la filosofía de Platón. Creó las condiciones sociales bajo las que podrían darse nuevos pasos evolutivos. Simplemente imagine el paisaje de Europa sin las catedrales y sin la red de actividad económica creada por los Cisterciences.

Los dominicos muestran un gesto esencialmente diferente. Su esfera de actividad va desde las fronteras de la naturaleza, estimada por los maestros de Chartres y los Cistercienses, a los ambientes urbanos en crecimiento. Ellos quieren colocarse en el centro del escenario en el desarrollo cultural de la Edad Media. Viven en las ciudades y promueven la vida cultural de las emergentes universidades. Resuelven la cuestión del conocimiento que está tan central en el tiempo en que la Inteligencia Cósmica, desarrollando terrenalmente, corre el riesgo de caer presa de Ahriman.

Menos eminente es el rol de los Escolásticos en el movimiento Micaélico, pero más crítico para el futuro. Luchan las batallas culturales en dos frentes. Luchan por un retorno al pasado en el Arabism de Averroes, que predica una inteligencia humana privada de individualidad, y que distorsiona la herencia de Aristóteles y la dirige a propósitos para los que nunca fue inventada. Luchan contra el Nominalismo, la tendencia para ver un mundo desprovisto de significado, una disociación entre el mundo de los sentidos y los conceptos usados para entenderlo. El Nominalismo habría creado, antes de tiempo, muchas de las condiciones restrictivas para el Alma Consciente, visible en la actualidad. Tomás de Aquino resucita el pensamiento de Aristóteles y conserva los reinos de la razón y la fe de una manera que todavía en tiempos modernos permite su reunificación.

En esta segunda fase vemos el gesto de recopilar de nuevo todo del pasado, aun cuando por un corto interludio, y crear las condiciones culturales y sociales para un futuro más cosmopolita. Esto es lo que los Platónicos pueden ofrecerle a la cultura. En esta sólida fundación puede echar raíces un impulso cultural verdaderamente cosmopolita que pone el tono para la cultura del Alma Consciente y aparta las principales amenazas para su florecimiento.

Llegamos ahora al siglo XIX y XX, al umbral de nuestro propio mundo. El idealismo alemán muestra el camino, pero uno no debe olvidarse de la literatura Romántica de Gran Bretaña, y del Movimiento Transcendentalista en los Estados Unidos, entre otros. Los Platónicos alemanes se oponen al creciente materialismo y a la perspectiva científica de la era con el innato sentimiento de que el alma humana puede encontrar desde dentro las respuestas al enigma del mundo, la naturaleza no necesita vivir inconforme con el alma humana. Cada uno de los Platónicos alemanes sabe que puede alcanzar esta meta, incluso desde muy diferentes puntos de partida. La nueva visión del mundo se esfuerza por encontrar expresión en el creciente mundo de la abstracción que, sin embargo, los idealistas alemanes construyen con imaginación poética. Steiner nos recuerda que aquí también vemos un eco del pasado; que Hegel, Fichte, Schelling y los otros llevaron en sus almas la memoria de un tiempo en que los seres humanos percibieron a los seres espirituales activos en el alma. Y las ideas de los filósofos clásicos alemanes son mejor descritas como "idea-experiencia" o la experimentada idea que vive en el alma con cierto vigor elemental.

Los idealistas alemanes tienen en común el esforzarse por una visión del mundo en que la conciencia de sí mismo forma el centro y fundamento. El movimiento alcanza un pináculo en Goethe en el que el artista y científico la revela en profunda visión poética. Él no puede transformar sus visiones en conceptos claros, pero no obstante pone la base para la transformación del pensar.

Schröer y Steiner entran en escena al final de este movimiento Romántico, cuando el foco se está moviendo de Alemania al Imperio Austrohúngaro. Steiner llevó en paralelo su tarea y la de Schröer, asegurando que la antroposofía nacería del Goetheanismo. Desarrolló el impulso para una nueva manera de ver el lugar del individuo en el mundo a partir de una nueva comprensión del karma y la reencarnación, y de llevar al mundo las intenciones del pre-nacimiento. Este impulso se ha explorado a fondo en el libro: *Rudolf Steiner and Karl Julius Schröer: Anthroposophy and the Teachings of Karma and Reincarnation* (Rudolf Steiner y Karl Julius Schröer: La Antroposofía y las Enseñanzas del Karma y la Reencarnación). A partir de ambos impulsos que desarrolló Steiner podemos reconocer los arquetipos activos en el mundo natural y social. Lo que vivió en Goethe bajo la inspiración del alma del pueblo alemán se expresa ahora en forma universal en la antroposofía. Lo que vino de las inspiraciones traídas por los grandes filósofos alemanes ahora está volviéndose el fruto de la visión directa en el espíritu. Las enseñanzas del karma y la reencarnación que sólo sobrevivían como recuerdos desde el Este, son ahora articuladas de tal manera que cada ser humano que de verdad lo desee, puede ascender de manera profundamente experimental desde la dimensión subjetiva de la vida individual a un fundamento objetivo más allá del velo del maya extendido ante el alma humana.

Entre el idealismo alemán y la antroposofía no hay, una vez más, una continuidad directa. Pero aquí también, la primera [el idealismo alemán] coloca la base para la última [la antroposofía]. Y entre los dos está el importante punto de inflexión de la nueva regencia del tiempo de Micaél. Los idealistas alemanes tenían que crear las bases para un ascenso espiritual y encender la llama en el momento de la creciente oscuridad del materialismo. Podían hacerlo con el poder de las inspiraciones que recibieron desde el mundo espiritual. Marcan el rumbo para otro reavivamiento Platónico de la cultura alemana. También se esforzaron por crear los fundamentos para una nueva realidad social que habría desarrollado bajo el impulso del liberalismo alemán y encontrado una culminación bajo la guía de Kaspar Hauser. Estos desarrollos, sin embargo, fueron frustrados por las hermandades Occidentales. La inspiración del mundo espiritual se convierte, idealmente, en directa visión espiritual en la ciencia espiritual. Y lo que estaba presente en algunos discretos espacios de la cultura — Alemania, Austria, Gran Bretaña, principalmente Estados Unidos — ahora se vuelve un impulso universal que puede irradiar desde el Goetheanum espiritual. Los frutos de la antroposofía pueden ser asidos universalmente, sin tener en cuenta las culturas locales.

Cuando volvamos a los individuos del siglo XX trabajando en las ciencias naturales veremos el doble impulso Micaélico activo en el mundo moderno, en las humanidades y en las ciencias sociales. Anticipando lo que está por venir veremos que el contraste entre los idealistas alemanes y los antropósofos del tiempo de Steiner está todavía activo en el presente.

Hacia la Convergencia de la Corriente Micaélica en Nuestro Tiempo

En las palabras grabadas por Walter Johannes Stein de su conversación con Steiner (Apéndice 1), recordamos que "la culminación" al final del siglo XX sería "una fiesta del destino," no sólo para el individuo, sino también para el Movimiento Micaélico en su conjunto; y más, una manera de juntar "conocimiento antroposófico y vida antroposófica." El primero es el don de los Aristotélicos, el segundo de los Platónicos. La última declaración refleja a nivel global lo que se ha dicho sobre el individuo, particularmente en el Capítulo 5, bajo el título "Recordar Espiritual y Contemplar Espiritual." Es sólo a través de la integración de estos dos caminos (que representan, respectivamente, el logro de la Imaginación e Inspiración) que podremos andar el camino del Sol de la próxima época cultural. Igualmente, la culminación del Movimiento Micaélico en los siglos XX y XXI deriva de la habilidad de reconocer y validar la Imaginación Aristotélica y la Inspiración Platónica que juntas traerán el conocimiento antroposófico y la vida antroposófica para la renovación de la civilización. En el Volumen 6 de *Relaciones Kármicas*, Steiner caracterizó esta culminación en las siguientes palabras:

> Porque según el acuerdo alcanzado al principio en la conferencia celestial del siglo XIII, los Aristotélicos y Platónicos aparecerían trabajando juntos en el siglo XX para la siempre creciente prosperidad del Movimiento Antroposófico, para que al final de ese siglo, con Platónicos y Aristotélicos al unísono, la Antroposofía pueda alcanzar cierta culminación en la civilización terrenal. Si es posible trabajar de esta manera, de la manera predestinada por Micaél, entonces Europa y la civilización moderna emergerán del declive. [242]

Según la apreciación de muchos antropósofos, la culminación no ha ocurrido. Según estima este autor y desde la perspectiva de lo que es accesible a ella en América del Norte, las fuerzas Micaélicas están presentes

---

[242] Steiner, *Relaciones Kármicas*, Volumen 6, conferencia del 19 de julio de 1924

y activas en el mundo. Lo que se extraña es un reconocimiento de la presencia y esfuerzos de ambos, y una manera de conseguir la sinergia de estos esfuerzos. Pero esta armonización es posible, y de hecho ha empezado aquí y allá. Así que la meta de este libro es dejar clara la presencia de otras fuerzas más allá de aquéllas que reconocemos dentro del movimiento antroposófico. Y finalmente, la meta es ver cómo podemos lograr la colaboración que Steiner pensó para que "la civilización moderna emerja del declive." A esto volveremos en el próximo capítulo. En la actualidad podemos volver a la pregunta del número de almas Micaélicas en el mundo.

Sobre el Número de Almas Micaélicas

Una primera pregunta de relevancia acercándose al destino del movimiento Micaélico concierne al número de almas Micaélicas que podemos esperar ver encarnadas al final del siglo XX y al principio del XXI. Esto se debe a que hoy estamos esperando el venir juntas de las almas Micaélicas, muchas de quienes, según Steiner, estaban presentes al iniciar el siglo XX.

Cuando en 1923 fue creada en Alemania la Libre Sociedad Antroposófica, Steiner esperaba que pudiera convocar a un millón de miembros. Ya entonces pensaba (o más probablemente sabía) que solo en Europa había muchas almas Micaélicas encarnadas. [243] Algo similar se reitera en *Conocimiento Terrenal y Sabiduría Celestial*: "Uno sólo avanza hacia adelante cuando representa la verdad tan fuertemente cómo es posible, así como tantas almas predestinadas como sea posible — quienes están presentes hoy en mayor número que lo que uno generalmente supone — llegan a encontrar el alimento espiritual que es

---

[243] Hans Peter von Manen, Caminos Gemelos al Milenio: *Twin Roads to the Millennium: The Christmas Conference and the Karma of the Antroposóficos Society*, 119. Algo similar se reitera en *Conocimiento Terrenal y Sabiduría Celestial*, conferencia del 18 de febrero de 1923: "Uno sólo avance hacia adelante cuando él representa la verdad tan fuertemente como es posible, para que tantas almas predestinadas como sea posible - que están presentes hoy en mayor número de lo que uno generalmente supone - viene a encontrar la nutrición espiritual que es necesaria."

necesario. [244] Concerniente al por qué esto sería así, Steiner confió a René Maikovski: "Las almas que buscan la Antroposofía están encarnadas; ¡pero no hablamos su idioma!" Y refiriéndose a estas almas, Steiner le dijo a Maikovski que había algunos millones de ellas. [245]

Muchas otras indicaciones para el mismo efecto vienen de las conferencias de Steiner, por ejemplo en el ciclo de *Relaciones Kármicas*. "Hay muchos seres humanos...de verdad predestinados por su vida pre-natal para la Sociedad Antroposófica; y aún, debido a ciertas otras cosas, fueron incapaces de encontrar su camino hacia ella. Hay muchos más de ellos de lo que generalmente pensamos. [246] Refiriéndose a las almas viejas y a las almas jóvenes Steiner propuso que "...encontramos almas que habían venido de una u otra de las dos corrientes de las que hablé aquí en los últimos días [almas viejas y jóvenes]. Es un gran círculo de seres humanos, porque muchos que viven en este círculo todavía no han encontrado su camino al Movimiento Antroposófico." [247] En otra conferencia del ciclo de *Relaciones Kármicas*, Steiner habló de la gran dificultad que en los tiempos modernos tienen las almas para expresar el potencial de sus encarnaciones anteriores; puede ser una prueba conservar el tesoro de sabiduría de esas encarnaciones mientras tienen que atravesar el crisol del intelectualismo. [248] Muchas almas muy desarrolladas fallan en este esfuerzo. Schröer es sólo un ejemplo.

Por un lado, el desafío de los tiempos hace difícil a los individuos expresar su pleno potencial kármico. Por el otro, la antroposofía todavía no habla el idioma que muchas más almas podrían entender. Una ilustración de cómo esta dificultad se relaciona a un solo individuo es ofrecida en la conferencia de Steiner del 18 de enero de 1924, e involucra a Henry Ford. [249]

---

[244] Steiner, *Earthly Knowledge and Heavenly Wisdom,* conferencia del 18 de febrero de 1923

[245] R. Maikovski, *Schicksalswege auf der Suche nach dem lebendingen Geist* 27; citado en Jesaiah Ben Aharon, *La Experiencia Suprasensible del Siglo XX*

[246] Steiner, *Relaciones Kármicas*, Volumen 3, conferencia del 6 de julio de 1924

[247] Ibid, conferencia del 13 de julio de 1924

[248] Steiner, *Relaciones Kármicas*, volumen 4, conferencia del 23 de septiembre de 1924

[249] Steiner "The Organic Development of the Antroposóficos Society and Its Future Tasks" (El Desarrollo Orgánico de la Sociedad Antroposófica y Sus Tareas Futuras) conferencia del 18 de enero de 1924, en *The Constitution of the School of Spiritual Science; Its Arrangements into Sections,* Rudolf Steiner, 1924, 15-16

"Así él [Henry Ford] toca a la puerta (de legítimos y urgentes deseos, pero 'no precisamente necesidades espirituales'), golpea urgentemente — inventa todo tipo de dispositivos para gritar lo que él desea." Y más, "Cuando leí el libro de Ford, me sentí casi como si yo mismo fuera la puerta...Y detrás de la puerta estuviera la Antroposofía. Hasta aquí, sin embargo, ha sido constituida en una Sociedad como para hacer bastante imposible que lo que está ante la puerta se acerque a lo que está detrás. Es absolutamente imposible. Con este fin necesitamos algo bastante diferente."

Ford, que era Francmasón, tenía una profunda comprensión intuitiva de la reencarnación, y una gran dedicación al ideal de servicio. Esta fue precisamente su comprensión de la reencarnación — que él llamó "la mayor visión" — que dio vuelta a su vida. En sus palabras: "Tenía cuarenta años cuando entré al negocio; cuarenta cuando empecé a desarrollar la planta de Ford. Pero todo el tiempo estuve preparándome. Hay una cosa que la mayor visión hace por usted. Le permite que tome el tiempo para prepararse. La mayor parte de mi vida la he gastado en preparación." [250]

Podemos conjeturar que, como Ford, había muchos otros que por el tiempo de Steiner estaban golpeando la puerta de la antroposofía,

---

[250] La idea de la reencarnación fue algo que Ford percibió a su alrededor en su vida. Creyó que el genio e intuición derivaron de quién éramos en las vidas anteriores, y no se avergonzaba de expresar sus creencias en las numerosas entrevistas que tuvo. "El descubrimiento de la reencarnación fue tranquilizante. Yo estaba de acuerdo. Sentía que el orden y el progreso estaban presentes en el misterio de la vida. Ya no buscaba en otra parte una solución al enigma de la vida. Si usted conserva un registro de esta conversación, escrita de tal manera que tranquiliza a los hombres. Me gustaría comunicar a otros la calma que da la larga visión de la vida." ("Henry Ford, Objective Idealist," Jonathan Westphal, Periódico para la Antroposofía, fecha desconocida para el autor, pág. 121) Ford sentía que no dependía del precedente histórico, ni de la cultura del presente; simplemente de él, porque estaba deseoso de asumir plena responsabilidad por todo en su vida. En su pensamiento, Ford quería "leer los signos de los tiempos," o "leer... lo que todavía no se escribe." Y quiso ser recordado como pensador original. Su independencia de mente le permitió colocar su aventura comercial en un profundamente arraigado ideal de servicio que vio como la única segura raíz para el éxito; las personas alrededor de él, incluso sus socios, que operaban en la creencia de las ganancias como la máquina directriz de la economía, creyeron que estaba asumiendo un inmenso riesgo. Y él no abrazó la idea de servicio como altruismo, sino como un negocio legítimo

como de hecho lo confirmó Steiner. Y esto podía cambiar; debe haber cambiado, según los mejores deseos de Steiner. "Ahora por fin, podemos encontrar la posibilidad de que la propia Antroposofía abra la puerta desde dentro. Con este fin, debe hacerse posible que las materias antroposóficas repercutan en el mundo de tal manera que los hombres que desarrollan en la civilización de nuestro tiempo con el tipo de mente poseída por Henry Ford, el Rey del Automóvil, se digan a sí mismos: 'Aquí tengo escrito que la ciencia moderna es, después de todo, algo que señala al pasado. Debe haber algo que garantice la vida para el futuro.'" Y para el alma que expresara esta pregunta, la antroposofía llegaría a ser la "puerta que se abre desde dentro." [251]

Las almas Platónicas y Aristotélicas nos encuentran todo el tiempo; igualmente los impulsos Aristotélicos y Platónicos. Esto es inevitable dado el gran número de almas Micaélicas que encarnaron al final del siglo XX y en la actualidad están a nuestro alrededor. Nosotros simplemente hemos dejado de reconocerlas y validar nuestros impulsos. Regresaremos al tema cuando veamos los tiempos modernos.

[251] Steiner "The Organic Development of the Antroposóficos Society," conferencia del 18 de enero de 1924, en *The Constitution of the School of Spiritual Science* (La Constitución de la Escuela de la Ciencia Espiritual), 15-16

PARTE IV

Almas Micaélicas Después
de la Muerte de Steiner

CAPÍTULO 7

ARISTOTÉLICOS Y PLATÓNICOS EN LA PSICOLOGÍA

Aristotélicos y Platónicos operan en ocupaciones similares, a menudo cubren intereses similares, y trabajan juntos, lado a lado. Porque cada campo de operación está ligado a su propia lógica y propias leyes, haríamos vagas generalizaciones y cometeríamos grandes errores si ofreciéramos declaraciones generales sobre la manera de operar de Aristotélicos y Platónicos en todos los ámbitos. Sólo un enfoque diferenciado puede llevarnos a una comprensión significativa. Deseando abordar el tema poco a poco y gradualmente descubrir sus capas, empezaremos mirando el mundo interior de la psicología, luego volveremos al mundo de las ciencias naturales, y finalmente consideraremos el trabajo hecho en el mundo social.

Pasaremos revista a las biografías y al trabajo literario, relacionando uno con respecto al otro. Y éstas serán algunas de las preguntas que haremos. ¿Cuáles son las influencias que marca la biografía de un individuo? ¿Cuáles son sus puntos de inflexión? ¿Cuál es lo excepcional de la manera de trabajar de un individuo? ¿Qué podemos ver que una los temas biográficos y el resultado del trabajo literario? ¿Qué podemos decir sobre la misión del individuo y cómo se llevó a cabo en el mundo?

Volveremos en primer lugar a la vida y trabajo de dos notables doctores antroposóficos holandeses. Ellos fueron contemporáneos y amigos cercanos durante cerca de treinta años. Los dos trabajaron públicamente. Los dos lograron incorporar la antroposofía. Y los dos fueron bien recibidos, aun cuando sólo parcialmente entendidos. El primero llenaba las salas de conferencia dondequiera que fuera, y los periódicos informaron acerca de lo que había dicho. Se dirigió a las necesidades de los tiempos con sorprendentes nuevas direcciones de pensamiento. El segundo ofreció iniciativas culturales en respuesta a las demandas de la sociedad holandesa. Se le presentaron muchas oportunidades de abordar las urgentes necesidades de los tiempos y ofreció respuestas que vienen de la antroposofía, aunque la fuente de inspiración puede no haber sido explícita para todo lo que usaron ellos. Ambos individuos pusieron en marcha instituciones culturales antroposóficas para el cuidado de la salud. Los dos escribieron un trabajo doctoral sobre el efecto del arte en el alma: el primero con respecto al color, el segundo con respecto a la música.

Estamos hablando de Willem Zeylmans van Emmichoven y de Bernhard J. Lievegoed. Y todo lo dicho anteriormente se aplica primero a van Emmichoven, el mayor de los dos, luego a Lievegoed. Van Emmichoven desafió a las personas de todas las creencias a ver que hay otra manera de acercarse a los importantes temas culturales (la medicina, la salud, la ciencia) y que para aprehender más plenamente la realidad es necesario un cambio del paradigma. Lievegoed ofreció conceptos razonables que podían ser comprendidos por su cultura; entregó la antroposofía pertinente a los tiempos, y visible a través de sus efectos en la cultura. Los dos hicieron la antroposofía muy visible en el mundo, pero de maneras notablemente diferentes. Los dos eran buenos diplomáticos, capaces de encontrar la base común y desactivar los conflictos. Finalmente, tanto van Emmichoven como Lievegoed se sentían cómodos al hablar y escribir. Ellos disertaron extensamente, y escribieron numerosos libros. Esto nos da herramientas para comparar sus estilos y visiones del mundo.

En 1961 van Emmichoven le pidió a Lievegoed tomar el timón de la Sociedad Antroposófica holandesa que él había dirigido durante treinta y siete años. A su amigo, Lievegoed ya anteriormente le había dicho que había sido difícil combinar sus propósitos más mundanos con los de la Sociedad, debido a la distancia entre las tareas. Van Emmichoven respondió que estaba actuando a partir de la vieja máxima de dar el poder a aquéllos que no lo estaban buscando. Lievegoed continuó sopesando la idea, que vio era inevitable. Él no podía responderle a van Emmichoven con una negativa.

Se le ofreció a Lievegoed esta importante responsabilidad unos días después de su quincuagésimo sexto cumpleaños. En septiembre de 1961, antes de ir a Sudáfrica, van Emmichoven le dijo a su amigo "voy a África por muy poco tiempo, y cuando vuelva en Año Nuevo lo designaré Presidente; y espero que usted tome la Presidencia de la Sociedad holandesa." Como dijimos antes, para Lieveoged éste fue un impacto, y el pensamiento no le atrajo, consciente como estaba de la dimensión que jugaba la política en la Sociedad holandesa. Van Emmichoven agregó "Usted sabe, me retiraré [después de que usted tome la Presidencia] y desde alguna parte allá arriba lo miraré haciendo las cosas de manera verdaderamente diferente a aquella en que yo me habría enfrentado a ellas. ¡Y me agradará ver las cosas hechas diferentemente!" Fiel a su palabra, van Emmichoven murió seis semanas después. [252]

Para darnos un sabor de la diferencia entre los dos doctores, permítanos primero verlo a través de los ojos de Lievegoed. "Nosotros éramos personas muy diferentes y estábamos consciente de eso. Él tenía una fuerte vida imaginativa y era capaz de poner en palabras verdades profundas. También era un poco solitario, era más creativo cuando estaba solo. Yo más era una persona de voluntad, más orientado hacia hacer las cosas y florecer sobre todo en cooperación con otras personas." Lievegoed valoró grandemente este importante vínculo del destino con su colega, testigo de lo que dijo en la misma ocasión, "Willem Zeylmans siguió siendo mi maestro hasta el último momento de su vida." [253] Permítanos ahora ver a van Emmichoven a través de su biografía y escritos, antes de hacer lo mismo con su colega.

---

[252] Bernard C. J. Lievegoed, *Developing Communities*, 78-79

[253] *An Interview with Jelle van der Meulen. The Eye of the Needle: Bernard Lievegoed; His Life and Working Encounter with Antroposofía* (Derby, U.K.: Hawthorn Press, 1991), 34

Willem Zeylmans van Emmichoven

Van Emmichoven escribió una autobiografía de su juventud, dándose el nombre ficticio de Bender Bole. Allí él recuerda que su primer recuerdo llegó cuando tenía dos años de edad, cuando la sombra de la pequeña muchacha vecina cayó entre él y la luz que estaba disfrutando. A este primer recuerdo de desbordante luz le siguieron muchos similares. Experimentó el dolor con la oscuridad y la alegría con la luz, de hecho casi un arrebato. "Él [Bender Bole] tiene innumerables recuerdos de entregarse completamente a la luz" pero poco después de "Volver a la tierra todo le parece más negro que antes." [254]

Frederik Willem Zeylmans van Emmichoven nació el 23 de noviembre de 1893 en Helmond, Brabant del Norte, segundo hijo de la familia. Al nacer el niño su padre estaba trabajando como tenedor de libros y encargado de una agencia de seguros. Luego emprendió con su suegro la aventura de producir confitería de cacao. Esta última empresa tuvo mucho éxito. El padre, un ardiente idealista, fue uno de los primeros en introducir el seguro social para sus obreros en los Países Bajos.

Primeros Años: Luz y Oscuridad

El pequeño niño tuvo una vida imaginativa muy fuerte, y gran amor por los jardines. "Era fácil hacerse muy pequeño y sentarse dentro de un tulipán." En contraste fue impactado por el yermo mundo de las fábricas y edificios de departamentos que lo rodeaban. Viviendo cerca de las casas de los obreros de la fábrica, marcó su alma el contraste entre la belleza de los jardines y la fealdad de las personas y edificios. Sentía la necesidad de protegerse de esta fea realidad, para ello imaginaba un mundo de encantadores jóvenes, un mundo "donde sólo vivían personas jóvenes y radiantes" y donde "todo era perfecto, sólo que todavía le faltaba una reina." [255] Prediciblemente, el muchacho experimentó la

---

[254] Willem Zeylmans von Emmichoven: *An Inspiration for Antroposofía. A biography*. Emanuel Zeylmans (Forest Row, UK: Temple Lodge 2002), p. 7

[255] Emanuel Zeylmans, *Willem Zeylmans von Emmichoven: An Inspiration for Antroposofía. A biography*

escuela como una prisión. Una vez más encontró refugio en su mundo interior. En este mundo él era un rey montado en un caballo blanco. Él desafiaría a sus maestros diciéndoles a los otros niños que ellos podían hacer lo que los maestros les negaban, una manera de probar sus reales poderes, aunque el resultado era predecible. Y así imaginó toda clase de grandes aventuras.

No sólo fue su interior vida imaginativa; también se abrió a la directa percepción espiritual. Cuando el muchacho tenía cinco años aparecieron por primera vez los demonios. Ellos esperaban hasta que fuera tarde. "Aparecían de entre las sombras cuando todo estaba quieto. Aparecían por todos los lugares oscuros, debajo del armario, debajo de la cama. Era inútil pues ellos venían aún cuando cerraba sus ojos." Parecían animales y aún así eran diferentes de ellos. "Eran todos tan espantosos, y se ponía rígido a causa del miedo." [256] Había uno particularmente aterrador que llevaba una chaqueta blanca, y un hombre negro todavía más aterrador con la cara cubierta.

Sólo años después su voz interna lo manda mirar a los seres a sus ojos porque esto les haría desaparecer. Cuando lo hizo experimentó gran miedo, pero los demonios empezaron a disolverse eficazmente. Estas visiones siguieron durante años, sobre todo cuando estaba cansado o incómodo. Todavía podía enfrentar a los seres y dispersarlos.

El muchacho también podía experimentar a los elementales del mundo animal. Un día observó un cuervo muy de cerca, y desde ese día empezó a observar a los animales con gran interés, quedando fascinado por su misterio. Él podía percibir la dimensión elemental de los animales, un "'algo' que era amistoso, manso, delicado,... y asustadizo y aterrador." [257] Estaba un poco asustado, y más que todo fascinado por el misterio. Van Emmichoven menciona algo más de interés, aunque sólo de paso. En su barrio veía a muchos borrachines, y basado en los seres elementales que los acompañaban podía reconocer bastante precisamente si ellos estaban afectados por el vino, la cerveza, u otros licores.

Su vida imaginativa pronto adquirió una dimensión romántico-idealista.

---

[256] Ibid, 10
[257] Emanuel Zeylmans, *Willem Zeylmans von Emmichoven 12*

A la edad de siete años, menciona que tenía una novia con quien él también tomaba clases de baile. Tomó muy en serio esta experiencia, y no le prestó atención a la crítica del primer amor. "Por estos años el amor para él [Bender Bole] era algo que pertenecía completamente al mundo de la luz. Nada malo o común, feo u oscuro, pudo disimularlo." [258] Y no encontraría la luz en cualquier otra parte. Gradualmente también empezó a sentir atracción por las cosas malas, pero no a menudo, y siempre con repulsión, después que lo experimentaba. Curiosamente, también era luchador, y podía enfrentar riñas con muchachos mayores. Pero más que todo, le gustaba contar historias, especialmente románticas sobre muchachas bonitas. Pero ya no era adolescente y cada vez más "un humor de tristeza echó raíces en su alma, mezclado con el anhelo por regresar al paraíso. Lamentando el paraíso perdido, vive allí un inextinguible anhelo." [259]

Con el principio de la adolescencia, un inesperado cambio de destino trajo un nuevo mundo a Willem, uno que ofreció mucho alivio a la joven alma idealista. Su padre fue despedido cuando la fábrica pasaba por momentos difíciles. Y cuando Willem tuvo quince años de edad, la familia se mudó a Amsterdam donde el padre empezó un negocio de repostería. En la efervescente ciudad el joven encontró ambiciosos y talentosos jóvenes, y fue aceptado en sus círculos. Cuando en la escuela tuvo la primera oportunidad de escribir una historia, el maestro declaró que la clase había encontrado a un poeta. Desde ese momento en adelante su vida interior se disparó. Lo que había hecho en su imaginación, ahora podía ponerse en el papel. Empezó a escribir largos ensayos, a leer historias, poemas, novelas, y literatura mundial. Otro mundo absorbente fue el que encontró en la pintura, el de la luz y la oscuridad. En un museo tuvo una marcada experiencia. Después de sentirse abrumado por la cantidad de pinturas, "...de repente, como en una llamarada de relámpago, vio lo que estaba alrededor de él; colores profundamente brillantes, colores luminosos y radiantes, colores ardientes y llameantes, colores que calladamente lo distanciaron. Lentamente empezó a ver las pinturas, para distinguir una de otra y para por fin conocerlas." [260] Y

---

[258] Ibid, 13
[259] Ibid, 14
[260] Emanuel Zeylmans, *Willem Zeylmans von Emmichoven*, 18

algo más le ofreció alivio, ahora podía ver en las pinturas los demonios que tan bien conocía - de hecho reconoció a la mayoría de ellos - y supo por esto que otros los habían experimentado.

Enfrentando La Oscuridad Interior

La adolescencia enfrentó a Willem con otras pocas pruebas. A la edad de dieciséis años, cayó enfermo con tifoidea: tuvo fiebre alta con alucinaciones. En su momento más crítico estaba tan débil que apenas podía levantar una mano. Una vez recuperado, tuvo que pasar por una larga convalecencia.

Poco después sintió la necesidad de unir la religión organizada, vía una comunidad cristiana, pero no alimentó su alma. Pero a lo que sí se unió fue al mundo de la música, particularmente desde que vivió cerca del Concertgebouw, la principal sala de conciertos de Amsterdam.

Para entender su vida del alma en ese momento, van Emmichoven pasa algún tiempo contándonos sobre su juvenil amor por una bonita muchacha llamada Christie. Él pasaría su tiempo simplemente viéndola aparecer. La belleza de la pintura y la música era algo que podía compartir con Christie que sabía de su amor por ella. Bailando con ella, ella le dijo que se iría a Alemania para estudiar música. Todo su mundo pareció venirse abajo. Incluso más cuando, después de enviarle un poema, se enteró que ella amaba a otro.

Un estado de dolor anidó en su alma que duró más de tres años. El dolor lo absorbió. Conectado al mundo a través del dolor, comprendió el papel del dolor en el mundo. Pasó otro año antes de que empezara a recuperar la alegría. Una tarde recibió una carta de Christie, diciéndole que en ella había despertado el amor por él. Después de encontrarse con ella, y recuperarse de su dolor, supo recién que él no la amaba. Al atravesar por esta experiencia tan plenamente, se había limpiado de todo lo que con ella le ataba. Y surgió la compasión porque supo que ahora era ella la que estaba sufriendo por él. Se aferró a sus sentimientos más profundos, y pronto la situación encontró solución. El hombre mayor recordó: "yo había experimentado algo que, desde ese tiempo en adelante, podía llevar conmigo como un tesoro. El poder del sufrimiento soportado..." Y más "La alegría es como una gran luz que se vierte desde afuera. El sufrimiento, en contraste, despierta una luz interior que empieza a brillar en el alma: poco para empezar, pero *más fuerte que la otra luz.* Y fue con esta luz interior que quise encontrar a mi futura esposa, y hacerme uno con ella, como se esfuerza el espíritu humano para aunarse con el mundo del alma..." [261]

Cuando los padres de Willem se mudaron a La Haya, para continuar sus estudios de medicina el joven se mudó de la Universidad de Amsterdam a la de Leyden. El joven van Emmichoven eligió especializarse en psiquiatría. Tenía una actitud natural para este campo. Incluso en sus primeros días las personas acostumbraban confiarle sus problemas emocionales y mentales. Y conoció de cerca estos fenómenos. Su madre había padecido ansiedad, y estaba sometida a "algún grado de tensión mental."

En los años de sus estudios, el cinismo fue el enemigo interior de van Emmichoven. "...a veces él [Bender Bole] era presa de un humor cínico, amargo y luego le gustaba hablar en paradojas. Se sentía completamente peleado con el mundo, por sobre todo, como un observador que mira hacia abajo desde un alto y vacío precipicio - interesado en lo que ve, pero sin intervenir. Luego, en contraste, se llenó de un humor similar al que había sentido en su niñez cuando descubrió que el paraíso había desaparecido y en la tierra sólo quedaba oscuridad y fealdad. Dominaba su alma una profunda melancolía." [262] También continuó profundizando el tema del conocimiento del dolor. Sufrió por la guerra, por la pobreza y la enfermedad. Fue un alivio trabajar en el departamento editorial de *Minerva*, una publicación de la universidad, y publicar en sus páginas la historia *La Muchacha Dorada* (The Golden Girl). También se unió a un pequeño círculo literario, lo que para él se hizo muy importante. Se encontró con individuos muy dotados, aprendió a discutir, a formar juicios, y a escribir ensayos críticos. La pieza *El Espejo* (The Mirror) habla sobre el encuentro con el doble, que le había sido informado por un amigo, uno que muestra algún aspecto de lo que es un psiquiatra.

Pero otra fuente de alivio fue la naturaleza, particularmente el mar. Caminando a lo largo de las dunas en un caluroso día de verano, vio a

---

[261] Ibid, 25

[262] Emanuel Zeylmans, *Willem Zeylmans von Emmichoven, 29*

quien sería su futura esposa, una adolescente jugando con otros niños en la playa. Se sintió fascinado. "Él [Bender Bole] estaba allí inmóvil, sin respirar, y un escalofrío lo atravesó. Ahora podía verla desde un primer plano. Ese rostro...tenía algo del inmóvil interior del rostro de la Madonna de los grandes maestros del Renacimiento....¿La reconoció? Su cara le parecía tan familiar, tan íntimamente conocida. Pero cómo pudo ser eso. Él nunca la había visto antes. Y todavía era como verla de nuevo, una santa reunión. Como si debiera correr hacia ella con los brazos abiertos y gritar: "¡por fin, por fin!" Él estaba allí inmóvil y fijo en un punto, inmóvil como estatua." [263] Esperó por ella unos tres años hasta que alcanzó la madurez.

El Mundo del Color y el Encuentro con Rudolf Steiner

Van Emmichoven recuerda haber escuchado hablar de Steiner primero a Jan Buys, un miembro del círculo del pintor Arturo Briët, y de Pieter de Haan, publicador que estaba muy entusiasmado con Steiner. Tuvo el sentimiento de conocerlo íntimamente cuando por vez primera vio el retrato de Steiner en el estudio de un pintor. Al oír quién era, comprendió que no se había encontrado con él. Tenía entonces veintitrés años de edad. En ese momento empezó visitando a dos pintores antropósofos – Jacoba van Heemskerck y Marie Tak van Poortvliet - quienes tenían una colección de pintores modernos a quienes admiraba. Cuando les dijo que al final de sus estudios pensaba ir a las Indias Orientales, ellos se sintieron defraudados porque ya sentían que él sería el futuro líder de la Sociedad Antroposófica holandesa. De hecho después las señoras ofrecieron pagarle para que se quedara en el país, en lugar de ir a las Indias Orientales. Van Emmichoven aceptó la oferta, y de esa manera se alteraría significativamente el curso de su destino.

Aunque el joven estaba empezando a formar una amistad con las dos señoras, a él por cierto le causó rechazo que le hablaran de la ciencia moderna. Ellas fueron las primeras en darle a leer libros de Steiner. Él leyó los libros sin todavía ser impresionado, pero sintió que su contenido era creíble. Era necesario algo más que seguiría inmediatamente.

---

[263] Ibid, 38

Se profundizó el interés de van Emmichoven en el mundo de los colores; le dio el encuentro en muchos frentes. Mientras estaba comprometido en sus estudios médicos continuó explorando el color en la pintura moderna junto con sus dos amigos pintores. Ya se había despertado su interés en el arte moderno y había sido impresionado, entre otros, por Kandinsky, Kokoshka, Mondrian, Franz Marc, y Pablo Klee. Desde julio de 1920 empezó a experimentar con el color. En un cuarto oscuro expuso a las personas a diferentes colores. Los temas simplemente eran planteados siguiendo un ritmo regular en un aparato eléctrico, y el tiempo resultante fue grabado en relación del tiempo del reloj. Los resultados mostraron ritmos más rápidos entre el amarillo y el naranja, más lentos entre el azul y el violeta, y medios en la parte verde del espectro. Pero, lo que fue de mucho interés es que al otro lado del espectro había en el carmesí un punto de equilibrio similar al verde. Los resultados fueron corroborados por los aportes verbales de los participantes; hubo acuerdo en sus respuestas. En este momento él escribió: "la teoría de Newton no puede ser perfecta, o explicarlo todo...pero creo que contiene un útil centro de verdad. Según mi forma de ver, la teoría del color de Goethe no tiene tal centro, pero puede tener una muy fructífera influencia en nuestro pensar sobre este asunto, a través de las muchas importantes observaciones y comentarios que hace...de manera que mi lectura no fue inútil." [264]

Se estaba preparando para un descubrimiento, y lo que llegó después fueron los escritos de Steiner sobre Goethe que lo ayudaron a cruzar el umbral de sus vacilaciones. Él tuvo una epifanía, una manifestación: "Así que fui a la biblioteca de la universidad y pedí los escritos científicos de Goethe, y empecé a leer la introducción de Rudolf Steiner, y de repente, asombrado veo todo un bulto de luz encendida desde los cielos y utilizado por mí, cuando leí la frase de Rudolf Steiner: 'nuestra imagen del mundo visible es la suma de las percepciones metamorfoseadas independientemente de la materia subyacente.'" Y más "Todo un mundo se me abrió y me mostró el color como un ser viviente." Esto llevó a inevitables conclusiones "fui a Frau Wolfram, la líder del grupo, y le dije que me gustaría unirme a la Sociedad." [265] Esto lo hizo porque

[264] Emanuel Zeylmans, *Willem Zeylmans von Emmichoven*, 48
[265] Ibid

quiso estudiar un todavía inédito ciclo del curso médico ahora dado a los miembros de la sociedad.

En diciembre de 1920 van Emmichoven viajó a Dornach donde su esposa Ingeborg ya estaba estudiando euritmia. Escuchó por primera vez a Steiner en la conferencia del 17 de diciembre por la tarde; fue la primera de tres conferencias sobre *"El Puente entre la Espiritualidad Universal y la Constitución Física del Hombre."* Esta experiencia completó su descubrimiento. Fue un punto de inflexión en su biografía. Cuando apareció Steiner, después recordaba él: "En ese momento tuve una experiencia clara de reconocimiento. Esta fue tan fuerte que al mismo tiempo aparecían en mí toda una serie de imágenes, recordando vagamente situaciones anteriores - como si lo reconociera como mi maestro a través de milenios. Fue la experiencia más poderosa que he tenido en toda mi vida. Pasé mucho tiempo sentado, perdido en el pensamiento, y sólo después comprendí que la conferencia había empezado." [266] Podemos percibir que van Emmichoven está apuntando cautamente a las imágenes de anteriores tiempos de vida. No sólo eran recuerdos mezclados. Él también fue profundamente impactado por la aparición de Steiner que para él personificaba la plenitud del ser humano en todo su potencial. Algo más dejó una impresión en su alma: la calidad de la voz de Steiner, las impresiones que dejaban sus palabras a pesar del tiempo transcurrido, y la fuerza de las ideas expresadas, las entendiera o no.

Ingeborg lo presentó a Steiner que dijo: "he estado esperando durante mucho tiempo que usted viniera." Steiner quiso decir que él había esperado por van Emmichoven para unir el trabajo común, confirmando por la forma de los vislumbres del joven doctor sobre las vidas anteriores. Y Steiner ofreció hablar con él al día siguiente. Van Emmichoven le habló a Steiner sobre su trabajo con el espectro de los colores. Él explicó que "el verde era un punto cero porque todas las respuestas sensibles estaban allí en equilibrio; y el carmesí estaba, porque representaba un equilibrio entre la mayor actividad de la voluntad y la más alta intensificación de las actividades del pensar y la reflexión." Steiner, impresionado, le mostró que el espectro de colores realmente

---

[266] Ibid, 49

es un círculo. "En un golpe él había contestado todas las preguntas que ni siquiera podría hacerme." [267] Los dos habían estado sentados desde el principio, dándole las espaldas a la escultura de madera del Representante de la Humanidad que todavía estaba sin acabar. "Me sentía más libre que antes, en otro mundo en el que sólo interesan las cosas importantes; caso en el que se deja de lado lo que uno considera insignificante. Eso me dio un maravilloso sentido de alegría y libertad. El sentimiento de libertad fue ayudado por el hecho que estábamos sentados uno junto al otro, no en lados opuestos." [268]

La Profesión y la Sociedad Antroposófica holandesa

Van Emmichoven empezó su carrera a la edad de veintisiete años. Su primer empleo en Maasrood, el manicomio de la ciudad de Amsterdam, fue muy efímero. En él pronto germinaría la idea de mudarse a La Haya y abrir su propia práctica para tener más tiempo a consagrar a la antroposofía. Fue lo que hizo en 1924, y a fines de 1927 ya había abierto su Clínica Rudolf Steiner, localizada entre La Haya y Scheveningen. Aquí él podría realizar uno de sus acariciados sueños: pintar los cuartos de las treinta y cinco habitaciones de pacientes en diferentes colores. También tenía la preocupación de poder tratar a las personas sin tener en cuenta su capacidad financiera. Y en 1937 la demanda excedió la capacidad de la clínica.

La carrera médica de Van Emmichoven fue en paralelo con su involucramiento dentro de la Sociedad Antroposófica holandesa y su actividad de conferencista que desde 1922 continuó por el resto de su vida. Él pronto se acostumbró a las grandes audiencias. En noviembre de 1922 Steiner estaba disertando en Holanda y, sin dudarlo empieza a repensar la estructura de la Sociedad Antroposófica General. Él desaprobaba particularmente, incluidos los Países Bajos, el elemento sectario de la Sociedad. Y en esa ocasión preguntó si había alguien que pudiera disertar sobre antroposofía. Cuando van Emmichoven mencionó que él justamente había empezado, Steiner respondió: "Bien,

---

[267] Emanuel Zeylmans, *Willem Zeylmans von Emmichoven*, 53
[268] Ibid, 54

entonces todo lo que usted Dr. Zeylmans necesita hacer es dedicarse a la antroposofía y le ofreció un sueldo generoso." [269] A van Emmichoven también se le pidió conducir la Sociedad holandesa desde que se percibió que ése también era el deseo de Steiner. Cuando van Emmichoven le dijo a Steiner que tenía menos interés en trabajar para la Sociedad que para la antroposofía, la respuesta de Steiner fue bastante enfática: "Ése es su karma y nada se puede hacer sobre ello." Y poco después: "Usted ve, las tareas en nombre de la Sociedad simplemente son su karma." Una tercera vez él repitió básicamente lo mismo. Y a esto él agregó: "Como doctor, usted es particularmente el llamado a ser Secretario General, porque la Sociedad necesitará cada vez más el aspecto terapéutico." [270] Cuando aceptó la tarea, Steiner una vez más lo hizo consciente de los peligros del sectarismo.

Asamblea de Fundación de Navidad y la Oscuridad Interior

Zeylmans van Emmichoven fue uno de los primeros en comprender la crucial importancia de la Asamblea de Navidad y de la Meditación de la Piedra de Fundación. Él asistió a todo lo que pasó en Dornach entre el 23 de diciembre de 1923 y el 9 de enero de 1924.

En 1935 van Emmichoven, Ita Wegman y muchos otros fueron expulsados de la Sociedad Antroposófica General. Lievegoed revela que dejando Dornach Van Emmichoven tuvo un ataque cardíaco en el tren, y que sufrió profundamente por esta tragedia. Lievegoed lo vio como un águila con las alas amarradas. Y van Emmichoven tuvo razón por sentirse herido. Creyó que "lo que Rudolf Steiner quiso decir con la Asamblea de Navidad de 1923 está por sufrir un retraso de décadas." [271] El propio Lievegoed, en ese punto, sentía que la Sociedad a lo largo del mundo había perdido su derecho de hablar en la arena mundial. El movimiento antroposófico en Dornach se dividió alrededor de las personalidades de Steffen y Marie Steiner. Van Emmichoven se

---

[269] Emanuel Zeylmans, *Willem Zeylmans von Emmichoven*, 53
[270] Emanuel Zeylmans, *Willem Zeylmans von Emmichoven*, 54
[271] An Interview with Jelle van der Meulen, *The Eye of the Needle: Bernard Lievegoed,,* p. 46

opuso escribiendo un folleto titulado "Desarrollo y Conflicto Espiritual (Development and Spiritual Conflict)."

Después de los eventos de 1935 van Emmichoven dedicó mucho de su vida a curar el distanciamiento que había ocurrido dentro de la Sociedad Antroposófica. Pero al mismo tiempo tenía que luchar contra sus propios demonios. Interiormente él seguía escuchando una voz que le pedía renunciar a la Sociedad como secretario general, así como de miembro. Él tenía noches inquietas, y tan intensa lucha interior que Emanuel, su hijo y biógrafo, dice: "Sabemos que se despertaba todas las mañanas durante tres años pidiendo: '¡Dios déjame morir ahora!'" [272] El hecho de escribir un libro sobre Rudolf Steiner puede haberlo ayudado a superar sus dudas interiores.

En 1948 van Emmichoven buscaba los medios de aproximarse a Dornach. Emil Bock que también intentaba lo mismo, había concebido el plan de una "Conferencia de Amistad" que reuniría a un pequeño número de amigos para discutir la situación mundial, y cómo necesitaba ser dirigida. A través de van Emmichoven y el ingreso de Karl König en junio de 1948 se escogió para la reunión la sala de Weleda, cerca de Arlesheim. Hubo catorce participantes, de los Países Bajos, Alemania, el Reino Unido y uno americano. Pasaron una semana juntos, ocupando los primeros tres días con un estudio de las conferencias sobre 'Relaciones Kármicas' que Steiner había ofrecido en Arnheim en 1924. Después de eso, se invitaron a otros miembros de Dornach a unirse, y en el último día y medio a la comisión ejecutiva del Goetheanum. El desarrollo tomó la forma de colaboración entre los grupos de nivel más bajo en los respectivos países. En diciembre de 1948 también tuvo lugar una conversación, pero se estropeó por la muerte de Marie Steiner que causó un poco de desorden. En la víspera de Año Nuevo van Emmichoven dio una conferencia; luego un pequeño grupo de quince personas trabajó durante tres días. El hilo que los unió fue el tema de la Asamblea de Fundación de Navidad y su impulso.

El grupo inicial creció, y en los siguientes años apoyó las conferencias de verano en Holanda. Esto culminó en la conferencia europea de 1953, en La Haya, a la que asistieron 1200 personas. El tema escogido fue "El

---

[272] Emanuel Zeylmans, *Willem Zeylmans von Emmichoven, 125*

Nacimiento de Europa: Una Cuestión Espiritual." Hubo una conferencia durante el siguiente verano, pero nada de importación ocurrió hasta 1960. Por entonces van Emmichoven dio los últimos pasos para asegurar que ocurriría esa conciliación. En una carta de septiembre de 1959 [probablemente dirigida al Goetheanum] anunció: "Si nosotros [la Sociedad Antroposófica holandesa] está lista para reintegrarse a la Sociedad Antroposófica General, es porque creemos que el tiempo lo urge, y que hemos de hacer nuestra contribución para construir una Sociedad Antroposófica General que merezca el nombre de 'General' por lo menos porque incluye a todos los que nos vemos como honestos estudiantes de Rudolf Steiner." En la asamblea general anual el sábado de Pascua del año siguiente, el 16 de abril de 1960, él cambió esto ligeramente a: "Y si las personas nos preguntan por qué estamos reintegrándonos a la Sociedad Antroposófica General, podemos dar sólo una respuesta: porque deseamos y tenemos la voluntad". [273] Van Emmichoven había logrado una de sus tareas más importantes justo antes de morir.

El Trabajo Literario de Van Emmichoven: una Mirada al Alma

Según Emanuel, su hijo, en sus nota para la conferencia van Emmichoven escribió "en su mente lo que primero vio como imágenes ante él." Y concluye "probablemente fue la viva imaginación de sus conferencias lo que principalmente impactó a su público." [274] Única entre su producción literaria fue un corto esfuerzo en la poesía titulada *Misterios*. Aunque inacabada, es muy sintomático de la perspectiva de van Emmichoven. El poema fue concebido en tres partes: "Imágenes" "Ser" y "Palabra," y parece un cuento de hadas. Sólo fue escrita la primera parte. Pero nuestro interés aquí es lo que van Emmichoven dice sobre las imágenes/imaginaciones. "El ser humano está rodeado por el misterio de las imágenes. Todo lo que su ojo percibe es imagen, lo que su oído oye, eso se revela a su alma en el sabor y la fragancia. ¡El cosmos se vela en las imágenes!...Así la tierra también, y todas sus criaturas, son imagen." [275] Y más: "Así todo lo que el ojo humano percibe y la experiencia de los sentidos humanos experimentan en la tierra es imagen. Una imagen de

---

[273] Emanuel Zeylmans, *Willem Zeylmans von Emmichoven, 248-49*
[274] Emanuel Zeylmans, *Willem Zeylmans von Emmichoven, 106*
[275] Ibid, 176-77

divina voluntad, divina sabiduría y divino amor, tejida de luz celestial. En eterna alternancia las imágenes pasan ante el alma." [276]

Importantes entre los libros de van Emmichoven están 'El Antroposófico Entendimiento del Alma' y 'La Piedra de Fundación'. Del primero, el hijo Emanuel dice "Este libro, subtitulado Introducción al Conocimiento de la Naturaleza, Actividad y Desarrollo del Alma, fue el primero y único libro de van Emmichoven sobre la naturaleza del alma humana." [277] El autor se acerca al tema desde el reino de la Palabra, y lo concluye volviendo a la importancia de la Palabra. El libro de hecho tiene detallados estudios lingüísticos que presentan la mayoría de los títulos principales. Van Emmichoven dominaba también el inglés y el alemán y era capaz de disertar en ambos idiomas sin usar notas, y podía captar también estos idiomas. Mirando el libro en algún detalle después nos permitirá comparar el enfoque de van Emmichoven con el de Lievegoed que escribió abundantemente sobre el alma.

El libro sigue un claro enfoque Goetheano. Van Emmichoven observa los fenómenos sin permitirse ser distraído por hipótesis preconcebidas. Él empieza explicando que es posible ejercer observación directa de las almas de otros a través del gesto, el sonido, el tono, la palabra o el pensamiento (observaciones de los sentidos). Y que el alma puede percibirse a través del yo.

Van Emmichoven nos invita a penetrar a mayores profundidades del alma. Él delinea importantes conceptos y luego entra más en ellos. Como diría Lieveoged, él rodea el tema como un águila acercándose a la tierra. El capítulo I es titulado La Naturaleza del Alma (The Nature of the Soul). El capítulo II: Las fuerzas Activas en el Alma (The forces at Work in the Soul); el Capítulo III están Una Descripción más Detallada de las Fuerzas Activas en el Alma (A more Detailed Description of the Forces at Work in the Soul). Las Ideas se construyen muy paciente y progresivamente: a través de la etimología; las polaridades son reintroducidas después de cada nuevo concepto importante: exploración sobre los límites del alma hacia el mundo y hacia el cuerpo. Además, aquí y allá están las

---

[276] Ibid, pag. 180
[277] Ibid, 158

comparaciones de desarrollo entre las plantas, los animales y los seres humanos, y consideraciones sobre el desarrollo humano.

El autor abre el primer capítulo bosquejando el campo de actividad del alma (vea índice en Apéndice 3). Él mira el alma respecto al mundo y respecto al ego; cómo las dos realidades se comunican con el alma, y el alma con ellas; el mundo de los fenómenos perceptibles y el mundo de los fenómenos espirituales interiores; los ritmos del alma (abierta al mundo, encerrada en el ego); las polaridades que experimenta (luz y oscuridad, mayor y menor, dulce y agrio,...); la relación del alma con el tiempo y el espacio; el impulso del alma para el desarrollo; su necesidad de actuar como un todo, etc.

En el capítulo 2 somos conducidos desde el reino de los sentimientos a la formación de juicios a través del acto de separación del mundo. La formación de las imágenes mentales es contrastada con la polaridad del desear. Esta polaridad básica se volverá a explorar y profundizar en los siguientes capítulos.

Intensificando las ideas anteriores, en el capítulo 3 se define el juicio respecto al pensar (juicio cognoscitivo), al sentimiento (juicio estético) y a la voluntad (juicio moral). Y la importancia de las imágenes mentales es subrayada en el logro de los juicios espirituales y morales por el pensamiento puro. La vida de los sentidos y la formación de imágenes mentales son contrastadas con la vida de los deseos. Aparece un concepto importante: los impulsos que animan los deseos a su nivel más bajo son fuerzas de la naturaleza; ellos se originan en la vida inconsciente de los órganos.

En el capítulo 5 se introduce el importante concepto de conciencia. La conciencia está definida como un estado de ser determinado por un conocimiento interior. Hay diferentes estados de conciencia: desde saber que vives en el alma y donde mora el alma, a un saber que surge en la propia alma. El segundo es un "saber sobre el saber." La conciencia puede dirigirse de lo que desde el mundo llega al alma, o lo que surge interiormente de la propia alma. Y se profundiza a través de la experiencia de la vida, el dolor y la pena.

Llegamos entonces a un concepto central. La vida y la conciencia están en oposición. Cuando vivimos en sentimientos positivos somos llevados por las fuerzas de vida que se revelan en los procesos de vida. En los sentimientos negativos el alma se retira del universo y hace posible la emergencia y desarrollo de sus funciones cognoscitivas (juicios e imágenes mentales). Los diferentes grados de conciencia son expresados en relación al dormir, al soñar y al despertar: el trabajo del alma en los procesos del cuerpo en el sueño profundo; la actividad del alma en el reino del sentimiento en los sueños; y la experiencia consciente del pensar en la conciencia del día. Donde el alma es inconsciente se construyen los procesos del cuerpo; donde el alma está muy consciente, como en el pensar, en la percepción de los sentidos, y las imágenes mentales, el alma trabaja en fuerzas destructivas.

Otro concepto importante se presenta en el capítulo 6, se muestra la polaridad de las imágenes mentales que a través de su vínculo con la memoria ven el pasado; y los deseos, que expresan el impulso de nuestra individualidad y nos llevan al futuro de nuestra personalidad en evolución. Una corriente viene del pasado y encuentra a la otra, la que viene del futuro. Ellas se encuentran en el presente donde mora la conciencia. Las imágenes mentales son objetivas; ellas nos dejan libres. Los deseos continuamente expresan los impulsos de nuestra personalidad que quieren ser satisfechos. Las imágenes mentales se colocan como 'imagen' en contraste con los deseos que expresan 'ser'. Y van Emmichoven apunta al papel central del yo más allá de la corriente del tiempo "...la yoidad permanece más allá de la estructura de espacio y tiempo, más allá de las funciones cognitivas y de activa participación del alma. En este contexto no puede discernirse su verdadera naturaleza, porque está arraigada en la eternidad." [278]

El libro termina en una variedad de temas. Uno que es sintomático de toda la perspectiva de van Emmichoven es el de los sonidos, la palabra, los conceptos e ideas. El autor penetra profundamente observando todos estos términos. Primero delinea la diferencia entre las vocales (conectadas con el ser) y las consonantes (conectadas con el conocer y con el elemento pictórico). La palabra está definida como una "imagen hablada en la que expresamos nuestro encuentro con una realidad en el mundo o dentro de nosotros." El nacimiento de la personalidad está

---

[278] F. W. VanZeylmans Emmichoven, *The Antroposóficos Understanding of the Human Soul*, 131

vinculado a la habilidad de proferir la palabra. Y van Emmichoven apunta a la tragedia de nuestro tiempo donde la palabra es actualmente un cadáver privado de alma y espíritu. Él apunta a conceptos a través de los que asimos interiormente el contenido espiritual, y las ideas que "implican que este contenido espiritual se ha vuelto imagen y de hecho una imagen completamente espiritual." [279]

Van Emmichoven vuelve a la Palabra con más profundidad, su génesis, el papel de las vocales y las consonantes; la postura derecha del ser humano; el lugar del cerebro en la emancipación del ser humano de la gravedad y del cuerpo, y formación de la base para la función cognoscitiva. Él luego elabora la diferencia entre el intelecto, que puede ver todo lo que se estanca (todo lo del pasado) y la razón (en términos de Goethe) que comprende el desarrollo, y lo que viene del futuro. El intelecto mantiene todo fijo para hacer uso de ello. La razón, o ese pensamiento que puede abarcar los procesos de llegar a ser en la naturaleza, se vuelve órgano de percepción.

El autor regresa ahora a un tema que es central para toda su manera de ser. "La fuerza activa en el pensamiento humano es del mismo tipo que la fuerza que crea las múltiples formas en la naturaleza. Para nuestra percepción sensoria, la naturaleza aparece en imágenes, en perceptos. La propia fuerza formadora de imágenes, sin embargo, trabaja en nuestra alma como una fuerza de pensamiento que hace posible la formación de ideas." [280] Naturalmente, esta progresión lleva a la evolución de la conciencia en el camino del conocimiento, a través de la Imaginación, Inspiración e Intuición. Los tres tipos de conciencia son colocados en relación con la trimembración del cuerpo humano

Van Emmichoven concluye el libro señalando al amor como la fuerza que trabaja en el sentimiento y la voluntad; la fuerza que forma el alma desde dentro; la fuerza que une el sentimiento y la voluntad. "En el amor nos ocupamos de la fusión de dos fuerzas arquetípicas: sentimiento y voluntad; el alma despliega su actividad más fuerte en el

---

[279] F. W. VanZeylmans Emmichoven, *The Antroposóficos Understanding of the Human Soul*, 145
[280] Ibid, 155

reino del espíritu donde el "yo" trabaja en el alma....Este es el porqué el amor tiene la característica de inagotable." [281]

Algunos otros temas aparecen en adición a los principales presentados arriba. Un primer hilo es tejido dentro de los otros: el de los límites del alma entre el cuerpo y el mundo (espíritu). Se desarrolla y profundiza conforme avanza en los capítulos. Van Emmichoven pone los deseos (impulsos) en la frontera entre el alma y el cuerpo, y las imágenes mentales en la frontera entre el alma y el espíritu. El impulso para actuar está en el alma; con la acción entramos al mundo. En la percepción se alcanza un movimiento opuesto: "un movimiento en el alma es, en cierto sentido, retenido, creando un espacio para el fluyente mundo." [282] La percepción se hace posible a través de las cualidades del mundo que entra a nuestras almas a través de los portales de los sentidos.

Otro ejemplo de estos límites aparece en el reino de los sentimientos. Se encuentran placer y disgusto en la frontera entre el sentir y el desear y en relación con el cuerpo (hambre, sed, impulso sexual). La simpatía y la antipatía tienen lugar en la propia alma; tienen importancia más duradera que el placer y el disgusto. La alegría y el dolor también pertenecen al alma: ellos expresan algo de una naturaleza más objetiva que la simpatía y la antipatía. El amor y el odio son más complejos que el anterior y también más profundos; ellos mencionan lo moral-espiritual, en el límite entre el alma y el espíritu.

Un segundo tema, el de la evolución y el desarrollo, completa la paleta de acercamientos al tema del alma. Van Emmichoven mira cómo el alma se desvía para volver a la norma (para Goethe la excepción indica la norma). Bastante a menudo van Emmichoven se refiere al niño para ilustrar cómo al principio están unidos el alma y el mundo, y cómo las funciones del alma se diferencian y desarrollan. Completa el cuadro de desarrollo de la evolución desde la planta al animal y al ser humano. Un ejemplo es la evolución del deseo. La planta no desea. Revela en toda su forma la complejidad de las fuerzas de crecimiento. La forma animal

---

[281] Ibid, 162-163
[282] F. W. VanZeylmans Emmichoven, *The Antroposóficos Understanding of the Human Soul*, 46

ejemplifica el dominante deseo del animal. Las fuerzas de vida están solo en la planta; el deseo aparece en el animal. Si el alma puede afectar cierta liberación de las fuerzas del deseo, entonces aparecen el deseo y el anhelo, apuntando al elemento espiritual en el ser humano.

Cierto gesto ha empezado a surgir desde el ser de Zeylmans van Emmichoven. El lector puede recordar que viendo por primera vez en su vida disertar a Steiner "aparecieron al mismo tiempo toda una serie de imágenes en mí, recordando vagamente situaciones anteriores - como si yo lo reconociera como mi maestro a través de milenios." Somos afortunados al poder rastrear a dos de estas personalidades en cruciales puntos del tiempo, y más la imagen emergente.

Mirando Atrás a "Situaciones Anteriores"

En 1932 Ita Wegman escribió a van Emmichoven sobre su extenso viaje por Grecia: "Para mí, la mejor experiencia fue permitir que el paisaje de cada lugar de Misterio trabajara en mí de tal manera que se pudiera recordar que Aristóteles, Platón, Alejandro habían visto el mismo paisaje y encontraron gran alegría en su belleza. Así el presente empezaba a desaparecer, y uno podía vivir completamente en tiempos antiguos, podía experimentar el entusiasmo de Tolomeo por el gran espíritu de Cabiri al que dio expresión en su templo Toloméico, cuyos fundamentos y pilares todavía están alrededor, así como en el Arsineium. Y dejó en mí una extraña impresión leer, en griego, en una gran piedra, las claras palabras: "Aquí Tolomeo y Verónica honran al gran Cabiri." [283] Note aquí la insistencia en Tolomeo, un general de Alejandro el Grande, para no ser confundido con el matemático y astrónomo que vivieron cuatro siglos después. Ita Wegman estaba refiriéndose a sabiendas al individuo con quien van Emmichoven se sabía unido en el curso del tiempo.

Van Emmichoven fue a Grecia en 1957 y fue inspirado por un estudio en profundidad de las diez categorías Aristotélicas "qué él vinculó, entre otras cosas, a una figura espiritual que significó mucho para él,...Ésta fue Raimundus Lullus, el celoso misionero de Mallorca"

---

[283] F. W. VanZeylmans Emmichoven, *The Antroposóficos Understanding of the Human Soul*, 238

con quien van Emmichoven también se vio relacionado. [284] A él es a quien menciona tres veces en su libro sobre la Piedra de Fundación en relación a la alquimia. [285]

Tolomeo fue un contemporáneo de Alejandro el Grande/Ita Wegman y de Aristóteles/Steiner. Ramon Lull vivió en el siglo XIII, después de que todos los Platónicos habían logrado su misión y habían vuelto al mundo espiritual. Las dos encarnaciones juntas forman un importante eje en la personalidad de Zeylmans von Emmichoven, en ambos lados del Misterio del Gólgota. Lo veremos ahora de mucho más cerca.

Tolomeo I Soter:

Tolomeo I Soter (367 A.C. - 285 A.C.)(*), también conocido como Tolomeo Lagides, fue uno de los generales en quien más confiaba Alejandro el Grande que llegó a ser gobernante de Egipto (323–285 A.C.) y fundador de la Dinastía toleméica. Su madre era Arsinoe de Macedon; su padre no es conocido con certeza. Los escritores antiguos asignan la paternidad a Lagus, un noble Macedónico griego, o a Philip II, el Rey de Macedonia de quien él habría sido hijo ilegítimo. En último caso él habría sido hermanastro de Alejandro. Sin tener en cuenta cualquier posibilidad, Tolomeo, unos años mayor que Alejandro, había sido su íntimo amigo desde la niñez, y después se volvió uno de los generales más cercanos de Alejandro, y uno de los siete guardias personales que lo protegieron.

La vida de Tolomeo fue una de continua acción y aventura. Él acompañó a Alejandro durante sus primeras campañas asiáticas, y fue uno de los principales protagonistas en las últimas campañas de Afganistán y de la India. Alejandro lo tuvo a su lado cuando visitó el Oráculo en el Oasis de Siwa donde se proclamó hijo de Zeus.

---

[284] F. W. VanZeylmans Emmichoven, *The Antroposóficos Understanding of the Human Soul*, 239

[285] Ibid, 239

* N del T: Ptolomeo I Sóter ("el Salvador") (Griego: Πτολεμαίος Σωτήρ), (367 a. C. - 285 a. C.), diádoco, rey de Egipto (305 a. C. - 285 a. C.) y fundador de la dinastía Ptolemaica, también conocida como **Lágida**, por el patronímico de Ptolomeo.

Cuando murió Alejandro en el año 323 A.C., Tolomeo fue designado sátrapa de Egipto, y rápidamente se movilizó para subyugar a Cirenaica. Previendo la lucha por la sucesión, Tolomeo acompañó el cuerpo de Alejandro hasta Menfis, Egipto. Enterrar a su predecesor fortalecería su demanda de sucesión, y debilitaría la demanda de su rival, Pérdicas, el regente imperial. En efecto, en el año 321 Pérdicas partió para invadir Egipto. Tolomeo montó una defensa exitosa, y su rival fue después asesinado por dos de sus subordinados.

En el año 318 A.C. Tolomeo ocupó Siria, y extendió un protectorado sobre Chipre. Sin embargo, su ocupación fue efímera. Las Alianzas cambiaban continuamente y la paz era incierta. En el año 309 A.C. Tolomeo comandó una flota que ocupó los pueblos de Licia y Caria en Anatolia occidental, luego tomó posesión de Corinto, Sición y Megara en Grecia. En un cambio de fortuna Chipre fue atacada por Demetrius, al servicio del sátrapa Antígona, y perdió con Tolomeo. En el invierno del año 306 A.C., Antígona intentó invadir Egipto. Tolomeo se resistió con éxito. Después de este tiempo Tolomeo concentró sus esfuerzos dentro de Egipto. Lo anterior no es sino unos pocos indicadores de una vida orientada hacia el exterior.

Tolomeo I murió en el año 283 A.C., a la edad de ochenta y cuatro años al timón de un reino bien organizado. Él pudo darle a sus tierras estabilidad y progreso y fue conocido por su liberalidad y su apoyo a las artes y al conocimiento. Egipto se benefició por la adecuada política social y administrativa de Tolomeo, así como de sus opciones culturales. Él mudó la capital a Alejandría para escapar de la influencia de la vieja religión en Memphis. Cerca del Mar Mediterráneo, estuvo mejor situada para conservar la conexión con Grecia, en lugar de con el viejo Egipto. Y en efecto, el griego se volvió el idioma oficial para el gobierno y el comercio.

Fue Tolomeo quien fundó la Gran Biblioteca de Alejandría. El soberano convirtió el pueblo en el centro intelectual del mediterráneo, y atrajo a las grandes mentes de toda el área durante unos pocos siglos por venir, entre ellos Euclideses y Arquímedes. El propio Tolomeo escribió la historia de las campañas de Alejandro. Aunque no sobrevivió, fue considerada objetiva y alabada por su honestidad y sobriedad.

Tolomeo mostró interés personal por Euclides, el gran matemático, a quien patrocinó personalmente. Aunque interesado en su trabajo, él no podría encontrar su camino en su más importante opus, *Elementos*. El filósofo Proclo informó que Tolomeo pidió un camino más fácil para dominar sus conceptos. La respuesta del matemático fue: "Señor, no hay ningún camino real a la geometría." Tolomeo murió en el año 282 A.C. La dinastía que él creó gobernó Egipto durante casi trescientos años, hasta que Julius Caesar lo conquistara.

Ramon Lull:

Ramon Lull fue un místico, filósofo, predicador y misionero para los árabes, y vivió de 1232 a 1315. Steiner habló de él en 1924. Lull, hombre joven y adinerado, vivió una vida descuidada hasta que tuvo visiones del Crucificado. Después de eso consagró su vida a Él y escribió muchos libros. Su libro más famoso fue el *Ars Magna*, una clase de revelación del Logos. Este escrito jugó un papel importante en el pensamiento medieval, aunque parece más abstracto. Fueron mencionados por él Agripa de Nettesheim, Giordano Bruno y Nicolás Cusanus.

Mallorca había sido parte del territorio árabe hasta que Jaime el Conquistador la anexó a Cataluña, la cristianizó, y esclavizó a la población musulmana local. El padre de Ramon había recibido la tierra de la corona, y Ramon Lull se volvió el Seneschal (la cabeza administrativa de la casa real) para el futuro Rey Jaime II de Mallorca que fuera pariente de su esposa.

Ramon Lull formó una familia, pero vivió lo que después él llamaría la vida descuidada y malgastadora de un trovador. Esto cambió en el año 1263 a través de una serie de visiones que Llul conservó. En su vida de trovador, Ramon fue usado para componer canciones alegres y poemas. Una noche, buscando la inspiración para escribir una canción a una señora a quien él pretendió; empezando la canción, vio a su derecha, como suspendido en el aire, a Jesús Cristo en la Cruz. Esta visión se repitió cinco veces, induciéndolo a la elección de dejar a su familia, trabajo, y posesiones para servir a Dios. En la mente tenía tres metas: convertir a los musulmanes a la cristiandad, promover la fundación de instituciones religiosas para la enseñanza de idiomas extranjeros, y escribir un libro adecuado para convertir a los escépticos a la cristiandad. Llul se volvió un franciscano terciario, y volvió a Mallorca donde compró a un esclavo musulmán de quien aprendió árabe.

Durante los siguientes nueve años, hasta el año 1274, se sumergió en el continuo estudio y contemplación. Leyó lo que pudo de la literatura latina y árabe para dominar el pensamiento teológico y filosófico cristiano y musulmán. Durante este tiempo escribió un compendio de lógica del pensador musulmán Al-Ghazali y el *Libro sobre la Contemplación de Dios*, una guía para encontrar la verdad a través de la contemplación.

Su trabajo principal, *Ars Generalis Ultima*, o *Ars Magna*, trata de las metas que él formuló en su conversión. El libro fue pensado como un instrumento de debate para convertir a los musulmanes a la fe de la cristiandad a través de la lógica y la razón. Él quería que los lectores pudieran inquirir cualquier argumento o pregunta expresada en términos de las creencias cristianas, y usa la ayuda visual y un libro de cartas para reunir las varias ideas y generar declaraciones que proporcionarían una respuesta.

En el *Ars Magna,* inspirado por el árbol del Sefirot, Ramon Lull intentó expresar la manera en que el hombre relaciona a la deidad a través de una serie de dieciséis cualidades divinas (*). Estas cualidades se colocaron de cuatro en cuatro alrededor de cierto sonido. Emanuel von Emmichoven continúa: "La intención, de hecho, era meditar en tal esquema, cualidad por cualidad; y hacer esto respecto a otro esquema en que otro sonido (por ejemplo la S) estaría rodeada por tres cualidades del alma o siete virtudes y un número igual de vicios." [286] Llul quiso acudir al uso de varias verdades básicas, innegables, creyendo que uno podría entender la mayoría de cualquier campo de conocimiento estudiando combinaciones de estas verdades elementales. Esperaba que los judíos o musulmanes estuvieran de acuerdo con estos atributos, y por consiguiente llevados a entender y aceptar la cristiandad. Aunque elaborado y ambicioso, este esfuerzo quedó corto, porque los conceptos fueron insuficientemente desarrollados, sobre todo cuando uno los compara al contemporáneo Aquino y los Escolásticos.

Llul también escribió una novela, *Blanquema,* que se hizo famosa

---

* N. del T.: las diez emanaciones de Dios según la Cábala.

[286] Emanuel Zeylmans, *Willem Zeylmans von Emmichoven,* 240

en ese tiempo. Entre sus capítulos contaba *El Libro de los Amantes y Queridos*. El libro exaltaba el poder del amor del amado quién incondicionalmente ama a su amado. El amante era por extensión un ferviente cristiano, y Dios era el amado. Una de sus estrofas decía: "El corazón del amante se elevó a las alturas del amado, para que no se impidiera el amor en las profundidades de este mundo." [287]

La vida de Lull todavía llevaba aspectos aventureros; ellos plantearon uno de sus otros votos: convertir a los musulmanes a la cristiandad. Su primera misión a África del Norte en 1285 acabó con su expulsión de Túnez. En 1304 volvió a África del Norte, y de nuevo en 1308, seguro que la conversión de musulmanes pudiera llevarse a cabo espiritualmente, sin necesidad de la fuerza militar. En 1314 Llul viajó de nuevo a África del Norte y fue apedreado por una muchedumbre enfadada en la costa del pueblo de Bejaia en la actual Argelia. Fue rescatado y devuelto a Mallorca donde al año siguiente murió en casa.

Resumen

La juventud de van Emmichoven repite a veces las vidas de Tolomeo y Lull. En su juventud el doctor holandés había soñado en conducir ejércitos. Había quedado fascinado por los caracteres de Napoleón, Alejandro el Grande, Julio César. Y había apoyado la Guerra Boer (*), aunque después se escandalizó por los horrores de la guerra moderna y empezó a entender su trasfondo político. Por otro lado las inclinaciones místicas y las aspiraciones románticas de la juventud parecen reflejar lo que vivió en el alma del trovador Ramon Lull convertido en místico y estudioso.

Mucha de la habilidad social que había encontrado un lugar en la experiencia de vida de Tolomeo, asumió otra forma en van Emmichoven. El consumado político que era Tolomeo estaba ahora presente en otras

---

[287] Emanuel Zeylmans, *Willem Zeylmans von Emmichoven, 241*

* N del T: La Segunda Guerra Boer (holandés : *Tweede Boerenoorlog*, afrikáans: *Tweede Vryheidsoorlog*, literalmente "Segunda Guerra Libertad") se libró desde el 11 de octubre de 1899 hasta el 31 de mayo de 1902 entre el Reino Unido de Gran Bretaña e Irlanda y la República de África del Sur (República de Transvaal) y el Estado Libre de Orange.

formas. El doctor tenía la habilidad de observar las cualidades de sus antagonistas. Tenía la capacidad de resumir al final de las conferencias todo lo que las personas habían contribuido, y por consiguiente se le pidió dar el discurso final. El hijo y biógrafo Emanuel también ofreció la imagen del águila que ve todo desde arriba, y concluye: Van Emmichoven era un "hombre del medio" "alguien capaz de abarcar y combinar las más dolorosas contradicciones y oposiciones" y capaz de mediar para encontrar soluciones. [288] "Siempre encontró la palabra correcta para expresarse, y las dificultades humanas se derretían en presencia de su genial sabiduría. Era excepcionalmente capaz de ser todas las cosas para todos los hombres, pero siempre seguía siendo eminentemente él mismo." Y más allá, "Todos sentíamos que podría ver el tema desde todos los lados." [289]

Era casi como si el mundo en general intuyera sus grandes cualidades. El propio van Emmichoven estaba sorprendido de las respuestas que daba en sus conferencias públicas por el mundo. Ciertamente, sus credenciales como doctor que había fundado una institución, eran aptas para elevar el interés. Pero uno inevitablemente ve algo más activo aquí, activa la gracia de la encarnación de Tolomeo. Durante esa encarnación el gobernante había tenido un papel central en la cultura mundial de ese tiempo, del que Alejandría era la capital. La cultura fluyó a Alejandría desde todo el mediterráneo gracias a la liberalidad del soberano. Y van Emmichoven extendió la cultura antroposófica desde los Países Bajos a todo el mundo, encontrando una buena y preparada recepción en todos los lugares.

En Zeylmans van Emmichoven tenemos un representante de la corriente Aristotélica, aunque una alejada de un prescrito estereotipo. Para empezar con Alejandro y acompañado de la revolución cultural de Aristóteles en el Cercano Este, principalmente como hombre de acción y político. Gobernó Egipto con sabiduría y patrocinó la nueva cultura, el legado de Aristóteles. Él mismo aspiraba a esa cultura, como es testimoniado por la fundación de la biblioteca de Alejandría y su propio esfuerzo literario. Sin embargo, según registra Proclo, no podría

---

[288] Emanuel Zeylmans, *Willem Zeylmans von Emmichoven, 241*
[289] Ibid, 139

penetrar totalmente en el pensamiento Helenístico, atestiguando su intercambio histórico con Euclides.

Ramon Lull vivió en el tiempo de los Escolásticos de Aquino. Y se esforzó en la misma dirección en que lo hicieron ellos. Él estaba en la periferia de este esfuerzo, y encontró un hogar en la orden franciscana que era mucho más consagrada a los hechos del corazón que al esfuerzo intelectual. Lull, sin embargo, estaba lejos de ser un típico franciscano, y sólo fue un superior que podía consagrar su vida al estudio. En este sentido él siguió lo que un Aristotélico del tiempo pensaba lograr. Es más, él estaba comprometido en diferentes términos en la lucha intelectual de Aquino contra la cultura del Islam. No obstante las similitudes, su karma no le ofreció las herramientas para la finura del intelecto que el escolasticismo había formado. No obstante, su esfuerzo apuntó en la misma dirección, y encontró una realización en el siglo XX, cuando una vez más él se unió a su maestro espiritual.

Por una buena razón Lievegoed dice que van Emmichoven tenía una muy intensa vida interior, y que iba directo a lo esencial. Para Lievegoed, van Emmichoven observaba a bastante mayores que él, y hacía la impresión de un "alma verdaderamente vieja". Esto no tiene nada que hacer con la noción de "almas viejas" o "almas jóvenes". Más bien, puede relacionarse a cómo en sus Dramas Misterio Steiner retrata al Strader Aristotélico en contraste con el Capesius Platónico, particularmente en *El Portal de la Iniciación*. Strader, aunque más joven en años es descrito como más viejo; Capesius es retratado como más joven. Strader, como hombre de pensamiento tiene la cualidad de la vejez; Capesius, más propenso al entusiasmo exterior y a despertar a otros a través del calor, tiene en su vejez la cualidad de la juventud.

Lievegoed continúa, "Dentro del movimiento antroposófico, [van Emmichoven] era un pensador original. Toda su talla era saturnina, en su cara dominaba el esqueleto. Era un águila espiritual que revoloteaba sobre la tierra. Con las personas a quienes él dio su confianza, tenía una relación de profunda y oculta calidez y lealtad absoluta. En tal relación, el tiempo se volvió algo infinito: cuando usted tenía con él una conversación profunda podía bastarle para un par de años." [290] Van

---

[290] *An Interview with Jelle van der Meulen, The Eye of the Needle: Bernard Lievegoed*, 34

Emmichoven era un verdadero investigador espiritual que podía vivir durante mucho tiempo con preguntas, seguro de la ayuda del mundo espiritual. En ocasiones, al despertar del sueño él recibiría imágenes de las que podría formar juicios interiores, y fortalecer su certeza interior. Las cosas eran muy distintas con Bernard J. Lievegoed. Ningún de los dos cercanos antropósofos alguna vez han descrito tan distinta polaridad, ni han llevado su colaboración a alturas tan fructíferas. Volveremos luego al doctor más joven.

Bernard Lievegoed

En 1926 Lievegoed estaba presente en una conferencia pedagógica internacional organizada por antropósofos holandeses. El joven tenía pelo rojo y un temperamento calórico, y parecía más joven de lo que era para su edad. Sus compañeros lo llamaban "pelota de fuego". Él fue presentado a van Emmichoven, en ese entonces de treintaitrés años de edad, y era doce años mayor que Lievegoed. El más joven estimó que: "A pesar de su juventud [van Emmichoven] parecía una persona madura." El mayor, oyendo que los amigos estaban llamando a Lievegoed, se acercó al joven muy directamente: "Ahora entonces, cómo están las cosas con usted - se sacrificará de buena gana al dragón...?" Lievegoed estuvo confundido y conmovido, y la pregunta siguió rondando en su mente. Él concluyó: "Durante los próximos meses llegué a ver que debo preguntarle a Zeylmans cómo podría encontrar el camino a mi propio ego. Ése fue el principio de una íntima amistad y discipulado que duró treinta y cinco años." [291]

Por cuanto van Emmichoven escribió su biografía en tercera persona bajo el seudónimo de Bender Bole, Bernard Lievegoed escogió hacerlo en una entrevista llevada a cabo durante tres días con Jelle van der Meulen, y publicada en 1991, el año anterior a su muerte. Los elementos de su biografía aparecen aquí y allá a través de declaraciones que él ofrece en las conferencias. Este es otro pequeño pero significativo contraste entre los dos doctores holandeses.

---

[291] Emanuel Zeylmans, Willem Zeylmans von Emmichoven: *An Inspiration for Antroposofía: A Biography*, 113

Jelle van der Meulen inicia el libro subrayando dos características del trabajo de Lievegoed: su orientación hacia el futuro, y su manera de trabajar "con convicción y sin timidez, [colocando] el contenido de la ciencia espiritual en la brillante luz de la vida pública." De hecho, el doctor propuso como la condición para la entrevista, su deseo de discutir urgentes temas de importancia para los próximos años. [292]Las declaraciones de van der Meulen son una manera muy sucinta de encapsular mucho de lo que estaba abarcando Lievegoed.

Un Crisol de Fundición de Culturas

Bernard Cornelis Johannes Lievegoed nació en Medan, en la isla de Sumatra, el 2 de septiembre de 1905. De niño fue a la escuela primaria y se hizo amigo de personas de diferentes religiones. A la edad de diez años pasó dos años en Amsterdam antes de mudarse a Java. Allí completó la escuela secundaria, volviendo a La Haya para presentar su examen final pre-universitario. [293]

Cuando niño Bernard fue usado para pasear en bote en ríos donde rondaban los caimanes, moviéndose alrededor casi desnudo, salvo por un sombrero; guiaba el bote en el agua a través de los rápidos; realizaba largas caminatas por las montañas, y alcanzaba sus cimas; cuando el tiempos lo permitía descendía al cráter de un volcán; o veía las actuaciones del ciclo épico Mahabharata hindú, etc. Su exposición a la cultura local le hizo comprender cuán inmensamente diferentes eran sus valores de lo que él experimentaba en casa. Considere que en su escuela lo acompañaban sólo otros dos muchachos europeos, siete de origen chino y cinco Javaneses, más uno negro. Él llegó a experimentar totalmente la cultura indonesia y así entender cómo los locales veían a los occidentales.

A sus dieciséis años él se había mudado de casa nueve veces, y prácticamente había estado obligado a entender todas las costumbres sociales y religiosas. Y en estas él estaba profundamente interesado. Sin embargo, a nivel del alma, vivió en soledad interior, con preguntas que

---

[292] Lievegoed, *The Eye of the Needle*, 7
[293] Bernard Lievegoed, *The Eye of the Needle*, 23

no interesaban a quienes lo rodeaban. La madre, una muy dedicada feminista, era presidenta de la Asociación para el Sufragio de las Mujeres en las Indias Orientales holandesas. De ella recibió el constante requerimiento de hacer algo útil, que el niño encontró opresivo. El padre luchó toda su vida contra los excesos del colonialismo. Él tenía un fuerte sentimiento por la justicia, y quiso separar la realidad de la emoción para actuar de una manera desapasionada. Él no se interesaba en ideologías políticas. Pero el niño no podía encontrar en sus padres respuestas a sus demandas interiores. No le satisfizo lo que escuchó de un clérigo católico en respuesta a su deseo de conocer el alma.

Lievegoed experimentó enfermedades y pérdidas personales en momentos importantes de su biografía. A la edad de cuatro años desarrolló un cólera agudo, con fiebre alta y deshidratación. De nueve niños que contrajeron la enfermedad sólo sobrevivieron él y otro más. La enfermedad lo dejó con una parálisis en el lado derecho del cuerpo, y de nuevo tuvo que aprender a caminar. Se recuperó casi totalmente, pero después mantuvo un ligero desorden en el brazo derecho, causa raíz para una letra muy mala. Como posterior consecuencia no podía participar en deportes porque no tenía mucho equilibrio. Esto lo empujó a retirarse dentro de sí mismo, y le dio el sentimiento de ser algo más débil que los otros.

En sus tempranos veinte años de edad Lievegoed se enamoró a primera vista de una muchacha muy introvertida, Truus. Estuvo comprometido durante cuatro años, y luego se casó en 1931; ella murió en 1932, después del nacimiento de su primer niño. En ese momento Lievegoed ya trabajaba como médico, y se había incorporado al trabajo antroposófico. Durante un tiempo su involucramiento en la antroposofía era parcialmente un escape del dolor de la pérdida. Después de la muerte de Truus, floreció una nueva e intensa relación con su mejor amiga, Nel Schatborn. Esto lo llevó a un matrimonio de cincuenta y cinco años, bendecido por seis niños.

Premonición y Encuentro con la Antroposofía

El niño acostumbraba tener un sueño recurrente de un templo de madera en la cima de una montaña, y supo que necesitaba levantarse allí. Soñaba que empezaría a subir pero nunca alcanzaría la cima. Con pesados ladrillos erigió un templo griego, y lo mantuvo sobre una mesa durante meses y meses, hasta que la madre lo quitó. Años después, respecto a su hermana que estaba enferma, escuchó de un amigo de la familia en La Haya que en Basilea, sobre una colina, se había construido un templo para los antropósofos y que los católicos lo habían quemado. Él comentó en las entrevistas del libro "...durante su historia el escalofrío recorría su cuerpo de arriba abajo." [294] Éste fue su primer encuentro con la antroposofía, pero sólo después entiende lo que el hombre había estado hablando sobre el Goetheanum. Él tenía entonces dieciocho años y siete meses de edad, el tiempo de su primer nodo lunar. Cuando Steiner llegó a Holanda en ese mismo año, Lievegoed estaba ocupado con su examen de la escuela secundaria, y no tendría otra oportunidad de verlo. Por estas circunstancias tuvo el sentimiento de haber llegado demasiado tarde.

El joven tenía una atracción hacia el mundo científico. Originalmente quiso estudiar electro-tecnología. Recuerda haber tenido alambres conectados por su cuarto. Y por un período también estuvo interesado en la química, pero era renuente a pasar su vida en una fábrica. La opción de la medicina fue providencial, desde que él sentía que si lo dejaban libre él decidiría después sobre una orientación más específica.

En 1924 Lievegoed empezó sus estudios médicos en Groningen. Hizo investigaciones sobre las células del cáncer, averiguando cómo se desarrollaban las mutaciones en su proximidad. Recibió su grado médico en 1930; después volvió para completar un doctorado, y en 1939 escribió una tesis sobre "Principios del Uso Terapéutico de los Elementos Musicales". Comentó que volverse Doctor en Medicina le permitió "sentirse a gusto de manera oficial en el mundo de la psiquiatría." [295] Otra proceso paralelo en el mundo de van Emmichoven.

En la primavera de 1926 recibió de Els Joekes, un familiar y cercano amigo, el libro *Principios de Terapia* de Steiner y Wegman. Y tuvo un inmediato sentido de reconocimiento. Sin embargo, decidió posponer el estudio de la antroposofía hasta completar sus exámenes.

---

[294] Bernard Lievegoed, *The Eye of the Needle*, 23
[295] Bernard Lievegoed, *The Eye of the Needle*, 26

En 1926 asistió a la antroposófica conferencia pedagógica en La Haya arriba mencionada. Allí, se encontró con van Emmichoven, Herbert Hahn, W. J. Stein y Eugen Kolisko. En 1928 o 1929 asistió a una actuación de *El Guardián del Umbral* en el Goetheanum, junto con su padre que también se volvió antropósofo. Poco después realizó su primera visita a la clínica de Ita Wegman en Arlesheim, donde se sintió inmediatamente como en casa y tuvo su primera conversación con Ita Wegman con quien tenía en común la experiencia de haber crecido en las Indias Orientales. Le impresionó su personalidad porque ella era mayormente espiritual y también muy práctica. Fue después de esta visita que decidió unirse a la Sociedad Antroposófica.

Al encontrarse con la antroposofía, Lievegoed empezó un muy intensivo curso de estudio. Consagró gran interés en las cualidades de los siete planetas y en el concepto de desarrollo, particularmente de la *Ciencia Oculta* y los *Verdaderos y Falsos Caminos en la Investigación Espiritual*. La manera en que entró a la antroposofía es bastante notable. En sus propias palabras se dice mejor cuál fue su relación con *La Filosofía de la Libertad*. "Experimenté mucho de la primera parte como algo que yo, como buen pupilo, simplemente tenía que aprender, así como a veces tiene uno que aprender en la escuela las cosas aburridas - no me atrajo mucho pero esta sección [la imaginación moral y la técnica moral] saltó fuera de la página, en impresión negrita, por así decirlo, y pensé 'Sí, eso es precisamente lo que usted está buscando, ésa es la tarea de su vida.'" [296]

Cuando estableció su trabajo con niños discapacitados, supo que la educación curativa involucraba el aspecto terapéutico, el estilo de vida, las medicinas, etc., con las que Steiner había contribuido mucho. Pero, otro campo totalmente distinto era el de las adecuadas formas sociales que serían apropiadas para cada etapa de la organización. Aquí Steiner no había hecho contribuciones directas, desde que ésa no había sido una cuestión o una percibida necesidad cuando las instituciones estuvieran sólo en su etapa infantil. Lievegoed vio que la técnica moral sería muy importante para la búsqueda de estas nuevas formas sociales. El desarrollo y la técnica moral formaron de hecho las dos piedras de toque de todo su trabajo y resultado literario.

---

[296] Lievegoed, *Developing Communities*, 10

Durante los años que siguieron al encuentro de Wegman y van Emmichoven, Lievegoed pronto se involucró en el desarrollo del movimiento antroposófico en los Países Bajos. Él con van Emmichoven se ocuparon de organizar el campo internacional Stakenberg para jóvenes. La muy nueva iniciativa fue criticada por muchos antropósofos, incluso antes de que ocurriera. Y sentó un precedente: considerar a centenares de jóvenes antropósofos viniendo desde todas partes de Europa y acampando, y a la misma vez a más de quinientas personas haciendo euritmia al aire libre.

Durante el tiempo de las expulsiones de la Sociedad Antroposófica General, Lievegoed atravesaba por la pérdida de su primera esposa, y era testigo de cómo a su alrededor ascendía el Nazismo. La generación más joven quiso construir una Sociedad fuerte, evitando ser sobrecargada por los conflictos internos.

La Técnica Moral y Las Necesidades de los Tiempos

Lo que pasó en cuanto Lievegoed consiguiera involucrarse profundamente en la Sociedad holandesa corresponde a la llamada de los tiempos de Micaél. El doctor creó el instituto "Zonnenhuizen (Zonnehuis?) Veldheim/Stenia" para la educación curativa, El NPI (Instituto para el Desarrollo Orgánico) y la Escuela secundaria Libre (curso de un año para estudiantes que se preparaban para la universidad), y trabajó en la Reforma de la Primera Clase de la Sociedad Antroposófica holandesa. Además escribió numerosos libros entre los que están: *Desarrollo de la Organización, Etapas de la Niñez, Etapas - Los Ritmos Espirituales en la Vida Adulta, El Hombre en el Umbral - El Desafío del Desarrollo Interior.*

Zonnehuis y la Crisis Personal:

Poco después del campo Stakenberg, Lievegoed decidió empezar a trabajar en la educación curativa. Tenía la ambiciosa meta de tratar al inválido como parte de una familia, en lugar de miembros de una institución. Fue bastante vago y no recibió mucho apoyo de las personas a quien Lievegoed habló. Un día Lieveoged tuvo la oportunidad de visitar una institución curativa en Jena, porque había ido a una asamblea antroposófica, y había sido alojado en una casa para "niños con retraso." Allí fue parte de una clase de apreciación de música, y comprendió cuán diferentemente podrían hacerse las cosas. Esto fue lo que él llamó una "coincidencia." Le preguntó al antropósofo Pache si esto sería posible en los Países Bajos, y el último dijo: "Sí, claro - sólo anda y empieza." [297] En 1931 esto lo llevó a la iniciativa del Zonnehuis, y el nacimiento del primer instituto de educación curativa en los Países Bajos. Organizando el lugar Lievegoed comprendió que tenía que abrir nuevos caminos en el conocimiento y práctica antroposófica.

Los años de guerra fueron portadores de una prueba a la nación y al joven doctor. Durante la guerra contrajo escarlatina, acompañada con erisipelas y problemas de riñón, y estuvo cerca de la muerte. Tenía visiones, y dio testimonio de lo que estaba pasando en Rusia, particularmente en la batalla de Uman. Estaba experimentando la retirada del ejército alemán, y viendo morir a un soldado alemán y a una gran figura de luz que se le acercaba. La última experiencia fue muy fuerte.

Después de la guerra el Zonnehuis creció de sesenta a unos doscientos treinta niños. Aceptó a niños discapacitados y socialmente impedidos; se hizo más importante que antes encontrar apropiadas formas sociales. Lievegoed experimentó otra profunda crisis cuando su hijo, Diederik, murió de difteria a la edad de cinco años. A veces se llegaba a desesperar y se preguntaba cuál era la razón de su vida. Se preguntaba por qué tenía que perder dos miembros de su familia. Además tenía el sentimiento de todavía no haber encontrado su destino.

Nacimiento del NPI (Instituto para el Desarrollo Organizacional):

Lievegoed recuerda que antes la importante iniciativa del NPI fue precedida por una experiencia que "surgió por casualidad, como dice la gente." Del mundo circundante salió la pregunta: "¿Podría yo ayudar en una situación donde los aprendices estuvieran ocasionaran dificultades cuando terminaban su aprendizaje?" [298] La situación salió a la luz del

---

[297] Lievegoed, *Developing Communities*, 6
[298] Lievegoed, *Developing Communities*, 13

hecho que la fábrica tenía un taller de entrenamiento, de hecho una fábrica totalmente separada, en la cual cientos de aprendices operaban semiautónomamente. Cuando a la edad de dieciocho años estaban bajo la vigilancia de los capataces, había situaciones muy explosivas que producían la retirada de la mayoría de ex-aprendices. Aparte de los conflictos sociales, éste era un mayor dren financiero para la empresa. Sin tener experiencia anterior en la vida industrial, Lievegoed pasó mucho tiempo escuchando. Él no nos dice cómo acabó la experiencia, pero tuvo un resultado positivo probablemente desde que en los años subsiguientes se dieron nuevos pasos.

Wim Schukking, Secretario de la Asociación para la Industria y el Comercio, buscando a alguien que pudiera decir algo sensato sobre la industrialización de los Países Bajos después de la guerra - particularmente sobre lo que tendría que cambiar en la educación para que esto ocurriera - llamó a Lievegoed. El doctor dio una conferencia que fue un gran éxito. Él se familiarizaba cada vez más con los problemas de crecimiento de las organizaciones.

Lievegoed continúa: "Para mi gran asombro allí entonces llegó una demanda de nuestra Universidad en Rotterdam, de la Facultad de Economía Social, para que asumiera un cargo profesional de Psicología Social, después Pedagogía Social." [299] Era un campo de investigación completamente nuevo y al principio lo rechazó, sólo lo aceptaría dos años después. En 1954 el doctor estaba envuelto en la fundación del NPI, y se hizo profesor de Pedagogía Social en la Escuela de Economía de Netherland, en Rotterdam. Él aceptó, siempre y cuando pudiera llamarlo Ecología Social, y que pudiera enseñar a partir de la experiencia. El NPI se había establecido para ese propósito, y se relacionó con la dirección de la facultad en la Escuela de Economía. El instituto era soportado por compañías como Shell, Philips, Unilever, AKZO, y desde el principio se constituyó como una iniciativa puramente antroposófica. Fue independiente de la universidad, aunque tenía vínculos con ella.

Lievegoed fue fuertemente llevado a hacer de la antroposofía parte de la cultura europea, y hacerla visible desarrollando una visión antroposófica de los problemas sociales. Esa visión resultó en el libro

---

[299] Lievegoed, *Developing Communities*, 10

Desarrollo Organizacional. Lievegoed nos cuenta que se había estado construyendo otra "coincidencia". Hubo unos doce a quince estudiantes que en 1947-48 se graduaron en ciencias sociales y ahora se estaban usando sus talentos en diferentes campos, mientras también intentaban usar su conocimiento antroposófico. Muchos de estos estudiantes estaban deseosos de abandonar sus profesiones y unirse a su colega para un experimento incierto y pionero.

NPI hizo posible el contacto con la antroposofía cuando las personas hicieron preguntas acerca de los aspectos más profundos de su trabajo. Además, todos sabíamos que los colaboradores de NPI eran antropósofos. Además Lievegoed quería personas que trabajaran para el NPI para tener el trampolín de su vocación en la Primera Clase de la Ciencia Espiritual. Él quería que los antropósofos estuvieran en contacto con problemas reales de las personas y ofrecer algo desde la antroposofía. Lo más importante era poder ofrecer algo específico desde una situación concreta. Como él diría, "Lo bueno siempre tiene lugar en una situación." [300]

NPI trabajó en Suiza, Alemania, Inglaterra, Sudáfrica y Holanda. Todo su trabajo estaba basado en la idea del desarrollo según Steiner. Esta idea se ha hecho más detallada en "el concepto de desarrollo de una persona en las grandes épocas culturales, el concepto de desarrollo de una persona a través de los muchos ritmos de los años, el concepto de desarrollo del Ego a través del karma y la reencarnación." Y más allá: "Por consiguiente, también imaginamos que la técnica moral y el desarrollo están muy estrechamente conectados, y de hecho todo el Instituto Social-pedagógico (NPI) estuvo fundado en el concepto de desarrollo." [301] El primer paso dado por el instituto fue la reforma de las universidades técnicas holandesas cifradas en unas 156 escuelas. Lievegoed, y cierto Fintelmann, dieron conferencias, y desarrollaron el plan de estudios con el objetivo de volver a adiestrar a todos los maestros. De lunes a sábado los grupos de maestros venían durante semanas y se sucedían. El desarrollo del plan de estudios surgió de un lado a otro de una discusión entre aquéllos que tenían el conocimiento

---

[300] Bernard J. Lievegoed, *Towards the Twenty-First Century: Doing the Good*, 66
[301] Lievegoed, *Developing Communities*, 16

técnico y aquéllos con visiones pedagógicas (colaboradores de NPI). Esto continuó durante cinco años, y la idea de desarrollo significó que difícilmente dos cursos fueran iguales. Durante la primera semana empezaban a cambiar las cosas, eso ocurría alrededor del tercer día y al salir muchos maestros cambiaron de lugar; ellos se abrieron a lo nuevo.

Para Lievegoed el NPI nació a partir del movimiento curativo que se consagró al niño enfermo; ahora volteaba su mirada a la sociedad enferma. Y siguieron otras iniciativas en la misma dirección.

Otras Iniciativas:

En 1963 Lievegoed llegó a ser decano del Departamento de Ciencia Corporativa en la Escuela de Tecnología de Twente, otra nueva facultad creada para el propósito. En 1971 él fue parte del comienzo de la Libre Escuela Superior en Driebergen que presidió hasta 1982. Era un año preparatorio para los estudiantes no graduados. Así como con el NPI, también quiso reunir el más profundo trabajo exotérico con la más profunda disposición esotérica. Todo el trabajo general de Lievegoed tuvo un efecto real en la cultura holandesa. En reconocimiento de su labor, en 1983 la Asociación de Publicadores Holandeses le otorgó la Pluma Dorada.

En 1948, van Emmichoen le pidió a su colega más joven que asumiera el trabajo de la clase en Amsterdam, y que se hiciera lector de la clase. Lieveoged aceptó y asumió un estudio intensivo de las diecinueve lecciones de la Primera Clase. El esfuerzo le permitió experimentar más directamente las imágenes de las lecciones. Esto lo llevó en dos direcciones. Por un lado quiso desarrollar la base para entender el trabajo esotérico de los doctores. Por el otro, se puso el desafío de cómo ver a los seres en la vida social de la misma manera como un doctor debe ver a los seres en los remedios que usa. Él concluye "empecé a vivir con estos seres de la misma manera que usted vive con las realidades que puede ver con sus ojos." [302]

---

[302] Bernard J. Lievegoed, *Towards the Twenty-First Century*, 63

Los Libros de Lievegoed y el Trabajo Social

Volveremos ahora a dos intereses emblemáticos de Lievegoed: uno respecto al alma que será comparado directamente al enfoque de van Emmichoven; el otro acerca del trabajo en grupo. El primero es más teórico; en el segundo Lievegoed de muchas maneras muestra al hombre de acción.

Lievegoed escribió tres libros sobre el alma. Nos referiremos a su último y más maduro trabajo: *El Hombre en el Umbral: El Desafío del Desarrollo Interior* (Man on the Threshold: The Challenge of Inner Development: The Challenge of Inner Development) en que él destiló sus ideas sobre "la psicoterapia biográfica." Volveremos luego al *Desarrollo de Comunidades* (Developing Communities) que incluyen un ciclo de conferencias y un manuscrito: *Formando Comunidades Curativas* (Forming Curative Communities) y *La Organización de Institutos Culturales* (The Organizing of Cultural Institutes) respectivamente, para examinar la dimensión del grupo de Lievegoed y el trabajo organizacional. Además también recibiremos *Hacia el Siglo XXI: Haciendo el Bien* (Towards the Twenty-First Century: Doing the Good).

Ofrecemos el índice de *El Hombre en el Umbral* que el lector puede comparar con el Apéndice 3 del *Entendimiento Antroposófico del Alma (Antroposophical Understanding of the Soul)* de van Emmichoven. En el momento en que apareció el libro Lieveoged estaba interesado en la psicoterapia. A su propio enfoque del tema lo llamó "psicoterapia biográfica." El desarrollo llegó a ser importante para su enfoque. Quiso mostrar las leyes activas en el curso de la vida humana, particularmente respecto a sus ciclos de siete años o septenios, e ilustra que muchos problemas son normales en ciertas etapas de desarrollo. En general, quiso colocar el desarrollo como resultado de superar la resistencia a las experiencias internas que no son entendidas, experiencias que difieren en cada etapa de la vida.

La primera parte del libro describe aspectos del desarrollo humano contra la imagen del hombre y la concepción del mundo de la antroposofía. La segunda parte cubre los principios de la psicoterapia biográfica. Por consiguiente, las palabras claves del libro son: desarrollo humano, biografía y terapia.

La humanidad está cruzando el umbral. Tomando esto como la premisa del libro, Lievegoed describe los límites que el alma encuentra: el "límite observacional" en el mundo fenoménico, y el límite interior en el alma, detrás del espejo de la memoria: el cosmos afuera y el metabolismo adentro. Éstos son los dos límites que el materialismo no puede superar.

El Camino del Alma:

Lieveogoed contrasta los Misterios egipcios con los Misterios del Norte. Él caracteriza los primeros Misterios como el camino interior, un "camino hacia atrás en el tiempo" que condujo hacia imaginarias experiencias de nuestras propias fuerzas orgánicas. El pupilo entendió que lo que trabajaba como perturbación en su cuerpo etérico estaba relacionado con las fuerzas que durante la vida anterior fueron depositadas en el cuerpo etérico que él tenía entonces. En este camino uno se encuentra con el Guardián Menor del Umbral.

El Camino del Norte que se extendía sobre toda Europa, el sur de Rusia e incluso la antigua Persia, condujo al éxtasis, a ser uno con el cosmos. El pupilo tuvo que ser protegido de ser destrozado por los elementos, y el valor era central para su instrucción. Percibía a los seres de los elementos y se daba cuenta de la presencia de los seres adversarios. En este camino uno encuentra al Guardián Mayor del Umbral, y se encuentra con el muerto.

El camino interior y el camino exterior forman un hilo a lo largo del libro. Un tema que se agrega inmediatamente después es el de la importancia del yo y su papel en el desarrollo biográfico. El autor ve cómo el ego se despliega desde la niñez en adelante, y como maneja la voz de la conciencia y la dirige para el desarrollo.

Se menciona brevemente el camino entre la muerte y el renacimiento. Luego se nos muestra cómo el ego superior trabaja desde el mundo espiritual, y cómo influye en el desarrollo biográfico desde la esfera del espíritu en su momento de los nodos de la luna.

Después de darnos una recapitulación de los principales caminos esotéricos de desarrollo de la antigua India al Rosicrucianismo, Lievegoed presenta el camino de la antroposofía. Y caracteriza el llamado "doble," que él divide en siete grupos:

1. las tendencias hereditarias en la constitución, temperamento, carácter,
2. la crianza o educación (comparable con nuestra persona)
3. los remanentes no digeridos de las vidas anteriores
4. los no redimidos seres de la naturaleza
5. ciertas fuerzas geográficas (que lleva al doble geográfico)
6. la encarnación como hombre o mujer
7. El Guardián del Umbral

Lievegoed, como doctor, puede presentar los procesos planetarios tal como aparecen en la formación de los órganos y en el desarrollo del alma. Nos introduce a los "procesos doble-planetarios" que primero resolvió respecto al estudio de los preparados biodinámicos. Éstas son Saturno y Luna; Júpiter y Mercurio; Marte y Venus. El Sol está solo, y también está presente como mediador en los otros tres pares.

El camino interior y el camino exterior, las envolturas del alma y los procesos doble-planetarios son ahora presentados en el tema del desarrollo de las almas sensible, intelectual y consciente: la polaridad Venus/Marte respecto al Alma Sensible; la polaridad Mercurio/Júpiter respecto al Alma Intelectual; la polaridad Saturno/Luna respecto al Alma Consciente. Y se presta especial atención a las irregularidades del desarrollo de las tres envolturas del alma, y cómo se expresan ellas.

El tema del doble es visto en relación con el camino interior y el camino exterior. Sobre todo en el camino interior se establece el vínculo entre los síntomas del cruce inconsciente del umbral y cómo se manifiesta en las anormalidades: la neurosis que se convierte en psicosis reversible y eventualmente consigue fijarse como psicosis irreversible. El doctor Lievegoed muestra cómo los tipos constitucionales siguen cuatro diversos cursos de desarrollos debido al doble, según la influencia predominante del riñón, del pulmón, del hígado o del corazón.

Al final de la primera parte Lieveoged menciona los enfoques terapéuticos que pueden seguirse en cada caso. Así, naturalmente el libro va a la Parte 2 en que se perfila un bosquejo para el cuidado antroposófico del alma, incluyendo algo del más común desafío del alma en nuestro tiempo.

Un tema que se entreteje a través de la totalidad, aunque no específicamente en un capítulo y en el otro, es el karma y la reencarnación que son centrales para todo lo que Lieveoged desarrolla.

Van Emmichoven nos ha dado, por así decirlo, un mapa del alma, un entendimiento agudamente claro de cómo el alma nos conecta al mundo y al cuerpo, con una comprensión de cómo la conciencia evoluciona desde estas premisas, y cómo podemos desarrollar la imaginación, la inspiración y la intuición. Él mira sólo brevemente las desviaciones del promedio (ejemplo: la esquizofrenia, la paranoia) sólo para indicar cómo deben trabajar las funciones del alma en un estado de equilibrio. Su esfuerzo forma un gran libro de texto que adelanta una visión completamente diferente del alma en contraste con la ciencia materialista oficial. Puede ser entendido por cualquiera con un sólido entrenamiento científico y una mente abierta. Convincentemente adelanta una visión coherente y articulada del ser humano.

Lieveoged no examina la conciencia y su transformación en sus etapas superiores. Por otro lado mira el cruce del umbral que ocurre en los seres humanos modernos. Lievegoed pone al centro lo que para el enfoque de van Emmichoven es periférico. Él no lo presenta para demostrar una totalmente nueva comprensión del alma. Él por encima de todo está mirando el desarrollo del enfoque terapéutico. Su meta es poner las bases de la "psicoterapia biográfica." Para ese fin, adopta un énfasis sumamente desarrollado. Mira las envolturas del alma (almas sensible, intelectual y consciente), que no son desarrolladas por van Emmichoven.

Tanto como van Emmichoven cincela detalles muy precisos, Lievegoed pinta con pinceladas anchas. Cuando uno mira los detalles más de cerca, es obvio que el trabajo no está terminado. Pero no es eso lo que importa. Lieveoged ha intentado conectar el papel de los planetas, la fisiología, el camino interior y el camino exterior con una comprensión de lo que la terapia antroposófica puede ofrecer además de lo que es conocido y ya hecho en el campo. Es interesante que él se refiera muy a menudo a Jung en el intento de proponer el último trabajo. Y ofrece una visión del futuro en su muy corta presentación del entrenamiento del psicoterapeuta antroposófico. Trasmitir lo que el futuro pide de nosotros es, como hemos visto, central para la perspectiva en la vida de Lievegoed.

El doctor más viejo siembra las semillas para una cultura futura, desafiando las asunciones actuales y ofreciendo un cambio de paradigma. Abrazar su mensaje significa darle la espalda a las viejas asunciones. El segundo doctor ofrece ideas para continuar y mejorar lo que ya está presente en el mundo. Él responde a las particulares necesidades de los tiempos. Esto es aún más así en el otro libro al que regresaremos: *Desarrollando Comunidades.*

El Trabajo en Grupos y la Técnica Moral:

Lievegoed lamentó que en referencia a *La Filosofía de la Libertad* mucho se diga respecto al pensamiento puro, a la intuición moral y a la imaginación moral, pero muy poco sobre la técnica moral. Y él era consciente de que éste era el trabajo pionero del NPI. "En los años cincuenta se fundó un instituto con una visión para implementar tal técnica." [303]

Las imaginaciones morales son construidas por el esfuerzo del individuo respecto a las materias éticas. Éstas se exteriorizan con mayor o menor fuerza según la técnica moral que uno posea. Y la técnica moral puede ser aprehendida. En *La Filosofía de la Libertad* esto se dice así: "La acción moral, entonces, presupone, además de la facultad de tener ideas morales (intuición moral) e imaginación moral, la habilidad de transformar el mundo de los perceptos sin violar las leyes naturales por las que éstos están conectados. Esta habilidad es la técnica moral. Puede ser aprehendida en el sentido en que puede aprenderse cualquier clase de conocimiento. Generalmente hablando, los hombres están mejor capacitados para encontrar conceptos para el mundo existente que desarrollar productivamente, a partir de su imaginación, las todavía no existentes acciones del futuro." [304] En comunidades u organizaciones Lievegoed evaluó que "la tarea entre colaboradores es, realmente, cómo desarrollar la técnica moral que hace posible buscar continuamente nuevas formas sociales de organización, de tal manera de no menoscabar la libertad de cualquier miembro. Una tarea extremadamente difícil." [305]

---

[303] Bernard J. Lievegoed, *Towards the Twenty-First Century, 201*
[304] Bernard C. J. Lievegoed, *Developing Communities, 9*
[305] Ibid, 19

En el reino de la técnica moral, aplicada a la creación de formas sociales, Lievegoed no vio ningún modelo absoluto. Partió de importantes premisas. El Alma Consciente es antisocial; de esto deriva la necesidad de crear formas externas que hoy puedan hacer posible la vida social. Por eso la necesidad de la estructura externa de la trimembración dentro de la Sociedad; pero la trimembración sólo puede introducirse a nivel macro, no en una organización. A nivel meso de las organizaciones las tres esferas corresponden a la cultura de la organización (paralela a lo cultural), su vida social (paralela a la vida política) y la esfera de trabajo (paralela a lo económico). Lievegoed se dirigió particularmente a la esfera intermedia.

Las Organizaciones están sujetas a las leyes del desarrollo. La comprensión que el autor ofrece sobre las leyes del desarrollo (individual y orgánico) es primordial para que cuando haya dificultades uno pueda ver las cosas objetivamente, y deje de culpar a una u otra persona. Uno puede reconocer los problemas sistémicos e identificar qué pasos pueden darse para corregir un déficit o enfrentar un desafío.

El primer eslabón entre el trabajo individual y el trabajo de grupo está en el desarrollo de habilidades para la empatía, la habilidad de escuchar de tal manera que uno sienta en sí mismo lo que está ocurriendo en la otra persona. A través de esta empatía social uno puede entender cómo ocurren las cosas en el mundo interior de la otra persona, sin sentir la necesidad de emitir un juicio. En efecto, no hace falta intentar convencer al otro respecto al mundo de los objetos. Lo único que tiene sentido es considerar el mundo de la otra persona de importancia respecto a un objeto, desde que el mismo objeto tiene muy diferente importancia para diferentes individuos.

Una vez que nos integramos al grupo de trabajo la técnica moral evoluciona: se convierte en "procedimiento." A través de la interacción las personas trabajan juntas para formarse una imagen común. Para alcanzar ese fin más eficazmente se necesita el procedimiento. Es a través de un seleccionado procedimiento que uno puede administrar diferentes ideas, temperamentos, emociones y direcciones de voluntad. El procedimiento es el plan del grupo de trabajo y cómo se lleva a cabo en etapas. Las cuatro etapas de trabajo de grupo que reconoce Lievegoed son:

- formación del grupo: quién debe ser parte de éste y quién no; la cantidad correcta de personas; y cómo el grupo puede lograr su objetivo. Esto corresponde a una etapa de calor, correspondiendo al éter calórico.
- la etapa de construir la imagen: involucra información y claridad sobre las metas. Es la etapa de construir del éter lumínico y una de las más importantes etapas de trabajo.
- la formación de juicios: está basada en un nuevo criterio y límites agregados a la conversación. El grupo se conforma en el éter químico.
- Tomar decisiones, con periódica revisión; haciendo realidad las decisiones. Esto corresponde a la formación del éter vital.

Lievegoed bosqueja arriba algo que ahora es cada vez más conocido en el mundo de la "tecnología social" y facilitación participatoria. A él se le puede considerar como uno de los pioneros en el campo.

El trabajo de grupo puede llevar a las organizaciones a la experiencia de lo que Steiner llama su "nueva alma grupal." Aquí también, el trabajo de Lieveoged tuvo mucho de pionero. Cuando los grupos aprenden a trabajar juntos y realmente escuchan, puede surgir un momento en que "de repente el grupo se interesa en el mundo espiritual." [306] Esto permanecerá así sólo mientras se conserven estas condiciones especiales. Y las personas deben recordar tales momentos.

La tendencia social del Alma Consciente puede compararse al poder germinador de la semilla. El alma puede percibir el futuro como la fuerza de una semilla. Percibe lo que está adelante en el reino social. Y aquí se expresa en términos concretos la aspiración de Lievegoed de trabajar por el futuro, oír lo que el futuro nos demanda. Éste es también todo el gesto de su vida en escuchar lo que para otros pueden parecer desvíos del destino. Es a ésto a lo que él llama "oportunidad" o "coincidencia," a lo que él pide dirijamos nuestra atención especial en sus conferencias, mostrándonos que está activa la amable mano del destino. Tales eran los eventos que llevaron a Lievegoed a empezar el Zonnehuis o construir el NPI.

---

[306] Bernard C. J. Lievegoed, *Developing Communities*, 85

En ninguna parte está la idea de estar abierto a lo nuevo, a lo que es completamente diferente, tan claro como en la expresión de un nuevo tipo de liderazgo que propulsó Lievegoed. El liderazgo carismático domina en la tercera época post-Atlante (la egipcia y del alma sensible); el faraón era el enviado del mundo espiritual. En recientes tiempos ha surgido el liderazgo burocrático que corresponde a las necesidades del alma intelectual. El líder burocrático es una autoridad sólo en su campo de especialización. En el Alma Consciente el liderazgo está ligado a una situación específica; se vuelve lo que Lievegoed llama "libre liderazgo errante." Es una función que cambia de una persona a otra. Este tipo de liderazgo se toma en tal forma que el líder no actúa para el grupo, pero ayuda al grupo ha encontrar su camino, tomando a los otros y no a sí mismo (el líder) como el punto de partida. Es una actividad educativa adulta. En nuestro tiempo necesitamos formar "jerarquías de confianza." Y en una organización integrada la responsabilidad de las jerarquías de confianza puede ser llevada por un grupo.

Lievegoed perfeccionó esta idea de liderazgo en su trabajo en el NPI. Cada colaborador en el instituto podía asumir la responsabilidad de un proyecto en que él tenía competencia y se convertía en el líder, libremente asociado con otros a quienes él había escogido o aceptado. Él trabajaría a su vez como un colega bajo el liderazgo de otro individuo llevando su propio proyecto. Y cada colaborador buscaría especializarse más en una dirección que en otra.

Lievegoed había bosquejado una totalmente nueva manera de trabajar socialmente a través de las prácticas establecidas por el NPI, "Los ejercicios prácticos en los cursos de NPI también son diseñados para facilitar el dominio de la técnica moral. Su elemento esencial es que aunque uno participa total y activamente en ellos también es un espectador. Y ésta es la condición del Alma Consciente." [307] Y más, "la única manera de derrotar a Ahriman es desde dentro. Dentro, en tanto veamos lo que está haciendo. Como estamos intentando trabajar desde la antroposofía no podemos estar fuera... Tenemos que saber cómo es manipulada nuestra vida social, porque sólo sabiendo cómo se hace podemos derrotar a Ahriman. Ésa es la razón del porqué podemos estar

---

[307] Lievegoed, Hacia el Siglo XXI, 129

solos y tener el sentimiento de que somos nosotros los pocos agraciados y el malvado es el mundo externo." [308]

Concluiremos esta sección citando palabras que reflejan lo que para Lieveoged era de más relevancia en la manera en que la antroposofía podía ofrecer respuestas a las personas necesitadas. Refiriéndose a trabajar en la vida social, Lievegoed nos dice: "Solo cuenta una respuesta de la situación real. Eso significa entrar en la vida del otro.... La verdadera tarea es traer sensatos y razonables conceptos sociales según la situación, no según nuestras predilecciones de precognición." Y más: "Tenemos que crear un mundo intermedio. Tenemos que abandonar las ideas para que ellas puedan subir desde la realidad social. Entonces puedan decir: 'Estamos hablando con alguien que conoce nuestra realidad social por un lado y pueden traernos conceptos sociales que nos ayudarían a resolver nuestros problemas.'" [309]

Lievegoed/van Emmichoven - un Contraste

Lievegoed y van Emmichoven cumplieron algunos de los expresados deseos de Rudolf Steiner en los Países Bajos. Su maestro espiritual había hecho advertencias contra el sectarismo en la Sociedad, y ninguno podría ser acusado de ello. Steiner también había indicado que para su trabajo la Sociedad necesitaría cada vez más el aspecto terapéutico. Y Zeylmans, doctor y gran diplomático, pasó el relevo a otro doctor con específicas habilidades terapéuticas sociales. No sorprende, fue de la Sociedad holandesa, y más específicamente de van Emmichoven, que surgió la posibilidad de sanar la grieta que en 1935 se había abierto con las expulsiones de prominentes antropósofos y sociedades nacionales de la Sociedad Antroposófica.

El doctor más joven operó de maneras bastante disímiles a las del mayor, y una buena e importante parte de su trabajo de hecho fue distinto al de muchos que se habían hecho antropósofos antes que él. En el tiempo de Steiner sólo habían encarnado unos pocos y raros Platónicos; la Sociedad en general era Aristotélica en su núcleo. ¿Fue

---

[308] Ibid, 21
[309] Ibid, 48-49

243

Lievegoed uno de los primeros Platónicos que vinieron después del tiempo de Steiner? Lo que indica esta posibilidad es el hecho que él trabajó de manera similar a muchos otros Micaelitas del presente cuyo trabajo procede claramente de una perspectiva de Recordar Espiritual, en lugar del ángulo del Contemplar Espiritual, lo atestigua su constante referencia a la técnica moral, o su instarnos a actuar por estar ambos involucrados, mientras como espectador se veía lo que Steiner primero introdujo en su descripción del camino de la luna. Él fue un pionero dentro de la antroposofía, y también marcó la tendencia para mucho de lo que se ha desarrollado en el presente. Estas actuales tendencias fueron presentadas en *Karl Julius Schröer and Rudolf Steiner: Anthroposophy and the Teachings of Karma and Reincarnation* (Karl Julius Schröer y Rudolf Steiner: La Antroposofía y las Enseñanzas del Karma y la Reencarnación), Capítulo 7.

Nunca podremos saber mucho sobre las encarnaciones de Lievegoed, pero él parece ofrecernos algunos indicadores, ambos por la manera en que trabaja y de lo que dice sobre los Platónicos. Refiriéndose al año 2000, y la llamada 'culminación', esto es lo que dice: "Ellos [los Aristotélicos] trabajarán junto con los grandes Platónicos, que son personas de enorme voluntad para el bien en la vida social. Los Platónicos no son personas con voluntad débil, y donde esté esta voluntad, será para bien en la vida social." [310] Y si algo es cierto sobre Lievegoed es su superabundancia de fuerzas de voluntad y cómo las usó para el "bien en la vida social." El doctor empezó su trabajo verdaderamente cuando se unió con 12 a 15 antropósofos que habían estudiado ciencias sociales y fundaron el NPI.

La introducción del trabajo antroposófico en los Países Bajos siguió una sucesión casi perfecta; una que abrió muchas posibilidades. Van Emmichoven mostró el camino para el trabajo médico a través de una nueva y exitosa institución. Organizó la Sociedad holandesa, le dio dirección y estabilidad. Era una autoridad reconocida más allá de los círculos inmediatos de la Sociedad. Le dio un rostro y reconocimiento a la contribución cultural de la antroposofía. Como Aristotélico él sólo podía trabajar presentando claramente articulados conjuntos de conceptos anclados en la antroposofía. Él tenía que mostrar que había

---

[310] Lievegoed, Hacia el Siglo XXI, 10

un coherente mundo de pensamientos que podían sostenerse por sí solos, como una alternativa a la dominante ciencia materialista. Sus libros podían ser sólo antroposóficos. El pensamiento Antroposófico no puede pedir prestado o amalgamarse con las ciencias materialistas. Puede reconocer lo que tiene validez en la ciencia; pero tiene que ofrecer totalmente otros fundamentos para pensar. Ningún compromiso es posible en esta situación.

Lievegoed pudo y de hecho escribió para antropósofos y no antropósofos. También disertó para ambos públicos. Y escribió puramente libros antroposóficos, haciendo nueva investigación antroposófica.

Su enfoque difirió del perseguido por van Emmichoven. Encontró su lugar en la vida cuando pudo responder al llamado de los tiempos, y entender que el futuro lo estaba convocando a un aparente desvío del destino, coincidencias, eventos casuales. Tenía una gran capacidad para prestar oídos al futuro. Repetidamente llama nuestra atención a estas conexiones del destino en *Desarrollando Comunidades* (Developing Communities). Su don fue la habilidad de percibir lo que estaría llamado a hacer, ingresar a un territorio completamente desconocido, y ofrecer respuestas que venían de la necesidad del momento. A veces, estas respuestas nacían de una colaboración, como en el caso del NPI. Los colaboradores del NPI tenían un enfoque educativo; fueron personas que conocían su propio campo de especialización, un campo que muy a menudo era extraño al trabajo del NPI. Juntos tenían que encontrar respuestas. La Antroposofía proporcionaba las respuestas a través de Lievegoed y sus colegas, aunque las personas a las que servían no relacionaban estas respuestas con la fuente, o descansaban satisfechas con los aspectos externos de la solución. Así, al firme establecimiento del mundo antroposófico que logró el viejo doctor, siguió el pleno compromiso de la antroposofía respecto a las necesidades del tiempo hecho posible por Lievegoed.

Los principios centrales de Lieveoged de desarrollo y tecnología moral significaron principalmente hacer el bien desde la antroposofía. Ellos quisieron decir adaptar la antroposofía a la necesidad del momento, y presentarla de la manera particular en que un grupo dado de personas pudiera recibirlo; estaba eminentemente atado a un contexto externo.

Van Emmichoven vivió en un mundo de imaginaciones que él sólo podía ofrecer fielmente. Se esforzaba para formular nuevas respuestas directamente desde el mundo espiritual. Persiguió principalmente cuestiones puramente culturales, y éstas tenían que ofrecerse dentro del pleno contexto de su fuente.

Los dos hombres habían establecido una manera de trabajar que honraba totalmente sus fuerzas y diferencias. El trabajo de Lievegoed representa por encima de todo el valor para colocar la antroposofía en el crisol de la experiencia y ofrecer respuestas concretas a problemas urgentes. Aunque doctor, él brillaba por encima de todo como facilitador social. También ofreció un extendido cuerpo de pensamientos antroposóficos. Aquí, las personas pueden apuntar con justicia a un poco de inexactitudes, sobre todo cuando el doctor extendía su mirada a muchas más cuestiones generales que a su inmediato campo de acción. Algunas de las tesis de Lievegoed son muy amplias, o no lo suficientemente apoyadas por una línea cohesiva de razonamiento. Por ejemplo, ese es el caso de sus aserciones sobre Manu en *The Battle for the Soul (La Batalla por el Alma)* donde él vincula al iniciado con el Mani del siglo III d.C., con un poco preciso trasfondo para apoyar sus visiones. [311] Aquéllos que han investigado el tema con más profundidad saben que Manu formó una línea de encarnación que continuó en Melquisedec, el sacerdote del Sol de la Biblia, considerando que las encarnaciones más tempranas de Mani tuvieron lugar en Egipto y en el tiempo de Cristo.

Lievegoed probablemente supo que tenía que perfeccionar su habilidad de pensamiento, lo único que parecía 'aburrido' cuando estaba afrontando la primera parte de *La Filosofía de la Libertad*. Esto es algo que ciertamente él desafió, y probablemente es por esa razón que se consideró pupilo de van Emmichoven mientras vivía éste su más viejo amigo.

Sin embargo, la relación entre los dos doctores no era desigual. Van Emmichoven podía ver la fuerza de su amigo. Podía ver que muchos de los problemas sociales que la Sociedad Antroposófica holandesa o internacional enfrentaba eran problemas de técnica moral y habilidad

---

[311] Bernard Lievegoed, *The Battle for the Soul: The Working Together of Three Great Leaders of Humanity*, 82-83

social, y podía ver que alguien como Lievegoed estaba mejor equipado para enfrentarlos, por eso su decisión de nombrarlo su sucesor. La dinámica del trabajo entre las dos muy altas figuras de la antroposofía holandesa tiene mucho más que enseñarnos, y volveremos a ellos al final de nuestras exploraciones. Porque ahora iremos a dos maneras complementarias de mirar la vida del alma, y más particularmente respecto al tema del perdón.

El perdón: Una Cuestión, Dos Enfoques

La siguiente exploración ha tomado muchos años de mi vida. Está colocada en la intersección de una cuestión de investigación y una práctica de vida y disciplina. *La Importancia Oculta del Perdón* de Prokofieff en el primer intento ha ofrecido mucho alimento para el pensamiento; la *Nonviolent Communication: A Language of Life* (La Comunicación Sin Violencia, Un Lenguaje de Vida) de Marshall Rosenberg: me ha estimulado a cambiar los profundamente arraigados hábitos de vida. He explorado el primer libro y lo he estudiado varias veces durante veinte años, y regresado a él en un grupo de estudio hace dos años atrás. La práctica de la Comunicación Compasiva me ha acompañado a través de la exposición a extensos entrenamientos, y continuada práctica en los últimos once años. Miraré lo que ambos autores tienen que ofrecer en sus respectivos campos, luego compararé sus enfoques. Esta comparación no incluye un componente biográfico.

Prokofieff: El Significado Oculto del Perdón

El perdón da profundos pasos según en qué envoltura del cuerpo humano esté trabajando el ego. Va desde aceptar al otro ser humano a asumir responsabilidades en su nombre, y más allá de eso asumir la redención de los seres espirituales.

Al penetrar la esfera de los sentidos el ego infunde al ser humano la habilidad de tener mayor tolerancia y empatía. Al dar un paso más profundo en el etérico, el ego hace posible el apropiado acto del perdón. Al alcanzar el cuerpo astral el ego provoca la habilidad de asumir el karma de otras personas. Y finalmente, cuando se trabaja conscientemente en

247

sí mismo, el ego puede portar el karma de la humanidad. La biografía de Rudolf Steiner subraya una y otra vez este último aspecto. No serán consideradas aquí otras etapas del perdón, ya que ellas se encuentran en el lejano futuro de la humanidad, y conciernen a la redención de Lucifer y Ahriman.

En la primera etapa del camino el ego pone la conciencia en la percepción de los sentidos. ¿Percibimos totalmente a otra persona, o simplemente permitimos la interacción subconsciente de simpatías y antipatías para colorear nuestras impresiones de los sentidos, positivamente en el caso de la simpatía, negativamente en el caso de la antipatía? En un caso la parte de nosotros que llamamos el "doble," o todo lo de naturaleza no redimida en nuestro ser, desvía al ego y refuerza nuestras tendencias naturales. Cuando de verdad percibimos desde el ego podemos dejar de juzgar, entonces las impresiones pueden despertar en nosotros imágenes posteriores que nos ofrezcan una visión más profunda.

Un ejemplo histórico de este tipo de tolerancia llevó a Marie Steiner a escribir su "Appeal for Reconciliation (Apelando a la Reconciliación)." El documento, escrito en 1942, trataba sobre la situación en la Sociedad Antroposófica General. En su súplica Marie Steiner describe los peligros de reaccionar según antipatías y simpatías antes de formar imágenes más completas de la realidad, o correctas imaginaciones de otros seres humanos. Ella apunta al papel de los rumores en la formación de "espectros, no de realidades." Y más allá, ella ataca la creación de santurrones a los que podemos sucumbir cuando enfrentamos materias de gran peso: "Nunca la tenemos [la verdad] completamente. ¡Qué montón de autoengaños e ilusiones se vierte sobre ella incluso cuando pensamos que la poseemos totalmente! Cómo una y otra vez es rota en pedazos por la pasión, el fariseísmo, la vanidad y la ambición." [312] Ninguna palabra podría presentar mejor el estrago que un no reconocido doble en nuestra alma puede obrar con todas nuestras relaciones sociales. Y Marie Steiner concluye invitando a sus colegas a perdonar "¿Qué podemos hacer para rescatar nuestra substancia moral? ¡Podemos perdonar! Todos podemos perdonar lo que dentro de él está

---

[312] Sergei Prokofieff, La Importancia Oculta del Perdón, Apéndice 1

para perdonar. Podemos olvidar lo que debe ser olvidado en lugar de rebuscar intensamente las viejas injusticias."

El perdón al que Marie Steiner invitó a sus colegas, es "tolerancia potenciada", por así decirlo. Cuando la tolerancia es llevada a lo más profundo de la voluntad - a nivel del cuerpo etérico - se hace posible un grado de retiro del ego. Quien perdona conoce el momento de absoluta impotencia, un sentimiento de aniquilación o miedo de pérdida del ego. Para lograr esta fase y entrar en contacto con la voluntad a tan profundo nivel, es fundamental la disciplina interior en forma de meditación, oración o ejercicios. Solo el Yo Espiritual puede permitirnos perdonar; es esta envoltura del ser humano la que nos ofrece la certeza de que todavía somos una individualidad eterna, no importa lo que el acto ofensivo parezca habernos quitado. Ejemplos históricos de casos excepcionales de perdón, producidos espontáneamente en el momento, indican una fuerte presencia de un Yo Espiritual, fruto de la gracia de vidas anteriores.

El trabajo del perdón que llega al cuerpo etérico, tiene el poder de disolver las estructuras formadas allí por nuestro doble. Los aspectos del doble son en efecto como islas de substancia etérica y astral en nuestra alma a la que el ego tiene poco acceso. El acto del perdón ayuda a disolver estas estructuras. Los resultados de tal trabajo en el etérico afectan inmediatamente la capacidad del alma de percibir en el etérico. En base a ejemplos, como el de Bill Cody, de quien más se dirá abajo, Prokofieff concluye: "El camino del perdón es el camino más directo y más seguro por el que pueden fluir las fuerzas espirituales del Cristo etérico en la civilización terrenal moderna, mientras tarde o temprano a la persona le sea permitido ganar una experiencia clarividente de Él." [313]

Bill Cody reconoce a George Ritchie quien tenía cierta medida de receptividad hacia el Cristo en el etérico, habiendo experimentado en un momento una experiencia cercana a la muerte en que se convirtió a la cristiandad. Richie encontró a Bill Cody, que no es su nombre real, en un liberado campo de concentración Nazi en 1945. Los sobrevivientes habían alcanzado los límites de la inanición, veintena de ellos incluso incapaces de recuperarse después de haber sido liberados. En medio de

---

[313] Sergei Prokofieff, La Importancia Oculta del Perdón, 54

tal devastación, una persona llamó especial atención, un individuo que parecía haber estado defendido de los efectos de las atrocidades Nazis. "Su postura era derecha, sus ojos luminosos, su energía infatigable," a pesar de haber vivido en el campamento durante seis años. Ofreció sus servicios de intérprete en cinco idiomas y trabajó de quince a dieciséis horas por día, sin mostrar pérdida de energía. La explicación a tal contraste entre Bill Cody y los otros fue ofrecida a Ritchie cuando el judío polaco descubrió su biografía.

Bill vivió en la sección judía de Varsovia. Cuando los alemanes capturaron la población judía del gueto, Bill vio cómo mataban frente a él a su esposa y sus cinco niños. Fue salvado porque hablaba alemán, y podía ser usado como intérprete. Ampliando el punto de inflexión que cambió su vida, Bill Cody comentó: "tenía que decidir lo correcto entonces,...si permitirme odiar a los soldados que habían hecho esto. Realmente fue una decisión fácil. Yo era abogado. En mi práctica había visto demasiado a menudo lo que el odio podía hacer a las mentes y cuerpos de las personas. El odio había matado a las seis personas que más me importaban en el mundo. Decidí entonces que pasaría el resto de mi vida - si fueran días o muchos años - amando a cada persona con la que entrara en contacto." [314] Prokofieff señala el importante hecho que la decisión para perdonar fue apareada con la decisión de amar.

Avanzando en el camino, el perdón se metamorfosea en habilidad para asumir el destino de otras personas. Cuando esto pasa el ego actúa sobre el cuerpo astral, transformándolo. Esto es posible a través de la influencia del Espíritu de Vida. Dos casos, por lo menos, aparecen bastante claramente en la vida de Steiner. En el primero, a temprana edad, asumió la tarea de vida de Schröer. De esto mucho se ha dicho ya en este libro y en *Karl Julius Schröer y Rudolf Steiner: Antroposofía y las Enseñanzas del Karma y la Reencarnación*.

Tarde en la vida Steiner se encontró con el destino de Nietzsche, y vio la grandeza y fragilidad de su alma. Él sucumbiendo a su unilateralidad había sido tomado firmemente por Ahriman a tal grado que su *Ecce Homo*, nos dice Steiner, fue escrito por el propio Ahriman. Y todavía,

---

[314] Sergei Prokofieff, La Importancia Oculta del Perdón, 23

sobre él, Steiner podría decir que fue un luchador por la libertad, y en 1895 por esa razón escribió *Friedrich Nietzsche, Luchador por la Libertad.* Steiner pudo descubrir en Nietzsche el valor absoluto para seguir un camino que lo llevaría a la baldía tierra de la tarea científica moderna, y rechazar la exacta seguridad de una fe que había perdido toda substancia. Esto fue lo que Nietzsche siguió hasta el final, aunque en una forma sumamente unilateral. Cuando tal persona encuentra este destino, algo se pierde para la humanidad, y esto justificó el considerable desvío de Steiner en atender al legado de Nietzsche, y ofrecer una valoración más plena de su logro para una cultura que lo habría juzgado solamente por su epílogo. Considere que había nada más extraño a la visión del mundo de Steiner que las extremas posiciones anticristianas del tardío Nietzsche. Y Steiner tuvo que aceptar se le llamara nihilista, y por ello enfrentar el escepticismo y hostilidad de sus contemporáneos. Sumergiéndose completamente en los impulsos que vivieron en Nietzsche, Steiner pudo redimirlos y ofrecerlos como elementos que llevan de las ciencias naturales a la ciencia del espíritu.

Asumir el karma de otra persona significa perdonarla por lo que ella no podría lograr, pero también va un paso más allá. El que perdona se olvida de lo que se ha hecho contra él. El que asume el karma de alguien continúa las intenciones de ese alguien y las lleva a su pensada fructificación. Significa abandonar durante un tiempo la propia tarea de vida. Esto es muy claramente establecido por Steiner en el caso de Schröer en la conversación de la Haya que en 1922 tuvo él con W. J. Stein: "Resolví en el momento vivir el destino de Schröer como el mío propio y abandonar mi propio camino de destino."

Cuando el ego actúa conscientemente en sí mismo, están activas las fuerzas del Hombre Espíritu. Esto es algo que sólo puede pasar en el caso de un iniciado, y le permite portar el karma de la humanidad. Steiner fue el iniciado que intentó con toda su energía contrarrestar las fuerzas destructivas que llevaban toda la cultura a un camino de declive. Su esfuerzo para conducir a la humanidad en un camino ascendente se encontró con todo grado de hostilidad del mundo que lo rodeaba. Su noche más oscura del alma entró en el tiempo que precede la Asamblea de Fundación de Navidad. Aquí, en una decisiva prueba del alma tuvo que comprometerse a portar el karma de la Sociedad Antroposófica para beneficio del progreso de la humanidad. En esta etapa del camino el iniciado logra la revelación de Cristo en el mundo espiritual superior. Percibe a Cristo fuera de su propio ego, como el mismo arquetipo de este ego.

El estudio de Prokofieff de los fundamentos ocultos del perdón ha conmovido a miles de individuos en el mundo. Lo que él expresa desde la perspectiva de las cuatro envolturas del ser humano nos ofrece un incentivo para una nueva comprensión del ideal del perdón y sus implicancias a nivel microcósmico y macrocósmico.

Volveremos ahora a un enfoque que parte del idioma y comunicación y la fenomenológica aprehensión de cuatro niveles de comunicación: observación, expresión del sentimiento, expresión de las necesidades y demandas. Este enfoque fenomenológico es el trabajo de Marshall Rosenberg. Es conocido como Comunicación Sin Violencia, NVC, o Comunicación Compasiva. El último término nos ofrece la caracterización más completa del enfoque de Rosenberg para la comunicación. Nos referiremos a ella como NVC o Comunicación Compasiva.

Marshall Rosenberg y Comunicación No Violenta (CNV)

La Comunicación No Violenta (o Comunicación Compasiva) es una perspectiva dinámica centrada en una sucinta y clara expresión del ego, apareada con un enfocado entendimiento de la realidad del otro ser humano. Éstos han sido llamados honestidad y empatía, respectivamente. Mejorar la calidad de la comunicación que tenemos con otros, o con uno mismo, lleva a una aumentada sensibilidad hacia la realidad que vive entre los seres humanos. Por el repetido esfuerzo de dominar la honestidad y la empatía desarrollamos la auto-empatía o auto-conexión, el corazón de la práctica de la CNV. [315]

---

[315] Marshall B. Rosenberg, *Nonviolent Communication: A Language of Compassion*

Conceptos Básicos de CNV

Basado solamente en el fenómeno, CNV divide la comunicación en cuatro pasos:

- observación: lo que vemos en el mundo, expresado en términos tan objetivos como sea posible; éstas son las condiciones que influencian los siguientes niveles
- sentimientos: la reacción de simpatía o antipatía que es convocada por el ambiente y eventos en nuestro mundo interior
- necesidades: los términos universales que definen nuestras intenciones en el mundo, que nos alinea con nuestros valores y aspiraciones y nuestras preocupaciones diarias, esperanzas, aspiraciones, etc.,
- demandas: lo que pedimos del ego u otros para llevar las intenciones a otro paso más de su expresión

¿Podemos realmente ver lo que viene a nuestro encuentro en el mundo? ¿Cómo evitamos colorear nuestras percepciones con nuestros gustos y disgustos? ¿Cómo podemos evitar interpretar lo que viene a nuestro encuentro? Aquí están algunas trampas comunes: la generalización (usted siempre llega tarde; usted nunca escucha, usted no me respeta...), la vaguedad (me siento bien, me siento OK, me siento mal, es bueno,...), estereotipos (japonés, francés, otras nacionalidades, mujeres, políticos hacen o no hacen esto, comen así y asá, tienen tales tendencias,...) verbos evaluativos que implican un juicio (ella tarda, prisas, aplazamientos, ignorar,...), y otras trampas. Podemos evitar las generalizaciones recurriendo a la memoria: tres veces de cuatro, 80% del tiempo en los últimos seis meses, es más exacto que siempre o nunca. La vaguedad puede ser reemplazada por una valoración más exacta: me siento inspirado, entusiasmado o feliz en lugar de me siento bien; me siento agobiado o triste en lugar de mal. Los estereotipos deben ser evitados refiriéndose a experiencias: los japoneses yo sé..., oí que algunas personas en Cuba; 80% de Republicanos en el Congreso,... Las palabras Evaluativas deben ser reemplazadas por palabras de más valor neutral: cuando le pedí hiciera sus quehaceres, él fue primero a su cuarto, y no respondió mi pregunta (en lugar de aplazar o ignorar). Incluso sin entrar en otras categorías de falsas observaciones, podemos comprender que ver de verdad es un paso que no debe considerarse como dado.

El mundo de nuestros sentimientos puede causarnos dificultad interior. Además la cultura y el hábito pueden decirnos lo que es demasiado privado para compartir. Sin embargo, los sentimientos colorean todo lo que hacemos o decimos, y podemos ser inconscientes de ellos a expensa nuestras o de otras personas. Llegar a ser conscientes de ellos nos lleva a la pregunta de cómo expresarlos mejor para ofrecer valiosa información y facilitar la comunicación. Aquí existen dos trampas. La primera es asumir un vínculo automático entre eventos en nuestras vidas y los sentimientos resultantes. No oímos a menudo expresiones como "usted me hace enfadar" o "si sólo esto pasara, mi vida sería tan diferente y sería tan feliz." La Comunicación Compasiva nos invita a distinguir entre estímulos (todo lo que viene a nuestro encuentro en el mundo externo que causa movimientos naturales de simpatía y antipatía) y causa (nuestra reacción interior a los estímulos), y se centra principalmente en el último. Una clara comprensión y expresión de sentimientos es superior a una aprehensión objetiva de los eventos, y valoración de las necesidades, sean ellas las nuestras o las de otros. Otra trampa en la expresión de los sentimientos consiste en colorear estos sentimientos con un juicio. Un ejemplo típico es el uso de verbos pasivos: me siento manipulado, juzgado, abandonado, amado o no querido,... Bajo el disfraz de los sentimientos estamos en realidad expresando un juicio (creo que usted me está manipulando, juzgando, abandonando, etc.), y por consiguiente alejando al oyente.

La expresión de necesidades forma el corazón de la comunicación compasiva y de lo que la distingue de enfoques que tienen metas similares. Las necesidades animan todo lo que decimos o hacemos, mucho más que nuestros sentimientos. Ellas son un paso más difícil de reconocer. Muchas veces la comprensión de las necesidades depende de la claridad de nuestra vida de sentimientos. Desde que nuestra vida de sentimientos es a menudo incierta, las necesidades no emergen de nuestra conciencia con más claridad. Las necesidades se expresan en términos universales en lo que conocemos como valores: libertad, elección o decisión, autonomía, compañerismo, intimidad, desarrollo, espiritualidad, etc.

Cuando expreso una necesidad estoy hablando en términos que todos podemos entender y apreciar sin tener que negar mi experiencia. Las necesidades que otra persona expresa están presentes en mí, no importa cuán vagamente. Y las necesidades que una persona expresa no pueden ir contra las necesidades de otra. Mi necesidad de libertad puede vivir con su necesidad por el orden; mi necesidad por el compañerismo no es negada por mi necesidad de privacidad, y así sucesivamente. Las necesidades se expresan en términos que son universales. Lo que no se expresa universalmente se vuelve una estrategia, como: "necesito que usted haga esto para mí"; "necesito que usted me dé más dinero"; "necesito que usted me escuche", etc. Una estrategia expresada como una necesidad propone un obstáculo para la comunicación clara.

No entender o no expresar nuestras necesidades tiene un precio en nuestras vidas y en nuestras relaciones. Llegar a una comprensión de ellas nos acerca más a la conexión con otros y a la auto-conexión. Y el paso más difícil es entender las necesidades de otros, pero es lo más importante cuando de lo que se trata es de formar verdaderas y duraderas relaciones. De lo anterior podemos entender que vamos en una escala progresivamente más difícil cuando nos movemos de la observación a los sentimientos y a las necesidades. Sin embargo, establecer firmemente los primeros pasos, hace más fácil la expresión de los pasos siguientes.

Cada impulso de voluntad necesita encontrar en el mundo una manera de manifestarse, tomar forma y avanzar. Esto es lo que queremos dar a entender por demandas. El desconectado ego hace demandas, no creyendo que hay una manera de satisfacer las necesidades del ego y al mismo tiempo otras. Vivimos en lo que es un mundo finito de recursos y posibilidades, o llegamos a creer que hay muchos más recursos disponibles de los que generalmente somos conscientes, que el único límite realmente está en una falta de flexibilidad y fuerza de imaginación. Una petición difiere de una demanda cuando la persona que pide está verdaderamente deseosa de escuchar 'no' como respuesta, y permanece comprometida buscando soluciones junto con la otra persona.

En aquéllos que la toman, la práctica de la Comunicación Compasiva despierta el conocimiento de una opción continua entre dos condiciones que se presentan a nuestras almas. Para propósitos didácticos las dos alternativas se llaman festivamente "la jirafa" y "el chacal." La jirafa es el emblema del ego superior, porque de todos los mamíferos de la tierra, él es uno con el corazón más grande; es una criatura mansa, capaz de tener una perspectiva desde lo alto. El chacal ofrece una perspectiva más egoísta. Continuando con la analogía, podemos reconocer en el chacal la expresión del doble, y en la jirafa la expresión de nuestro ego, cuando está inspirado por nuestro Yo Espiritual.

Respecto al chacal no implica demonizar parte de nuestra alma. Al contrario; aunque el extrovertido chacal nos llevará a una pobre comunicación y opción de vida, su voz es inútil. Los llamados "mensajes del chacal" que llegan a nuestra alma llevan información vital sobre nuestros sentimientos y necesidades que podemos escuchar atentamente. El chacal, como el doble, sólo puede transformarse con nuestro paciente y continuo esfuerzo. Después de todo podemos ser respetuosos de otros sólo si aprendemos a honrarnos y respetarnos, y para eso necesitamos llegar a conocer el trabajo de nuestro chacal/doble.

Desde estas premisas básicas podemos ahora intentar acercarnos al fenómeno del perdón que en la práctica personal raramente aparece en contornos negros o blancos. Los límites entre quién necesita perdonar o ser perdonado son raramente obvios.

La CNV y el Perdón

En CNV apenas hay una mención del perdón, y ése es el caso por más de una razón. El perdón simplemente adquiere otro nivel de realidad cuando se fortalece la conexión con otros y consigo mismo. Por consiguiente, nos acercaremos a este tema desde la perspectiva de pesares o lamentos, términos que se usan más a menudo en la Comunicación Compasiva.

La palabra es la herramienta más poderosa para bien o para mal. Cientos de veces por día se la ofrecemos a otros en bendiciones o maldiciones, y todo lo que esté entre ambas. Muy a menudo se tienen razones para arrepentirse y/o aprender. Algo decimos o no decimos, junto con lo que hacemos o no hacemos, puede regresar a nuestra mente como una situación de aprendizaje de vida.

¿Por qué nos arrepentimos o lamentamos por algo hecho en la actualidad o dicho en el pasado? Una manera de explicar el arrepentimiento es mirarlo desde la perspectiva de un conflicto de necesidades. Nos arrepentimos de lo hecho para cumplir algunas necesidades inmediatas. Pueden haberse ignorado una o más necesidades adicionales, porque fueron abandonadas en la elección de la estrategia que satisfizo sólo las necesidades iniciales. Arrepentirse significa comprender que enfrentando una situación compleja con varias capas de necesidades, actuamos desde una percepción incompleta de nuestras propias necesidades, y de las necesidades de otras personas. Reunir los eventos y mirar los sentimientos y necesidades nos ofrece una buena perspectiva de todas las necesidades involucradas. En una situación típica puedo haber actuado a partir de la necesidad de asegurar mi propia seguridad física o psicológica. Puedo haberlo hecho a expensas de la seguridad de alguien, o he carecido de consideración de su necesidad a ser oído, ser respetado, a tomar una decisión, etc.

El arrepentimiento nos llevará a lamentar la decisión. Cuando lamento veré las necesidades que he satisfecho, y consideraré las necesidades que no percibí claramente en el momento de mi decisión. Percibiré más claramente mis necesidades y las necesidades de la otra persona, sobre todo cuando discuto la situación con la otra parte. Al mismo tiempo discerniré qué otras estrategias pueden haber cumplido todas mis necesidades y las necesidades de la otra persona.

Muy a menudo, el arrepentimiento puede expresarse desde ambas partes. Los dos formularán demandas de lo que harían diferentemente, o lo que les gustaría que la otra persona hiciera diferentemente. Finalmente, después de la mutua exploración, se alcanzará el acuerdo en una serie de pasos a dar en futuras situaciones similares, siempre que sea posible.

El proceso anterior para expresar el arrepentimiento se ha desviado completamente de la noción del perdón. Más bien, simplemente hemos tomado una decisión, de mutuo acuerdo. La situación podría ser más compleja. El proceso sin embargo, sigue siendo arquetípicamente similar.

Permítanos suponer, que algo particularmente traumático se puede haber perpetrado contra el ego, algo que causa pérdidas irrecuperables en que la responsabilidad cae completamente sobre una persona: un temerario accidente de automóvil, un robo, un crimen. En este caso podemos procesar el incidente entre individuos, o procesarlo interiormente.

El primer ejemplo está mejor ilustrado en el caso de la justicia restaurativa. Alguien puede haber cometido un crimen y, usando el enfoque CNV, es colocado cara a cara con su víctima. En este caso la víctima escuchará al perpetrador expresando sus sentimientos y necesidades, y con ayuda de un mediador de CNV, asegurar que el perpetrador reconozca sentimientos y necesidades. El mediador también le ofrecerá al perpetrador la oportunidad para expresar la perspectiva que lo llevó a cometer el crimen de la misma manera en que uno ofrecería excusas: sentimientos, necesidades alcanzadas mediante la acción y necesidades que no se alcanzarán. Esto llevaría a una profundización de la conexión a través de la víctima que permita a la otra parte conocer la profundidad de su angustia, y al perpetrador expresar cada vez más sus pesares. Eventualmente, y probablemente después de mucho tiempo, la víctima abrirá su corazón al perpetrador y esto llevará al perdón. El perpetrador generalmente ofrece una compensación a la víctima o a la sociedad a través de una acción que le permite disminuir sus pesares y aumentar su conocimiento de sí mismo.

El perdón real es el acercamiento que se necesita en ausencia. Si una víctima, experimentada en el proceso de Comunicación Compasiva necesita procesar su respuesta interior a la humillante acción de una persona no deseosa de enfrentarla, el mismo proceso se repetirá interiormente. La víctima regularmente aprovechará la oportunidad de expresarse honestamente y honrar sentimientos y necesidades insatisfechas. Esto lleva al concepto de auto-empatía, la meta final de CNV. Nuestras necesidades pueden satisfacerse interiormente, cuando no hay una posible solución externa. Éste es un proceso largo, laborioso, dependiendo de la gravedad de la ofensa recibida. Eventualmente, la víctima será llevada a entender los sentimientos, necesidades, y toda la perspectiva del perpetrador. Ella interiormente aceptará recibir la sanación de este proceso continuo, hasta que en el curso del tiempo, los sufridos efectos del mal ya no presionarán el alma, y sólo perdurará en la memoria.

Aspectos Sutiles de la CNV:

Ahora seguiremos un proceso que no es inherente a la Comunicación Compasiva. Repasaremos la experiencia de la Comunicación Compasiva en su conjunto y permitiremos que sus fenómenos nos guíen hacia un entendimiento superior de las leyes. Esto sólo puede hacerse con ayuda de ideas que recibimos de la antroposofía. Primero veremos la experiencia de necesidades que son nuestras esperanzas, deseos, preocupaciones, aspiraciones, valores en la vida. Volveremos entonces a la total expresión de CNV

Lo que expresamos como necesidades en realidad son expresiones de la voluntad, algo que vive en nosotros debajo del nivel de la conciencia del ego. Steiner indica que la voluntad actúa a nivel de las envolturas del cuerpo y evoluciona con éste [316] (vea tabla 1). A nivel del cuerpo físico tenemos instintos como: hambre, sed, seguridad, procreación, que son débiles en el ser humano y mucho más fuerte en los animales. En éstos últimos, la forma animal es una imagen de lo que es el instinto en la voluntad. Si nos movemos un paso más allá, al etérico, tenemos los impulsos, en que el instinto se hace más interior. Bajo esta categoría caen necesidades como el consuelo, el descanso, la relajación, la alimentación, la protección. En el astral la voluntad toma la forma de deseos. Éstos no sólo son más interiores, sino también más conscientes. El anhelo (o ambición) también es más transitorio que el deseo o instinto; es creado por el alma de nuevo cada vez. Tales serían aquéllos que sostienen nuestra vida del alma: el orden, la estabilidad, la fiabilidad, la eficacia, la consistencia, la continuidad, la aceptación, el apoyo, la limpieza, el compañerismo, la intimidad, la privacidad, etc. El ego se expresa en motivos que son únicos para el ser humano. El animal todavía tiene deseos, pero no tiene motivos. Sólo en el ser humano los deseos pueden volverse motivos de la voluntad. Los motivos serán aquellos impulsos de voluntad que dan a cada ser humano una específica dirección a la intencionalidad. Tal autoexpresión se encuentra en la necesidad de elección, libertad, honestidad, integridad, importancia, dignidad, respeto, verdad/

---

[316] Rudolf Steiner, El estudio del Hombre, conferencia del 25 de agosto de 1919

sabiduría, belleza, bondad, etc. Cada uno de estos valores tendrá una importancia relativa y la totalidad de éstos formarán la vida de los motivos de cada ser humano. Dos seres humanos no expresarán esta realidad de la misma manera.

La expresión de la lista de necesidades, las mencionadas primero y las otras, no pueden llevarnos a los cuerpos superiores del ser humano. Sobre este nivel, no cambia la experiencia vivida de la vida de necesidades. Se intensifica. Ya hemos encontrado la expresión de lo que Steiner llama "deseo" en el Yo Espiritual. Ésta simplemente es la habilidad de arrepentimiento y el deseo de mejorar. CNV lo ha expresado en el proceso de arrepentimiento o lamento. El Espíritu de Vida expresa la voluntad en intenciones que llevan al simple deseo un paso más allá, a la voluntad. Un deseo, que se hace más concreto, es una intención. Por cuanto el primero vivió más cerca a la etapa de imagen mental, la intención se enfoca más en la importancia del sentimiento y elementos de la voluntad. En la etapa de Hombre Espíritu, la voluntad asume la forma de resolución, o la boda completa de voluntad con el pensamiento, la cercana incapacidad para hacer lo que sabemos que no es correcto. La resolución no es posible en la voluntad hasta que el alma se libera del cuerpo.

Ahora podemos llegar a entender por qué las necesidades son importantes para CNV. CNV Es en la expresión de las necesidades que rozamos con la singularidad del individuo. En la voluntad se expresan las estrechamente las necesidades de una persona, cuando nos formamos una idea del rango y magnitud de las necesidades de esta persona y cómo éstas colorean la vida de los sentimientos, estamos compartiendo el mundo de las intenciones del pre-nacimiento (vea tabla 8). Estamos mucho más cerca a una comprensión del ser de la otra persona intenciones del pre-nacimiento que traemos del mundo espiritual. Estas intenciones viven inconscientemente dentro de nosotros, conduciendo nuestro karma hacia el cumplimiento. Cuando entendemos más que lo que podemos buscar en la expresión de sus pensamientos.

Como nos recuerda van Emmichoven, la voluntad es una fuerza más vieja que el puro sentimiento; sin embargo, la voluntad es más inconsciente que el sentimiento. Sabemos menos sobre nuestra voluntad

NECESIDADES COMO EXPRESIÓN DE LA VOLUNTAD

Se listan las necesidades en relación a la expresión de la voluntad compo se mueve y metamorfosea en las envolturas humanas. Esta lista no es exacta ni exaustiva.

INSTINTOS (físico)
Sostenimiento, comida, agua, aire, cobijo
Seguridad física
Sexo y reproducción
Autoexpresión, creatividad

Apertura
Claridad
Comunicación, participación, respuesta
Autoconexión

DESEOS (etérico)
Comodidad
Espacio
Descanso, relajación
Alimentación
Protección
Seguridad
Distracción
Desafío

Humor
Equilibrio, armonía
Flexibilidad
Paz
Inspiración
Significado, importancia
Dignidad
Respeto, consideración

IMPULSO (astral)
Orden, estabilidad
Confiabilidad. Honrar acuerdos
Salud
Estimulación
Facilidad, eficiencia
Información
Consistencia, continuidad
Agradecimiento
Aceptación
Calidez, cuidado, apoyo
Imparcialidad
Pertenencia
Diversión
Placer
Variedad
Aventura, descubrimiento
Compañía, intimidad

Privacidad
Reconocimiento, aceptación
Inclusión, participación
Mutualidad
Gratitud, asombro, inspiración
Esperanza
Duelo
Conexión, comunión
Empatía, entendimiento
Contribución, cumplimiento
Celebración
Integridad
Verdad, sabiduría
Belleza
Generosidad
Amor

Sobre los motivos no hay nuevas necesidades, más bien una profundización de la motivación.

MOTIVOS (ego)
Elección
Libertad, autonomía
Coherencia
Honestidad, integridad
Conocimiento

ANHELOS (yo espiritual)
Dolor y resolución para mejorar

INTENCIÓN (espíritu de vida)
Futuro lejano

RESOLUCIÓN (hombre espíritu)

Tabla 8: Necesidades y Expresiones de la Voluntad (tabla compilada por el autor)

261

que sobre nuestro sentimiento. [317] Nuestros sentimientos forman una ruta para la expresión de nuestra voluntad, pero requiere práctica llevar a la consciencia nuestras necesidades, y es más difícil si no podemos alcanzar nuestros sentimientos que están más cerca a la superficie de la conciencia que nuestra voluntad. Entendiendo la expresión de la voluntad respecto a la expresión de la vida de los sentimientos alcanzamos la habilidad de formarnos imaginaciones de un ser humano. Cada ser humano se presentará a nuestro campo de experiencia diferentemente de cualquier otro. Si cada experiencia es una oportunidad para reflexionar sobre la calidad de los eventos, el tenor de la vida del sentimiento, y la expresión de la voluntad, con el tiempo se formará la imagen real del otro ser humano a través de la continuada disciplina interior. Y lo mismo será para nosotros, desde que reunimos información y entendimiento sobre cómo operamos, cómo reaccionamos ante los eventos del destino, y qué es lo que realmente importa más en nuestras elecciones y en la dirección final de nuestras vidas.

El progreso en el camino de la Comunicación Compasiva va de la mano con una profundización de la intención y la atención. Por intención queremos decir enfoque en el propósito, y conocimiento de nuestras necesidades en cualquier momento dado, agregado a la habilidad de dirigir nuestra voluntad a lo que más importa en el momento. Atención significa la capacidad para observar y estar presente para la calidad de nuestras relaciones. También significa habilidad de dirigir nuestro enfoque sin ser distraído por los fuertes sentimientos y emociones, y pensamientos recurrentes o no deseados. Mayor atención significa aumentar la habilidad para observar y mantener a raya las emociones. Cuando se dominan atención e intención en un grado superior de lo que es la norma, todo lo que viene hacia nosotros puede recibir mayor comprensión; podemos observar más plenamente lo que viene de nuestro ambiente, a otros seres humanos y nuestro mundo interior. Por consiguiente, podemos entender más sutilmente cómo operamos, lo que son nuestros detonantes personales, limitaciones y dificultades. En último caso podremos dominar las lecciones de vida

---

[317] F. W. VanZeylmans Emmichoven, *The Antroposóficos Understanding of the Human Soul*, 61

que nos pueden haber preocupado mucho, y vencer más prontamente nuevos desafíos.

En el fenómeno social arquetípico de Steiner nos dicen que cuando actuamos recíprocamente en el diálogo humano, el portavoz pone al oyente gradualmente en una condición similar al dormir. Esto dura hasta que el oyente despierte, asuma el papel de portavoz y se inviertan los papeles. Éste es el caso porque somos antisociales en nuestra conciencia despierta. Por otro lado somos sociales en nuestro sueño. En esta condición compartimos nuestro mundo interior con todos los demás en nuestra vida; aquí, sin embargo, no estamos conscientes. Desde que ésta es una ineludible condición humana de la actualidad, Steiner nos indica que el único camino alrededor de este dilema es nuestro propio y deliberado esfuerzo para desarrollar imaginaciones del otro ser humano. En el Capítulo X hemos dado ejemplos de estos ejercicios. Los ejemplos dados involucran la habilidad de mirar a una persona que ha contribuido a nuestra vida y presente bienestar, recordando todo lo que nos afectó en la vida de los sentidos, sentimiento y voluntad, y crear en el ojo de nuestra mente un retrato viviente de la persona, en efecto desarrollar una imaginación. En otros lugares él va un paso más allá pidiéndonos mirar a aquéllos que nos pueden haber dañado, queriendo que dejemos de lado simpatías y preferencias personales. En el orden del karma cesan tales distinciones de simpatía/ antipatía. Muchos eventos determinantes en nuestras vidas han surgido de la oposición que hemos recibido. Por consiguiente, lo anterior puede repetirse de la misma manera con personas a las que no consideramos favorablemente, personas que se nos han opuesto, o que creemos hemos herido u obstaculizado. Ganaremos una perspectiva diferente sobre ellas a partir de la práctica de tales ejercicios.

Steiner ofreció un ejercicio junto con el anterior. Consiste en considerar nuestras vidas tan objetivamente como sea posible: mirar un momento en nuestras vidas y reproducirlo tan vivamente que lo veamos tal como lo vería un extraño. Lo mismo puede hacerse mirando las últimas dos, tres o cuatro semanas, igual si fuera un año o un mayor espacio de tiempo. Aquí también empezamos a desarrollar una imaginación.

No hay razón alguna para creer que los ejercicios de Steiner son los únicos posibles para desarrollar la imaginación de otros seres humanos. Los ejercicios son la expresión de arquetipos más grandes. La Comunicación Compasiva extrae las imaginaciones de éstos mismos arquetipos, y nos ofrece otra expresión de ellos. Profundizando la práctica y entendimiento de la conversación descubrimos una perspectiva diferente del otro ser humano. Normalmente, cuando encontramos algo en el mundo, inmediatamente volvemos a nosotros mismos y formulamos simpatías y antipatías. Esto sólo las refuerza con el tiempo, a menos que enfrentemos experiencias desagradables, o los soplos del destino que nos obligan a desafiar nuestras asunciones. La Comunicación Compasiva abre el espacio de reacción que normalmente es muy breve entre la percepción y la respuesta a los eventos en nuestras vidas. Se hace a través de una disciplina de preguntas muy claras que podrían resumirse así: "¿Qué veo en el mundo y en mí?"; "¿Qué está pasando en los sentimientos que reinan en mí y en la(s) otra(s) persona(s)?" ¿Qué es lo que yo, y otros, realmente necesitamos? ¿Qué queremos lograr?" Cuando es usada a plena capacidad, la NVC es una herramienta para apartarse de una visión moralista del mundo a una moralidad interior del yo superior, a una moralidad auto-determinada. Desde este mirador no hay necesidad de una perspectiva buena o mala, ganadora o perdedora. Lo único valioso es preguntar: "¿Cómo esta situación puede beneficiar a todas las personas involucradas?" NVC es una invitación a asumir responsabilidad por nuestras vidas que sólo podemos contemplar cuando abandonamos severos juicios de sí mismo y de otros.

Prokofieff/Rosenberg: Comparación y Conclusiones:

Lo que Prokofieff ofrece desde una perspectiva más Aristotélica, halla su complemento en un enfoque más Platónico y experimental al perdón en la Comunicación No Violenta (CNV). En primera instancia estamos mostrando los pasos que nos llevan al perdón y más allá de él. Mostramos lo que son las consecuencias del acto del perdón en nuestras almas, en el alma de la persona perdonada, y las más grandes consecuencias macrocósmicas. En el segundo enfoque nos piden que pongamos en práctica las nociones relativamente simples de ver y expresar con claridad cuatro niveles de comunicación. Traducir estas nociones en hábitos puede tomar meses o años, según la capacidad interior. Sólo ocurrirán cambios en la medida en que nuestros esfuerzos sean serios. En este contexto podemos reconocer que NVC simplemente es otra expresión de la técnica moral, y un acercamiento que no sería considerablemente diferente del seguido por Lievegoed. Lo que los dos enfoques tienen en común es un alejamiento del dogma o la tradición. Ellos observan los fenómenos, y sólo los fenómenos. Prokofieff analiza los fenómenos como desde el exterior, refiriéndose a los conceptos antroposóficos del ser humano trimembrado. Nos invita a ver los hilos que tejen entre nuestra vida interior y la vida del cosmos. Rosenberg nos ofrece sus ladrillos de construcción de la comunicación desde la vivida experiencia del lenguaje; él tiene el recurso de las experiencias repetidas que ha modificado la expresión de sus ideas y finalmente le ha dado la forma de Comunicación Sin Violencia. Podemos aprender más de un enfoque o de otro. Basado en mi repetido estudio del libro y años de práctica de la Comunicación Compasiva, es mi convicción que entre los dos hay una mutua fructificación.

Volveremos ahora a las ciencias naturales considerando a dos renombrados científicos: Rudolf Hauschka, antropósofo a quien debemos innovadores descubrimientos científicos, y el método innovador para producir los medicamentos de Wala. Su vida y trabajo serán contrastados con los del Dr. Edward Bach, inglés, famoso por los remedios de flores que llevan su nombre.

CAPÍTULO 8

ARISTOTÉLICOS Y PLATÓNICOS EN LAS CIENCIAS NATURALES

Ahora dejaremos de lado la psicología y entraremos en el campo de la ciencia natural. Y una vez más veremos primero a un individuo que trabajó en el tiempo de Steiner, y en sus círculos inmediatos, Rudolf Hauschka. Volveremos después a alguien que trabajó de una manera diametralmente diferente del primero, el Dr. Edward Bach. Luego veremos el gran contraste que hay entre los dos.

Rudolf Hauschka

Rudolf Hauschka nos dice en su autobiografía que su memoria más temprana fue la de un trueno a la edad de dos y medio años. Se asustó y el abuelo le dijo "Habla El Padre Celestial." La expresión quedó con él por mucho tiempo después. [318]

La niñez

El padre de Rudolf se casó en 1890, y Rudolf nació en 1891 en Viena. El padre, un herrero, tuvo un pasado muy simple: un abuelo pastor, el otro herrero. Rudolf creció fascinado por el trabajo en la herrería donde su

---

[318] Rudolf Hauschka, *At the Dawn of a New Age: Memoirs of a Scientist*. (Al Alba de una Nueva Era: Memorias de un Científico)

padre había preparado una tienda, con un taller para trabajar el metal y un equipo de galvanización.

En los primeros años, después de ser vacunado contra la viruela, la salud de Rudolf fue frágil. Su madre decidió someterlo a un tratamiento de agua fría, para después quedarse en cama y calentarse. Gradualmente se recuperó, y después pasó el tiempo visitando una estación de agua termal rica en hierro. La madre tomó la original gran iniciativa de cambiar la dieta de la familia, lejos del café usual y rollos de hierba de té con pan integral y miel. Ella introdujo nuevas verduras y frutas.

Por los veranos el muchacho pasó las vacaciones en la granja de un pariente, haciéndose amigo de todos los animales domésticos, y adquiriendo gradualmente entendimiento de las operaciones de la granja y la rotación de las cosechas. Pero la ciudad mantuvo igual hechizo en su alma. La sed de experimentar el mundo lo condujo a la estación del ferrocarril para ver el Expreso del Oriente.

Un Mundo de los Elementos e Imaginaciones

Los padres de Rudolf lo dirigieron hacia las profesiones técnicas y lo enrolaron en el *Realgymnasium*. A la edad de catorce años se expuso a lo que él llamó "asuntos sumamente interesantes": la matemática, la geometría, la física. Pero el lenguaje y la gramática también despertaron su interés.

En matemáticas fue particularmente atraído por la trigonometría esférica. Allí por primera vez encontró el concepto de infinidad en un estudio de las secciones cónicas. Él tenía mucho temor al hecho que en una hipérbola, así como una rama desaparece en la infinidad, la otra se hace visible en su jornada de retorno. Aquí merecen la pena citarse sus palabras: "Y en el intermedio está un área de no visibilidad, de no audibilidad, de quizás no obtenibilidad en términos de nuestro pensamiento. Pero sentía que debía haber una manera de ensanchar la conciencia que, por lo menos en alguna clase oscura de camino, uno podría estar en posición de asir la naturaleza de la infinidad. Hice los esfuerzos, lo practiqué, *me identifiqué con la hipérbola y tuve el gran problema de permanecer dentro de mí mismo*. Entonces vino en mi ayuda una experiencia artística. Durante una sinfonía de Bruckner por primera vez escuché algo muy singular. Fui impactado por las *muchas y largas pausas en la música y, cuando escuché atentamente, ellas parecían estar colmadas de una música maravillosa* - más bien como resonancia antes y después de la música audible, e imaginé que pudiera haber sido algo como lo que Platón quiso decir cuando habló de la música de las esferas. La música de Bruckner parecía *elevarse desde la audibilidad al reino de la infinidad*, demorarse allí algunos instantes, y luego regresar una vez más a la audible música terrenal. Me puse firme en mi convicción que, más allá de este mundo que percibimos con nuestros sentidos, hay un mundo superior al que, en el futuro, algún día encontraremos una entrada." [319]

En sus estudios el muchacho ávidamente aprendió dibujo libre y perspectiva del color según Goethe. Algunas de sus pinturas de hecho recibieron el reconocimiento de su maestro y se exhibieron en el vestíbulo escolar. Otro recuerdo le permitió al posterior Hauschka escribir un ensayo: "El hombre debe ser noble, útil y bueno." En la discusión que resultó de esto él argumentó "que era físicamente necesario cuidar la tierra para el progreso humano, para evolucionar todavía más allá." [320] En otra ocasión escribió un ensayo sobre el tema: "Lo mejor que surge de la historia es el entusiasmo que ésta excita en nosotros." En éste describió viejas partes de Viena y su historia, y terminó con una referencia a un patriota, Kolschitzky, que luchó contra los turcos y también procesó café y estableció en Viena la primera casa del café. Fue un inteligente e imaginativo modo de unir la historia a la geografía y tradiciones de la ciudad. El ensayo le ganó el apodo de "poeta."

Las inclinaciones religiosas de Hauschka no eran tan fuertes como sus inclinaciones científicas. Con buena razón cuestionó el dogma. Por insistencia de su madre tuvo que asumir la confirmación, pero él se resistía a comprometerse con una denominación. Tal fue la tensión en su alma que volcó su dilema interior sobre el sacerdote al punto que lo hizo renunciar de la ceremonia. En respuesta recibió el poema *Mi Reino Celestial* de Pedro Rossiger. El poeta defendía el ciclo de nacimiento y

---

[319] Rudolf Hauschka, *At the Dawn of a New Age: Memoirs of a Scientist*. (Al Alba de una Nueva Era: Memorias de un Científico), 12

[320] Ibid, 13-14

renacimiento en la naturaleza como en el hombre, y señaló al misterio de la reencarnación (a través de la idea de la resurrección del individuo), defendiendo la continuación del ser y de la conciencia. Naturalmente la imagen de la hipérbola y la experiencia de la eternidad en la música de Bruckner regresó a la mente del adolescente permitiéndole "soportar el servicio de la confirmación." En secreto pensó para sí mismo: "Habla el Padre Celestial."

El futuro yo del joven, ya en camino, habló a su alma resonando en la experiencia de la química, y de la manera en que lo describió después en la autobiografía. Sintió que tenía "una relación personal con los elementos." Y más, "Mi experiencia de los elementos fue de inteligencias que, al observarlas, casi admiré. Pronto, sin embargo, llegué a un acuerdo familiar con ellas. Sentía que estaba en una tierra de fantasía donde los gnomos, duendes, silfos, y hadas trabajaban detrás de la substancia, revelándose en la interacción de los elementos." [321] Su capacidad para desarrollar la imaginación, en cierto modo similar a su ensayo de Viena, se ilustra mejor en la descripción de su elemento favorito, el antimonio: "...esta substancia metálica se comporta como un niño; en su estado fundido en forma de diminutos glóbulos, recorre alegremente,....y luego, todo en espiral, se viste en una piel blanca de agujas de cristal...; luego de nuevo, en el tártaro emético, escondido entre las grandes, se desarrollan las substancias. Finalmente, cuando dejó caer un electrodo, éste explotó, y como le gusta a un niño malo, araña y muerde cuando usted desea tomarlo por la mano." [322]

Una Respuesta a Sus Preguntas

El amor del joven por la química lo llevó a la siguiente etapa de sus estudios universitarios. Allí fue atraído por la química orgánica, particularmente la química del carbono, "Qué tipo de secreto cósmico es el que se esconde detrás del carbono que le permite construir

---

[321] Rudolf Hauschka, *At the Dawn of a New Age: Memoirs of a Scientist.* (Al Alba de una Nueva Era: Memorias de un Científico). 18

[322] Ibid

continuamente nuevas substancias en millones de variaciones..."[323]
Pronto fue atraído por la química del color y el rol del oxígeno y el
hidrógeno. Vio que el oxígeno hacía que el color se hiciera visible, y
que el hidrógeno tenía una conducta polar, la espiritualización de la
substancia. Habiendo adquirido tal nivel de fina percepción, sólo era
natural que en el debido tiempo surgieran dudas en su alma respecto
a si las substancias sintéticas realmente podían ser equivalentes a sus
contrapartes naturales.

Hauschka tuvo un acercamiento gradual a la antroposofía. Al
principio, en sus días de estudiante, había oído a Karl Schubert - futuro
maestro Waldorf - hablar acerca de ella. Pero sentía que todavía no
podría reaccionar ante ella. En sus años de profesional, poco después de
la guerra, el Dr. Chwala lo puso en contacto con pupilos de Steiner. Pero
él recuerda no poder superar su escepticismo: "Escuché simples palabras
y no fui conmovido. No estaba suficientemente maduro. Todavía no
había aprendido a distinguir al Grial de su portador."[324]

Surgió otra oportunidad cuando su hija empezó a ir al
Neuwachtschule en Köln, no una Escuela Waldorf oficial, pero que
"sigue la línea de las escuelas Waldorf." A través de la maestra de su hija,
Frau Ebersold-Förster, finalmente sintió que antes había estado expuesto
a la antroposofía. "Las palabras que ella encontró no fueron simples
palabras, sino que llevaban una fuerza espiritual que para mí restableció
un contacto con lo que es experimentado antes del nacimiento." Volvió
a despertar todo lo demás que había dejado una marca en su alma: la
hipérbola de su juventud, la música de Anton Bruckner, el poema de
Pedro Rossiger en el momento de su confirmación, e incluso la primera
impresión de su vida terrenal, la del trueno: "Habla el Padre Celestial."
Sintió que podía unirse con sus intenciones del pre-nacimiento y
recordar: "La misión de transformación es mi tarea en la tierra, la
transformación de mí mismo, la transformación de la naturaleza y de
la tierra", temas recordativos de uno de sus primeros ensayos.[325]

---

[323] Ibid, 20
[324] Ibid, 35
[325] Rudolf Hauschka, *At the Dawn of a New Age: Memoirs of a Scientist.* (Al Alba
de una Nueva Era: Memorias de un Científico), 12

Empezando en este importante momento su destino se acercó a él con más fuerza. En 1924, a pesar de los obstáculos causados por la ocupación francesa, quiso participar en una conferencia de verano en Arnhem, Holanda. Allí se tropezó una y otra vez con Rudolf Steiner con quien sostuvo una breve pero rica conversación. En una conferencia en que Steiner habló sobre el destino del Movimiento Antroposófico él recuerda: "Encontré corroborada mi intuición acerca de una experiencia prenatal," ciertamente un tema recurrente para Hauschka. A la luz de este recuerdo le hizo a Rudolf Steiner una pregunta que estaba cerca de su corazón "¿Qué es la vida?" Steiner le dijo que estudiara el ritmo. "La hipérbola entró una vez más en mi mente." [326]

Una vez más, la hija dirigió a Hauschka al siguiente paso. Debido a sus problemas bronquiales la llevó a la clínica de Arlesheim dirigida por Ita Wegman. En Arlesheim le dijeron que Steiner había querido invitarlo a los laboratorios de Weleda que estaban al lado de la clínica. Desgraciadamente Steiner había caído enfermo y ya no podía recibir visitas; fracasaron las negociaciones para incorporarse a Weleda.

No habiendo encontrado una oportunidad profesional en Dornach, Hauschka aceptó la aventurera invitación de su amigo, Ehrenreich, ir a Australia y empezar una empresa de procesamiento del tiburón, valorizando varias partes del animal: producir cuero de la piel del tiburón; y procesar su carne quitándole todo rastro de olor de aceite. Un yate, llamado 'Istar' fue adecuado para la empresa, pero el proyecto fracasó debido a los adversarios comerciales.

Es fascinante oír hablar, en palabras de Hauschka, muy precisas observaciones sobre las características físicas y movimiento de los tiburones. Entre otros apunta a las expuestas agallas del animal y a la incapacidad de producir movimiento hacia atrás. El área de distribución del animal corresponde a la Antigua Lemuria; hay tiburones que viven en otra parte, pero son "carroñeros y renegados," llevando una existencia independiente. Los tiburones tienen una larga vida, y una enorme glotonería, emparejado con una enorme capacidad digestiva e hígado, y una gran tasa de fertilidad. Hauschka los asimila a una endurecida imagen demoniaca de las condiciones de evolución de los tiempos de Lemuria.

---

[326] Ibid, 13-14

Encontrando Su Tarea de Vida

En el tiempo en que fracasó la aventura del tiburón, Hauschka tuvo en Londres la oportunidad de participar en una Conferencia Mundial Antroposófica, y allí habló con Ita Wegman quien lo alertó de la necesidad de personas para trabajar en la ciencia antroposófica. Ella lo invitó a preparar los laboratorios en el instituto de terapia clínica en Arlesheim. Dado que fracasó la aventura del tiburón, Haschka se sintió libre para moverse en la dirección del camino de su destino. De nuevo fracasó otro esfuerzo para trabajar con Weleda, y los laboratorios Wala abrieron en 1935. Lo que hizo a Wala único fue el procedimiento para conservar las medicinas sin usar alcohol. El doctor ya había recurrido a las polaridades de la luz y la oscuridad, calor y frío, movimiento y descanso para extraer los ingredientes activos de las hierbas medicinales. A través de estas alternaciones rítmicas la preservación natural podría extenderse a muchos años sin necesidad de alcohol u otros preservantes.

Las siguientes son algunas de las áreas de trabajo del Dr. Hauschka, no necesariamente en orden cronológico. Años después de su respuesta a Ita Wegman, Hauschka emprendió largos estudios de las fuerzas formativas. Con E. Pfeiffer cambió su interés por el mundo elemental y por el estudio de las fuerzas formativas. Observando la escarcha (cristales de hielo producidos en las ventanas a temperaturas por abajo del punto de congelación) notó que aquella escarcha producida delante de una tienda de flores era bastante diferente de aquélla de la tienda de un carnicero. Él volvió a fotografiar los cristales generados por los diferentes jugos de las plantas, e identificar los modelos producidos por cada uno de ellos.

De esta primera línea de pregunta cambió al estudio de la cristalización de las sales. A través de éstos también podría demostrar las tendencias formativas en la sangre y el uso de la herramienta para el diagnóstico de las enfermedades. Hauschka también desarrolló el 'análisis de la dinámica capilar (ahora llamado cromatografía) y empezó mirando el 'surgimiento de imágenes' (Steigbilder). Usando el método de la dinámica capilar pudo descubrir la configuración del cáncer que precede al cáncer mismo. Y la investigación del cáncer fue continuada con la elaboración de remedios a partir del muérdago tan efectivos para su cura.

Con la cantidad del previo trabajo hecho, Hauschka reconoció que las fuerzas formativas trabajan a través de las constelaciones del zodíaco y de los planetas. También podía distinguir estas fuerzas activas en la palabra creativa a través de la laringe. Él podía hacerla visible para otros hablando contra una llama, y viendo las formas características generadas por los sonidos. Este interés en la palabra creativa iluminó muchos aspectos de la investigación de Hauschka.

Continuando su trabajo sobre las fuerzas formativas, Hauschka unió esfuerzos con Wachsmuth para estudiar cómo estas fuerzas actúan en las vitaminas. Identificó las fuerzas del éter calórico en la Vitamina A, del éter lumínico en la Vitamina C, del éter químico en la Vitamina B, del éter vital en la Vitamina D. De aquí a interesarse en la cuestión de la nutrición sólo había un corto paso. De hecho, la nutrición y el estudio de substancias formaron el soporte principal del trabajo científico de Hauschka.

Steiner había recomendado que en lugar de levadura el pan se elevara con sal y miel. Hauschka, trabajando en este tema, descubrió que sólo podía hacerse con harina biodinámica recién molida; mejor con una mezcla de cuatro granos (trigo, cebada, centeno y avena). Continuando el trabajo sobre la nutrición, cambió a la producción de 'elixires', jugos de fruta que conservaran mejor el aroma, el sabor, la calidad, y lo sano. No podría lograrlo con las variedades cuyo cultivo estaba más extendido, sino con frutas salvajes y bayas. Éstos fueron los primeros elixires de Wala.

Leyendo *Los Enigmas de la Filosofía*, Hauschka fue conmovido por la mención del trabajo del barón Albrecht von Herzeele. Él hizo lo que pudo para localizar su trabajo y replicarlo. Von Herzeele había estudiado la germinación de las semillas que crecen en agua destilada y sellada de su ambiente inmediato, mostrado que los constituyentes minerales registraron un aumento de 30 a 100% durante el crecimiento, concluyendo que en la vida orgánica la aparición de substancias primarias es una ocurrencia diaria. Resultados similares a aquéllos del barón habían sido corroborados por la investigación de un científico francés trabajando con algas, notando la aparición de yodo y potasio, sin saber de dónde. Después de hacerse conocer por él, Haushcka cambió al estudio del alquimista Rosicruciano. Sus exhaustivas exploraciones y la idea de espacio y contra-espacio presentada por George Adams, lo llevaron a un profundo entendimiento de las fuerzas formativas, y fortalecieron la conexión con la pasión que había despertado en su juventud.

El Mundo de Imaginaciones de Hauschka

Repasaremos en el libro: *La Naturaleza de las Substancia: Espíritu y Materia* el mundo de las ideas vivientes de Hauschka y su manera de trabajar, posiblemente su más importante legado literario. Ésta será una apreciación global abreviada de los principales puntos del libro. Podemos decir desde el inicio que el libro forma una imaginación muy grande construida en muchos niveles de imaginaciones menores. De hecho, lo que Hauschka declara al final del libro podría tomarse como una digna introducción: "Hemos intentado mostrar aquí cómo es posible, manteniendo la exactitud científica, estar en el camino hacia las leyes vivientes del mundo; encontrar y desenredar los hilos que llevan de la materia terrenal a su origen en las fuerzas creativas en el cosmos. Este libro resultó ser una contribución a discernir el latido del organismo cósmico." [327] Y tal es.

El autor parte del mundo orgánico y va hacia el mundo inorgánico y los metales. Para cada uno de estos mundos él primero construye las imaginaciones de simples elementos químicos, como oxígeno, carbono, sílice, calcio, azufre, hierro, oro, etc. Luego relaciona cada uno de ellos con las influencias del zodíaco o con la acción de los planetas, y construye una rueda zodiacal de los elementos y después la séptuple correspondencia entre metales y planetas. Finalmente, ofrece la imaginación de una nueva Tabla Periódica de los Elementos que él llama la "Espiral de la Creación." Permítanos considerarlo todo paso a paso.

Hauschka empieza su trabajo repitiendo los experimentos del barón von Herzeele, que demostraron la transubstanciación de los elementos. Éstos habían sido importantes para el autor en sus primeras exploraciones científicas. Él sigue entonces con la planta, empezando desde la creación de almidón en la zona media de la planta, y cuestionando la ecuación

---

[327] Rudolf Hauschka, *The Nature of Substance*, (La Naturaleza de la Substancia), 233

química de su formación como explicación definida de esta maravilla. Introduce la idea de que algo mucho mayor que lo que reconoce la ciencia convencional cuenta para la formación del almidón: la acción de la luz y el aire y el agua. Por su conclusión "El almidón es un arco iris embrujado que utiliza la materia para la actividad vital de la planta" el lector a estas alturas ya se da cuenta de que no se trata de un ordinario libro de química. Volveremos después a esta imagen y su génesis.

Empezando en el mundo orgánico, Hauschka hace un paciente esfuerzo para conducir al lector a una comprensión de un círculo zodiacal de los elementos (palabras del autor). Su premisa es que las plantas vinieron primero, y después la tierra y los elementos químicos inertes. Habiendo observado la formación del almidón, nos conduce a su metamorfosis en varias partes de las plantas: los azúcares, la celulosa, los aceites etéricos, los aceites grasos. Ésta es la manera de presentarnos los primeros tres gases de la atmósfera: el carbono, el hidrógeno y el oxígeno. Y debido a que teje toda la comprensión de estos elementos a partir de un inmenso caudal de observaciones, surgen nuevas imaginaciones y culmina ofreciendo nuevos nombres: pirógeno para el hidrógeno respecto a su conexión con el elemento del fuego; el biogen para el oxígeno respecto al papel que juega en la promoción de la vida, y geogen para el carbono, el elemento constituyente de todo organismo viviente.

Queda por ser considerado un elemento, el gas más prevaleciente en nuestra atmósfera: el nitrógeno. Pero para hacerlo, Hauschka nos lleva primero a la exploración de otra parte del mundo viviente: los animales, y todo lo que es más como animal en el mundo del animal y de la planta en que el nitrógeno representa su papel: las proteínas y los alcaloides (venenos naturales de las plantas). Con el nitrógeno, el re-bautizado aerogen (portador del elemento del movimiento) Hauschka completa la llamada "cruz atmosférica" en que el nitrógeno/aerogen está en polaridad al carbono/geogen y al hidrógeno/pyrogen en contraste con el oxígeno/biogen. Y coloca las influencias de los procesos de estos elementos en las constelaciones de: Libra para el Hidrógeno; Acuario para Oxígeno; Escorpio para el Carbono; Tauro para el nitrógeno.

Hauschka nos lleva ahora al claro desvío del estudio de las vitaminas. Considerando la naturaleza de las vitaminas y estudiando el efecto de sus deficiencias (avitaminosis) llega a una correlación entre las vitaminas A, B, C y D y los éteres: el éter calórico para la Vitamina A; el éter químico para la vitamina B; el éter lumínico para la vitamina C; el éter forma para la vitamina D. Indica que las vitaminas deben verse como fuerzas universales formadoras, en lugar de los químicos, como es común. La teoría es puesta a prueba creando en el laboratorio condiciones artificiales para la avitaminosis para ofrecer la prueba de que las vitaminas no son compuestos químicos sino principalmente fuerzas formativas cósmicas. Esto se hizo con la exclusión de la acción química (Vitamina B), exclusión de la luz (Vitamina C), calor (Vitamina A) o gravedad a través de la creación de un vacío (Vitamina D). Aquí Hauschka introduce las imágenes producidas a través de la cristalización de la levadura expuesta a las vitaminas y de aquéllas protegidas de una de las cuatro influencias. El método de la cristalización usa una solución saturada de nitrato de potasio que produce formas visuales; uno podría decir imaginaciones. La cristalización normal de la levadura, expuesta a las vitaminas, regularmente produce cristales radiantes. Producciones en que al elemento cósmico se le contrapone un examen de su influencia produce atrofiadas imágenes con mínimos modelos de cristales. Hauschka nos ha presentado ahora una manera más imaginativa para pensar en el origen cósmico y acción de las substancias naturales.

Habiéndonos ofrecido las imágenes de lo que está vivo, el autor nos ofrece una apreciación global de la elaboración científica de substancias sintéticas a partir del alquitrán de carbón, el mundo de "las imágenes espejo," a través de las que las substancias artificiales imitan las substancias naturales. Éste es el mundo que ha dado lugar al gran desarrollo de las drogas sintéticas. La producción de compuestos de carbono en la planta que fue previamente explorada se refleja ahora en las drogas sintéticas. Para cada nivel de hidrocarburos de la planta (almidón, azúcar, aceites esenciales, aceites grasos, celulosa) hay un reflejo, por así decirlo, debajo de la naturaleza. Y naturalmente surge la pregunta: "¿Cómo difieren estos conjuntos dobles de substancias?"

Para dar el paso siguiente, y al corazón del libro, se presentan los principios de las diluciones homeópatas. La materia surge de una idea; el proceso acaba en un elemento químico. Materia que ha perdido la vida de la idea puede volver a su estado original a través de la potenciación, como la que se practica en la homeopatía. "El método de potenciación es una inspirada emulación de este proceso natural [del decaimiento de las plantas y la formación de una semilla]. Simplemente es una conversión de la materia con la apariencia de un ser." [328]

Iremos ahora a comparar la potencia del ácido benzoico, natural y sintético, y su curva de potencia, medida en relación a la fermentación producida por la levadura, y producción de ácido carbónico. No es posible potenciar las substancias sintéticas; sólo puede actuar la substancia misma. Menor cantidad de substancia tiene un resultado reducido, y las más altas diluciones homeópatas no tienen influencia perceptible, considerando que la substancia orgánica puede mostrar resultados mayores con las más bajas cantidades de materia en la progresivamente más elevadas dosis (D1 a D2 a D3, etc.). En el último caso, cuando la materia ya no actúa, la fuerza/idea presente en la substancia continúa produciendo efectos. Por otro lado, las substancias sintéticas están privadas de fuerza porque han sido separadas del cosmos.

Hauschka ha demostrado así que "la Vida invalida la ley de la conservación de la materia." Y más allá, citando a Herzeele, "La tierra no fabrica las plantas por algún proceso físico-químico: es la planta que crea la tierra manifestándose materialmente desde el universo." [329]

Cuando las plantas son quemadas dejan residuos minerales en forma de ceniza: entre los más importantes están la sílice y el calcio, el aluminio y el fosforo. Haushka vuelve a estas para construir la imaginación de la "cruz mineral." Es la Sílice como fuerza o proceso macrocósmica la que ha formado toda la tierra. El calcio es el elemento "relacionado a lo estático que edifica la firmeza de nuestra estructura física." Además la Sílice es un ácido, considerando que el Calcio es una base.

A la primera polaridad se agrega la del Aluminio y el Fósforo. La arcilla es un silicato de aluminio, y forma el 20% de la corteza de la tierra. El aluminio tiene una "naturaleza anfótera" (*): puede ser un ácido y una base. El Fósforo, contrariamente al Aluminio, está finamente esparcido sobre la corteza de la tierra; está por todas partes en diminutas cantidades.

---

[328] Rudolf Hauschka, *The Nature of Substance* (La Naturaleza de la Substancia), 233
[329] Ibid 119
* N del T: Anfótera: Se dice de las moléculas que pueden reaccionar como ácido o como base.

El Aluminio tiene un papel importante en los procesos de la sangre, el Fósforo en los procesos de los nervios. Hauschka agrega ahora la cruz mineral a la cruz atmosférica previamente construida: la Sílice relacionada a Aries, el Calcio a Libra, el Aluminio a Capricornio y el Fósforo a Cáncer. Hauschka ha estado observando primero la atmósfera y el reino de lo vivo (la cruz de la atmósfera), luego la corteza de la tierra y los minerales. Vuelve ahora a los extensos océanos. Los océanos son la mayor fuente de sal (3% o más de sal disuelta). Hay tanta sal en el mar como hay piedra sólida en la tierra. Los álcalis (por ejemplo: el sodio, el potasio, el litio) y halógenos (por ejemplo el cloro, el flúor, el bromuro, el yodo) son aquellos que producen las sales en el océano.

Los álcalis/bases como todo lo que es acogedor para la vida; son pasivos, dan apoyo, receptivos; tienen afinidad con el agua y el oxígeno. Las sales alcalinas forman coloides en que la substancia sólida está finamente suspendida en el líquido. El proceso alcalino trabaja en el desarrollo que tiene que hacer con el crecimiento y la nutrición. Los halógenos/ácidos atacan agresivamente otras substancias. Son positivos y activos. Cuajan los coloides. Los halógenos, "completando nuestro destino", presionan hacia la conclusión de algún tren de acciones. Los álcalis pueden asociarse con la constelación de Virgo; los procesos halógenos se originan en la constelación de Piscis.

La sal marina también tiene un promedio de 16% de Sulfato de Magnesio. Esta proporción de Magnesio es suficiente para construir un continente entero. El magnesio se convierte en Magnesia (óxido de Magnesio) produce una luz deslumbrante. El brillo alpino de la dolomita es debido a la presencia de magnesio en la caliza dolomítica, conteniendo magnesita. En palabras del autor: "es el magnesio el que empuja la luz a la densa materialidad del almidón y la celulosa." [330] El proceso del magnesio trabaja en la deposición del material que forma los huesos en el esqueleto.

En las regiones de actividad volcánica se encuentran depósitos de azufre. El mineral tiene gran afinidad con el calor. Y, químicamente hablando el Azufre es muy sociable; es un natural "mezclador" de substancias. El proceso del Azufre apoya la digestión; le lleva más

---

[330] Rudolf Hauschka, *The Nature of Substance* (La Naturaleza de la Substancia), 150

vida al proceso metabólico. El magnesio está bajo la influencia de la constelación de Sagitario; el azufre bajo la de Géminis.

Hauschka nos ha llevado de la atmósfera y los organismos vivientes a la superficie de la tierra y a las profundidades de los océanos. El círculo del zodíaco es ahora completado con las cruces atmosférica, mineral y oceánica. Aunque hay doce elementos alrededor del círculo, muchos otros quedan atrás del representante principal del grupo; todos excepto los metales que se mencionarán después en el libro. Hauschka resume su síntesis así: "Las substancias que constituyen la cruz atmosférica y trabajan en el manto aéreo de la tierra crean las formas de la naturaleza orgánica; las substancias de la cruz mineral van a la formación del duro centro de la tierra; las substancias de la cruz oceánica llenan los océanos con sales." [331]

Para completar la tabla periódica de los elementos, Hauschka tiene que regresar a los metales. Esto lo hace contrastando los metales con los minerales. Los minerales (cuarzo, mármol o cristales) están compuestos de los mismos materiales de la región donde ellos aparecen. Menas (*) de metales aparecen en estrechas venas, independientemente de sus ambientes. La relación de los metales con el hombre es completamente diferente de aquella de los minerales. A diferencia de los minerales, las cualidades de los metales son calor, reactivos, móviles, activos, y son altamente conductores del calor y la electricidad. A diferencia de los metales, los minerales no entran en íntima relación. Los metales, concluye Haushka, no deben ponerse en la misma tabla con los otros elementos de la rueda zodiacal. Él nos dice que en esta tabla no hay lugar apropiado para los metales, y recomienda eliminar los metales de la tabla, reduciendo la Tabla Periódica de los Elementos a siete series, en lugar de once. Por consiguiente él comienza una imaginación totalmente nueva con respecto a los metales, de los que hay siete arquetipos primarios, en lugar de doce; los planetas, en lugar del zodíaco.

Hauschka acomoda los metales en relación a la resonancia, brillo, calor y conductibilidad eléctrica, y su capacidad de ser fundido y forjado. El plomo y el estaño (poco conductivos y resonantes) pueden ser fundidos

---

[331] Rudolf Hauschka, *The Nature of Substance* (La Naturaleza de la Substancia), 156

* N del T: Mineral metalífero, principalmente el de hierro, tal como se extrae del criadero y antes de limpiarlo

pero no forjados. El hierro, el oro, el mercurio puede ser fundidos y forjados. El Cobre y la plata (más conductivos y resonantes) pueden forjarse pero no fundirse. Relacionando las cualidades de los metales con las esferas planetarias, Hauschka concluye: "Vemos, entonces, que el movimiento planetario es metamorfoseado en las propiedades de los metales terrenales. El ímpetu de los planetas aparece de manera metamorfoseada como conductibilidad." [332]

Hauschka ahora ordena los metales respecto a sus propiedades. La superior es la conductibilidad, mientras el metal se relaciona más con un planeta cercano a la tierra. Así las propiedades del plomo lo hacen un elemento Saturnino; el estaño está conectado con Júpiter, el hierro con Marte, el oro con el Sol, el mercurio con el Mercurio planetario, el cobre con Venus y la plata con la Luna. El oro ocupa el mismo lugar central entre los metales que ocupa el sol entre los planetas; sus propiedades son colocadas a medio camino entre la el plomo y la plata. Hauschka completa el análisis de los planetas observando las polaridades que se colocan alrededor del eje del sol/oro: hierro-mercurio, estaño-cobre y plomo-plata. El oro se consolida como el mediador entre las otras tres polaridades.

Hauschka observa una vez más las tres polaridades a través de muchos fenómenos: las relaciones con el agua, las menas producidas y su cristalización, modelos, conducta predecible o impredecible, complejidad de la química, propiedades físicas, etc. Él luego completa la imagen mirando, más allá del metal, al proceso arquetípico que encuentra su expresión final en el metal físico.

El libro culmina en la más ambiciosa de todas las imaginaciones: el esfuerzo de Hauschka de transformar la estática Tabla Periódica de los Elementos en la dinámica "Espiral de la Creación." Es cómo él explica el paso que quiere dar, "La Tabla Periódica justificadamente podría pensarse como la expresión final de la creativa sinfonía cósmica que puede ser experimentada de una manera más viviente como sonido a través de la espiral de la creación. La Tabla Periódica podría describirse como una abstracción estática. En la espiral creativa, por otro lado, se expresa la sucesión de eventos en el tiempo."[333]

---

[332] Rudolf Hauschka, *The Nature of Substance* (La Naturaleza de la Substancia), 163
[333] Rudolf Hauschka, *The Nature of Substance* (La Naturaleza de la Substancia), 229

Hauschka ya ha indicado que los elementos químicos se combinan en simples y múltiples proporciones, y que la totalidad de las proporciones en que ellos se combinan están contenidas dentro de la octava (de 1:1 a 1:7). Él ahora arregla la rueda zodiacal con doce elementos en la periferia, con siete anillos de los metales en la parte interior del círculo, con la tierra al centro, la plata más cerca a ella y más cerca a la periferia está Saturno con el plomo. Esto es bastante recordativo de la manera en que los doce sentidos son a menudo descritos en relación a los siete procesos de vida. El gráfico reitera que las influencias formativas que trabajan en las tres cruces se originan en el zodíaco; la que trabaja en los metales en los planetas.

Hauschka compara la ley de la gravedad, y la aceleración de la velocidad de caída, (después de 1 segundo una piedra cae 5 metros, después de 2 segundos 20 metros, después de 5 segundos 125 metros, después de 9 segundos 405 metros) con el proceso de formación de las substancias 'cayendo' desde el cosmos a la tierra. Él encuentra un apoyo para esto en la embriología del feto humano. La aceleración del crecimiento y la diferenciación del primero al noveno mes es directamente proporcional a la aceleración de la velocidad de Caída de un objeto debido a la gravedad, según los valores anteriormente expresados.

El resultado de su creativo pensamiento construye la imaginación de una espiral de la creación en que los impulsos formativos del cosmos son suavizados por los impulsos planetarios. Esta espiral refleja la realidad evolutiva de los pequeños ciclos inscritos dentro de los más grandes en el curso de un año Platónico. Puede servir como un ejemplo la sílice que forma el principio de la espiral de la creación, "...un temple Saturnino fue dado con el impulso de Aries. El resultado fue la sílice terrenal." [334]

El Mundo de las Imaginaciones de Hauschka

Hemos dado una sucinta y no tan exhaustiva apreciación global del importante trabajo de Hauschka, sólo para explicar cómo el autor del libro modela su trabajo de ciencia y arte. Entre las primeras imaginaciones que desafían la mente del lector está la ya citada: "El

---

[334] Rudolf Hauschka, *The Nature of Substance* (La Naturaleza de la Substancia), 227

almidón es un embrujado arco iris materializado por la actividad vital de la planta." Como anticipándose a la sorpresa del lector, o confusión, refuta bastante ampliamente:

"Imaginar una planta contra el trasfondo del arco iris no es simplemente licencia poética: es simple realismo. Y se refiere a las cuestiones más profundas del origen de la materia.

A menudo gastamos años reflexionando sobre alguna idea demasiado vaga como para que encuentre expresión. Gradualmente asume sus contornos, se hace clara y transparente, alcanza una etapa donde puede hablarse o escribirse. Ahora está lista para que otros la examinen. Cada artista está familiarizado con esta progresión que va desde la idea a la acabada creación. Y aquéllos que llegan a conocer el trabajo del artista resucitan su cristalizado pensamiento en su apreciación. La cultura es ni más ni menos que el reino del pensamiento humano hecho visible.

¿No debemos pensar en las creaciones del gran artista, la naturaleza, como trabajo de origen completamente similar? ¿No debe la riqueza de formas acerca de nosotros, construidas por la naturaleza según leyes que sólo estamos empezando a investigar, haberlo hecho desde una actividad cósmica semejante al pensar? ¿Qué ocurre cuándo piensa un superior al ser humano, y qué efecto tienen tales pensamientos?" [335]

Somos afortunados en tener la explicación de Hauschka acerca del génesis de la imaginación del almidón/arcoíris en su libro sobre la nutrición. Aquí él explica que el arcoíris hace un puente entre los polos de la luz y la oscuridad, a través del aire, la luz y el agua, y el almidón también se forma en el polo intermedio de la planta, entre la tierra y el sol, por acción de la luz, el aire y el agua. Y continúa revelando el nacimiento de esa visión. Mientras por un momento reflexionaba en la pregunta mientras hacía un viaje por barco a Australia, cuando un

---

[335] Rudolf Hauschka, *The Nature of Substance* (La Naturaleza de la Substancia), 22-23

monzón golpea la nave. El día estaba luminoso y soleado, y la nave fue envuelta por un fino rocío de llovizna. "Todo el mundo visible se volvió un recipiente coloreado por el arcoíris." Impactado por la belleza de la experiencia Hauschka formuló la visión que el almidón es el resultado de la colaboración de aire, luz y agua en la planta. Y concluyó "Una persona que comprende que el almidón virgen es un arco iris condensado llega a un nuevo sentido de parentesco con la creación de la planta." [336]

Como en el caso de van Emmichoven, somos llevados a comprender que el poder está en el esfuerzo personal para avivar el pensamiento desde las mismas fuentes de las que salta para ir más allá de la superficie de la percepción; de los fenómenos a los vivientes arquetipos que están en su fuente.

El lector puede recordar que Hauschka, al igual que van Emmichoven, fue llamado poeta por su maestro. Esto significa que desde muy temprano él había desarrollado cualidades imaginativas. En su autobiografía, recordando su juventud, Haushcka retrata el antimonio como una "substancia metálica [que] se comporta como un niño." Décadas después, desde una perspectiva más madura, habiendo vivido durante mucho tiempo con esta imaginación, puede decir: "este infante, el antimonio, siempre está anhelando su hogar cósmico, anhela un retorno a la condición nonata." Aquí lo que podría percibir respecto a los fenómenos puros es relacionado con la conducta de un elemento que no puede alcanzar la fase de metal. Parece retener las cualidades metálicas de períodos más tempranos de la evolución de la tierra durante el que los metales eran como no diferenciados. Y el autor puede ofrecer la imagen de todavía otra manera: "Es un infante cósmico de pronto transportado a condiciones de la tierra a la que todavía no ha tenido tiempo de adaptarse." [337]

Permítanos mirar más totalmente el desarrollo de una imaginación: el retrato de Hauschka de los álcalis (Sodio, potasio, litio, rubidio, cesio, etc.), que es una de docenas de otros esfuerzos hechos para desarrollar imaginaciones en el libro. Permítanos volver sobre cuatro pasos:

---

[336] Rudolf Hauschka, *Nutrición,* 75

[337] Rudolf Hauschka, *The Nature of Substance* (La Naturaleza de la Substancia), 217-218

*   Quilo: Linfa de aspecto lechoso por la gran cantidad de grasa que acarrea, y que circula por los vasos quilíferos durante la digestión.

1. Descripción de las propiedades físicas. Sales alcalinas (sales de metal en una solución alcalina) desde los coloides. Los álcalis tienden a formar envolturas cerradas; y todos los fluidos corporales humanos son coloides (quilo (*), linfa y el suero de la sangre) y así es la savia de la planta. El potasio es el álcali típico que está presente en estos procesos.

2. Transición de las propiedades a las cualidades. Los álcalis con las grasas y los aceites forman jabones, y el jabón envuelve y aumenta la tensión superficial. El jabón es un coloide que permite un gran aumento de la superficie. Los aceites son calor cósmico condensado y los jabones (que se forman de los aceites) actúan como calor encerrado.

3. Desarrollo de una imaginación. "La sílice es en sí misma una envoltura cósmica, considerando que los álcalis son envolturas absolutamente terrenales que encierran cualquier cosa que entra en su dominio. Si uno busca una imagen apropiada para expresar artísticamente el encerrado gesto de la naturaleza de los álcalis, descubrimos las imágenes del organismo maternal que da refugio al niño por nacer. Lo que se quiere decir aquí puede experimentarse contemplando a la Madonna Sixtina.... Percibimos en el gesto su profunda conexión con los poderes celestiales a los que ella ha proporcionado refugio terrenal."

4. Completar la imaginación y unirla a un arquetipo cósmico. "En antiguos tiempos, cuando nadie dudaba que lo terrestre es siempre un albergue para el espíritu, esta verdad se sentía como pintada en la constelación de Virgo, la virgen. Aquí se podía experimentar el poder formador de la envoltura, de donde las fuerzas de maduración y fertilidad y maduración irradiaban hacia la tierra....Podríamos decir que una manzana puede verse como una imagen de rebosante savia confinada dentro de una forma por las fuerzas de Virgo activas en el álcali." [338]

Hemos completado un cuadro de la biografía del Doctor Hauschka y

---

[338] Rudolf Hauschka, *The Nature of Substance* (La Naturaleza de la Substancia), 144-46

de su trabajo de vida. El nombre del doctor está vinculado al innovador uso de la medicina antroposófica que ya no usa el alcohol como agente preservante. Podemos volver ahora al trabajo de otro pionero en el campo médico: el Doctor Edward Bach que estimuló el renacimiento de la homeopatía a un nuevo nivel a través de su trabajo en los ahora famosos Remedios Flores de Bach. El lector puede no necesitar evaluar toda la vida y trabajo del doctor inglés antes de comprender que estamos ante dos científicos que trabajan de maneras sumamente diferentes.

Dr. Edward Bach

Nada es bastante convencional en la vida del Dr. Bach. Ni es la manera en que logró su revolucionario enfoque de la medicina, ni es la manera en que el remedio de las flores hizo su aparición en el campo médico. Los remedios florales han sido abundantemente probados por su eficacia, pero es necesario mucho trabajo para elucidar cómo actúan, lo que pasa en el llamado método del sol de preparación de las plantas, o en el método de hervido, y cómo las plantas seleccionadas como remedios tiene los efectos que el Dr. Bach percibió en ellos.

La niñez y el Principio de su Carrera

Edward Bach nació en Moseley, cerca de Birmingham, en el Reino Unido, el 24 de septiembre de 1886. Cuando muchacho fue cauto e imaginativo y ya desplegaba un carácter obcecado y resuelto. Su "instinto auxiliador" era visible en el cuidado que le ofrecía a su hermana menor, así como a otras personas necesitadas. Parte de esto podría provenir de hecho que a temprana edad su salud era ya cuestión de preocupación.

El niño desplegó asombrosa determinación e intensidad de propósito. Podía concentrarse en algún objeto de interés, no permitiendo que nada lo distraiga. Tenía gran afición por todo lo que venía de Gales, de donde originalmente provenía su línea familiar, y la naturaleza intuitiva y amor por la belleza que a menudo son una marca del galés. Tal era su pasión por el aire fresco que quitó la ventana de su alcoba para disfrutarlo más plenamente.

Decidió por una vocación después de haberse mantenido vacilante durante un largo tiempo entre estudiar teología o medicina. [22] Este es un tema que vuelve a lo largo de su vida. Habiendo estudiado para hacerse doctor en medicina, se convirtió primero en "Cirujano de Victimas de Accidente," antes de comprender que tal profesión también estaba poniendo en riesgo su frágil salud. Más tarde preparó su propia práctica y también se lanzó a la investigación microbiológica como bacteriólogo auxiliar en el Hospital de la University College Hospital of London.

Las observaciones le mostraron primero que el mismo tratamiento no curaba a todos los pacientes que tenían la misma enfermedad, y que las proporciones de no curados podían ser muy altas. También comprendió que individuos con el mismo temperamento responderían bien al mismo remedio, considerando que otros necesitarían otro distinto. Concluyó que el tipo de personalidad era el factor más determinante e importante en el tratamiento de enfermedad que los síntomas físicos. Sin embargo, progresivamente se fue decepcionando al ver a quienes no podía curar, y a aquéllos cuya salud él no podía conservar. Como Hahneman - el fundador de la homeopatía – antes que él, encontró que la medicina ortodoxa no daba a sus pacientes una sanación duradera.

En 1917 Bach fue hospitalizado. La causa, según M. Scheffer fue un tumor en el bazo. [339] Cuando fue llevado al hospital los cirujanos lo operaron en seguida, dudando que pudieran salvarlo. Tuvo una severa hemorragia y perdió la conciencia durante la operación, y se dijo que sólo tenía tres meses para vivir. Regresó a trabajar con gran energía, después de probablemente haber comprendido la sutil relación entre la enfermedad y la actitud mental; y con razón, cuando uno mira más estrechamente la vida del doctor en el tiempo. La primera esposa de Bach fue Gwendoline Caiger con quien se casó en 1913. En 1916 nació su hija con Kitty Light y en abril de 1917 Gwendoline murió de difteria en Londres. En mayo del mismo año se casó con Kitty Light, se separó de ella en 1922. Su enfermedad, podemos conjeturar, fue la culminación de un estado del alma que generó opciones y eventos difíciles de integrar en la vida del doctor.

---

[339] Scheffer Mechthild, *Encyclopedia of Bach Flower Therapy*, 13

La Homeopatía

El reavivado Bach empezaba una segunda vida. El doctor ya se había acercado a la terapia de la vacuna, un campo especializado de la medicina, el más cercano en especie al famoso principio de la homeopatía que "lo semejante cura lo semejante." Por consiguiente, no es ninguna sorpresa que en 1919 Bach empezara a trabajar como patólogo en el Hospital Homeópata de Londres. Aquí empezó usando el método homeópata para hacer vacunas en compresas y píldoras. Había desarrollado siete tipos de "nosodes" (*), vacunas que él relacionó a tipos de bacterias en la flora intestinal y a una tipología individual. Es raro encontrar en cualquier individuo dado excesos de más de uno de los siete tipos de bacterias. Bach había empezado a observar que él podía reconocer el nosode correcto a administrar solo mirando el tipo de cuerpo de un individuo, la conducta, la postura, y la manera de caminar. Recogió observaciones que le mostraron que los individuos con fobias al fuego, a las alturas, a las muchedumbres o al tráfico, casi invariablemente tenían un predominio de bacterias paratifoidea; individuos tensionados y que están inquietos y propensos a la ansiedad tienen una dominante población de Proteos, etc. También determinó que la población bacteriana dominante permanece notablemente constante en el individuo, no importa cuál sea la historia del paciente. Los nosodes habían llevado a Bach al redescubrimiento de la toxemia que Hahneman — el fundador de la homeopatía — había llamado Psora, esas condiciones relacionadas a las enfermedades crónicas vinculadas al envenenamiento intestinal.

---

* N del T: Los nosodes, los isopáticos y los sarcodes son medicamentos homeopáticos que si bien su descubrimiento no es reciente, si lo es el uso de los mismos, cada día encontramos a más médicos homeópatas que los usan y con un gran éxito en sus pacientes. Los tres grupos de medicamentos mencionados, son preparados en base a la farmacopea homeopática, algunos de ellos en laboratorios homeopáticos y otros preparados por el médico tratante y en caso de países desarrollados como lo es Alemania, un nosode de algún microorganismo patógeno, se tiene que pedir a una Universidad capacitada y autorizada para el cultivo de cepas de éste tipo. Y en Europa más del 60% de las consultas Homeopáticas se prescriben con algún medicamento de estos grupos.

Bach había llegado a aceptar la visión de la homeopatía que no es solo la enfermedad la que necesita atención del médico, sino el paciente. Su último sueño fue desarrollar una terapia simple que pudiera auto-administrarse, e ir del nosodes bacteriano a los remedios derivados de las plantas que pudieran producirse más fácilmente y ser personalmente administrados. Él estaba dirigiendo la investigación con plantas que nunca aparecían como remedios florales, pero comprendió que no podría obtener los resultados que esperaba debido a lo que llamó "el problema de la polaridad." Él conjeturó que, "Los remedios del prado y de la Naturaleza, después de potenciados son de polaridad positiva; considerando que aquéllos asociados con la enfermedad son del tipo inverso, y en el momento parece que es esta polaridad inversa la que es tan esencial en los resultados que están siendo obtenidos por el nosodes bacteriano." [340] Los remedios Florales de Bach después superaron lo que Bach llamó el problema de la polaridad.

Los Remedios Florales de Bach

En su típica forma radical, Bach dejó su laboratorio y práctica — aunque era un exitoso y estimado médico — y anduvo en el campo galés en busca de remedios derivados de las plantas. Él andaba a través de la naturaleza, un poco como lo había hecho cuando niño, pero ahora con un enfoque notablemente único. El paso que estaba dando era verdaderamente enorme. No era diferente al de Hahneman de la medicina alopática, años antes de que descubriera el método de potenciación que condujo a la homeopatía. El doctor de hecho tenía su trabajo precursor en el corazón cuando dijo:

> Es evidente y fundamentalmente equivocado decir que "lo semejante cura lo semejante." Hahneman tenía una correcta concepción de la verdad, pero la expresó incompleta. Lo semejante puede fortalecer lo semejante, lo semejante puede repeler lo semejante, pero en un verdadero sentido curativo, lo semejante no

---

[340] Nora Weeks, *The Medical Discoveries of Edward Bach Physician*

puede curar lo semejante. Esto no disminuye el trabajo
de Hahneman; al contrario, él señaló las grandes leyes
fundamentales, y la base que solo estamos avanzando
su trabajo y llevándolo a la siguiente fase natural...Otra
gloriosa visión se abre ante nosotros, y aquí vemos
que puede obtenerse la verdadera curación, no para
equivocarse, sino para que lo correcto reemplace lo
equivocado; el bien reemplaza al mal; la luz reemplaza
la oscuridad. Aquí llegamos a la comprensión que ya
no enfrentamos enfermedad con enfermedad; ya no
oponemos a la enfermedad el producto de la enfermedad;
ya no eliminamos las enfermedades con las substancias
que pueden causarlas [uno de los principios principales
de la homeopatía]; sino, al contrario, para reducir la
virtud contraria que eliminará la falta.[341]

Bach no estaba buscando salir de la homeopatía, más bien mejorarla.
Por eso ocurre el último y mayor descubrimiento que era necesario
para eso. Ambos futuros descubrimientos — el "método del sol" y
el "método del hervido" — del que después hablaremos más — llega
en llamaradas de súbita inspiración, mucho llegó a Hahneman, el
fundador de la homeopatía, como la idea de la potenciación, a través
de la "sucesión". El doctor había desarrollado un refinado grado de
"intuición" que desarrolló en él por el entrenamiento en el método
científico y de observación de sus pacientes en las innumerables horas
que tuvo de práctica.

No hay muchos ejemplos que se hayan conservado de cómo Bach
realizó el descubrimiento de sus remedios florales. Tenemos dos de
ellos en la aulaga y el brezo, dos de los "siete auxiliadores" — parte de
esos remedios producidos con el método del sol. En el primer caso Bach
nos dice que le llegó un mensaje interior; inmediatamente después vio
la flor de la aulaga. El descubrimiento del Brezo fue introducido por

---

[341] Edward Bach, *Ye Suffer From Yourselves* quoted in Barnard, *Patterns of Life Force: A Review of the Life and Work of Dr. Edward Bach and His Discovery of the Bach Flower Remedies*, (Hereford, U. K.: Bach Educational Programme, 1987), 63

una pregunta hecha a una mujer egoísta: "¿Cuál piensa usted es la vista más bonita en el mundo?" Su respuesta, "las montañas cubiertas con el brezo," eso llevó al doctor a la elección de la misma planta. Aunque al principio esta manera de proceder puede parecer superficial, denota la habilidad del doctor de escuchar lo que todo el mundo tenía que ofrecer. Esta visión sola, sumaría claramente a nada que no fuera al tedioso trabajo de examen y confirmación de los efectos de las dos plantas a partir de la disponible experiencia con los pacientes.

Lo que llevó a Bach al método del sol fue la intuición que en la gota de rocío en la hoja se encuentra encapsulada la esencia energética de la planta, un extracto que es potenciado (intensificado para hacerse más activo) de manera similar y diferente de los remedios homeópatas. [342] Esta intuición fue posible debido a que en el tiempo antes de la experiencia que sufrió Bach en que fueran vivificados sus sentidos, particularmente su sentido del tacto a través del que podía percibir las propiedades de la planta. Él podía sostener simplemente el pétalo o flor de una planta, o ponerla en su lengua, percibir sus propiedades curativas. Él se había convertido en su propio laboratorio móvil.

Los primeros diecinueve remedios de flores se prepararon con el "método del sol"; los otros diecinueve, todos excepto uno, con el "método del hervido." De algún modo, podemos visualizar el método del sol como una producción de gotas de rocío a gran escala. Con el método del sol, las flores de la planta deseada se ponen en un cuenco de vidrio cubiertas completamente con agua de manantial. Hay una gran cantidad de específicas condiciones que acompañan el proceso. Las flores tienen que ser segadas en un día soleado sin nubes, expuestas al sol durante dos horas antes de segarse, en el momento en que se produzca el rocío; deben de haber alcanzado la cresta del florecimiento justo antes de la polinización. La ventaja del método del sol está en el hecho que no hay pérdida de potencia debido al secado, transporte o procesamiento de la planta. Todo se hace en el sitio, hasta la preparación de la tintura madre.

---

[342] Sobre las diferencias entre remedios homeopáticos y florales, vea: Richard Katz ad Patricia Kaminski *Flower Essences and Homeopathy: An Article Exploring the Relationship between These Two Allied Therapies* (Nevada City, CA.: Flower Essence Society, 1983)

El método de hervido usa flores segadas con seis pulgadas de ramitas que son hervidas durante media hora. Todas las otras condiciones son iguales a las del método del sol.[343]

Después de encontrar los primeros diecinueve remedios, Bach pensó que ya había cumplido con su tarea. La segunda serie de diecinueve se encontraron de una manera completamente diferente a las de aquellas primeras diecinueve. Durante algunos días antes del descubrimiento del remedio el doctor padeció intensamente el estado de mente que las flores curarían después. Él lo sufrió a tal grado que aquéllos que estaban a su alrededor se maravillaron de cómo pudo resistir tal dolor y retener la salud. Durante la parte más caliente del verano, al buscar un remedio no especificado de la segunda serie, el cuerpo de Bach fue cubierto por un salpullido virulento que constantemente quemaba e irritaba; sus piernas se ulceraron durante algunas semanas, desde la rodilla al tobillo; se le cayó el pelo y falló su visión. Antes de encontrar el remedio su cara estaba hinchada y soportaba un dolor extremo; tenía una severa hemorragia que no paró hasta que encontró el remedio de la planta.[344]

La primera prueba decisiva, o la más tangible, de la eficacia de los remedios fue ofrecida por el uso del llamado "Remedio de Rescate."

---

[343] El Dr. Bach no dijo por qué usó el segundo método o método del hervido. Él descubrió el segundo grupo de diecinueve plantas de marzo a julio de 1935. En ese momento él sufría el estado de mente que el remedio después curaría. Se ha especulado que el método de hervido fue inventado para tratar las especies leñosas pero este argumento no justifica la presencia de plantas herbáceas como la Mostaza y la Estrella de Belén entre el segundo grupo de diecinueve. Más bien, J. Barnard encuentra la justificación en el comentario de Bach que los remedios hervidos al sol actúan a un nivel más profundo, por consiguiente la necesidad de extraer sus cualidades curativas con un medio más radical que el método del sol. El segundo grupo de diecinueve plantas se dirige a las grandes pruebas de la vida que somete al individuo a gran presión, intensas emociones y dolor

[344] Nora Weeks, *The Medical Discoveries of Edward Bach Physician* (Los Descubrimientos Médicos del Médico Edward Bach), 116

* Impatiens es un género de alrededor de 900-1000 especies de plantas floríferas de la familia "Balsaminaceae".

† "Prunus cerasifera", el Ciruelo mirobolano, Ciruelo-cerezo o ciruelo de jardín es una especie botánica del subgénero "Prunus" nativa de Europa central y este, y Asia sudoeste y central.

Éste es un remedio compuesto de cinco flores - originalmente eran tres. El Dr. Bach lo aplicó en 1930, primero en su forma original, para recuperar a un hombre que sufrió un shock por haber sobrevivido a una gran tormenta en el mar. Él, y un compañero, habían estado aferrados al mástil de un barco durante muchas horas antes de que los botes salvavidas pudieran rescatarlos; ambos estaban inconscientes en el momento del rescate. Bach pudo atender a uno de los dos en cuanto fue llevado al bote salvavidas. El hombre se había recuperado completamente al llegar al hotel después de su rescate. El remedio — ahora hecho de Impatiens (*), Estrella de Belén, Ciruela de la Cereza (†), Heliantemo y Clemátide — se ha usado subsecuentemente con éxito en todas las situaciones que involucran el susto. [345]

En el invierno de 1930 Bach empezó tratando a muchos pacientes con los nuevos remedios florales, teniendo resultados alentadores. Entre los primeros pacientes tratados había una mujer alcohólica de cuarenta y cinco años. Cinco semanas después ella estaba bebiendo en muy estricta moderación; la ansiedad había pasado. Tres años después continuó manteniendo este estado. [346] Otro paciente sobrevivió a un severo accidente de tránsito cuya consecuencia fue la parálisis del trapecio izquierdo. No podía levantar el brazo más arriba del hombro. Después de tres meses ya había una marcada mejora física y había desaparecido la preocupación y la ansiedad. [347] Por años Bach curó a pacientes que parecían no tener esperanza y enfermedades que habían persistido durante años.

En tres casos – uno de asma, los otros de alcoholismo y parálisis – a los pacientes se les dio principalmente Agrimonia porque todos ellos pertenecían al mismo tipo. [348] Entre aquéllos principalmente tratados con Clemátide hubo pacientes que padecían de asma, quistes, efectos posteriores de la enfermedad del sueño. [349] Lo anterior ilustra el descubrimiento de Bach que aunque los pacientes padecieron la misma

---

[345] Philip M. Chancellor, *Handbook of the Bach Flower Remedies*, 237-242
[346] Nora Weeks, *The Medical Discoveries of Edward Bach Physician* (Los Descubrimientos Médicos del Médico Edward Bach), 71
[347] Ibid, 72
[348] Ibid, 73
[349] Ibid, 75

enfermedad, en cada caso se hizo uso de un remedio diferente. Los mismos remedios sólo trabajan en personas que manifiestan el mismo tipo de carácter.

La carrera del doctor ha continuado en un movimiento de recapitulación y refinamiento — desde la cirugía a la terapia por vacunas a la homeopatía y finalmente a los remedios florales. Permítanos encontrar nuestro camino en la mente del doctor para ver lo que hizo esto posible.

"El Sanador Conócete a Ti Mismo"

El camino de conocimiento de Bach consistió en tener que superar el intenso dolor psíquico y físico. Le confió a Nora Weeks — su colaboradora más cercana durante muchos años — que había estado sufriendo dolor físico durante prácticamente toda su vida. Como vimos antes, en 1917 el doctor fue operado de cáncer y se dijo que tenía tres meses de vida por delante. Se completó la condonación; no obstante Bach, con su cuerpo deteriorado, siguió trabajando durante otros veinte años.

Bach era un científico completo y un alma con inclinación metafísica. Su más famoso y financieramente más exitoso trabajo, Cúrese Usted Mismo, es uno de los primeros libros modernos en que se trata la medicina desde una perspectiva espiritual, desde Bach el teólogo, por así decirlo. Está lejos de estar bien estructurado y apoyado, pero nos proporciona un cianotipo de la jornada interior de descubrimiento de Bach sobre ideas que en ese momento fueron revolucionarias, y en la actualidad están haciéndose más comunes. A veces, el entusiasmo del doctor lo empujó a proclamar principios radicales en términos bastante simplistas. Sólo después en vida los modera y llega a ser más discriminador en su enfoque.

Una mirada a la vida del alma de Bach también es muy indicativa de la manera en que su mente científica compartió el alma de un casi místico. Aquí ofreceremos solo unos ejemplos entre muchos. Bach poseía el don del tacto curativo. En varias ocasiones se sintió impelido, sobre todo durante el principio de su búsqueda de las esencias florales, a poner su mano sobre el brazo de un paciente u hombro para sanarlo al instante. El doctor sentía una tremenda compasión y deseo de ayudar y "sentiría el flujo de vida curativa correr de sus manos al paciente que inmediatamente estaba bien." [350] En una ocasión, Bach puso las manos sobre una mujer que había sufrido una súbita hemorragia y había estado vomitando sangre. Bach le dijo que pronto estaría bien, y el sangrado cesó, relata Nora Weeks. [351]

Después en su vida su poder de sanar se hizo aun más fuerte, y otros al verlo podían percibir fluir una ola de vida a través de ellos. [352] Un leñador le había contado a Bach su problema con la boca y la lengua que no le permitía comer o beber, o hablar con comodidad. Bach lo sanó después de poner su mano sobre su hombro. [353] Igualmente, Bach curó a su colaboradora, Nora Weeks, de una severa bronquitis solo pasando sus manos sobre su espalda. [354]

Hacia finales de su vida, Bach pudo predecir los eventos. Nora Weeks recuerda que pudo advertir por adelantado a los pescadores a quienes conocía bien, de un próximo ventarrón. En otra ocasión soñó con un pescador amigo a quien vio en gran peligro durante una tormenta. En el sueño Bach había visto al amigo y a otro hombre dormido y le había dicho al segundo "despierta." El doctor despertó, sobresaltado por las imágenes, y corrió a tierra para ver el barco que él había soñado. El amigo del pescador confirmó el peligro y el súbito despertar por el compañero que había salvado su vida. [355]

Es ahora penas sorprendente que Bach recordara algunos detalles de sus vidas anteriores, aunque éstos significaron poco para él, ni oír sus ideas sobre la inminente revolución espiritual que ocurre en nuestro tiempo. Él declaró en 1933: "Para la próxima venida de Cristo, hay un creciente número de personas que, para darle la bienvenida, deben poder transcender su naturaleza física y comprender su espiritualidad." [356]

---

[350] Nora Weeks, *The Medical Discoveries of Edward Bach Physician* (Los Descubrimientos Médicos del Médico Edward Bach), 43

[351] Ibid, 83

[352] Ibid, 108

[353] Ibid

[354] Ibid, 182

[355] Nora Weeks, *The Medical Discoveries of Edward Bach Physician* (Los Descubrimientos Médicos del Médico Edward Bach), 106-07

[356] Howard y Ramsell, *The Original Writings of Edward Bach* (Los Escritos Originales de Edward Bach), 77.

La actitud anterior del Dr. Bach se trasladó a su investigación científica. Bach declaró que su desconfianza en el intelecto lo llevó a trabajar a partir de su intuición. [357] Obviamente, como científico con tantos años de experiencia en el laboratorio, acumuló una inmensa cantidad de conocimiento fruto de sus observaciones y de la elaboración de sus conceptos. Nora Weeks nos recuerda que Bach puede haber sido intuitivo pero pasó mucho tiempo verificando todo sobre las plantas: la manera que crecían, se propagaban, se reproducían, sus hábitos crecientes, etc., así como el suelo, la humedad, las condiciones medioambientales.

---

[357] En el libro de Bach *Free Thyself* (Libérese)vemos esta cita: "La salud es escuchada solamente por las órdenes de nuestra alma; al ser confiada como niños pequeños; rechazando el intelecto (el del conocimiento del bien y el mal); con sus razonamientos, sus 'pros' y 'contras', sus anticipados miedos; su ignorante convención, las triviales ideas y órdenes de otras personas, para que podamos atravesar la vida intactos, ilesos, libres para servir a nuestros prójimo." Más allá en el mismo capítulo leemos: "La Verdad no tiene necesidad de ser analizada, defendida, o envuelta en muchas palabras. Es comprendida en un instante, es parte de usted. Lo complicado sólo son las cosas no esenciales de la vida que tanto necesitamos convencer, y eso ha llevado al desarrollo del intelecto. Las cosas que importan son simples, son los únicas que lo hacen decir: "Por qué, es verdad, parece que he sabido eso siempre," y así es la comprensión de la felicidad que viene a nosotros cuando estamos en armonía con nuestro yo espiritual, y mientras más cercana la unión más intensa la alegría." (Edward Bach, *Heal Thyself*, chapter 3, in *The Original Writings of Edward Bach: Compiled from the Archives of the Dr. Edward Bach Healing Trust Mount Vernon, Sotwell*, edited by Judy Howard and John Ramsell. De lo anterior y a la luz de la biografía de Bach su "rechazo del intelecto" se vuelve más circunstanciado. Refleja la jornada de Bach en la expresión de su yo y el rechazo del temor de haber tenido calambres en su juventud y la madurez temprana. Baste recordar esos tres años desde la edad de 16 a los 19 cuando trabajó en la fundición de latón de la familia antes de dominar el valor para hacer conocido su deseo de ser doctor. También se aplicó a la tumultuosa vida de sentimientos en sus relaciones y matrimonio.

La Flores de Bach y la Sanación

Una de las premisas fundamentales de Bach es que venimos a la tierra con la tarea de aprender una — quizá dos o tres — lecciones principales. Estas lecciones son terrenales y espirituales — ellas son únicas en su articulación individual pero arquetípicas en su ser: por ejemplo, superar el orgullo, aprender a tratar con el miedo, adquirir paciencia, desarrollar el discernimiento, ser más compasivo, etc.

A partir de sus observaciones de la tipología humana Bach determinó que había doce principales lecciones de vida. En el libro Libérate a Ti Mismo, él indica doce grandes cualidades (como la alegría, el valor, el perdón, la sabiduría). Estas cualidades se han de lograr para aprender el significado del amor para combatir contra las condiciones que las nublan (pesar que esconde la dimensión de la alegría, terror o miedo que esconden el valor, ignorancia que esconde la sabiduría). La enfermedad ocurre porque la personalidad se niega a aprender sus lecciones del alma. Es causada principalmente por un desequilibrio entre el ego superior y la personalidad, o el ego inferior. Sin embargo, la enfermedad es un empujón hacia adelante que nos invita a superar los rasgos negativos de nuestra personalidad cuando la personalidad consciente no quiere aceptar las lecciones que la vida le ofrece. La enfermedad no sólo indica la necesidad de un cambio sino también el camino que lleva al cambio. Ésta no es una declaración cruel, viniendo de alguien que tenía un extenso conocimiento de primera mano sobre lo que estaba hablando. Retrospectivamente uno puede decir que aceptar sus enfermedades no sólo le dio a Bach la fuerza para continuar viviendo sino también para cumplir su destino. Él apenas mantuvo a raya sus enfermedades hasta que en 1936 completó su misión.

Bach creía que la enfermedad es la máxima "lo semejante cura lo semejante." La enfermedad evita que nuestros malos pensamientos y sentimientos sean llevados demasiado lejos en el mundo. El doctor estaba seguro que la enfermedad desaparece cuando se aprende la lección. Él fue tan lejos como para decir que no hay enfermedad incurable. Algunas observaciones de entre sus pacientes le dieron peso a esta aserción. Algunos pacientes se recuperarían mucho más rápido de las condiciones agudas y severas que otras mucho más ligeras, pero crónicas.

Como doctor especializado en terapia de vacuna, Bach había aprendido que el sistema inmunológico conserva los recuerdos de anteriores infecciones microbianas y por consiguiente, si es necesario, sabe cómo dominarlas una segunda vez. De la misma manera, cuando hemos dominado una lección de vida, adquirimos esas cualidades que nos hacen inmunes a los anteriores miedos, limitaciones y desafíos de la vida. Esta comprensión lo llevó a la conclusión de que ciertos estados del alma son patológicos, e intrínsecamente generan una enfermedad antes de que sea físicamente llevada al cuerpo por un patógeno.

Las diferentes substancias terapéuticas ofrecen ayuda a diferentes niveles: físico, energético/etérico o emocional. Bach se movió del nivel etérico/energético de lo que normalmente se ocupa la homeopatía, al nivel emocional que es tratado con remedios florales. Como doctor vio que su papel era tratar de fortalecer el espíritu del paciente. A partir de estas premisas elaboró una medicina que cuida la enfermedad emocional antes de que siga al plano etérico y después se congele como enfermedad física. Sin embargo, como vimos, el Dr. Bach también usó las esencias florales para todo tipo de enfermedad física, aguda y crónica.

Usando los Remedios Florales de Bach

Revisando el legado del Dr. Bach, la última palabra debe dirigirse al uso de las flores, qué, distintos a la mayoría de los otros remedios, puede auto-administrarse. Y esto puede hacerse, hablando ampliamente, de dos maneras.

La primera requiere de una familiarización con estados del alma que cada flor direcciona. La manera más simple es proceder a través de la lista de flores, y verificar ambos estados negativos de mente, y la búsqueda del estado positivo de mente. Después de algún tiempo, el individuo que usa estos repertorios encontrará la tarea simplificada porque ella empezará a recordar la función terapéutica de muchas flores. Ejemplos de este enfoque son el *Diccionario de los Remedios Florales de Bach: Aspectos Positivos y Negativos,* los *Remedios de Bach: Una Guía de Autoayuda* y *Nuevas Terapias de las Flores de Bach: Sanando las Causas*

Emocionales y Espirituales de la Enfermedad. [358] Pasar por la selección de las plantas es generalmente recomendado para escoger no más de cinco o seis remedios.

Un segundo enfoque consiste en resolver un cuestionario que ayuda a seleccionar los remedios. Un ejemplo de esto es La Encuesta Doble y Elección Final de la Lista o el Cuestionario para la Libre determinación de las Correctas Combinaciones de las Flores de Bach. [359] El primero de los dos ejemplos considera tres conjuntos de preguntas de aspectos relevantes. La primera es el cuestionario sobre la Situación Presente y dirigida a "¿Cómo estoy reaccionando a mi problema actual?" El segundo es un Cuestionario del Carácter preguntando "¿Cuál es el modelo de conducta negativa que me impiden llevar a cabo mi meta?" El tercero es una Lista de Selección Final preguntando "¿Qué es lo que más me molesta ahora mismo? El Cuestionario para la Auto-determinación dirige en sucesión "Yo y mi Situación Presente", "Yo y mis Dificultades: Yo y mi Ambiente" y "Yo y mi Pasado."

Ambos de la experiencia personal y de la experiencia de aquéllos que han usado los remedios, discernir lo que se necesita en cierto punto en el tiempo requiere preguntarse a sí mismo mirando atrás al pasado inmediato e investigando para reconocer qué estado de mente nos ha envuelto, desde que alguno de ellos no puede ser continuo, pero no obstante reaparece regularmente. En otras palabras, usar los Remedios Florales de Bach requiere un esfuerzo del Recordar Espiritual. Desde que se requiere una objetividad que no puede ser alcanzada totalmente por uno mismo, se justifica recomendar usar a otra persona en la que se confía como espejo o auxiliador.

De todavía otras maneras las flores llaman a un ejercicio del Recordar Espiritual. Cuando se percibe un estado de alma, muchos individuos que usan los remedios florales saben que ya se ha alcanzado la mitad del esfuerzo de transformación, sobre todo si lo que se percibe

---

[358] Leslie J. Kaslof, *Dictionary of Bach Flower Remedies: Positive and Negative Aspects*, T. W. Hyne Jones *The Bach Remedies: A Self-Help Guide*, y Dietmar Krämer, *New Bach Flower Therapies: Healing the Emotional and Spiritual Causes of Illness*

[359] Scheffer Mechthild, Encyclopedia *of Bach Flower Therapy*, y *Mastering Bach Flower Therapies: A Guide to Diagnosis and Treatment*.

es un estado de mente bastante superficial, o algo a lo que antes ya se ha enfrentado. Así, con el tiempo el uso de las flores se vuelve una ayuda en el desarrollo de habilidades del Recordar Espiritual.

El legado de Bach en el campo médico es bastante único. Las flores son, prácticamente hablando, una herramienta para reforzar la conciencia de sí mismo. Ellas apoyan desde fuera lo que un individuo puede hacer, por lo menos en parte por sí mismo a partir de sus propios recursos interiores. Después de todo, la manera en que Bach hizo para encontrar las flores se dirigió al conocimiento de un estado interior y al reconocimiento de una fuerza etérica coincidente con el estado del alma. Y el doctor nos dejó descripciones mucho más precisas sobre el estado del alma que sobre las cualidades de las plantas, y la razón de su elección.

Es obvio que el enfoque intuitivo de Bach tenía límites, sobre todo cuando vemos los esfuerzos de sus sucesores. Éstos, no teniendo el nivel de intuición de Bach, heredarían una línea completa de productos pero sin el cuerpo de conocimiento que les permitiera conceptualmente elaborarlos y avanzar. Un exitoso esfuerzo en esta dirección — los Remedios de Esencias Florales — usan el enfoque Goetheano y científico espiritual para determinar nuevos remedios florales más allá de los treinta y ocho descubiertos por Bach. [360] Volveremos a ello.

Explicando a Bach y Continuando su Trabajo.

Hay una plétora de preguntas que pueden hacerse sobre el legado de Bach. ¿Cómo podemos entender la acción de las flores que ayudan a sanar los desequilibrios emocionales o mentales? ¿Qué es lo que está activo en el método del sol? ¿Y en el método del hervido? ¿Cómo pueden usarse las flores para toda la gama de dolencias físicas?

Julian Barnard ha intentado contestar sistemáticamente la primera pregunta, y lo ha hecho a partir de un enfoque fenomenológico

---

[360] The Flower Essence Society continua la investigación para la presentación de un Nuevo remedio floral. Publicó *Flower Essence Repertory: A Comprehensive Guide to North American and English Flower Essences for Emotional and Spiritual Well-being*, Patricia Kaminski and Richard Katz, The Flower Essence Society, Nevada City, CA

y Goetheanístico respecto a los treinta y ocho remedios florales. Permítanos ver cómo se acerca al Impatiens (*) — el tipo principal de Bach — y nos muestra cómo la planta ilustra el camino desde la enfermedad del alma a la sanación. [361]

El Impatiens es la planta del Dr. Bach y de muchos iniciadores e innovadores. El doctor era un individuo muy automotivado que prefería trabajar solo sin horarios determinados, normas o regulaciones. En ocasiones, como recuerda Nora Weeks, haría las cosas intencionalmente para asustar o ser solamente rudo para con aquéllos motivados por la curiosidad. Detestaba la hipocresía y a menudo se negaba a encontrarse con personas a quienes desaprobaba. De manera interesante, le molestaba si tenía que llevar sombrero y hacía pequeños gestos súbitos como para quitárselo. Siguiendo su intuición tomaba decisiones rápidas y le molestaban las personas lentas. Podía enfadarse muy rápidamente, pero muy rápidamente podía olvidar su mal genio. No sorprende en esta apreciación global comprender que Bach era fumador empedernido.

El alma tipo del Impatiens es colérico, impaciente y sensible a la crítica. Las personas de este tipo tienden a sentarse en el borde de su silla, preparadas para producir arranques de energía que usan para influir en el mundo exterior. Cuando están bajo tensión, probablemente este tipo de persona sea bastante vocal. Es grande la tentación de usar la fuerza para resolver una situación difícil o conflicto. De hecho a menudo este tipo alberga una vena de crueldad en la profundidad de su alma. A este tipo Bach llega a otorgarle como atributo los rasgos del inquisidor.

Impatiens Glandulifera, nativa del Himalaya, puede alcanzar un crecimiento anual de más de seis pies de altura. Vive entre los 6,000 a 13,000 pies de altura, ama la tierra húmeda y desarrolla bien cuando está cerca de una fuente de estiércol animal. Las pesadas semillas forman colonias espesas que cuando germinan estrangulan todo otro crecimiento, gracias al rápido crecimiento de casi una pulgada por día.

---

* Impatiens...como su nombre lo sugiere, es para la impaciencia y contra la frustración e irritabilidad causadas por la misma. Cualquier persona puede entrar en este estado, pero también hay tipos de personas genuinamente Impacientes, que siempre viven de prisa y se irritan cuando algo o alguien más metódico los retrasa.

[361] Julian Barnard, *Bach Flower Remedies: Form and Function*, cap. 2, 32-36

Una pastura colonizada por esta planta es permanentemente degradada para uso animal. La única y exótica forma de la flor ha inspirado el nombre de "orquídea del hombre pobre," es fertilizada por la polinización en cruz. La flor, finamente equilibrada en la cima del tallo, es indicativa de la gracia, espontaneidad y compasión que se encontró en Edward Bach y el tipo de Impatiens. Para propósitos terapéuticos Bach escogió deliberadamente la flor de color malva (morado pálido tirando a rosáceo, semejante al de la flor de la malva – N del T.) en lugar de las rojas que son mucho más comunes. El color malva tiene una aliviada y delicada calidad no presente en las rojas. Los rasgos de la flor contrastan con el gesto rígido y tensión que aparecen en las vainas que, una vez maduras, explotan y expulsan las semillas fuera de la planta como proyectiles. Sin duda este gesto incitó la designación Impatiens. La visible tensión en este gesto es claramente indicativa del tipo Impatiens. El remedio floral hace a la persona "menos apresurada en la acción y pensamiento; más relajada, paciente, tolerante y mansa hacia las limitaciones de otros y de las condiciones perturbadoras."[362]

Del mismo modo que hemos mostrado para el Impatiens, Julian Barnard nos ha ofrecido una inestimable investigación en todas las treinta y ocho flores de Bach. Siguiendo el enfoque Goetheano, Katz y Kaminski ahora están extendiendo el rango de los remedios por la constante adición de nuevas flores, usando especies comunes y plantas de California y el Oeste americano. [363] Lo mismo se hace en otras partes del mundo.

En la visión de Katz y Kaminski, las flores de Bach trabajan con similares características y contrario al desequilibrio psicológico, como es visible en el gesto de la propia planta — en el reino de los arquetipos que están más allá del reino de la dualidad. Ellos llegan a la conclusión de que las flores desarrollan, según el principio alquímico de la metamorfosis y la unión de los opuestos, una nueva síntesis. [364] Los

---

[362] T. W. Hyne Jones, *Dictionary of Bach Flower Remedies: Positive and Negative Aspects*

[363] Patricia Kaminski y Richard Katz, *Flower Essence Repertory: A Comprehensive Guide to North American and English Flower Essences for Emotional and Spiritual Well-Being*

[364] Katz y Kaminski, *Flower Essences and Homeopathy*, 12

remedios de Bach pueden así alcanzar el reino emocional. Diferente a los remedios homeópatas, ellos trabajan según la libertad del individuo. La potenciación de los remedios florales los hace efectivos pero de manera compulsiva, presentando el problema de los efectos laterales que pueden resultar del uso, o mal uso, de los remedios. [365] Todo lo anterior fue instituido por Bach. Él concibió sus remedios florales como medicaciones "inundando nuestros cuerpos con bellas vibraciones de nuestra Naturaleza Superior en cuya presencia la enfermedad se derrite como nieve a la luz del sol." [366] También declaró que los remedios "traen más unión entre nuestro ego mortal y el espiritual." [367] Por esta razón él podría afirmar que los remedios eran "más espiritualizados que todos los remedios anteriores." [368]

¿Por qué estamos usando el método del sol para potenciar la planta? En esta etapa la pregunta puede dividirse en dos sub-preguntas. ¿Por qué estamos usando la flor? ¿Y qué está presente en el rocío que permite un efecto potenciador? Katz y Kaminski responden la primera pregunta con ayuda de los estudios de George Adams y Oliver Whicher. La flor lleva la maduración de las substancias terrenales hacia el cosmos. En la flor la planta alcanza la luz cósmica, y la interacción de fuerzas cósmicas y terrenales se revela en "el color, la fragancia, la textura sutil, y la geometría estelar." [369]

La importancia del rocío en el proceso del método del sol puede entenderse a partir del trabajo de G. Wachsmuth. En la formación del rocío se hace visible y utilizable algo que está relacionado con la inspiración y expiración de los éteres de la tierra. [370] La tierra exhala e inhala una vez en el curso de cada día. Exhala el éter químico en la zona del éter lumínico (la atmósfera) y luego lo regresa a la tierra sólida. La

---

[365] Ibid, 10

[366] Howard and Ramsell. Ye *Suffer From Yourselves* in *The Original Writings of Edward Bach*, 62

[367] Ibid, 68

[368] De una carta del Dr. Edward Bach citada en Ye Suffer From Yourselves in The Original Writings of Edward bach, p. 106

[369] Richard Katz y Patricia Kaminski *Flower Essences and Homeopathy*, 7

[370] Guenther Wachsmuth, *The etheric formative forces in cosmos, earth and man: a path of investigation into the world of the living [vol. 1]*, 49-51

exhalación ocurre durante y después de la salida del sol. Cuando se forma el rocío, el éter químico se extiende desde el centro de la tierra hacia afuera y se encuentra con el éter lumínico. Este proceso de respiración cósmica es hecho utilizable en el método del sol. Lo que en el caso de los remedios homeópatas de Hahneman era un simple acto de potenciación humana, se eleva ahora a un proceso de potenciación que involucra a todo el organismo de la tierra respecto al cosmos. Esto explica que aunque las flores pueden ser consideradas potencias muy bajas respecto a la homeopatía convencional, ellas realmente pueden entrar en contacto con condiciones anímicas que los remedios homeópatas sólo pueden afectar en potencias bastante altas. [371]

Para conocimiento del autor nada se ha escrito sobre el método del hervido, y lo que éste añade al método del sol. Sin embargo, Dietmar Kramer ha empezado a preguntarse sobre las diferencias entre las diecinueve flores del primer grupo y las diecinueve flores del segundo grupo. [372] Kramer ha bosquejado doce 'rutas' de inicio de uno de los doce tipos iniciales, que podemos presumir – así lo hizo Bach - corresponden a los signos del zodíaco. Kramer las llama flores del tipo "flor de comunicación." Él distingue entonces "las flores de compensación", que corresponden a las reacciones neuróticas típicas: es decir: presumiendo la virtud que nos falta de una manera cuidadosamente deseada o estudiada. Este estado de mente no puede mantenerse por mucho tiempo y finalmente conduce a los estados dirigidos por "las flores de descompensación", que corresponden a estados psicopatológicos terminales - (psicosis). Estos estados emocionales necesitan ser tratados antes de los más reversibles, porque afectan el cuerpo o amenazan hacerlo. La mayoría de las flores del último tipo corresponden a flores extraídas con el método del sol, considerando que la mayoría de flores de descompensación se obtienen con el método del hervido. Parece que el método del hervido puede agregar potencia a la flor.

---

[371] Katz y Kaminski, *Flower Essences and Homeopathy* 7
[372] Dietmar Krämer, *New Bach Flower Therapies: Healing the Emotional and Spiritual Causes of Illness*

Hauschka y Bach: Comparaciones y Conclusiones

Tenemos en Hauschka y Bach dos últimos ejemplos de grandes logros en el campo científico, y descubrimientos que pueden estimular la investigación durante décadas por venir, si no más. El trabajo de los dos se ha superpuesto en su investigación médica. Sin embargo, aquí se detienen las similitudes, y surge un fascinante mundo de diferencias.

El Dr. Bach vivió una vida más tormentosa y más aventurera. Él pudo asumir de súbito nuevas direcciones, basado en oscuras inspiraciones dictadas por la voz de su conciencia; inspiraciones que supo que no podía ignorar. Y todo en su vida tuvo un aire de drama: su cercana muerte a manos del cáncer; sus súbitos cambios profesionales; sus llamativos descubrimientos de una planta después de otra (cada una con sus propias y raras historias) o interminables enfermedades que lo empujaron a la búsqueda de la segunda serie de diecinueve remedios. Él fue eminentemente capaz de seguir su voz interior, no importándole el costo personal; sacrificando exitosas carreras y reputación, sufriendo severas pruebas físicas.

Edward Bach es conocido hoy por el juego de treinta y ocho plantas que demostró podían usarse para suavizar los estados psicológicos que preceden la enfermedad, o cura las enfermedades, una vez que han alcanzado la manifestación física. Sus inspiraciones lo llevaron a descubrimientos que sólo después de un tiempo él podría corroborar. Eran generalmente correctas las ideas de ir del nosodes bacteriano a las plantas, de usar el poder del rocío para propósitos medicinales, de cambiar del "método del sol" al "método del hervido," y muchas otras. Su biografía (por ejemplo: lo que dijeron de él las personas con las que se encontró) e incluso su cuerpo (sus enfermedades) fueron un instrumento de investigación. En la mayoría, si no en todas, situaciones inspiradoras lo llevaron a encontrar el remedio, en el acto de coincidir la 'vibración' de la planta con la 'vibración' de la enfermedad - indudablemente una pobre terminología científica.

Es sorprendente, por decir lo menos, que en todo su trabajo con las treinta y ocho plantas que ahora forman el repertorio floral de Bach, el doctor nunca nos diera una explicación acerca del porqué era escogida una planta en particular, ninguna descripción de la planta, ni de sus propiedades fisicoquímicas. Hablando de plantas el Dr. Bach parecía mucho más un alto sacerdote de la antigüedad, inspirado por fuentes más allá de él. Su convencional visión del mundo científico no construiría un puente epistemológico a sus innovaciones científicas. [373] Podríamos especular sobre lo que el doctor podría haber logrado si hubiera encontrado y aceptado la ciencia espiritual. Después de todo él fue Masón y profundamente interesado en el ocultismo.

El Dr. Bach no actuó a un nivel diferente a Goethe, aunque su investigación tenía menos de teórica, y más de una meta práctica. Incluso más que con Goethe, sanadores y científicos que son seguidores del Dr. Bach tendrán que entender y dar por entendido lo que Bach supo instintivamente debajo del umbral de la conciencia, para entregar sus descubrimientos verdadera y totalmente utilizables para la posteridad.

Cuán diferente mundo ocupaba el Dr. Hauschka; otra biografía totalmente coherente, pero otra huella, por así decirlo. Podemos entender al Dr. Hauschka en un alto grado a través de sus libros y lo que él dice sobre su manera de trabajar. El Dr. Bach se vuelve entendible cuando penetramos tanto en su trabajo como en su vida. Los notables hilos en la vida de Hauschka son preguntas que lleva desde la niñez: su primera pregunta sobre la infinidad a través de la hipérbola; los silencios en la sinfonía de Bruckner, el poema de Pedro Rossiger en el momento de su confirmación con sus indicaciones sobre la inmortalidad y la reencarnación, los recuerdos de sus intenciones del pre-nacimiento, su percibida misión de transformarse a sí mismo, a la naturaleza y a la tierra.

La vida del Dr. Hauschka es una que se desarrolla en forma más regular. Nada es muy dramático, considerando que con el Dr. Bach lo es casi todo. En la vida diaria de Hauschka todo puede entenderse en base a un progreso firme, aunque con intensificación y metamorfosis. A temprana edad la mente inquisitiva puede mirar su pueblo, o al elemento químico del antimonio, con visiones profundamente imaginativas. Él es un maestro en construir, o más bien debemos decir, de vivir en el mundo de las imaginaciones y describirlas. Él ha alcanzado la conciencia

---

[373] Edward Bach, Cúrate a Ti mismo, en Howard y Ramsell, *The Original Writings of Edward Bach* (Los Escritos Originales de Edward Bach)

imaginativa. Su libro sobre *La Naturaleza de la Substancia* es un continuo construir imaginaciones. La imaginación de un elemento toma vida en la polaridad con otro. A una polaridad él agrega una segunda. A la polaridad del hidrógeno y el oxígeno se agrega la del carbono y el nitrógeno. Y esto forma lo que él llama "la cruz atmosférica." Estas imaginaciones son completamente adecuadas; nada se deja al capricho del momento. Nada es forzado. Finalmente, todo el trabajo es una gran imaginación, compuesto de muchas imaginaciones menores. Hauschka permite que las imaginaciones le revelen al ser de los elementos que él amó desde la temprana juventud. Vio las imaginaciones; las describió y las hizo entendibles a otros que están deseosos de hacer un esfuerzo activo para comprenderlas.

Bach determinó el futuro curso de unos pocos siglos adelante. Las inspiraciones que recibió son como postes indicadores o mapas del camino que aún no se ha completado. El trabajo sólo está bosquejado, y muchos otros tendrán que caminarlo para rellenar los vacíos, para completar el edificio, ofrecer el cuerpo de imaginaciones que construyan su nueva ciencia de sanar. El doctor murió agotado por una tarea que ejercía como tratante de esclavos. Alcanzó la línea de meta y falleció. Otros como Hauschka pueden hacer su camino al revés y decirnos lo que el Dr. Bach quiso decir, lo que él mismo no podría decir.

El Dr. Bach tiene mucho del alma-tipo que caracteriza a un Platónico. Su manera de trabajar, muy intuitivo, parangona al de Goethe, el Platónico más puro. Sus fuertes habilidades de observación lo llevaron al reconocimiento de los siete tipos de pacientes. Después, a través de saltos de intuición llegó a la formulación del método del sol y del método del hervido. Cada nuevo remedio de los treinta y ocho lo encontró a través de una nueva inspiración. Desde que no admitió la herramienta del intelecto como una manera de organizar su cuerpo de pensamientos, fue absolutamente incapaz de desarrollar imaginaciones sobre las plantas con las que trabajó. Fue incapaz de decir por qué una planta era el remedio para una enfermedad que él quiso oponerse. Sin embargo. Él podía proceder a la prueba de sus inspiraciones.

Merece la pena mencionar algunas de las afinidades del alma de Hauschka. Él se sentía muy atraído e impresionado por los Misterios Celtas (Misterios de Hibernia y de la Cristiandad céltica). Sin duda, aquí está un alma atraída por al rol de Cristo como señor de los elementos. [374] Y el hecho de que fuera un contemporáneo de Steiner, indica con un alto nivel de probabilidad que era un Aristotélico.

En un par de áreas del trabajo de los científicos podemos observar algún traslape interesante. Ambos doctores estaban muy familiarizados con la homeopatía: Hauschka podía entender los principios activos; Bach podía intuir, verificar y físicamente percibir que eran remedios muy superiores a aquéllos de la medicina alopática. Los dos doctores trabajaron para descubrir las primeras etapas de una enfermedad: Bach mirando las etapas del alma que preceden a la enfermedad; Hauschka mirando los cambios físico-etéricos que acompañan los estados del alma conducentes al cáncer. Es como si los dos científicos estuvieran mirando la misma cuestión desde dos lados opuestos: Bach desde dentro, a través de los estados del alma que fueron caracterizados en la prescripción del remedio; Hauschka desde el exterior, a través de los sutiles cambios que ocurren a nivel corporal.

El Dr. Hauschka es el ejemplo de la más pura esencia del científico del futuro. Él construye la observación cauta y cuidadosamente después de la observación, y las integra con las indicaciones de Steiner y un asir de toda lo que esa ciencia espiritual tiene que ofrecer que es pertinente a su tema de investigación. Sin duda la inspiración jugó un papel en su vida y en su trabajo científico. En general, fue su capacidad para vivir en las imaginaciones y trasmitirlas a la posteridad, ese es su legado distintivo. Personas como el Dr. Bach continuamente infunden su cultura con lo que aparece como contribuciones que nadie podría prever, golpes de genio. Éstas son las grandes contribuciones, y todavía inacabadas. Es de personas como Hauschka que podemos esperar se vierta luz sobre los descubrimientos del Dr. Bach, si ellos aceptan y reconocen la grandeza de tales contribuciones. El Dr. Bach puede ser capaz de ver más hacia el futuro. Personas como el Dr. Hauschka pueden hacer ese futuro más accesible para el uso de todos.

---

[374] Hauschka, *At the Dawn of a New* Century, 63

CAPÍTULO 9

ARISTOTÉLICOS Y PLATÓNICOS EN LAS CIENCIAS SOCIALES

En esta sección veremos dos maneras alternativas de entender, o acercarse a la cuestión social. La primera será una apreciación global de lo que Steiner caracterizó como Trimembración del Orden Social, construyendo concepto tras concepto. La segunda es el resultado del colectivo preguntar sobre las nuevas maneras de afectar la realidad social, construidas a través de la reflexión en la experiencia. Esto condujo a la elaboración del "proceso del triángulo social", una manera pragmática de reconocer y trabajar con las tres esferas de la sociedad. Esta formulación ocurrió a través del trabajo del Instituto de Asuntos Culturales (ICA) en EE.UU. El análisis global en el que nos embarcaremos ahora permanecerá más impersonal, desde que por un lado aporta las imaginaciones universales trasmitidas a nosotros por Steiner, y por otro lado el trabajo de ICA en el que se omiten nombres individuales, pues no son necesarios para nuestro estudio.

El primer análisis que puede ser conocido por muchos de mis lectores, será una simple presentación de las ideas de Steiner respecto a la trimembración. Para entender la segunda tendremos que mirar no sólo los modelos desarrollado por ICA, sino la dinámica social que los hizo posible.

La Trimembración desde el Reino de las Ideas

Desde la Revolución Industrial nos enfrentamos a la opción de escoger entre el enfoque completamente pragmático de un capitalismo desprovisto de cualquier nueva idea y las generosas pero imprácticas visiones promovidas por el pensamiento socialista.

La cultura bajo el sistema capitalista ha evolucionado en dos direcciones. La primera simplemente direcciona las demandas de la vida política y económica. La otra da vuelta hacia las aspiraciones más profundas del hombre pero no tiene mayor conexión con la vida práctica ni la habilidad de promover la renovación espiritual. Mucho de la cultura viene directamente desde el pasado, o repite impulsos pasados sin encontrar un nuevo ímpetu propio.

El socialismo percibe correctamente cómo el capital extiende su control sobre la vida social y sobre el individuo. Su solución fue el control del estado sobre los medios de producción y la abstracta motivación del trabajo hecho para la sociedad. Finalmente, el socialismo simplemente continuó el trabajo del capitalismo y profundizó la tendencia materialista. El socialismo hizo de la cultura una mera súper estructura que refleja la realidad económica. La línea de pensamiento va algo así. El capitalismo ha erigido cierta cultura que refleja sus propios valores. El socialismo construirá una cultura que refleja sus propios objetivos. Ésta es la razón por la que se ha de escoger el término "súper estructura." Brevemente, no hay una realidad autónoma ofrecida a la esfera de la cultura. Las únicas realidades tangibles se originan en la economía y en la política; la cultura refleja la interacción de las dos. El socialismo devaluó el papel de la cultura y la sacó de la escena pública, poniendo grandes obstáculos en su búsqueda de lo individual.

La dependencia del capitalismo y del socialismo se refleja en la perspectiva científica y naturalista de nuestro tiempo se refleja en la división entre la vida interior y la exterior, la continuación del viejo dilema de conocimiento versus fe que ha acompañado al Mundo Occidental después de la Edad Media.

Finalmente, Steiner indica que la humanidad crecerá sin alma en el orden social como resultado del industrialismo actual. Un síntoma de ello aparece en el divorcio de la vocación de las necesidades y aspiraciones humanas. Aparte de apenas satisfacer sus necesidades materiales, los trabajadores no encuentran ninguna motivación social y espiritual que emane de su trabajo. El rico se hace más rico y apenas se detiene a pensar con qué propósito amasan dinero más allá de cualquier posible noción de satisfacción de las necesidades personales. La única alternativa a este estado de cosas está en la aparición de una vida cultural verdaderamente independiente. La aspiración del alma moderna a la democracia y a la justicia económica encontrará su lugar como consecuencia natural de la trimembración con su actual énfasis en el fortalecimiento del sector cultural.

Integrando las Tres Esferas

Trimembración ve el entorno del ser humano un poco como se vería una granja diversificada. Cada parte del paisaje debe ser tratado según su naturaleza, sin perder la visión del todo, sean los campos para la producción agrícola, pasturas, huertos, estanques, etc. Cada función del organismo social debe ser mantenida en equilibrio por las otras. La división en tres áreas de la vida social no pondrá en peligro la unidad final, desde que cada ser humano tiene intereses en todas las áreas. Esta armonización será confiada a instituciones específicas que promuevan el necesario diálogo.

La esfera cultural funda su fuente en la vida del espíritu. La vida política direcciona lo que es común a todos los hombres, lo que los hace iguales en el reino del alma. La economía es dirigida a la satisfacción de las necesidades arraigadas en nuestra naturaleza corporal. A través de los miembros o partes de la vida social, la Trimembración del Orden Social (TSO) busca la libertad cultural, la democracia e igualdad bajo la ley, y en la economía un sentimiento de hermandad.

El TSO da por hecha la realidad de la división del trabajo y la función social que son esenciales en la vida moderna y que no pueden suprimirse en nombre de un retorno al pasado. Tanto como los resultados de la división del trabajo podrían estar desacreditados en el estado presente, no debemos olvidar que en el esfuerzo por satisfacer las necesidades de otras personas y tener satisfechas nuestras necesidades por una multitud de otros miembros de la economía, está una potente semilla para superar el egoísmo. Indudablemente, la división del trabajo está acompañada de una consecuencia ineludible: el debilitamiento del interés en nuestro trabajo. Sin interés un hombre no puede trabajar: o lo hará tan sólo durante un tiempo con un terrible sentido de vacío. El interés necesario será estimulado desde la arena política y desde una cultura renovada. La vida cultural nos animará con la comprensión que nuestras habilidades y singularidades como individuos juegan o tienen una función vital en la sociedad. Este interés también derivará en ser parte de una vida de los derechos que ayudaremos a construir. En la actualidad, nuestra única manera de medir la utilidad de nuestra vida está en la compensación monetaria. En el TSO está el despliegue de las facultades humanas y su armoniosa cooperación que dan un estándar para el éxito. El aumento de capital seguirá como consecuencia natural de lo anterior, no al revés.

El TSO reconoce el pensamiento conservador y el progresista pero está solo sobre el pensamiento político. Reconcilia el falso dilema de capitalismo y socialismo a un nivel muy superior. El TSO también es la única visión que da a la economía y a la cultura un rol independiente en el proceso social, emancipando completamente a los dos del proceso político. Así la administración de la vida económica debe ser conducida solamente sobre bases económicas. La administración de los asuntos culturales, sean ellos escuelas, universidades, museos, iglesias, grupos espirituales, igualmente serán retirados de la esfera política. Permítanos mirar más de cerca lo que intentan lograr los miembros del orden social.

Una Vida Cultural Independiente.

La vida cultural solo puede dar sentido, difundir nuevos valores y ser la fuente de la que se origina nuestro deseo de contribuir a la vida social. La cultura es lo que nos ayuda a desarrollar nuestra facultad del juicio y nuestra vida de sentimientos, el apoyo del verdadero individualismo ético. El estado y la economía moderan el desarrollo del individualismo. La vida política nos une en todo lo que manifiesta nuestras coincidencias como seres humanos, no nuestra individualidad.

La vida cultural no puede verse sometida a la voluntad del todo. Una cultura subyugada al criterio de democracia frustra el desarrollo de lo que es único en cada ser humano, y por consiguiente priva a la sociedad de la continua innovación y renovación que brota de sus contribuciones individuales. La educación confiada al estado puede presentar valores cognoscitivos, estéticos y morales a sólo lo abstracto en la civilización. Este es el porqué la cultura necesita ser auto-administrada a lo largo de sus propias líneas de interés.

El resultado de una vida cultural libre será individuos que desarrollarán independientes valores cognoscitivos, estéticos y morales y podrán encontrar en la sociedad un lugar concordante con los dictados de su ser interior. Valiosas y únicas contribuciones e innovaciones alcanzará la sociedad para beneficio de todos. En la actualidad las escuelas se preguntan cómo el individuo puede adecuarse mejor al presente orden de los asuntos, en las estructuras del estado y la economía. "¿Qué podemos enseñarle que le permita encontrar un lugar en el mercado del trabajo?" es un escuchado parámetro de la educación. Las preguntas que una vida cultural independiente puede hacerse son: "¿Cómo puede contribuir cada individuo que sea verdaderamente único, y qué ofrecería el mayor beneficio a la sociedad? ¿Y cómo podríamos promoverlo?"

La persona que de verdad evoluciona dentro de una vida cultural independiente no encajará dócilmente en un plan preestablecido, en los engranajes de un mecanismo. En esto podemos ver cómo el esforzarse por una vida cultural independiente entra en conflicto con las visiones que finalmente desconfían de la libre contribución del individuo o quieren subordinarlo firmemente a la autoridad central del estado. No sorprende que esta fuera y sea la visión de regímenes totalitarios. Sin embargo, en las democracias el adverso papel de la educación controlada por el estado, que trabaja en esta misma dirección, es raramente percibida y cuestionada en la actualidad.

La vida cultural también cumplirá otro importante rol promoviendo la visión de un desarrollo comunitario, su calidad de vida. La vida cultural debe determinar legítimamente a qué fines se consagrarán la tierra y el capital. En la actualidad, el uso de la tierra está determinado por las consideraciones de renta del capital, escasamente mitigadas por las consideraciones sociales y ecológicas. En el otro escenario los intereses culturales determinados por una comunidad - como tasas de crecimiento urbano, calidad del ambiente, tipos de actividad industrial promovidas y permitidas - puede ser bases legítimas para limitar las rentas del capital.

Hiere la calidad de vida de una comunidad el crecimiento a menudo basado en solo el criterio de la máxima tasa de retorno.

El papel que naturalmente le toca representar al estado, concierne a la esfera de los derechos y todo lo que sirve para proteger la integridad del individuo, y todo lo que preserva la integridad nacional de las amenazas externas. Ésta es el área más rápidamente entendida en la actualidad. La esfera política nos reúne en lo que es universalmente humano, lo que nos hace a todos iguales, sin tener en cuenta el trasfondo cultural, la etnicidad o posición social. Mucho que se deja hoy a la economía es en realidad preocupación de la arena política. Así, la remuneración humana, horas y cantidad de trabajo, para abreviar, algo que concierne al trabajo está más allá del justo alcance de la economía. Todo el tema de la remuneración humana fue de interés central para Steiner que vio en la mercantilización del trabajo la raíz del alejamiento del hombre de su trabajo. Para Steiner, cuando la cuestión del trabajo se iguala con los sueldos, en lugar de con las necesidades humanas, el ser humano se aleja de las fuerzas del karma que guían nuestras vidas en la tierra.

En el presente orden social la economía a menudo sobrepasa sus límites. Si la economía asume la legislación, entonces lo que sale de ella son sólo decisiones económicas que no tendrán en cuenta los derechos de todos. El gerente de un negocio no es la mejor persona para acertar y determinar lo que deben ser las relaciones legales con sus trabajadores.

Igualmente la arena política solo puede legislar lo que finalmente conduce a los derechos, aun cuando aspira al bienestar de todos. Todo lo que finalmente hará es proteger; no puede promover o guiar la producción a través de la legislación, ni operar para redistribuir la riqueza. La decisión para bien de todos sólo puede tomarse de tal manera que las disposiciones legales estén completamente divorciadas de los intereses de los negocios y las decisiones económicas sean retiradas de la esfera del gobierno.

En el reino económico las ideas de Steiner sobre trimembración son verdaderamente revolucionarias. De lo que se ha dicho de la vida cultural y política deriva la comprensión que una economía, consciente de su naturaleza, necesita preocuparse solamente de la producción y circulación de bienes.

Una economía verdaderamente vibrante no puede estar subordinada al reino político desde que responde a sus propias leyes y procesos. La economía necesita correr en base a la competencia individual y a través de la habilidad de comprometerse en acuerdos contractuales derivados de la libre iniciativa y concebidos para beneficio de todos. Y mucha de la futura vida económica debe girar alrededor de la creación de nuevas asociaciones.

La Economía y Sus Asociaciones

Steiner previo que significado y valor tendrán que fluir en la economía a partir de la vida política y cultural, a través de la importante idea de la economía asociativa. En la nueva economía la asociación jugará el papel que el individuo jugó en la economía relativamente fácil de la Edad Media. Las Asociaciones son agrupaciones de sectores económicos particulares que reúnen a consumidores, distribuidores y productores para regular la producción, la distribución, la asignación de recursos, el movimiento de la mano de obra, etc.

Sin embargo, asociaciones solas no proveen los valores y significado que el individuo necesita en su trabajo. Desde que no puede encontrarse solo en nuestra ocupación, dada su fragmentada naturaleza en la economía global, la satisfacción interior derivada del trabajo tendrá que venir de una vibrante esfera cultural que imbuya al individuo con valores espirituales. Una participación activa en la vida política avivará nuestra participación en una vida económica donde se confirman nuestros derechos individuales. El deseo de trabajar continuará más fácilmente cuando las personas sepan que su trabajo es hecho de manera que les garantiza una dignificada existencia humana.

Las Asociaciones actúan un poco como un alma grupal en la economía, un reino en el que ninguna mente individual puede comprender su complejidad. En la economía de verdad actuamos a partir de una voluntad que es principalmente inconsciente. Las asociaciones son como órganos del conocimiento, informando al individuo y elevando su sentido de integración dentro del sector dado, y su responsabilidad hacia el todo.

Naturalmente, una asociación en un sector de la economía tenderá a actuar unilateralmente según sus propios intereses, porque la percepción de la realidad de los miembros no puede abarcar el todo. Esto puede flexibilizarse cuando el proceso es repetido en otros sectores de la economía y se crean asociaciones de alto nivel para equilibrar los intereses de los diferentes sectores y proporcionar una imagen exacta de la voluntad del todo.

La justificación para las asociaciones económicas no deriva de una óptica humanitaria, sino puramente de un punto de vista económico. Podríamos decir que Steiner favoreció el sistema de libre comercio aunque dentro de parámetros mucho más estrictos que lo que pensamos hoy como sistema de libre comercio. Steiner comprendió que aunque hacer ganancias es un objetivo egoísta, éste no es un argumento que puede usarse para su eliminación. Las ganancias son las que realmente indican si un artículo debe producirse o no, si un proyecto es factible y debe ser apoyado. El motivo individual de obtener ganancia sólo puede ser reemplazado por el trabajo de asociaciones económicas que puedan coordinar producción y consumo y evaluar las necesidades reales, en lugar de permitir que estas valoraciones tengan lugar a través de los dictados de la oferta y la demanda, el ciclo de altibajos en el mercado. En el estado trimembrado las ganancias generadas por la actividad económica - nacional o internacional – beneficiarán a todos, no sólo a pocos como en la economía capitalista.

La Tierra, Medios de Producción y Crédito

El dinero, en nuestros actuales mercados financieros, se ha independizado de la economía. El dinero emancipado de las necesidades humanas apoya su propio crecimiento, sin tener en cuenta las aspiraciones humanas. Esta consideración nos lleva a un final e importante aspecto del trabajo de la economía y sus relaciones con la vida cultural y política.

El ímpetu hacia la separación de las esferas de la vida social da un nuevo sentido a la idea ahora considerada un vestigio de la humanidad indígena, que la tierra y medios de producción no son artículos. Aquí tampoco será éste un esfuerzo por volver al pasado. En una sociedad trimembrada la administración de la renta del capital está fuera de la economía. No puede ser asegurada a través de la herencia sino sólo atribuirse a un individuo o grupo en base a su habilidad de asegurar la óptima actuación de recursos y capital para bien de todos. Cuando un individuo no puede o ya no trabaja para bien del todo, la administración necesita ser transferida a la otra parte que posea la habilidad de realizar las tareas. La circulación del capital será determinada en la esfera de los derechos y en la vida cultural.

Finalmente lo mismo será con el crédito. Bajo las actuales condiciones el crédito está basado en la probabilidad de retorno sobre el capital. Para los imperativos del capital la habilidad individual se hace secundaria. En el TSO el crédito se dará para el uso de la tierra o de los medios de producción a aquellos individuos que mejor puedan administrarlos en respuesta a las metas perfiladas de las esferas cultural y legal que en una comunidad determinan la prioridad de las necesidades humanas. El actual trabajo del capital oscurece las necesidades humanas al recurrir a las impersonales y abstractas nociones de la oferta, la demanda, el mercado, las tasas de crédito, etc. En una sociedad trimembrada el que recibe el crédito tendrá que estar conectado con la comunidad local a través de asociaciones, y a través de ellas con toda la esfera económica. Las Asociaciones le permiten así al individuo desarrollar un mayor sentido de responsabilidad en la economía.

Cerrando el Ciclo

Habiendo visto la importancia de las tres esferas podemos ahora "cerrar el ciclo" de sus relaciones. Una idea importante que Steiner ha ofrecido es la comprensión de que la economía continuamente genera excedentes. Se dice que éstos tienen su fuente en el capital o en la presente visión de las cosas o en el ingenio del empresario. La realidad es que éstos pertenecen al inherente ingenio espiritual del espíritu humano. Es desde la cultura - a través de la investigación, innovación, educación - que recibimos la continua renovación de la que derivan los excedentes económicos. Este es el porqué el retorno del capital debe servir para apoyar la renovación cultural y el desarrollo individual que garantizan dichos excedentes.

En la actualidad, desde que los excedentes no pueden desaparecer, se invierten en productos que han de crear destrucción, o ellos mismos se destruirán. Tal es el caso por un lado de toda la industria de los armamentos. Por otro lado tenemos la difusión de la obsolescencia que asegura que los productos tengan una más corta vida útil y que circulen más rápidamente. A lo largo de la misma vena están productos que no pueden ser reparados, que no puede reciclarse o usarse para otros propósitos. La alternativa del escenario de Steiner - distante como puede estar del moderno sentido común - ofrece a la humanidad el único posible futuro sustentable.

Para alcanzar los ideales de una sociedad trimembrada, tendrán que ofrecerse incentivos para que el capital fluya en la arena de la cultura sin cuerdas que lo aten. Una vibrante voluntad económica siempre produce excedentes. Para que estos excedentes no sean una carga sobre el ambiente o sobre la armonía social, tendrán que entregarse como donación al área de la cultura que no puede generar su propio capital. El ciclo anterior forma lo que algunos llaman "ciclo virtuoso." La economía es construida desde el reino de la cultura de maneras que, aunque parezcan obvias, se encuentran ocultas para el pensamiento económico actual. Una economía que sólo se construye trabajando como un parásito en el cuerpo social. Para que los excedentes trabajen de una manera sustentable, tendrán que retornar a la comunidad, promoviendo la educación e innovación, y ser dirigidos al desarrollo de las capacidades y talentos individuales que afronten los desafíos del futuro.

Todo el opus de Steiner representa el esfuerzo para reavivar la cultura en el esfuerzo por reintroducir una comprensión espiritual e idioma universal que honren las aspiraciones de la humanidad en el tiempo del Alma Consciente. Steiner ofreció toda la Antroposofía como un regalo que reconectaría a una humanidad divorciada de sus raíces espirituales a una nueva fuente de significado y valor. Muchos hoy saben intuitivamente que la renovación tiene que fluir en la vida social desde la fuente del espíritu pero falta una comprensión de cómo este mismo espíritu puede ser más que un almacén abstracto de significado y convertirse en una herramienta práctica y concreta para la renovación social. La comunidad trimembrada nos dice que el espíritu está en la base de la renovación social mientras nos permite ver cómo lo hace.

Sin embargo, el TSO no es per sé garantía de la felicidad social, sino más la visión de la articulación de las condiciones bajo las que la esfera de la sociedad puede ser llevada a una saludable colaboración, a lo que Steiner ha llamado "saludable organismo social". La visión de un saludable organismo social sólo puede proporcionar los prerrequisitos necesarios para todo lo que los seres humanos deben nutrir y desarrollar a través de sus propias habilidades y necesidades. Confiar en el proceso del TSO significa suprimir la ciega confianza en las instituciones o partidos que saturan la cultura moderna y comprender que no importa que la estructura pueda ser usada anti-socialmente. Para neutralizar esto tenemos que confiar en la vitalidad del reino cultural que nos permitirá corregir las tendencias antisociales conforme ellas se desarrollan.

Las ideas que involucran la trimembración de la sociedad nos ofrecen claridad acerca de qué pasos deben darse para hacer realidad la libertad, la igualdad y la hermandad en sus respectivos campos de acción. De mayor importancia es comprender que el ser humano necesita reconectarse de nuevo a sus intenciones prenatales. Para ese propósito debe haber una separación entre nuestro rol en la remuneración económica y financiera. Deben asegurarse las necesidades individuales a través de las asociaciones, y legislar en el cuerpo político, no determinado a través de tasas de pago que derivan del mercado.

La trimembración despierta una percepción del karma y la reencarnación. Pero lo contrario también es verdad. Un activo y personal entendimiento de las fuerzas del karma y, finalmente de la realidad de la reencarnación en nuestra vida diaria es un potente motor para provocar la trimembración. El reconectar al individuo con las fuerzas de su destino fortalece la sociedad para el logro de la trimembración. Siempre que los individuos puedan asumir la responsabilidad de sus vidas a través de un reconocimiento de su propio rol en la formación de su biografía y sus esfuerzos comunales, se liberan y están disponibles inmensas fuerzas creativas que pueden usarse para la creativa renovación social. Consideraremos una expresión de esta realidad en la historia y trabajo del Instituto de Asuntos Culturales (Institute of Cultural Affairs).

Trimembración desde la Base

Lo que sigue está relacionado con el destino de un grupo de personas que han ofrecido a la sociedad americana un fuerte impulso para la renovación. Hay muchos de tales grupos; sin embargo, es por lo general difícil de reunir suficiente información escrita para descubrir las tendencias y temas de su historia. El autor pudo reunir más información y visión sobre ICA y sus maneras de trabajar en virtud de haber logrado una Maestría en Tecnología de la Participación, ofrecida por el instituto. Esto le ha dado una experiencia directa de la metodología social que durante décadas ha producido ICA. Una de estas metodologías ha estado sorprendentemente cerca de formular una forma empírica de trimembración. Lleva el nombre de "triángulo del proceso social."

El Instituto de Asuntos Culturales y la Quinta Ciudad

En 1954 el Consejo Mundial de Iglesias se reunió en Evanston, Illinois. En esa ocasión los hombres de negocios cristianos fundaron el Instituto Evanston de Estudios Ecuménicos. [375] Al mismo tiempo, un grupo de estudiantes cristianos y personal de la Universidad de Texas (llamado: "La Fe cristiana y la Vida Comunitaria") empezó a investigar la relación entre la fe y la vida contemporánea. Bajo la dirección del Dr. Joseph W. Matthews, el grupo diseñó un currículo para estudiantes y laicos, los llamados *Estudios Religiosos I.*

En 1962 el Instituto Ecuménico nombró al Dr. Matthews su nuevo decano, y con él trajo a siete familias de Texas, quienes continuaron una amplia vida de culto cristiano, estudio, y servicio. En ese tiempo, el pequeño grupo empezó la llamada Orden Ecuménica (sic), formada principalmente por familias de voluntarios. La orden fue planeada después de conocer órdenes de familias religiosas. La misión que la orden se dio a sí misma fue renovación de la iglesia y desarrollo comunitario. Desde ese momento en adelante se siguieron de forma consistente tres direcciones; educación, investigación, e implementación. El currículo inicial dio énfasis a modelos de sistema total. Y la "Quinta Ciudad" del

---

[375] La historia de ICA es tomada de Stuart Umpleby y Alisa Oyler: "A Global Strategy for Human Development: The Work of the Institute of Cultural Affairs" ("Una Estrategia Global para el Desarrollo Humano: El Trabajo del Instituto de Asuntos Culturales), publicado en *Systems Research and Behavioral Sciences*, vol. 24, #6, noviembre-diciembre 2007, 645-653, y R. Brian Stanfield, *El Valor para Conducir: The Courage to Lead: Transform Self, Transform Society* (Transfórmese a Sí Mismo, Transforme la Sociedad).

instituto — un atrevido y exitoso experimento en el completo desarrollo de la comunidad — fue el primero y mayor paso de implementación. Entre 1962 y 1964, el instituto empezó ofreciendo sus cursos en Chicago. Su componente curricular cultural presentó ideas vanguardistas en la disciplina cultural y las estructuras sociales, con un enfoque en modelos de sistemas completos. La idea era crear modelos de la realidad, sabiendo totalmente bien que un modelo sólo es relativo; todavía debe ser interiormente consistente y capaz de honrar la sabiduría tradicional, en lugar de meramente enfocarse en cosas pasajeras. Fueron doce cursos en total: seis teóricos y seis prácticos. De 1964 a 1967, unas 20,000 personas en América del Norte pasaron por los entrenamientos que también se ofrecieron en otras partes de América del Norte, Asia, y Australia. Después el currículo evolucionó en dos partes: una que enfoca en lo religioso y en cursos de diálogo teológico, el otro en las tendencias sociales contemporáneas.

En 1965 tuvo lugar la primera Asamblea de Investigación Anual de Verano, y es donde fueron desarrollados los primeros métodos prácticos, como la Conversación Enfocada, de la que después se dirá más. Desde 1971 hasta mediados de los años ochenta, fue convocada la Asamblea de Investigación Global, reuniendo en un lugar a mil o más personas del mundo. En 1968, entre el personal del instituto ya había aproximadamente cien personas.

En 1963, las primeras siete familias habían mudado su residencia de Texas a Chicago donde escogieron un gueto como barrio, con un total de dieciséis manzanas en el lado Oriental, predominantemente afroamericano. Esta área después se volvió conocida como Quinta Ciudad, y en el corazón de la ciudad se estableció el Instituto de Estudios Ecuménicos. Los recién llegados se acercaron a la población local con entrevistas puerta a puerta y reuniones de barrio a través de las que lograron una visión global de las preocupaciones principales de los residentes; y con ellos, empezaron a diseñar estrategias de intervención. Este amplio enfoque cubrió todo, desde la educación durante la temprana niñez, programas para la juventud, adultos y ancianos, cuidado de la salud, albergue, y revitalización económica. Las entrevistas destaparon más de 5,000 problemas, y los ordenaron según se tratara de problemas económicos, políticos, o culturales.

Los siguientes fueron algunos de los enfoques:

- Extenderles unz mano a los miembros de bandas de adolescentes, y a los adolescentes en general, a través de un curso de quince semanas; esto fue considerado importante para la futura dirección de la Quinta Ciudad.
- Oferta de programas culturales para el barrio.
- Se mudaron dieciocho familias suburbanas, negras y blancas, regresaron a la ciudad; entre ellos un doctor y un hombre de negocios.

El grupo empezó rehabilitando apartamentos y un centro comunitario; abrieron un centro comercial que albergó cinco negocios; e inauguraron un centro de reparaciones de autos y un lavadero de automóviles. La Quinta Ciudad poseía equipo con el que podría mejorar la infraestructura y el paisaje comunal. Toda esta actividad atrajo al nuevo Hospital de Bethany, y al CTA Bus Garage, con una inversión total de $40 millones. Las dos organizaciones emplearon a más de mil personas de los barrios adyacentes. Se formaron muchas sociedades entre Quinta Ciudad y los negocios, con el gobierno local, y con otras organizaciones sin fines de lucro, resaltando el enfoque trisectorial para el desarrollo social.

Triángulo del Proceso Social y el Nacimiento de ICA

Empezó como un esfuerzo para la renovación de la iglesia y el desarrollo comunitario, a finales de los años sesenta el Instituto Ecuménico se extendió a lo largo del mundo. En 1973, asumió el nombre de Instituto para los Asuntos Culturales (ICA), para distanciarse del debilitado elemento ecuménico, y para reconocer su dimensión global y cultural. La decisión para cambiar su nombre fue resultado directo de un esfuerzo emprendido dos años antes, junto con el nacimiento del "Proceso del Triángulo Social." El llamado "Proyecto Corporativo de Investigación de Lectura" conducido a través de una total revisión de la literatura que involucra a todas las oficinas del instituto a lo largo del mundo. Este proyecto tomó un año y cubrió el estudio de 1,500 libros fundamentales que exploran todos los aspectos de la cuestión social. El trabajo se limitó a un grupo central de aproximadamente treinta personas que se reunían todos los fines de semana durante el invierno y la primavera de 1971. Esto culminó allá por el verano de 1971 con una reunión de 1,500 personas que llegaron a Chicago con el objetivo de entender cómo considerar los problemas que comprometen a la sociedad global.

Los datos, tamizados de los libros, fueron usados para crear el modelo triangular del proceso social. La visión principal emergente del estudio fue que las cuestiones sociales fueron normalmente elaboradas en referencia a las dimensiones económicas o políticas, y adicionalmente algo como la salud y los servicios de educación. El descubrimiento del esfuerzo del equipo fue que la cultura podía agregarse como una tercera categoría a la política y la economía, abarcando los servicios de salud y la educación, pero también mucho más. Las cuestiones sociales podrían articularse así a través de la contribución de las "coincidencias" en la economía, la política, y la cultura. Se afirmó la comprensión del desestimado papel de la cultura en la posterior opción de un nombre para la renovada organización: Instituto para Asuntos Culturales.

La interrelación de las tres coincidencias fue concebida de esta manera:

El ideal (raramente encontrado) es una equilibrada tensión entre lo económico, lo político y lo cultural. Cuando esto ocurre, la sociedad está en un estado saludable. Cuando estos tres procesos de la sociedad no son mantenidos en equilibrio, la sociedad se enferma. Cuando se nos priva de adecuados medios de vida, puede traer como resultado el caos político y el escándalo. Cuando se nos priva de participación en el proceso político, es probable que sufra nuestro medio de vida mientras los amos se hacen más ricos con los recursos que nos negaron. Cuando nuestra cultura nos es retirada, fácilmente nos volvemos víctimas políticas y económicas, o encontramos nuestra vida desprovista de significado. [376]

---

[376] Brian Stanfield, *The Courage to Lead* (El Valor para Conducir), 151

Y más:

Ser un ser humano social es estar inexorablemente involucrado en los problemas de sustento y supervivencia (lo económico); de ordenamiento y organización de la sociedad para superar el caos (lo político); y de educación, familia y comunidad, y la celebración de la vida y la muerte (lo cultural). Estos tres, junto con todos los procesos particulares que los constituyen, crean todo el sistema que nosotros llamamos sociedad, o proceso social. Porque el proceso social es sistémico, cualquier mal funcionamiento en cualquier parte reverberará a través del sistema entero. Lo mismo debemos considerar para las cosas buenas que ocurren en cualquier parte. Además, si no hay algún tipo de equilibrio básico entre los tres procesos principales, sufre todo el proceso social. [377]

Subyacente a las fuerzas activas en el campo social, fueron definidos tres impulsos:

Los tres principales procesos de la sociedad — económico, político, y cultural — están basados en tres impulsos básicos encontrados en todos los seres humanos y en todas las sociedades. El primero es el impulso por la supervivencia, por los recursos, el sustento, y el dinero — la dimensión económica de la vida — aquello sin lo que no se puede tomar decisiones y no haber conciencia....El segundo es el impulso para el orden, para la organización de la sociedad a través del proceso normativo, y la ley - fortaleciendo los cuerpos para que haya seguridad y justicia para todos — la dimensión política de la sociedad....El tercero es el impulso por el significado, que interfiere tanto en la dimensión económica como en la política de la sociedad. Ésta es la dimensión cultural. [378]

---

[377] Jon C. Jenkins y Maureen R. Jenkins, *The Social Process Triangles* (El Triángulo de los Procesos Sociales), 8

[378] Ibid, 9

Se desarrollaron otros dos modelos del *Triángulo del Proceso Social:* *la Dinámica del Proceso Social y los Desequilibrios Sociales.* [379] Todas las herramientas así desarrolladas jugaron un papel importante en la investigación, entrenamiento y consulta de ICA. El triángulo puede aplicarse a cada nivel de la realidad, desde el nivel de la comunidad al nivel nacional e internacional.

El primer nivel del triángulo (Ilustración 9) bastante simplemente introduce la realidad de las tres semejanzas, pero también produce algo más que lo obvio.

Ilustración 9: *triángulo del proceso social, primer nivel,* *(Fuente: Stanfield, The Courage to Lead, la pág., 149)*

En este triángulo podemos ver las relaciones de tres partes que son respectivamente:

1. Fundamental (fondo izquierda): la economía. Sin la economía los otros dos polos no pueden existir.
2. Función ordenadora u organizacional (fondo derecha): "el polo comunal, que pertenece a la relación de poder y toma de decisiones en medio de cualquier grupo social....[éste] neutraliza la tendencia fundamental de las personas a destruirse unos a otros creando un contrato social."

---

[379] Ibid, cap. 5 y 6

3. Sostenimiento, dar sentido o significado (la cima): la cultura. "Esta es la dinámica que en el triángulo exagera la singularidad humana; es el espíritu que hace que valga la pena la participación en el proceso social. Ésta es la arena de los símbolos, el estilo, y las historias que dan importancia al todo." [380]

Colocar la arena cultural en la cima del triángulo es una declaración que confirma el lugar determinante que ocupa en relación a las otras dos áreas. Tampoco ha de sorprender que ICA también ofreciera una de las primeras conferencias globales sobre la emergencia de la Sociedad Civil, en 1996, en El Cairo.

Algo más surge de los triángulos. Cada uno de los tres procesos limitan, sostienen, y crean los otros dos. Cada uno de los tres procesos puede ser dividido en sus componentes a niveles más profundos, y allí uno de nuevo encontraría la tensión entre un proceso fundamental (el componente económico) en el fondo a la izquierda; un proceso que une (el componente político) al fondo a la derecha; y un proceso informante (el componente cultural) en la cima.

Permítanos ver a qué se parece un triángulo en el segundo nivel. El segundo nivel (Ilustración 10) muestra cómo cada polo del triángulo repite el orden trimembrado presente en el primer nivel. En el segundo nivel, en la economía tenemos: recursos (el componente económico); producción (el componente político); y distribución (el componente cultural). A nivel de la semejanza política encontramos el orden corporativo (la capacidad de dar fuerza a la ley, proporcionar seguridad para una cultura funcional), la justicia corporativa (defiende los derechos individuales, asegura estructuras justas, proporciona los vínculos entre las estructuras burocráticas y las comunitarias) y el bienestar corporativo (asegurando que los derechos y las responsabilidades sirvan a todos los ciudadanos, y proporcionan motivación para la cooperación). En el tercer nivel, el de la semejanza política, lo que corresponde al gobierno nacional, tenemos: ejecutivo (componente económico); legislativo (componente político); y judicial (componente cultural).

---

[380] Jon C. Jenkins y Maureen R. Jenkins, *The Social Process Triangles* (El Triángulo del Proceso Social), 24

Ilustración 10: *triángulos del proceso social, segundo nivel, (Fuente: Stanfield, The Courage to Lead, pág. 149)*

Los triángulos nos permiten poner en contexto general cualquiera de los procesos menores en la sociedad, mostrando cómo ellos están conectados con las otras áreas del organismo social, permitiéndonos evaluar la salud o desequilibrio de cualquier unidad social. Ellos pueden servir para visualizar qué modelos están activos en cualquier situación dada, echando luz en el lugar donde se sitúan los puntos de influencia. Efectos positivos ondearían a lo largo del sistema si la acción fuera tomada en estos puntos. Equipado con todo su sistema su análisis y el triángulo del proceso social, ICA probó sus ideas a lo largo del mundo. Después de 1975, el instituto estableció el proyecto mundial de demostración de comunidad, sobre el modelo de Quinta Ciudad - un proyecto en cada franja horaria, veinticuatro en total. [381] Cada proyecto significó ser muy accesible a todos y fue administrado por pioneros experimentados en la renovación económica, social y cultural; abordó todos los temas locales e involucró a todos los actores locales.

---

[381] Umpleby y Oyler, "A Global Strategy for Human Development: The Work of the Institute of Cultural Affairs" (Una Estrategia Global para el Desarrollo Humano: El Trabajo del Instituto de Asuntos Culturales)", 2

Muchos proyectos iniciales estimularon los esfuerzos de repetición en las comunidades vecinas. Estos pronto llegaron a sumar trescientos proyectos en veinticinco naciones.

El proyecto reunió a todos los actores de la comunidad, consultores voluntarios del sector público y privado y personal de ICA. En una larga conferencia de una semana que involucró procesos altamente participatorios diseñados para desarrollar el consenso, los compañeros fabricaron un plan de desarrollo local de cuatro años. Un promedio de tres parejas de la nómina de ICA permanecieron en la comunidad para enseñar todo su sistema de enfoque del desarrollo, y ofrecieron entrenamientos en dirección que duró en promedio cuatro años. El desarrollo posterior se dejó en manos de la comunidad local.

Tecnología de Participación

Antes de a ver los frutos del trabajo de ICA, había formado en mi mente una hipótesis que, dado el verdadero proceso participatorio e inclusivo de todas las necesidades y todas las perspectivas (cubriendo las tres esferas sociales), podría surgir la trimembración en la arena social fuera de la antroposofía, en forma similar a lo que Steiner formuló desde una perspectiva esotérica. Sin embargo, no supe cómo podría verificarse esta hipótesis, hasta que apareció para mi consideración el Triángulo del Proceso Social. La historia de ICA parece demostrar esta hipótesis; sin mucha dificultad uno encontraría a Steiner en los logros de ICA.

Esto no significa que yo quiera suponer que el Triángulo del Proceso Social explicita en todos los aspectos las ideas de la trimembración; porque los conceptos de Steiner son esenciales. Los descubrimientos prácticos no pueden convertirse en imaginaciones claramente articuladas, que solo pueden traducir la trimembración en la realidad viviente que previo Steiner. Ni supondría que las ideas de Steiner no son necesarias para lograr la trimembración de manera óptima.

Volveremos ahora a otro aspecto de nuestra investigación. ¿Cómo ICA despertó el sentido de las fuerzas del destino en sus miembros y comunidades afiliadas? ¿Cómo dio vida a todo lo vivo en el sentido que Steiner propone cuando habla de asociaciones?

ICA desarrolló un juego íntegro de herramientas de facilitación, que ahora tienen como marca "Tecnología de Participación" (ToP). Ésta fue una elaboración colectiva. Ningún nombre individual está vinculado a cualquiera de estos procesos: Conversación Enfocada, Taller del Consenso, Planeación de Acción Participatoria, y Planificación Estratégica Participatoria, entre otros.

Lo que todos estos procesos tienen en común son cuatro pasos claves que se hacen cada vez más complejos a niveles superiores de toma de decisiones. Los niveles metamorfoseados no pueden determinarse intelectualmente a partir de simples técnicas (Conversación Enfocada) a las más complejas (Planeamiento de la Acción, Planificación Estratégica). Sólo la prueba y el error podrían determinarlos. Los procesos de nivel superior incorporan los procesos de nivel inferior de Conversación Enfocada y Taller del Consenso.

Una Conversación Enfocada puede usarse para el estudio de algún asunto, para propósitos sociales informales, o para toma de decisiones sobre materias simples, no-polémicas. Permite a un grupo solucionar los problemas; expande perspectivas; reúne datos de un grupo grande; llega al corazón de la materia. Las aplicaciones prácticas incluyen; exploración de un tema y visión del cuadro completo; revisión de documentos/presentaciones; revisión de eventos; investigación de temas de mayor alcance; exploración de temas sin tener que llegar a un acuerdo general o concenso.

Los siguientes son los cuatro niveles de una Conversación Enfocada:

- nivel Objetivo (O) (percepción): preguntas sobre los hechos y la realidad externa.
- nivel Reflexivo (I) (respuesta interna): respuesta interior a los datos; sentimientos, humores, emociones, recuerdos, imágenes, y asociaciones.
- nivel Interpretativo (I) (juicio): preguntas para obtener significado, valores, importancia, e implicaciones.
- nivel de Toma de Decisiones (D): emitir una resolución, cerrar o finalizar la conversación, y hacer resoluciones sobre el futuro. [382]

---

[382] Brian Stanfield, *The Art of Focused Conversation: 100 Ways to Access Group Wisdom in the Workplace*. (El Arte de la Conversación Enfocada: 100 Maneras de Acceder a la Sabiduría del Grupo en el Lugar de Trabajo

Permítanos avanzar hacia otro proceso participatorio. [383] Un taller de consenso o acuerdo general trabaja mejor cuando hay decisiones reales por hacer y problemas reales por resolver; mejor mientras más concreta la preocupación y más presiona la necesidad. Se usa para planear, resolver problemas, resumir la visión de un grupo, llegar a un consenso o a una resolución. Al nivel del Taller del Consenso los cuatro niveles se convierten en:

1. Tormenta de ideas: reúne todos los datos pertinentes. Paralela a la objetiva etapa de Conversación Enfocada (FC).
2. Agrupación ideas: reúne ítems similares en grupos. Paralela a la etapa reflexiva de FC.
3. Nombramiento de los grupos: ofrece un cuadro completo del orden de todas las ideas. Paralela a la etapa interpretativa de FC.
4. Resolución para llevar a cabo los resultados: mueve el grupo a la acción, usando las preguntas de la Conversación Enfocadas. Paralelo al nivel de Toma de Decisiones de FC.

El Taller del Acuerdo General incluye Conversaciones Enfocadas, sobre todo en la visión preliminar y etapas de revisión. (8)

Siguiendo la progresión ascendente, el Taller del Consenso es continuado en la llamada Acción de Planeamiento que también es diseñado en cuatro pasos e incluye elementos de la Conversación Enfocada y del Taller del Consenso. Es típicamente conducida durante cuatro a ocho horas. Y finalmente, la más compleja de las metodologías de ToP es la Planificación Estratégica Participatoria que con suerte requiere de dos a tres días.

ICA fue uno de los tempranos pioneros de lo que es conocido hoy como "tecnología social." Últimamente se han conocido otros enfoques de tecnología social. Entre éstos está Café del Mundo, Tecnología Espacial Abierta, Preguntas Apreciativas, Toma de Decisiones por Consenso, Conversaciones de Café, etc.

---

[383] Brian Stanfield, *The Workshop Book: From Individual Creativity to Group Action* (Taller: De la Creatividad Individual a la Acción de Grupo

Comprensión de la Tecnología Social: Teoría 'U'

Permítanos comprender mejor lo que está activo en la tecnología social agregando otro paso que hace más fácil la transición a una comprensión teórica. Los procesos anteriores fueron descubiertos y elaborados a través de años o décadas de ensayo y error. Lo que es notable es que ellos corresponden a las primeras cinco o seis etapas de lo que hoy se llama "U," tal como lo ha popularizado Otto Scharmer. [384]
En la terminología de Scharmer los pasos de la tecnología social son:

- transmitir o transferir información
- ver
- percibir
- presenciar
- cristalización
- prototipado
- ejecución

Para un resumen de lo anterior vea la Tabla 11.

Tabla 11: Pasos en la Teoría U

---

[384] Otto Scharmer, *Theory U: Leading from the Emerging Future; The Social Technology of Presencing*

Primero consideraremos la terminología como es presentada por Otto Scharmer en su teoría 'U', luego veremos emerger los modelos más grandes conforme mencionamos la Conversación Enfocada y el Taller del Consenso. Finalmente mostraremos el arquetipo mayor activo detrás de la "U."

La teoría 'U' reconoce siete pasos que llevan a una completa transformación organizacional: uno que abarca cabeza, corazón y voluntad. La Tabla 11 se refiere al funcionamiento de una organización (una agencia pública, un negocio, una corporación, o una organización sin fines de lucro, una red de organizaciones), cuando se permite que encuentren expresión nuevos procesos de diálogo, participación y toma de decisiones. En tal entidad están ambos actores internos - aquéllos que trabajan dentro de la organización o invierten financieramente en ella - pero también como actores externos todos aquéllos que tienen interés en su trabajo. Los accionistas o actores de una corporación que fabrica químicos no son sólo sus empleados, la dirección, y los proveedores, sino también los consumidores, las personas que viven alrededor de las fábricas, países que ofrecen las materias primas, las municipalidades y entidades políticas localizadas donde opera la fábrica, ONGs que trabajan con problemas medioambientales, etc.

Las personas en condiciones normales de cultura hacen lo que Otto Scharmer llama "transmitir o transferir". Ellos reproducen modelos culturales hablados y no hablados (tácitos): ellos saben lo que están diciendo y lo que está prohibido, saben cómo hablar sobre ellos, y a quién hablan. Para abreviar ellos han adaptado a una cultura lo que hasta cierto punto es resistente a cambiar desde dentro. Éste es un modelo que la tecnología social apunta a modificar.

El primer paso de diálogo transformacional fomenta la verdadera conversación en la que las personas pueden sobriamente evaluar la realidad sin esconder nada de ella. Pueden empezar a ver el tejido complejo de los eventos, relaciones y procesos que forman su realidad. Ésta es la etapa de verdaderamente ver y se logra a través de lo que se llama "Mente Abierta." El grupo empezará a ver modelos de armonía y progreso y lugares donde existe conflicto y disonancia. La realidad aparecerá en toda su complejidad, mostrando a los participantes la parcialidad de sus juicios anteriores. Esta etapa puede ser agobiante, pero es una precondición para dejar de lado percepciones anteriores, y permitir que se formen nuevas. Esto recuerda las entrevistas que tuvieron lugar en Quinta Ciudad, donde fueron descubiertos unos cinco mil problemas. ICA no se desalentó, conocedora como era de la fiabilidad de su sistema de pensamiento enfocado.

Desde el primer nivel de Mente Abierta, los participantes pueden empezar a ver que surgen modelos y comprender que ellos han sido inconscientemente parte de la dinámica disfuncional así como de procesos de avance. Individuos y grupos son entonces animados a asumir responsabilidad por su participación en los modelos colectivos. Cada grupo de actores puede entender con empatía las perspectivas de los otros actores. Esto es lo que anima la conexión entre los actores a nivel de los sentimientos, y lo que Scharmer llama el trabajo de Corazón Abierto. Sólo después de experimentada esta etapa pueden emerger más orgánicamente visiones y opciones para la acción.

Cuando se ha completado el proceso, se percibe un cambio y los participantes reconocen una base común desde la que pueden operar, aliados con un nuevo entusiasmo y deseo por pasar a la acción concertada. Pasar por la Voluntad Abierta significa ser capaz de permitir dejar atrás predeterminadas soluciones o favorecidos resultados.

La Voluntad Abierta arregla el escenario para algo nuevo que ha sido llamado "Presenciar" (de presencia y percepción). Presenciar es un espacio en el que el pasado se pone en espera, y los participantes pueden colectivamente escuchar la emergencia del futuro que quiere aparecer. El abandonarlo proporciona el espacio para un proceso de permitir, o en palabras de Scharmer, "dejar venir."

Presenciar es una experiencia que suspende todas nuestras percepciones y conceptos anclados en lo terrenal. Se expresa de tantas maneras como individuos hayan. Aquí algunos ejemplos. "Cuando soy parte de un campo social que cruza el umbral del fondo de la 'U', se siente como si estuviera participando en el nacimiento de un nuevo mundo. Es una experiencia profunda y sosegada; siento como si hubiera sido impactado por la belleza eterna. Hay una profunda apertura de mi Ego superior," así lo expresa Betty Sue Flowers. Para Joseph Jaworski, "...moverse a través del fondo de la 'U' es llegar a ser consciente de la increíble belleza de la vida, de llegar a ser de nuevo encantado por el mundo...Cuando ocurre la clase de compromiso sobre la que está hablando, usted se siente como si estuviera cumpliendo su destino, pero también siente como si estuviera más libre de lo que ha estado alguna vez en su vida. Es una gran paradoja." Otto Scharmer repite: "Para mí, el centro del Presenciar está despertando a la vez — despertando a quién realmente somos por vínculo con y actuando desde nuestro más elevado y futuro Yo - y usando el Ego como vehículo para elaborar nuevos mundos." [385] Los testimonios anteriores bordean lo místico o espiritual; las personas que los informan son individuos sobrios y muy dispuestos, acostumbrados a tratar con decisiones de grandes negocios.

Después de Presenciar, "al otro lado de la 'U'," el grupo se incorpora a la toma de decisiones y a la transformación organizacional. En la etapa de cristalización, las previamente generadas visiones adquieren enfoque y dirección. Se construyen las ideas y adquieren mayor solidez.

Prototipado, que viene luego, significa nutrir y sostener las iniciativas piloto para probar la viabilidad de las nuevas ideas a pequeña escala, Porque éstas son parte de un esfuerzo concertado, es probable que reciban todo el apoyo necesario para que más tarde sean reproducidas. Las iniciativas piloto exitosas son entonces difundidas a lo largo de toda la organización.

Ejecución, la etapa final de la 'U', significa integrar cada paso del proceso de transformación dentro de la cultura de la organización. Pero esta palabra también significa más; la organización que quiere 'Ejecución' pondrá en su lugar estructuras y procesos que permitan operar de una nueva manera en cada paso del camino. Tal organización desarrollará órganos/estructuras para ver, percibir, presenciar y co-crear.

Trabajando con la Nueva Alma Grupo

Lo que aparece en la 'U' es algo a lo que Steiner nos ha acercado: los siete procesos de vida conforme se desarrollan en el tiempo. Podemos volver

---

[385] Peter Senge, C., Otto Scharmer, Joseph Jaworski, Betty Sue Flowers: *Presence: Exploring Profound Change in People, Organizations and Society (Presencia: Explorando el Profundo Cambio en las Personas, Organizaciones y Sociedad)*, 111, 113, 222 y 234

a visitar el diagrama 'U' ahora con el conocimiento de los siete procesos de vida en mente.

Los siete procesos de vida son: respirar, calentar, nutrir, secretar, sostener, crecer, y reproducir. Los procesos de vida en el cuerpo etérico están estrechamente asociados con los sentidos en el cuerpo físico. Hay un proceso de respirar, de calentar, de nutrir, y así sucesivamente, para el sentido de la visión, del oído, del equilibrio, y para cada uno de los doce sentidos. Los primeros tres procesos, respirar, calentar, nutrir conectan a los seres vivientes con el mundo externo. En posición intermedia el proceso de secretar, éste abarca asimilación, absorción, y excreción. Es el punto de cambio que individualiza lo que el organismo recibe del ambiente. Los remanentes tres procesos son interiores. Primero viene sostener, luego crecer, y finalmente reproducir.

El proceso de vida construye el organismo humano en sus envolturas antes de que se complete la madurez del ego: primero el físico, luego el etérico y el astral, hasta el nacimiento del ego. Lo que se consagra a la edificación de nuestra forma adulta es entonces liberado primero por los procesos del alma, luego por los procesos espirituales. Naturalmente, estos procesos no son estrictamente secuenciales, sino que uno se sobrepone o traslapa con el otro.

Las siguientes son las correspondencias que podemos descubrir entre las etapas de la 'U' y los siete procesos de vida:

- transmitir o transferir (respirar en la terminología de los procesos de vida de Steiner): más precisamente debemos estar hablando de suspender la transmisión.
- ver (calentar)
- percibir (nutrir)
- presenciar (secretar)
- cristalizar (sostener)
- prototipado (crecer)
- ejecutar (reproducir)

Permítanos centrarnos en la Conversación Enfocada. En términos de los siete procesos de vida, todos los pasos de arriba corresponden a las etapas 1, 2 y 3 (Objetivo, Reflexivo, Interpretivo), y la última a las etapas

5 y 6 juntas (Decisoria). La razón para la clara división es que el anónimo paso 4 corresponde a una etapa de actividad interior, no externamente reconocible, la etapa que Otto Scharmer llama "presenciar." Es el lugar de cambio en que nada externo ocurre, pero a través del que es posible seguir de las etapas de preparación por un lado, a la aplicación por el otro. Sin el paso 4 un grupo no podría pasar a las etapas 5 y 6 de los procesos de vida. Cuando en Tecnología de Participación se menciona el paso 4, éste es llamado mayéutica (del griego "maieutikos" relacionado a la obstetricia o al proceso de ayudar a llevar adelante el conocimiento latente de una persona). Es un paso para "suscitar un sentido de maravilla y franqueza por la transcendente dimensión de vida. Es el hábil uso de preguntas que permiten la auto-reflexión y un creciente conocimiento de la conciencia colectiva." [386]

Procesos de vida	Conversación Enfocada	Taller de Consenso	Teoría U
Respirar	Nivel objetivo	Tormenta de ideas	Transmitir
Calentar	Nivel reflexivo	Agrupando las ideas	Ver
Alimentar	Nivel interpretivo	Nombrando los grupos	Percibir
Secretar	Nivel Mayeútico		Presenciar
Sostener			Cristalizar
Crecer	Nivel Decisional	Generación de Resoluciones para la acción	Prototipado
Reproducir			Ejecutar

Tabla 12: los Procesos de Vida en relación a los Procesos Sociales

Todos los enfoques de la Tecnología de Participación incluyen los primeros tres procesos, y luego el quinto y el sexto juntos. El cuarto paso no es "visible", aunque es el momento de transformación que caracteriza todas las metodologías de ToP, y de la Teoría 'U' (vea tabla 12) Sin el presenciar, el punto de cambio de la individualización (cuarto proceso

---

[386] Cultivating Collective Consciousness with Transcendent Self-presence. A Guided Dialogue Method, Jean Watts, Pat Miller, PhD, & John Kloepfer, PhD (Cultivando la Conciencia Colectiva con la Transcendente Auto-presencia. Un Método de Diálogo Guiado), http://www.facilitativeleader.com/pdf_files/ja_ccc_wtsp_03.pdf

de vida: secretar), no habría una verdadera Conversación Enfocada, Taller de Consenso, Planeamiento de la Acción, etc. Los procesos ToP permitieron una verdadera y participativa toma de decisiones a través de la que emergió la voluntad de lo que es más grande que el todo, y que en palabras de Steiner podemos llamar la nueva conciencia de grupo o "la nueva alma grupal". A su vez, estos procesos modelaron la forma particular a través de la que el Instituto Ecuménico evolucionó en ICA, y a través de la que ICA dio forma a sus intervenciones globalmente. Procesos y formas continuamente se estuvieron influenciando y modificando unos a otros. Los procesos ToP surgieron de la historia de ICA e informaron su propio crecimiento, permitiendo la trimembración natural, en cierto modo eso muestra la interconexión de procesos y resultados, de una participativa toma de decisiones y trimembración.

En los procesos anteriores surge la voluntad de algo que es más grande que el todo. Esto es lo que podemos llamar la "nueva conciencia de grupo" o "nueva alma grupo". Y esta "nueva alma grupo" habla cuando se han construido fuertes vasos de mutua confianza y armoniosa colaboración en una agrupación humana. Relacionando esto a la Sociedad Antroposófica, Steiner predice: "Después [en el futuro] viviremos en conexiones y asociaciones que los hombres crean por sí mismos, uniéndose en grupos con aquéllos de ideas similares mientras retienen su completa libertad e individualidad. Es necesario comprender esto para un correcto entender de algo como la Sociedad Antroposófica. Se piensa que la Sociedad Antroposófica es un primer ejemplo de tal voluntaria asociación, aunque podemos ser bien conscientes que todavía no ha logrado mucho." [387]

En el mismo ciclo de conferencias, Steiner indica por qué será importante para el futuro de la tierra los grupos que permiten el trabajar de las nuevas almas grupo:

Pero cuando los hombres se encuentran reunidos en asociaciones voluntarias, se agrupan alrededor de

---

[387] Steiner, *The Influence of Spiritual Beings upon Man*, conferencia del 1 de junio de 1908

centros. Los sentimientos una vez más fluyendo de esta manera a un centro dan a los seres [espirituales] la oportunidad de trabajar como un tipo de alma grupo, aunque de una manera bastante diferente de las primeras almas grupo....Estos nuevos seres, sin embargo, son compatibles con la completa libertad e individualidad del hombre. De hecho, en cierto aspecto podemos decir que ellos apoyan su existencia en la armonía humana; estará en las almas de los hombres darles tanto como sea posible a tales almas superiores la oportunidad de descender al hombre.... Mientras más se formen asociaciones donde se desarrollen sentimientos de compañerismo con completa libertad, descenderán elevados seres, y más rápidamente será espiritualizado el planeta terrenal.

El autor se ha sentido muy privilegiado por experimentar esta elevada presencia espiritual en casos memorables, cuando se conducen los grupos con respeto para las leyes inherentes de los siete procesos de vida, a una profundización del significado de las experiencias de vida. Donde uno normalmente esperaría encontrar la más profunda experiencia del sufrimiento, en el reconocimiento de las limitaciones individuales o colectivas, donde se hace posible la experiencia de Pascua de morir y llegar a ser. No es necesario saber sobre los siete procesos de vida o tener una vida espiritual activa para ser parte de estas experiencias colectivas. Lo que está ausente en el conocimiento individual puede reconstruirse a través de la sabiduría presente en los procesos que permiten la armoniosa colaboración de los individuos.

Procesos y formas han estado continuamente influenciándose y modificándose en la historia de ICA. Los procesos en la Tecnología de Participación (ToP) surgieron de la historia de ICA e informaron su propio crecimiento. El triángulo del proceso social, referente a los conceptos de trimembración a partir de la experiencia, surgieron bastante naturalmente de los estudios usando la Conversación Enfocada como su práctica piedra de toque.

El trabajo de ICA, o de Otto Scharmer, claramente indica qué cambios sociales dependen del reconocimiento de las fuerzas del destino que unen a cada uno y a todos nosotros. Descansa en las importantes precondiciones de llevar a las personas a escucharse y conocerse de maneras que son escasamente posibles en la ordinaria conciencia diaria. El diálogo extraordinario y las maneras de encontrarse son las precondiciones para romper los moldes del pensar, el sentir y la voluntad y la puerta de entrada para liberar las fuerzas del destino que nos llama a desarrollar esfuerzos comunes. A través de éstos puede manifestarse la nueva alma grupal.

Integración de la Idea de Trimembración y los Procesos Sociales

Hemos terminado el análisis de dos maneras diferentes de concebir y vivir la realidad social. Primero vimos un mundo de imaginaciones construido por Steiner de una manera espiritualmente científica. Éste es un mundo de conceptos/imaginaciones que ve los arquetipos activos en la realidad social. El arquetipo se manifiesta individualmente en el espacio y el tiempo, es decir, respecto a un país/territorio y un tiempo particular en la historia. Éste es un mundo de imaginaciones que cada individuo puede recrear en su propia alma. Cada vez que nace nuevamente en un alma individual, se ofrece una nueva contribución al mundo. Y este esfuerzo tiene una realidad espiritualmente tangible; afecta al mundo que nos rodea.

Aparece otro camino que es como universal. Lleva el nombre general de Instituto de Asuntos Culturales y no se vincula a cualquier individuo dado, pero podríamos dar otros ejemplos similares. Lo que hizo único el camino de ICA fue el esfuerzo continuo para crear momentos de verdadera presencia, de presenciar, momentos en que puede percibirse el ser superior de un grupo. Lograr este estado repetidamente significa: llevar a nuestros egos superiores a conversar entre sí; despertar a la realidad de nuestro destino común; actuar colectivamente en respeto de la libertad individual; lograr un resultado que sea más grande que la suma de las partes; reconocer en la realidad social los arquetipos que la forman. Seguir este camino suma para la creación de una nueva realidad social que se mueve en la dirección de la trimembración, como fue evidentemente el caso con el Triángulo del Proceso Social. El primer camino que hemos explorado en esta sección es más Aristotélico; el segundo más Platónico.

Podemos volver ahora a la series de biografías que hemos examinado a fin de ver similitudes y diferencias activas. Primero veremos las similitudes entre las maneras de trabajar Aristotélicas, luego similitudes entre las maneras de trabajar Platónicas. De los dos surgirá un claro contraste.

Enfoques Aristotélicos y Platónicos para las Ciencias Sociales en Perspectiva

Hauschka y van Emmichoven fueron llamados poetas por sus maestros. Ninguno de ellos se desarrolló mínimamente como poeta, pero los dos tenían la capacidad imaginativa muy desarrollada y un amor por la palabra. Lo mismo se cumple para Sergei Prokofieff que en su juventud era literalmente un poeta inspirado. Entre la edad de diecisiete y diecinueve años, Peter Selg nos dice, recibió la inspiración poética para escribir la poesía sobre "las batallas espirituales y los eventos apocalípticos." [388] Selg evoca la imagen del ser del joven hombre despertado por la noche por poderosas inspiraciones, y apresurado por capturar las imágenes que inundaban su alma, a menudo "escribiendo un poema que había surgido totalmente formado en [él]."

Alrededor de los veintiún años de edad, Prokofieff se preparó para transformar las ideas antroposóficas "en imágenes llenas de vida, en imaginaciones - o por lo menos pre-imaginaciones." Oyendo las palabras de la Meditación de la Piedra de Fundación se sintió profundamente impactado por el sonido de las palabras alemanas, y estuvo fuertemente determinado a aprenderlo. "Idioma y contenido se me revelaron por primera vez en su inseparable unidad." [389] Él sentía que el alemán era el

---

[388] Peter Selg, *Sergei O. Prokofieff's Life Work: Memorial Address Held in the Goetheanum Carpentry Building, July 29, 2014* (El Trabajo de Vida de Peter Selg, Sergei O. Prokofieff: Discurso Conmemorativo Sostenido en el Edificio de la Carpintería del Goetheanum), 29 de julio de 2014, Antroposophy Worldwide No. 9/14

[389] Ibid, 4

idioma de los Misterios de los tiempos modernos, y se convirtió en el idioma de su vida espiritual.

Los tres individuos mencionados arriba tienen una muy clara y consciente relación con la Palabra; ellos conocieron el poder de la Palabra y la trágica realidad en la que ha caído la Palabra en el tiempo presente. La prosa de Hauschka entrega una imaginación tras otra en uno de los trabajos más poéticos de ciencia que se puede haber producido alguna vez. Van Emmichoven construye imaginaciones del alma con un idioma y manera de proceder mucho más sobrio. Igualmente, en un capítulo oportunamente titulado *El Goetheanum como Revelación de la Palabra Cósmica* nos guía imagen tras imagen del edificio del Goetheanum, mostrando cómo su alma fue transportada en los colores y formas del primer Goetheanum. [390] Hauschka ve los procesos de los elementos químicos; van Emmichoven los procesos del alma en su movilidad. Lo mismo es si vivimos en las imaginaciones de la Trimembración del orden social tal cual ha sido comunicado por Steiner y resumido arriba. De esta manera podemos caracterizar el polo Aristotélico.

¡Cuán diferentes son los mundos de Edward Bach y Lievegoed, o de ICA! Cuánto más importante para ellos es actuar desde la "intuición" o más correctamente desde la Inspiración. Lo que ha hecho único al doctor galés o el holandés ha sido su capacidad de escuchar a lo que el futuro requirió de ellos, y dar los pasos no muy previbles, ni predecibles. El Dr. Bach dejó una carrera después de otra; y aparentemente justo para vagar por el campo en busca de algún remedio de flores comunes. El Dr. Lievegoed fue por otros caminos alejados de su profesión para escuchar las necesidades de la industria, o para desarrollar el currículo para diferentes tipos de escuelas. Ambos individuos pudieron confiar en su voz interior y caminar en un completamente nuevo territorio. Ellos fueron capaces de experimentar y entregarse a la llamada y después ofrecer respuestas a preguntas hechas por su medioambiente. Sólo, con percepción retrospectiva comprenderían lo que los había puesto en movimiento; la meta final parece haber estado empujándolos hacia adelante.

---

[390] F. W. VanZeylmans Emmichoven, The Foundation Stone (*La Piedra de la Fundación*)

Lievegoed pudo elaborar un cuerpo de conocimiento detrás de sus experiencias, considerando que ahora el trabajo del Dr. Bach ha empezado a ser elucidado por sus sucesores. ICA nació como un esfuerzo por poner fe en el corazón de nuestra vida y trabajar en el mundo. Desarrollar un plan de estudios del sistema de pensamiento y poner el precedente del desarrollo comunitario en la Quinta Ciudad de Chicago. De allí el trabajo tomó la dirección de herramientas de facilitación por un lado, y de modelos de desarrollo por el otro. Y, finalmente, llevó a la comprensión de la importancia de la cultura y el poder de la sociedad civil. La buena disposición para crear espacios colectivos de apertura permiten al grupo revelar de manera dinámica y orgánica sucesivos descubrimientos.

En la auto-apertura, durante una conferencia, Lievegoed nos dijo que sus momentos más importantes de aprendizaje a menudo ocurrieron a través de relaciones en conversaciones, en conferencias que dictó que fueron seriamente recibidas por los participantes, o en trabajos hecho con otros. [391] Este aprendizaje surgió desde fuera, más que de las imágenes interiores que Hauschka o van Emmichoven que podían producir en el activo esforzarse con las ideas científico-espirituales. Es interesante notar que lo mismo vale para el Dr. Bach, da testimonio de las numerosas pistas que recibió de sus pacientes, y del encuentro con el ser de la planta. Lievegoed y el Doctor Bach, o los miembros de ICA fueron adeptos en el camino del Recordar Espiritual. Debido a la antroposofía, Lievegoed también podría andar el camino del Contemplar Espiritual y entregar sus descubrimientos en el idioma de la ciencia espiritual. Así, él podía desarrollar ambos trabajos, y luego hacer su camino accesible y entendible a través de conceptos científico-espirituales. Sin el beneficio de la antroposofía, se podría conjeturar, que él habría actuado de manera mucho más similar a la del Dr. Bach.

El Dr. Hauschka era un verdadero y puro científico. Lo que tenía que decir podía elaborarlo completamente desde el campo de la ciencia natural. Bach y Lievegoed eran doctores, y ciertamente dominaban su campo de conocimiento. Pero los dos operaban en la intersección de

---

[391] Bernard J. Lievegoed, *Desarrollando Comunidades* (Developing Communities), 35

las ciencias naturales y las humanidades. En *El Sanador Conócete a Ti Mismo* el alma de Bach parece extrañamente cómoda dentro del campo de la metafísica. Y las mayores contribuciones a la posteridad del Dr. Lievegoed están en el campo de las ciencias sociales.

En el corazón del Platónico modo de experimentar el mundo están dos elementos. El primero es una profunda inmersión en su campo de conocimiento. El segundo es la habilidad de escuchar lo que el futuro desea impulsar y ser un vehículo para esto. En la caracterización de Lievegoed éste es un camino en que la acción o resolución de la voluntad precede al conocimiento; descansa en la habilidad de vivir experimentalmente en una pregunta que la vida nos propone. Los resultados y un claro conocimiento del camino seguido dependerán de la habilidad individual, y puede venir mucho tiempo después de haberse tomado la resolución inicial. Lieveoged fue en gran magnitud capaz de elaborar un cuerpo coherente de conocimiento basado en el trabajo que logró en el campo social. El Dr. Bach no se preocupaba por él; él estaba satisfecho con ofrecer a la humanidad un nuevo cuerpo de remedios homeópatas. Su vida fue un testamento a la interna fidelidad a su profesión.

Permítanos ver lo que la polaridad de Aristotélicos/Platónicos tiene que ofrecer a la vida social y a la renovación de la cultura.

La Vida Social en la Visión de van Emmichoven y Lievegoed

En las perspectivas de van Emmichoven y Lievegoed son claramente reconocibles las diferentes maneras de trabajar en el mundo social. Ambos fueron bastante conscientes del requerimiento de Steiner de conocer a qué corriente pertenecían. Van Emmichoven, activado por su primer encuentro con Steiner, había despertado a la realidad de sus vidas anteriores. Lievegoed tuvo el valor de introducir una manera de trabajar que era bastante nueva, precisamente porque quiso traer al frente los impulsos de su corriente. Parece haber sido indirectamente conocedor de la corriente Platónica; lo que él dice sobre esto corresponde aproximadamente a la constitución de su alma.

¿Cómo vieron los dos doctores los diferentes caminos o

Corrientes? Específicamente se expresaron sobre el asunto de maneras diametralmente polares; van Emmichoven desde la profundidad de su comprensión de la Meditación de la Piedra de Fundación; Lievegoed desde su experiencia con los innumerables grupos de personas, o a través de sus diversos esfuerzos de vida.

En sentido general van Emmichoven creyó que el sacrificio es crucial para la saludable vida social. En su libro *Higiene del Alma*, el doctor tiene varios caracteres ficticios para ofrecer ideas sobre varias materias. En lo que concierne a la vida social, es bastante indicativo el carácter del doctor que expresa lo que está más cerca al corazón de van Emmichoven. "'El sacrificio', dijo el doctor, 'es la única verdadera base de la vida social. Es inherente al misterio del 'yo' humano. El 'yo', el centro de nuestra personalidad, realmente no aparece hasta que haya hecho el sacrificio de ofrecer a todo su ser por amor a la humanidad.'" [392] Y más "'así como el 'yo' tenía que crecer primero en y a través de la comunidad, ahora una nueva comunidad tendrá que nacer desde nuestro 'yo'. *Ésa es la gran tarea ante la que la que está colocado el 'yo' humano*. Como un fermento, el poder del 'yo' tendrá que penetrar toda la vida social y guiar su crecimiento vital.'" [393]

Para lograr la más grande meta social, van Emmichoven pide que cada vez más individuos conscientes asuman el desarrollo del yo y ejerzan su influencia sobre de sus compañeros. Y esto es lo que puede lograrse a través de los ejercicios y la meditación. La llamada de la Meditación de la Piedra de Fundación bosqueja este mismo camino al auto-sacrificio.

El tema de la Asamblea de Fundación de Navidad y la Meditación de la Piedra de Fundación ocupó a van Emmichoven durante muchos años, y dio numerosas conferencias sobre el tema. Él de hecho fue uno de los primeros antropósofos en poner atención al uso de Steiner de los ritmos de la Meditación de la Piedra de Fundación. Él meditó en ellos desde 1923. Merece la pena citar ampliamente lo que de él se dice en el trabajo de su hijo y biógrafo: "'Practicar el *Recordar Espiritual* no sólo significa que aprendamos cómo nuestro propio 'yo' es parte del 'Yo de Dios' - no,

---

[392] F. W. VanZeylmans Emmichoven, Higiene del Alma *(Hygiene of the Soul)*, p.177
[393] Ibid, 177-78

desde las alturas cósmicas oímos resonar: 'De lo divino, la humanidad toma su existencia', la humanidad junto con la que debemos llegar a una comunidad fraternal y social. Así 'Practicar el Contemplar (*Visión*) *del Espíritu*' (Espíritu consciente) es un camino de adiestramiento para encontrar al ser de Cristo, el ego cósmico, el 'Yo' de la humanidad, a la que en el futuro distante todos los seres humanos puedan encontrar su libre relación. La tercera tarea que nos puso: 'Practica el Contemplar (*Visión*) *del Espíritu*', es finalmente el camino de la ciencia natural a la ciencia espiritual, de la antropología a la antroposofía." [394]

Note que van Emmichoven reconoce en el Recordar Espiritual el camino que lleva a "una comunidad social fraterna." En su libro sobre la Piedra de Fundación, van Emmichoven elabora más este tema y se refiere a uno de los primeros ejercicios del libro *¿Cómo se Alcanza el Conocimiento de los Mundos Superiores?*: Examinar las experiencias del día como un espectador. Luego él se refiere a otros ejercicios, como observar determinadas etapas de nuestra vida, concluyendo "debe ser posible, después de varios años de estos ejercicios, mirar toda nuestra vida como un observador independiente." [395]

En el centro de prestar Atención al Espíritu, van Emmichoven pone toda la naturaleza de la meditación que se centra alrededor de la meditación misma pero también es mucho más. Por un lado, significa reconocimiento de las leyes del destino a través de las que el individuo puede sentir su propio yo en el Yo del Mundo de Cristo. Y, por otro lado, se dirige al estudio de la antroposofía que puede empezar a adquirir una cualidad más meditativa y llegar a ser más que leer con la cabeza. [396] Y el Contemplar Espiritual sería "Todo el camino de conocimiento que describió Rudolf Steiner...y, de hecho toda la antroposofía, es un camino de práctica espiritual." [397]

En efecto, aunque él ha mencionado las prácticas en lugar de específicamente los caminos, van Emmichoven ha bosquejado las mismas

---

[394] Willem Zeylmans von Emmichoven: An Inspiration for Antroposofía. A biography. *Una biografía*, 249

[395] F. W. VanZeylmans Emmichoven, La Piedra de Fundación, 42-43

[396] Ibid, 44

[397] Ibid, 45

diferentes actitudes que Lievegoed deriva desde abajo, por así decirlo. Lievegoed usó la práctica de permitir las ideas científico-espirituales se extingan en el trasfondo, por así decirlo, y verlas reemerger desde la experiencia. Él tampoco se refiere específicamente a las Corrientes Aristotélica y Platónica, sino a los caminos. Lievegoed reconoce dos caminos:

- un camino a través de la claridad de pensamiento: a través del cual uno puede percibir más claramente la realidad y vivir según las visiones que se derivan de ella.
- un "camino de intervención en la realidad del mundo a través de la voluntad en que el hombre iniciado trabaja y es eficaz." [398]

En efecto, tenemos el camino del Contemplar Espiritual en el primero, Recordar Espiritual en el segundo. Es el segundo camino que Lievegoed, más que cualquiera introduce en la antroposofía. En la misma conferencia también se menciona un tercer camino, al que volveremos después.

En referencia a los dos primeros caminos Lievegoed concluye: "Así tenemos por un lado el camino del individuo que se esfuerza mentalmente y, por el otro, el camino del individuo que trabaja socialmente en el proceso de base terrenal." [399] Tomando el ejemplo de los temas filosóficos, Lievegoed indica que aquí las cosas deben ser precisamente definidas, y es así como se refiere al primer camino. "Sin embargo, en el reino social...uno no progresará de esa manera; es imposible y sería una violación de la vida social. Esto conduce a una demasiado estricta e impropia aplicación de principios que impulsan a formar [desde la esfera cultural] lo que tiene prioridad sobre la realidad viviente." [400] La actitud básica anterior es, según Lievegoed, importante

---

[398] Bernard C. J. Lievegoed, *Desarrollando Comunidades* (Developing Communities), 117
[399] Bernard C. J. Lievegoed, *Desarrollando Comunidades* (Developing Communities), 118
[400] Ibid, 120

en el camino de la voluntad, "porque los impulsos volitivos entran en conflicto entre sí más drásticamente." [401]

El camino de la voluntad no puede ser tomado solo por una persona; es el camino a la comunidad. Es el camino que nos lleva a grupos kármicos y nos habilita "para compensar deficiencias entre uno y otro, donde la Intuición de cada persona es protegida por los otros." [402] En estos Misterios podemos decidir formar un grupo kármico, no desde el pasado, sino visionando el futuro. Sin embargo, nadie puede progresar en este camino si no progresan en el otro camino [el camino a través de la claridad de pensamiento]. Y él juzga que lo inverso es verdad y que nadie en el camino individual progresará a menos que trabajen social y deliberadamente con otros escuchando lo que se necesita del futuro, y percibiendo lo que viene de nuestras intenciones desde el pre-nacimiento. Aquí Lievegoed se muestra conforme con la repetida aserción de van Emmichoven que el alma trabaja como una unidad, es decir que todos sus procesos necesitan ser honrados para lograr un estado de equilibrio y salud. Siguiendo el contraste entre las prácticas del primero y tercer tablero de la meditación de la Piedra de Fundación que está en el centro de este libro, podríamos decir que el Recordar Espiritual es el conjunto de prácticas más directo hacia el cambio social; el Contemplar Espiritual potencialmente puede tener un efecto más profundo cuando un número creciente de personas se comprometen con él con plena determinación. La franqueza e inmediación en uno, la profundidad e intensidad en el otro; es cómo los dos caminos pueden complementarse afectando la realidad social. Así es también cómo Lievegoed complementó a van Emmichoven.

Según Lievegoed, el camino individual siempre trata de lograr la Imaginación, la Inspiración, la Intuición, en ese orden. Es el camino que cada ser humano toma después de la muerte "para participar inspirativamente en la 'conversación de las Jerarquías.'" [403] El otro camino empieza con la Intuición, en el que uno despierta dentro del

---

[401] Ibid, 120
[402] Ibid, 147
[403] Bernard C. J. Lievegoed, *Desarrollando Comunidades* (Developing Communities), 190-91

otro, luego va a la Inspiración e Imaginación. Y éste es un proceso que nos coloca en la corriente del karma, y que no puede navegarse solo. Entre los dos caminos, Lievegoed también coloca "el camino de percepción del alma", que es también el camino artístico. Uno que recorre este camino siente dolor siempre que un concepto se rigidice. Él también es incapaz de participar en conversaciones intelectuales. Para una persona que sigue principalmente este camino, el alma experimenta siempre nuevas situaciones que están totalmente justificadas para el individuo. Y, en el alma, cada persona es individualmente única.

Van Emmichoven fue un pionero, como lo muestra en su *Meditación de la Piedra de Fundación*, en su comprensión del Recordar Espiritual. Lievegoed entendió la importancia de fortalecer su propia facultad del Contemplar (Visión) Espiritual. Uno puede preguntarse en qué grado este trabajo de acercarse a un reconocimiento más pleno de los diferentes caminos fue el resultado de una larga amistad y mutuo aprendizaje. Lievegoed enfrentó la dificultad de introducir una forma de trabajar que era nueva para la Sociedad Antroposófica. Después de todo, en el tiempo de Steiner los Platónicos estaban escasamente presentes, y lo que iban a traer estaba obligado a crear sorpresas. Sin duda, hasta el propio van Emmichoven puede haber sido sorprendido por la manera en que operaba su colega. Él puede no haberlo entendido totalmente; pero añade para él que sentía la necesidad de pasar al futuro con confianza. Lievegoed entendió totalmente la necesidad de integrar el Recordar Espiritual con el Contemplar (Visión) Espiritual, y así profundizar ese tipo de conocimiento que él había sentido "aburrido" cuando por primera vez se acercó a *La Filosofía de la Libertad*.

Lo que los dos doctores nos ofrecieron en su visión de las fuentes del cambio social no puede ser visto como una alternativa. Una vez más, es desde este encuentro de mentes e integración de perspectivas que podemos ver una imagen más completa. Es tal la grandeza de la colaboración de Lieveoged con van Emmichoven que nos permite formar un cuadro que es más grande que el de cada contribución individual. Es ambos y más que uno u otro.

Aristotélicos, Platónicos y la "Culminación al final del Milenio"

La afamada y huidiza "culminación" de Steiner al final del siglo XX sólo será posible cuando Aristotélicos y Platónicos se unan a pesar de sus diferentes maneras de trabajar en las ciencias, las artes, las humanidades y en el campo social. Por cuanto los Platónicos y Aristotélicos pueden trabajar con cierta independencia en sus respectivos y más fuertes ámbitos -los Platónicos en las humanidades, los Aristotélicos en las ciencias - tal cosa no es posible en el arte social. Ningún resultado será posible sin condiciones que reúnan todo el movimiento Micaélico. A Menos que sea posible esta entrega, la trimembración revoloteará por encima de la realidad social. Los límites y fracasos de enfoques completamente Aristotélicos o Platónicos han aparecido con claridad en la etapa global. Poco se ha logrado en el campo de la trimembración por insistir exclusivamente en la perspectiva de las ideas. Los promotores de las ideas se aferran a un tesoro que ellos pueden encontrar difícil de compartir con la humanidad. Ha sido notable lo que ICA ha logrado a través del triángulo del proceso social. Es serio comprender que de esto queda poco si es que no ha desaparecido de la conciencia. En la actualidad muy pocos saben o aplican las ideas del triángulo del proceso social, y el libro no se ha vuelto a publicar.

A partir del análisis anterior debe haber quedado claro que la trimembración gira alrededor de las ideas y de los procesos; es ciencia y arte, teoría y práctica. Pueden alcanzarse ambos desde el reino de las ideas, y desde la base de la experiencia, y mejor desde ambos. Cada individuo, y cada corriente Micaélica, lo alcanzará desde su fin favorito. Pero ambos fines necesitan encontrarse para lo que en el tercer milenio ha de ser la culminación del movimiento Micaélico.

Desde 1917 Steiner enfocó el tema de la renovación cultural y social con el *Memorándum de la Trimembración* (Threefolding Memorandum), y libros y conferencias. Sólo después de la guerra pudo articular la idea de la trimembración en el reino social, porque antes él había descubierto y estudiado la trimembración en el ser humano. Pero en 1913 él ya mostraba en el escenario la renovación social y cultural en *El Despertar del Alma* (The Soul's Awakening). En esa obra, cuatro individuos que han llegado a conocerse a través de sus esfuerzos personales en el desarrollo espiritual, y a través de su amistad, embarcarse en la ambiciosa proposición de poner su conocimiento espiritual y el desarrollo personal al servicio de la humanidad. Hilary, que los embarca en su empresa industrial tiene la esperanza de convertir en realidad los impulsos espirituales ofreciendo artículos culturalmente determinados, artísticamente diseñados, y cambiando la naturaleza de las relaciones de trabajo dentro de su empresa, para ponerlo, por así decirlo, al servicio del espíritu del tiempo, Micaél.

Cuando el TSO no existía como idea, los individuos en etapas estaban mostrando los procesos espirituales de trabajar juntos (Misterios Sociales) que hizo posible la expresión de una nueva realidad social. En 1913 Steiner ya mostraba de manera artística y Platónica lo que él sólo podría desarrollar después en 1917 con la claridad científica Aristotélica de los conceptos. Los antropósofos interesados en el trabajo social pueden aprender a integrar lo que dice Steiner en sus libros sobre trimembración, y ver la realidad social en movimiento como él la describe en sus Dramas Misterio, reuniendo así ciencia y arte. Algo equivalente tendrá que pasar en la etapa social, localmente, nacionalmente y globalmente.

CONCLUSIONES

Al describir la evolución de la filosofía y la visión del mundo desde el Platonismo al Aristotelismo, desde Chartres a los Dominicos, desde la cultura clásica alemana a la antroposofía, estamos mostrando una progresión que inexorablemente tiende a la Aristotélica educación de la mente, a la educación de los sentidos y al desarrollo de la fenomenología Goetheana en ciencia espiritual. Finalmente todas las ciencias o artes del futuro tendrán que ser seguidas en plena conciencia, y científicos o artistas podrán desandar el camino y hacer su proceso completamente entendible y aprovechable para los que vendrán.

En base a lo anterior puede aparecer cierta confusión. Podemos enfocarnos completamente en el absoluto valor de la verdad y su logro, a expensas de una visión verdaderamente evolutiva de la historia. La verdad puede ponerse en contraste y oposición al bien que está delimitado por el curso de la historia, o por lo menos ese futuro inmediato que ha sido trazado en claro entendimiento por Steiner. Aristotélicos y Platónicos a lo largo de la historia han continuado desarrollando sus visiones del mundo y siempre han encarnado, con raras excepciones, en alternancia. En la actualidad, por primera vez, están encarnando juntos. Nuestro desafío está en aceptar nuestras diferencias, y en el hecho que el logro de un camino más Aristotélico del futuro todavía nos exige aceptar las maneras en que todos nosotros trabajamos en la actualidad. Por otra parte, el bien que requiere esa colaboración humana en nombre de la renovación de la cultura estará en concordancia con un sentido de la verdad excesiva y demasiado prematuramente interpretada.

La anterior necesidad de moverse hacia el Aristotelismo es muchísimo más cierto en el reino de las ciencias naturales. Hemos mostrado cómo la manera intuitiva de trabajar del Dr. Bach es inmensamente valiosa como una adición a la medicina homeopática, y muy desafiante para sus sucesores. Pero, es exactamente su ejemplo el que nos muestra claramente cómo un estilo de investigación más Platónico (que indudablemente no puede ser reproducido) puede hacer uso de una Aristotélica claridad de pensamiento en la investigación de personas como Barnard Juliano, Patricia Kaminski y Richard Katz, o Dietmar Kramer que han desarrollado el trabajo del doctor galés. ¿No es este un ejemplo de cómo las corrientes pueden trabajar juntas?

Una manera de trabajar decididamente Platónica está pavimentando grandes avenidas en el campo del desarrollo humano. Aquí la perspectiva Platónica, en cuanto a los fenómenos puros, ha ofrecido grandes resultados al mundo. Hemos explorado el trabajo de Marshall Rosenberg y su *Comunicación Sin Violencia*. En la actualidad se ha convertido en una ciencia y un arte que a muchos individuos les ha ofrecido la inestimable autocomprensión y progreso para abordar e integrar las desafiantes experiencias de la vida. Mucho de lo mismo podría decirse sobre el trabajo de Alcohólicos Anónimos y los Doce Pasos, de la *Constelación Familiar* de Bert Hellinger, el cuidado terminal de Elizabeth Kübler-Ross, y así sucesivamente. Éstos han sido explorados totalmente en *Una Revolución de Esperanza*.[404] Todas estas aproximaciones tienen en común con aquéllas que deben su origen a la antroposofía, un completo alejamiento de la tradición y el dogma, y una casi exclusiva confianza en los fenómenos. El trabajo que han desarrollado los anteriores autores y grupos tienen valor por sí mismos; ya están totalmente operativos. El complemento Aristotélico puede ofrecer un entendimiento científico espiritual que aumenta la conciencia del yo; puede agregar un cuerpo de pensamientos que elucida lo que está activo en los principios generales, y en las innumerables experiencias que durante décadas han tenido los individuos.

El asunto difiere cuando exploramos las ciencias sociales. Aquí están en equilibrio arte y ciencia, y el trabajo de los Platónicos naturalmente complementa lo que los Aristotélicos tienen que ofrecer. Aquí también, mucho de lo que se ha ofrecido al mundo a través de pruebas y errores,

---

[404] Luigi Morelli, *A Revolution of Hope: Spirituality, Cultural Renewal and Social Change*, Cap. 6.

e intuición, puede salir a la luz de una nueva comprensión. Mucho de lo que se ha hecho instintivamente ahora puede ser elucidado, entendido a través de la ciencia espiritual, mejorado o modificado. El trabajo de Otto Scharmer ha puesto un fundamento teórico para lo mucho que en los últimos cuarenta años han hecho los innovadores sociales americanos, empezando con organizaciones como el Instituto de Asuntos Culturales. Sólo es natural que en las ciencias sociales, más que en cualquier otra parte, dependamos de una cooperación más plena de los dobles impulsos si queremos alcanzar la necesaria renovación de la cultura que la Tierra necesita en el nuevo milenio.

Los Dramas Misterio de Steiner nos ofrecen una comprensión artística de lo que en nuestro tiempo significa encaminarse hacia la culminación. Individuos de cada posible inclinación y corriente (incluyendo a Maniqueos y Rosicrucianos) trabajando lado a lado. Ellos están enfrentando el desafío de integrar las mayores diferencias de los primeros que hemos hablado en este libro. Estos individuos trabajan de manera que no cubren sólo lo que en nuestros círculos vemos la mayoría, sino lo que a menudo encontramos fuera de ellos. Baste mencionar a la vidente Theodora, o a Felix el recluso espiritual que juega un importante papel a lo largo de las obras. Steiner encontró individuos de este tipo en su propia vida. Ellos jugaron un papel en su desarrollo y él llevó a muchos de ellos a la antroposofía. En la obra, Benedictus, quien es el equivalente a Steiner, los educa y permite que sus propios dones beneficien a todo su círculo. Los individuos pueden converger hacia formas más uniformes de trabajar en futuras vidas; entretanto todavía son notablemente diferentes, e impredecibles. En el curso de las cuatro obras la integración de tan dispar grupo de personas presenta desafíos sobre desafíos. Sin embargo, ellos son convocados por el destino, y sólo la integración de sus diferentes dones puede producir la "culminación" que los Dramas Misterio exhiben en el escenario.

Cuando vemos organizados círculos antroposóficos del presente, parece que los Aristotélicos pueden encontrarse más cómodos, como en casa. Su presencia dentro de los círculos antroposóficos se produce casi de hecho; para ellos las puertas pueden abrirse más fácilmente. Ellos también pueden más fácil y totalmente articular la singularidad y las contribuciones de la ciencia espiritual. Los Platónicos dentro de la antroposofía a menudo permiten que las personas se beneficien más indirectamente de los frutos de la antroposofía. Pueden mezclarse más fácilmente con la cultura más grande y hablar su idioma. Tienden a oponerse a la educación completa del intelecto, y para ellos es más natural expresar su conocimiento en amplios términos más cercanos a la cultura popular. Lievegoed lo hizo de una manera consciente. Él pudo, por así decirlo, hablar dos idiomas: "la antroposofía más elevada" con sus colegas dentro de la Sociedad o sus Movimientos, y "la antroposofía popular" con aquéllos que no tenían ninguna exposición a la ciencia espiritual. En sus propias palabras, él ofreció "conceptos sociales razonables" a aquéllos que le pidieron algunas nuevas ideas. Éstos eran nada más que conceptos antroposóficos socialmente accesibles redactados en el idioma y contexto del destinatario.

Bernard Lievegoed fue un pionero del trabajo de la técnica moral, empezando desde los años cincuenta. Antes que él, sólo el trabajo de Alcohólicos Anónimo y los Doce Pasos en los años treinta habían desarrollado totalmente otros aspectos de la técnica moral. Y sólo fue después de éstos que surgieron fenómenos como la Comunicación Sin Violencia o la Tecnología Social y la Teoría 'U'. El arte del doctor holandés se ha hecho evidente en sus sucesores, aunque éstos desarrollaron en forma completamente independientemente del trabajo de Lievegoed. La Comunicación Sin Violencia y la Tecnología Social son desarrollos del trabajo de la técnica moral y una expresión del Recordar Espiritual, y se lo deben al trabajo de Lievegoed. Estas son expresiones del Platonismo moderno.

Los Doce Sentidos y los Siete Procesos de Vida

En el capítulo anterior hemos hecho referencia a una importante diferencia en el trabajo de los Aristotélicos y los Platónicos. Ahora podemos presentarlo de una nueva manera. Los Aristotélicos observan principalmente la educación de los doce sentidos, que es esencial para el Contemplar Espiritual; los Platónicos trabajan más profundamente con los siete procesos de vida que se encuentran debajo de todo trabajo del Recordar Espiritual y que puede encontrarse detrás de cada simple expresión de ello. En nuestras exploraciones anteriores nos hemos referido a cómo el gráfico

'U' corresponde al trabajo de Comunicación Sin Violencia (NVC), de los Doce Paso o Tecnología Social (Teoría 'U'). Es sintomático que Steiner, trabajando principalmente con Aristotélicos, desarrolló totalmente el trabajo de los sentidos, y sólo ofreció bosquejos de lo que significa trabajar con los siete procesos de vida. En su tiempo poco se hizo con ellos.

A través de los doce sentidos el individuo Aristotélico contempla el mundo de los fenómenos, elaborando conceptos y, finalmente, desarrollando imaginaciones. Los Platónicos desarrollan habilidades internas a través de los siete procesos de vida. Ellos están como en casa en los procesos anímicos y en todo lo que es el desarrollo humano. Una expresión particular de esto es la Técnica Moral.

Naturalmente, lo anterior sólo se cumple en un sentido muy esquemático. Como nos lo recordara van Emmichoven, el alma opera como una unidad. No hay doce sentidos sin siete procesos de vida. Enfatizar uno a expensas del otro genera primero unilateralidad, luego desequilibrio del alma. Así como para los antropósofos es tanto nuestro trabajo desarrollar una ciencia de la observación que lleve a conceptos correctos, como es familiarizarse con los procesos, desarrollo y técnica moral y adquirir un sentimiento para lo que el destino está trayendo a nuestras vidas. Esto nos permitirá mirar el mundo de los fenómenos con una comprensión más plena, pero también despierta una comprensión para cómo el karma opera en nuestros círculos, y nos permite unir nuestra voluntad conjuntamente con el mundo espiritual.

Integrando los Doce Sentidos con los Siete Procesos de Vida

Permítanos mirar más de cerca el trabajo de Coenraad van Houten para tener una idea de lo que podría ser esta integración del trabajo con los sentidos y los procesos de vida. El investigador holandés, muy inspirado por Lievegoed, ha reunido la perspectiva de los doce sentidos y los siete procesos de vida, y ofrece una integración de éstos, aunque ciertamente desde una perspectiva más Platónica.

En el Aprendizaje del Adulto, Coen van Houten muestra cómo el aprendizaje antroposófico es condicionado por los siete procesos de vida. (Vea las tablas 13 y 14) Los siete procesos de vida son respirar, calentar, nutrir, secretar/individualizar, sostener, crecer y reproducirse. En el Aprendizaje del Adulto ellos se convierten en observar, relacionar, digerir, individualizar, ejercer, desarrollar nuevas facultades, desarrollar nueva creatividad. [405]

En el respirar/observar internalizamos el mundo externo a través de los sentidos. La educación de los sentidos forma una premisa importante para todo el subsecuente trabajo, y como se dio por un hecho no se desarrolló a fondo en el trabajo de van Houten. Calentar/relacionar agrega una relación cualitativa a nuestro trabajar con los sentidos. El calor del ego despierta el interés y crea una conexión personal con el objeto de nuestro aprendizaje.

Nutrición/digestión y secreción/individualización pueden ser tomados como "nutrición intelectual". No debemos tomar el mundo pasivamente; podemos observarlo cuidadosamente, cuestionarlo, comparar lo que recibimos con nuestras experiencias. Éste es un proceso analítico, muy similar a lo que se hace en la ciencia materialista. Sin embargo, necesitamos avanzar más allá de este paso de nutrir. A través de las fuerzas de nuestro ego nos unimos con lo que hemos asimilado y empezado a hacerlo nuestro; éste es el cuarto paso de la individualización de nuestro aprendizaje. El verdadero conocimiento es más que sólo asimilación de lo material externo; pone en movimiento las fuerzas de la voluntad. Por consiguiente efectúa un cambio en nuestro ser. Y esto hace al Aprendizaje del Adulto diferente del aprendizaje convencional.

Tabla 13: *Los Siete Procesos de Vida en el Aprendizaje del Adulto*
(De Coen van Houten, Despertando la Voluntad, pág. 40)

---

[405] Coenraad vanHouten, *Despertando la Voluntad: Principios y Procesos en la Educación del Adulto* (Awakening the Will: Principles and Processes in Adult Education).

Individualizar es un punto de inflexión, después del que viene el paso de sostener/ejercitar. Para profundizar nuestra comprensión de un tema podemos usar el ritmo y la repetición, y adoptar nuevas maneras de enfocarlo. Después de lo que también podemos dar el siguiente paso de estimular nuevas facultades. Las nuevas capacidades pueden ser desarrolladas diseñando juegos de práctica y ejercicios que aborden el desafío principal que encontramos en nuestro aprendizaje. ¿Sentimos que necesitamos fortalecer nuestras habilidades de observación? ¿O el que necesita ayuda es nuestro juicio estético? ¿Experimentamos obstáculos en cualquiera de los siete procesos de vida? Una vez determinada una meta, podemos inventar los ejercicios que nos ayudarán a alcanzarla. Después de cumplido, la próxima vez seremos mejores aprendices.

El nombre dado a la séptima y última fase es reproducción/creatividad. Significa lograr la habilidad de reelaborar lo que hemos tomado del ambiente y de nuestra actividad interior. Reproducir significa crear algo completamente nuevo a partir de nuestra actividad interior. Podemos ahora producir desde dentro lo que habíamos adquirido desde fuera; podemos acercarnos y exponer el asunto sin necesidad de libros o referencias externas. Los tres procesos antes de individualizar son similares en algún grado al enfoque científico/analítico; los últimos tres procesos son fases de la síntesis superior.

El Aprendizaje del Adulto es principalmente la actividad de educar nuestros sentidos, de fortalecer nuestras habilidades de observación, emparejado con la habilidad de formar ideas de los fenómenos y huir de la tentación de formular teorías. Podemos pensar que sólo dar énfasis a estas premisas y seguir una clara metodología pudieran ser suficientes prerrequisitos para el trabajo. A un individuo como Hauschka probablemente le era eminentemente satisfactorio entrar en esta modalidad de aprendizaje por la gracia adquirida en encarnaciones anteriores. De hecho era un maestro en observar y elevar a imaginaciones conceptos derivados de los fenómenos. Éste también podría ser el caso para muchos que han recibido una educación Waldorf. Sin embargo, no es así para todos.

Nuestra educación puede haber impedido que nuestras habilidades de observación, nuestro juicio estético o moral; o nuestra personalidad nos presente desafíos inherentes. Con independencia del motivo o la razón, la reeducación de nuestras facultades de aprendizaje se beneficiará del trabajo que Coen van Houten recomienda a través del conocimiento de los siete procesos de vida. Enfocar la materia de esta manera despierta la conciencia de nuestras fuerzas y desafíos en "aprendiendo a aprender"; nos permite formar un correctivo plan de estudio, y a despertar la voluntad en la dirección que se necesita. Una vez asimiladas las lecciones más importantes, podemos trabajar simplemente con las habilidades que hemos adquirido, o de vez en cuando repasarlas.

Podríamos decir que el Aprendizaje del Adulto es principalmente la actividad de los doce sentidos, ayudada y fortalecida a través de los siete procesos de vida. Mucho podría decirse más específicamente sobre ello acerca de la educación de los sentidos que van Houten bastante simplemente da por hecho.

Las cosas se presentan en términos diferentes con el Aprendizaje del Destino, o "aprendizaje de la vida." Lo que abajo se da como una secuencia, la mayoría de veces es el trabajo de varios eventos del Aprendizaje del Destino (Vea tabla 14: Aprendizaje del Destino en relación a la Educación del Adulto e Investigación Espiritual). [406] Muy probablemente no sea tan lineal como aparece abajo, y puede tomar meses o años. Lo que estamos presentando sirve más como posible arquetipo que puede ser realizado en muchas versiones.

También el Aprendizaje del Destino, como el Aprendizaje del Adulto, empieza en la actividad de los sentidos. El primer paso, "respirar", consiste en analizar en nuestra biografía un evento importante tan clara y objetivamente como sea posible. Se recuerda vivamente el escenario, los individuos involucrados, los detalles del ambiente, así como los sentimientos, sensaciones, pensamientos, y todo lo experimentado interiormente. Ésta es una manera de "inspirar" el evento. En el segundo paso, calentar, ponemos este evento en el flujo de nuestra biografía. Damos al evento un lugar en nuestra biografía, y descubrimos cómo ha contribuido a formar nuestra vida. Muy a menudo el evento es uno de muchos eventos similares en nuestra vida, y ahora empezamos a reconocer un gesto común a todos ellos. El siguiente

---

[406] Vea van Houten, Practicando el Destino: Principios y Procesos en el Aprendizaje del Adulto y La Naturaleza Trimembrada del Aprendizaje del Destino.

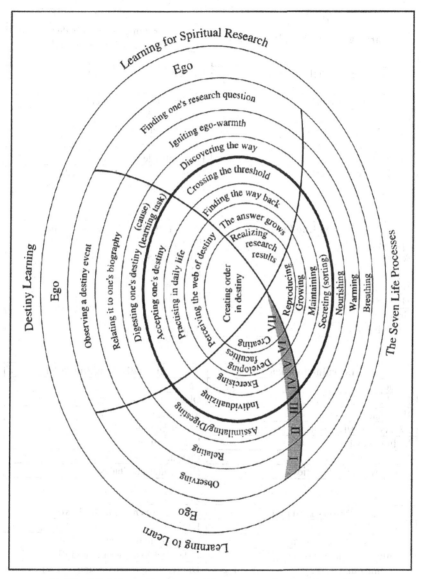

Tabla 14: *Educación para Adultos, Aprendizaje del Destino e Investigación Espiritual respecto a los Siete Procesos de Vida (De C. van Houten, Practising Destiny, pág. 15). N del T.: Para no afectar la composición del gráfico, la traducción de cada frase se hace por separado líneas abajo.)* (N del T: La traducción al español de la Tabla 14 se muestra en el cuadro que sigue).

Inglés	Español
Learning for Spiritual Research	Aprendizaje a través de la Investigación Espiritual
Ego	Ego ó Yo
Findinhg one's reserch question	Descubriendo nuestro tema de investigación
Ignition Ego warmth	Encendiendo el calor del Ego
Discovering the way	Descubriendo el camino
Croosing the threshold	Cruzando el umbral
Finding the wat back	Encontreando el camino de regreso
The answer grows	Desarrollo de respuestas
Realizing reserch results	Comprensión del resultado de la investigación

The Seven Life Process	Los Siete Procesos de Vida
Breathing	Respiración
Warming	Calentamiento
Nourishing	Alimentación
Secreting	Secretar
Maintaining	Sostenimiento
Growing	Crecer
Reproducing	Reproducir

Learning to learn	Aprendiendo a Aprender
I Ego	Ego
II Observing	Observar
III Relating	Relacionar (entender)
IV Assisting/Digesting	Asistir/Digerir
V Individualizing	Individualizar
VI Exercising	Ejercitar
VII Developing faculties	Desarrollar facultades

Destiny Learning	Aprendizaje del Destino
Ego	Ego
Observing a destiny event	Observando un evento del destino
Relating it to one's biography	Relacionarlo a nuestra biografía
Digesting our's destiny (cause) (learning task)	Digiriendo nuestro destino (cause) (aprendiendo la tarea)
Accepting one's destiny	Aceptando nuestro destino
Practising in daily life	Practicándolo en la vida diaria
Percibing the web of destiny	Percibir la red del destino
Creating order in destiny	Crear orden en el destino

paso es el de nutrir, y nos lleva a deducir el origen común de los eventos y la tarea de aprendizaje que surge de ellos. En este paso intentamos alcanzar las más profundas causas en una vida anterior; luchamos por el autoconocimiento. La primera pregunta puede ser "¿Cuáles son las causas más profundas de los eventos en mi destino?" La segunda requiere asumir responsabilidad interior: "¿Cuál es el evento que está intentando decirme, y qué capacidad interior necesito desarrollar para transformar el desafío en oportunidad?"

Individualizar/aceptar nuestro destino, el paso central del proceso, implica gran esfuerzo de voluntad, ya que requiere una completa identificación con el evento. En esta fase ya no es posible vacilar y aferrarse a los pesares. Tenemos que reconocer y admitir al doble que se esconde de nosotros, sea en culpa y rechazo, enojo y violencia, o algo intermedio. Nos encontraremos con el doble Luciférico que nos aleja de nuestra tarea real a través del amor propio, o al doble Ahrimánico que nos encadena a la realidad de los cinco sentidos, a los conceptos fijos y a los hábitos adquiridos. Detrás de éstos dobles surge nuestro ego superior que organiza los eventos de nuestra vida. En el siguiente paso trabajaremos para transformar el doble que hemos reconocido. A través de ejercicios especialmente diseñados y asignaciones, tendremos una visión clara primero de cómo nuestros dobles limitan nuestra libertad para ir al encuentro de nuevas situaciones.

Sólo poco a poco podemos transformar nuestro doble, con lo que podemos llamar "hechos libres," pequeños pasos que podemos cumplir diariamente que corresponden a nuestra fuerza interior. Esto puede empezarse en el reino del pensar, por ejemplo modificando la manera en que pensamos de una persona. A este cambio de mente pueden agregarse pequeños hechos: decir algo cordial, ofrecer saludos, darse tiempo para hablar con la persona, salir de nuestra rutina ordinaria, etc. Cualquier paso ciertamente incitará una reacción interior de nuestro doble. Podemos volver a llevar un diario para ganar comprensión de nuestros modelos de conducta y adquirir las visiones acerca de cómo transformarlos.

Para la mayoría de la humanidad actual el siguiente paso está en el futuro lejano. Significa desarrollar facultades de percepción kármica, y ordenar nuestro karma. Todos los pasos que hasta ahora hemos dado nos ayudarán a despertar la habilidad de ser conscientes de las fuerzas del destino. Nuestro doble, habiéndose hecho más familiar para nosotros, gradualmente adquiere el papel de guía, indicándonos lo que podrían ser los siguientes pasos a dar.

Cuando entramos a las últimas dos fases nos hacemos agentes para el cambio social. Podremos tener visiones más profundas de lo que exige una situación; y podemos trabajar eficazmente fuera de nuestros pasados lazos kármicos, nuestro "karma lunar." Ahora conocemos la verdadera libertad y podemos crear un nuevo "karma solar."

Como nos podemos haber dado cuenta por lo antes dicho, hay un marcado contraste entre la Educación para Adultos y el Aprendizaje del Destino. Esto es porque el Aprendizaje del Destino recurre principalmente a las actividades de revisar, evaluar y prever. Éstas ocurren principalmente a través de los siete procesos de vida, en segunda instancia a través de los doce sentidos. La exacta observación y el pensamiento preciso sirven como apoyo en la observación del evento del destino y circunscribirnos a los hechos, evitando la interpretación. Para el resto, al aprender le sigue la actividad de la voluntad. El aprendizaje es generado desde dentro ya que algo tiene que ser puesto en movimiento antes de que podamos ver sus efectos en el mundo, revisarlo, evaluarlo, y concebir un siguiente paso.

A través del Aprendizaje del Destino nos hacemos más conscientes del elemento de desarrollo; de cómo crecemos desde mirar atrás varios eventos en nuestras vidas y ver cómo se relacionan; de cómo emergen gestos que son únicos para nuestro ser kármico. Es bastante natural pasar de la fase de observar/pensar, a la del sentir y a la de la voluntad. Lo mismo ocurre cuando miramos la tecnología social como Tecnología de Participación. Un grupo que trabaja armoniosamente tiene que desarrollar visiones comunes y llegar a decisiones comunes atravesando los pasos de Mente Abierta, Corazón Abierto, Voluntad Abierta, descendiendo en los procesos de vida a través de la llamada "U".

Uniendo Sentidos y Procesos en la Investigación Espiritual

Para repetir a van Emmichoven, la vida del alma es una unidad. No podemos favorecer una actividad del alma a expensas de otra sin sufrir las consecuencias en el mediano y largo plazo. Esto se expresa más claramente en el último camino que Coen van Houten ve como un paso más allá que el Aprendizaje del Adulto y Aprendizaje del Destino: La Investigación Espiritual (Vea Tablas 14 y 15).[407] Aquí el término Investigación Espiritual está como una expresión particular y método del campo mucho más grande de la investigación espiritual.

La Investigación espiritual es la culminación de los otros dos caminos. Sólo podemos conducir la Investigación Espiritual cuando nos hemos apropiado de los frutos de la antroposofía, cuando hemos asido completamente e individualizado alguna parte de la antroposofía, cuando vive en nosotros independientemente de apoyos externos; idealmente podemos "reproducirlo" porque en el campo hemos perfeccionado nuestra educación para adultos. Sin embargo, también se necesita cumplir otra precondición.

La investigación espiritual es absolutamente personal. La misma pregunta, desarrollada por dos individuos distintos, lleva connotaciones diferentes y necesita ser desarrollada en condiciones absolutamente individuales. Nuestras preguntas son personales porque se enlazan a nuestra biografía, y no sólo a nuestra biografía terrenal. A menos que la gracia nos haya equipado con una fuerte autodeterminación, necesitamos desarrollar un sentido para nuestro ser en el tiempo, la capacidad para transcender nuestra vida nos desafía de manera que las preguntas que hacemos no estén coloreadas, influenciadas y condicionadas por nuestras experiencias de vida.

---

[407] van Houten, *Creative Spiritual Research: Awakening the Individual Spirit*

Proceso de vida	Proceso de Aprendizaje	Camino de Investigación Espiritual
Respirar	Observar	Enfrentar y reconocer las preguntas de la investigación
Calentar	Conectar	Crear calor para la investigación a través de la libre actividad del ego
Nutrir	Digestión espiritual	Encontrar y seguir el camino. Método y enseñanza se hacen uno.
Secretar	Individualizar	La respuesta se abre pasa desde el otro mundo, y será investigada a través del encuentro independiente.
Sostener	Ejercitar	Encontrar el camino de retorno a este mundo y poder expresarlo en palabras
Crecer o desarrollar	Desarrollar nuevas facultades	Una respuesta desarrolla en este mundo, madura en la tierra, se chequea, se implementa, se hace operativa
Reproducir	Crear	Comprender los resultados de la investigación

Tabla 15: Una Apreciación global de la Investigación Espiritual (De Coen van Houten, Investigación Espiritual Creativa, pág. 31)

Después de todo, las respuestas necesitan ser universales. El investigador necesita alcanzar la objetividad. En otras palabras, no podemos hacer investigación espiritual por curiosidad, ni a partir de nuestras crudas preguntas de vida. Podemos hacer investigación espiritual basada en nuestras intenciones desde antes del nacimiento y asistida por nuestra comprensión de la antroposofía, una vez dominado cierto tema y aclarado los obstáculos que el karma ha puesto en nuestro camino. Aquí vemos cómo el enfoque más Aristotélico de Aprendizaje del Adulto asistido por el más Platónico Aprendizaje del Destino nos ayuda a alcanzar la meta de la Investigación Espiritual a través de la que la antroposofía es enriquecida por las nuevas contribuciones individuales.

¿Cómo Pueden Ayudarse Aristotélicos y Platónicos?

De lo anterior podemos empezar a conjeturar cómo algún Micaelita puede servir a los otros. Los Aristotélicos pueden enseñar a los Platónicos a cultivar el rigor de pensamiento, adquirir el método y disciplinar el aprendizaje. Ellos pueden enseñarles a no extrapolar o formar hipótesis arriesgadas. Ellos pueden entrenarlos en el rigor de la palabra. Lievegoed aprendió mucho de esto gracias a van Emmichoven.

Los Platónicos pueden enseñarle a los Aristotélicos a integrar las experiencias de vida, para usarlas como base para sus preguntas que servirán para la investigación. Pueden familiarizarse con la necesidad de los procesos individuales, y ofrecer discernimiento en ese reino. Ante todo, pueden ayudarles a dar los pasos de la imaginación moral a la técnica moral. Esto probablemente es lo que van Emmichoven intuyó cuando su "hermano" más joven lo relevó en la conducción de la Sociedad Antroposófica holandesa.

Queda por verse cómo el resultado del grupo más pequeño puede llegar a ser la culminación en nuestro tiempo. ¿Cómo podemos hacer para que las ideas anteriores fertilicen nuestro trabajar juntos en los grupos, las ramas, las instituciones, las organizaciones, y en la propia Sociedad Antroposófica? Para usar la terminología que Steiner usó con W. J. Stein, "¿Cómo podemos reunir el pensamiento antroposófico con la vida antroposófica?" ¿Y cómo pueden éstos animar la convergencia de las corrientes gemelas en la vida social? Resulta evidente que lo que aquí se dice es sólo muy general, una indicación de la dirección de la fuerza.

Muchas Pequeñas "Culminaciones"

A menudo vivimos en un falso dilema: la idea que difiere de las ideas hace necesario crear más separación entre nosotros; o que cierta paz social sólo puede ser superficial y llevarse a cabo a expensas de la integridad de la antroposofía, que para tener paz realmente no podemos decir lo que pensamos. Las dos aspiraciones son realmente no exclusivas.

No necesitamos diluir la fuerza de nuestras ideas para encontrar paz social. El logro de la certeza en materias del conocimiento no puede someterse a un voto democrático, o alcanzarse a través de un compromiso. Y a veces esto significará estar en una minoría en defensa de la antroposofía. Sin embargo, las cosas son diferentes cuando intentamos trabajar juntos. En este caso las ideas pueden ser usadas como un escudo para justificar la oposición personal. Es mucho más fácil esconderse detrás de alguna cita de Steiner que admitir ante otros, o incluso a sí mismo, que el problema está en otra parte. Esforzarse por la idea correcta es esencial para la antroposofía. Es un trabajo que todos necesitamos realizar individualmente. Aquí es central lo que van Emmichoven dice sobre el papel del individuo para el cambio social. Son el fermento de un futuro social individuos que se esfuerzan por buscar la verdad, y que están listos a sacrificar su totalmente formado yo por el bien común.

¿Qué agregaría Lievegoed a esto? Cuando nos encontramos y nos esforzamos por trabajar juntos (no para discernir verdades eternas), no hay tal cosa como la realidad absoluta de un objeto, y ninguna posibilidad de convencernos de ello. El mismo objeto tiene importancia muy diferente para dos o más personas. Lo único que tiene sentido es considerar lo que significa el mundo de la otra persona respecto a un objeto. Esto significa acercarse a la realidad de trabajar juntos desde un mirador que es el contrario polar al primero. Podemos encontrar el mundo de las ideas con nuestra fuerza de pensamiento. Podemos encontrar sólo el mundo interior de las otras personas conociendo primero sus expresiones de voluntad y sentimientos, y al último el del pensamiento. Esto requiere de la técnica moral del empático escuchar, y otras herramientas morales que nos permiten dialogar, deliberar y tomar acción.

De lo anterior podemos llegar a la conclusión que necesitamos prestar igual atención a las ideas y procesos, al "qué" tanto como al "cómo." Antes de que lo intentemos colectivamente, el "qué" es más fácilmente dirigido al nivel individual. El "cómo" se hace crucial si queremos alcanzar el bien que "a través de nuestros corazones podemos fundar y a través de nuestras cabezas dirigir con un único propósito."

La Antroposofía raramente, si alguna vez ocurrió, ha perdido la capacidad de mirar al "qué". Puede fortalecerlo, pero no lo perderá. Sin embargo, la idea de poner atención al "cómo" ha vivido dentro de nuestros círculos con variante éxito. Puede ser reintroducido o fortalecido a todo nivel.

A niveles de la organización de todos los tamaños, poner atención al "cómo" significa mirar procesos, y hacer posible la presencia de nuevas almas grupo que sólo se unirán con seres humanos que viven y trabajan en armonía. Tal es el esfuerzo necesario para incluir esta realidad, que las nuevas almas grupo bendecirán grupos de personas que trabajen juntos por breves momentos, y luego se retirarán. Sin embargo, deben estar presentes las condiciones y prácticas que permitan a tales seres jerárquicos bendecir la actividad humana una y otra vez.

Lo que se describe aquí es un campo muy grande de la realidad humana. Se aplica a todos los niveles de la realidad social. Al nivel más simple, para los individuos significa poder reconocer sus lugares en el tejido del destino, tener un sentido para su ser biográfico y kármico. En las relaciones personales significa ser capaz de conocerse íntimamente y comunicar consciente y productivamente. A nivel organizacional, esto se traduce en permitir la forma de liderazgo que está siguiendo el alma consciente que Lievegoed llamó "dirección errante". A otro nivel, el Recordar Espiritual se extiende a la comprensión de las fases de desarrollo de los individuos y las organizaciones. Y la historia es para el gran cuerpo comunal lo que la biografía es para el individuo.

Debajo están algunas de las metas que podemos querer dirigir a nivel del grupo y de la organización:

- prestar atención a la manera en que nos comunicamos con otros para fortalecer la comprensión y hacer del conflicto algo productivo;
- fortalecer las organizaciones a través de metas claras y hacer fuerte la realidad de inclusión para todos los miembros;
- en las organizaciones, use el proceso participatorio de toma de decisiones que permite alcanzar la fase de presenciar;
- cambiar hacia la incorporación de la ley sociológica fundamental, [407] que las organizaciones son hechas por las personas, y no al revés, en el tiempo del Alma Consciente;
- tenga reuniones que den igual importancia a relación y resultados; mejorando ambas al mismo tiempo;
- haga lo mismo con las conferencias: tienda al contenido así como a la calidad de la relación y la calidad respiratoria del todo;
- aumente el atractivo de la antroposofía a través de la conjunción de fuertes ideas y fuertes espacios para el corazón;
- disminuya el sentimiento de una diferencia entre nuestro círculo antroposófico y un "fuera del mundo";

-   acérquese a la refundación de la Sociedad Antroposófica General como una tarea que descansa en el entendimiento de la verdad antroposófica y la habilidad para formar fuertes recipientes para nuevas almas grupales: la habilidad de reunir pensamiento antroposófico y vida antroposófica;
-   desarrolle un sentimiento para la corriente a la que pertenecemos, y curiosidad para entender a las personas de otra corriente; cuando llegamos a ser conscientes de nuestra corriente debe producirse un sentimiento de parcialidad junto con un impulso a la realización que naturalmente nos mueve a buscar la otra corriente.

Profundizar nuestro sentido personal de la verdad no puede entrar en conflicto con fortalecer la percepción de las fuerzas del destino que nos reúne. Ambas cosas son igualmente importantes. Y las dos eran igualmente importantes en la vida de Steiner. Si defender la verdad hubiera sido la única preocupación que hubiera tenido Steiner con respecto a Friedrich Nietzsche, todo lo que habría tenido que hacer sería escribir un incendiario artículo contra el filósofo, y distanciarse de él tanto como fuera posible. Después de todo, ¿por qué arriesgar más de una vez su reputación científica en alguien a quien el mundo consideraba un "perdedor"? Permítanos no olvidar lo que Steiner dijo sobre Nietzsche, muy raramente lo dijo sobre los demás. Él llamó a su *Ecce Homo* y su *Anticristo* nada menos que trabajo de Ahriman. Y todavía, por otro lado, a expensas de su propia reputación personal, tomó mucho de su tiempo para disponer de su propiedad literaria y restaurar la reputación de un hombre que había caído en la insania. Esto culminó en el libro de Steiner *Nietzsche, a Battler Against His Age*.

Nietzsche no era sólo un individuo que se había extraviado. Era mucho más que eso: era una importante individualidad que cargaba esa misión para bien de la humanidad. De él dependían, en alguna magnitud, muchos otros individuos y el curso de la civilización europea. Era necesario atacar algunas de sus ideas, y Steiner no la eludió; él lo hizo con suma honestidad. No atacó al individuo porque podía percibir la importancia de su eterno ego y los múltiples vínculos del destino que convergieron en él. Lo que Aquino hizo con Averroes en el tiempo del Alma Intelectual — incondicionalmente ataca el pensamiento del individuo sin preocuparse de la conexión personal con el alma de Averroes — ya no se justifica en el tiempo del Alma Consciente, cuando realmente trabaja en contra de hacer el bien que es central en nuestra época.

Necesitamos dar igual importancia a ambos aspectos de Steiner: al luchador por la verdad, y al individuo dotado de la mayor capacidad para distinguir las fuerzas del destino y permitir que cada persona siga siendo libre. Y algo más es posible al nivel social, algo que involucra la trimembración, que ya hemos mencionado en los capítulos anteriores, y que podemos volver a visitar y amplificar aquí.

Y la Culminación Mayor

La trimembración es una ciencia y un arte. Los conceptos de la trimembración viven en imaginaciones, y ellas son la base para el particular aspecto de la "ciencia artística". Los procesos que nos permitirán incluir la trimembración en el contexto particular de nuestro ambiente forma el "arte científico". Este segundo está en la aprehensión viviente de la realidad del karma y la reencarnación, en la habilidad de trabajar con el proceso de vida a cualquier nivel dado de la realidad social.

Permítanos considerar un posible ejemplo de lo descrito antes. Dos autores han ofrecido regulares contribuciones al impulso de la trimembración en el mundo moderno: Nicanor Perlas con *Dándole Forma a la Globalización: Sociedad Civil, Poder Cultural y Trimembración* (2000) (*) y Otto Scharmer con la Teoría 'U': *Leading from the Future as it Emerges* (2007). Está ciertamente más allá el que este autor quiera encasillar a cualquier autor Aristotélico o Platónico; más bien lo que desea es bosquejar las tendencias en juego en su trabajo. Lo siguiente simplemente ha surgido orgánicamente de un profundo estudio de los dos libros mencionados.

En el primer libro, Perlas nos ofrece una nueva manera de ver la realidad social global, de convertir el desafío de la globalización

---

* N del T: Obra traducida al español por EWMC (emc700@gmail.com).

económica en una oportunidad. Sabemos que la trimembración es una aspiración natural del alma humana del presente. No puede comprenderse conscientemente; aun así, bajo la superficie se mueven en esa dirección circunstancias de la realidad social. Perlas ha tenido el valor para enfrentar un presente de clara desesperación para arrebatar de él un nuevo entendimiento que crea las condiciones para el cambio y para la esperanza. Es Perlas quien ha subrayado el papel cultural de la sociedad civil global y la posibilidad existente de una revolución de valores que pueden servir a la sociedad y convertirla en miembro de la trimembración. Él ha bosquejado dónde está el poder cultural, y cómo puede emerger en plena auto-conciencia; ha explorado los emergentes tres miembros de la sociedad y cómo pueden crear una nueva realidad social, si la sociedad civil no ha de permitir meramente ser cooptada por los otros dos sectores. Para abreviar, él nos ha traído una nueva comprensión de la trimembración, una que sigue lo que Steiner podía ver en su tiempo, un siglo antes. El trabajo de Nicanor Perlas nos ofrece el aspecto de la trimembración de la "ciencia artística".

De igual importancia es *Theory U: Leading from the Emerging Future; The Social Technology of Presencing* de Otto Scharmer. Nos muestra cómo la llamada "tecnología social" puede permitirnos salir del compromiso externo en la política a los procesos plenamente participatorios; cómo podemos movernos más allá del discurso de utopías sociales, del puro mercado libre o intervencionismo estatal, a la inclusión de todos los actores sociales y las necesidades sociales en procesos que nos convocan en el futuro que quiere surgir. En efecto, la Teoría 'U', y muchos otros enfoques similares, sirven para restablecer la primacía de lo cultural sobre lo político; la primacía de "lo que es" sobre lo que nos gusta creer; de la realidad social sobre las lecturas ideológicas de ella. La práctica de la Teoría 'U' ilustra cómo el cambio organizacional y social sigue a los procesos legales, y cómo puede sernos útil este conocimiento para dirigir un verdadero cambio del paradigma social. La teoría 'U' habla de Mente Abierta, Corazón Abierto y Voluntad Abierta como premisas para la experiencia de presenciar, en la que articula la posibilidad de oír que el futuro está llamándonos. Un despliegue orgánico de la realidad toma el lugar de la ideología.

El trabajo de Scharmer da la posibilidad concreta de encuadrar el trabajo de las organizaciones, comunidades y redes con las nuevas almas grupo que quieren inspirar su progreso. Cuando todos los miembros son incluidos en un proceso participatorio, estarán presentes los miembros de los tres sectores, y a través de ellos se expresarán las necesidades de las tres esferas. De estas premisas puede surgir orgánicamente el movimiento hacia la trimembración. El arte social de Scharmer forma un complemento al científico y viviente entender de la realidad por parte de Perlas.

Reuniendo una nueva percepción de la realidad global — el "qué" que Perlas explora — con los procesos que permiten la transformación social — el "cómo" que bosqueja la Teoría 'U' — construye un puente entre la trimembración y el despliegue de las fuerzas más grandes del destino que puede hacer de la trimembración una realidad viviente, entre el pensamiento antroposófico y la vida antroposófica. Los dos aspectos del cambio social necesitan ir de la mano.

Dos libros, dos autores, y el trabajo que ellos han promovido en el mundo, son ofrecidos como una imagen de adónde puede llevarnos el presente y el futuro por venir de la convergencia de las corrientes Aristotélica y Platónica. Con la comparación anterior y con el resto de este trabajo no intento apuntar a soluciones finales: más bien a ilustraciones y ejemplos de un posible futuro.

APÉNDICES Y BIBLIOGRAFÍA

APÉNDICE 1

LA CONVERSACIÓN DE RUDOLF STEINER CON WALTER JOHANNES STEIN EN 1922 EN LA HAYA

En su Autobiografía, Rudolf Steiner dijo que su propio camino lo llevó a la visión espiritual. Lo que estaba ante su alma era lo que había desarrollado como su destino de vida terrenal a vida terrenal. Su misión era desarrollarlo de manera concreta. Pero el mundo requería algo más de él, a saber la transformación del pensamiento científico natural. Primero necesitaron ser traídos a la vida los pensamientos germinales que han de encontrarse en Goethe. En verdad, ésta era la tarea de Karl Julius Schröer, y no la suya. Así Steiner decidió abandonar su propia tarea para hacer lo que el mundo necesitaba; él asumió la misión de Schröer.

"En el momento de llegar a esa decisión experimenté la verdadera libertad. Pude escribir mi *Filosofía de la Libertad* (La Filosofía de la Actividad Espiritual) porque experimenté lo que es la libertad." Señalando esto, Rudolf Steiner nos dio una clave para su destino. Dos fuerzas predominaban en su vida. Por un lado, está todo lo que asumió como su destino aceptando como propia la irresoluta tarea de Schröer. Por el otro, hay todo lo que estaba incluido en su propio destino. Quienquiera lea en su Autobiografía las descripciones con un conocimiento de esta dualidad frecuentemente encontrará referencias a ello. Cuando comparó sus propias visiones con aquéllas que se formaron en el espíritu de Schröer, Rudolf Steiner encontró más que la diferencia entre el pensamiento de dos individuos. Vio lo individual estando dentro de las grandes relaciones de las corrientes históricas, y reconoció "el tipo espiritual" de Goethe como el de la escuela Platónica. Así como Goethe pensó sobre la planta original, así Platón pensó sobre las ideas que están debajo de las percepciones de los sentidos como su ser espiritual. Y Rudolf Steiner encontró que Schröer, como estudioso de Goethe, viviendo en el reino de las ideas Platónicas, no pudo encontrar el puente que lleva del reino de las ideas a la realidad. Vio en Schröer las aisladas alturas de esta supra-mundana disposición del alma. Y eso se volvió para Steiner el mayor problema para la humanidad; él sintió que era necesario encontrar este puente.

Tales fueron los pensamientos que lo estimularon para ocuparse del Cuento de Hadas de Goethe *La Serpiente Verde y la Bella Azucena*. Él vio el reino de la azucena, es decir, del espíritu, como existente dentro de la corriente Platónica de tal manera que el contacto con el tiempo presente no pudiera tener lugar de una manera viva. Vio a la Serpiente Verde, cuya tarea es formar el puente entre el mundo del espíritu y el mundo de los sentidos, llevada a la decisión de sacrificarse. El pensamiento de este sacrificio vivió en su alma. "El humor en el que entré vive en Weimar," así dice en su *Autobiografía*, "estaba coloreado por mi profunda ocupación anterior con el Platonismo. Creo que este humor me ayudó a orientarme en mi trabajo en los archivos de Goethe y Schiller. ¿Cómo vivió Platón en el mundo de las ideas, y cómo lo hizo Goethe? Esta pregunta me ocupó en mi caminar a y desde los archivos. También me preocupó cuando revisé los papeles en el archivo Goethe.", Rudolf Steiner reconoció cada vez más que la distancia que hay entre la ciencia natural – de hecho entre la ciencia en general — y el arte y la religión, se remontaba a los efectos unilaterales del Platonismo. En su libro *La Visión del Mundo de Goethe* expresó claramente cómo entendió esta relación. En él señaló a Aristóteles. Él dice que Platón llevó a la humanidad por un desvío a una sobrevaluación unilateral del mundo de las ideas. Bacon luego creó lo inverso al Platonismo sin entender completamente la importancia de las ideas, y basando el conocimiento exclusivamente en el mundo de los sentidos. Rudolf Steiner comprendió que la realidad está en el armonioso equilibrio de ambos; y que Aristóteles había mostrado el camino a este equilibrio.

Yo le pregunté a Rudolf Steiner cómo vio el lugar de su propia visión filosófica dentro de la historia de la filosofía. Él contestó: "He unido dos elementos. De Johann Gottlieb Fichte aprendí el hecho de la actividad del "Yo" que es retirada del mundo exterior. Pero de Aristóteles tomé la plenitud de un empirismo todo abarcante. Encontrará toda la realidad sólo quien conoce cómo complementar a Fichte con Aristóteles; y ése fue mi camino."

Schröer, sin embargo — y con él toda su era — no encontró este camino a la realidad (el camino de Aristóteles). Rudolf Steiner vio a Schröer como un síntoma de su tiempo. Los principios Dionisiaco y Apolonio ya no fueron capaces de encontrar su camino de uno al otro. La calamidad de Nietzsche demostró que esto era verdad. Nadie había formulado este problema más brillantemente que el propio Nietzsche en su *Nacimiento de la Tragedia*. Nietzsche vio en la tragedia los dos elementos. Y Rudolf Steiner reconoció el porqué Aristóteles había dado la verdadera definición de tragedia, y Platón no lo había hecho. Así el camino de Rudolf Steiner fue claramente indicado: su tarea era encontrar una continuación moderna del camino de Aristóteles, un camino que, en el tiempo presente, no podía acabar con Tomás de Aquino. En el escolasticismo se dio la realidad a través de la creencia y el pensamiento.

La era de la ciencia natural demandó la visión espiritual y el pensamiento. En el último capítulo de sus *Enigmas de la Filosofía*, Rudolf Steiner identificó enfáticamente la tarea del presente, como la de encontrar el camino a la visión espiritual.

Así, se entretejieron dos corrientes de la historia en la vida de Rudolf Steiner; una que atravesó su propio destino, y la otra representada por todo lo que vivió en la individualidad de Schröer. Precisamente fue por libre decisión de sacrificar a uno por el otro que en Rudolf Steiner surgió la "Antroposofía". Él dijo:

"Tres elementos están entretejidos en cada experiencia de la libertad. Para la experiencia inmediata, ellos aparecen como una unidad; pero con el pasar del tiempo pueden entrar en la conciencia como entidades separadas. Uno experimenta que uno va a hacer como un cuadro interior que surge a través de la libre actividad de la Imaginación Moral. Porque uno lo ama, lo que uno decide hacer aparece como una verdadera Imaginación. El segundo elemento que se teje en esta experiencia unificada, es que los poderes superiores nos exhortan a seguir el impulso que está surgiendo dentro de nosotros. 'Hágalo', dicen las voces internas, y hacerse consciente de esto es una Inspiración perceptible. Pero todavía hay un tercer elemento tejido en esta experiencia unificada: A través de este acto libre uno se coloca dentro de ámbitos exteriores del destino en el que de otra manera nunca habría entrado. Uno encuentra a otras personas, es conducido a otros lugares; lo que primero fue asido interiormente a través de la Intuición ahora se acerca a uno externamente como el nuevo destino. Esto ocurre cuando se desarrolla la verdadera Intuición...Usted ve, estas tres experiencias que están entretejidas en una son después separadas, entran a la conciencia aisladamente, de manera que la Imaginación, Inspiración, e Intuición llegan a ser conscientes como acto de cognición.

Y este subsecuente hacerse consciente de lo que fue experimentado en el momento de su libre acto en relación a Schröer, cuando Rudolf Steiner asumió el destino de Schröer, es la Antroposofía. La "Antroposofía," dijo él, "es un ser humano: el ser humano que fue creado a través de este acto de libertad."

Luego le pregunté a Rudolf Steiner: "¿Después de que hayan pasado miles de años, qué quedará todavía de su trabajo?" Él contestó: "Nada excepto *La Filosofía de la Actividad Espiritual* (La Filosofía de la Libertad). Pero todo lo demás está contenido dentro de ella. Cuando alguien actualiza el hecho de la libertad descrito allí, encontrará todo el contenido de la Antroposofía." Yo dije: "¿Cuándo escribió La Filosofía de la Actividad Espiritual, usted ya era consciente de las jerarquías que usted describe en su *Ciencia Oculta* y en otros lugares?"

Yo estaba consciente de ellas, [dijo Rudolf Steiner] pero el idioma que usé en ese momento no ofrecía posibilidad alguna de articular esa conciencia. Eso llegó después. Pero a través de *La Filosofía de la*

Actividad Espiritual uno puede elevarse a la percepción del ser humano como un ser completamente espiritual. Y aunque *La Filosofía de la Actividad Espiritual* sólo describe esto, todavía sigue siendo verdad que uno que penetra en la experiencia de la libertad percibe las jerarquías en el entorno del ser humano espiritual. Porque todas ellas están en el ser humano, y para la visión espiritual, todo lo que está dentro del ser humano surge como entorno espiritual. Por eso, aunque ellas no están descritas en el libro, no obstante están contenidas dentro de *La Filosofía de la Actividad Espiritual.*

Hice otra pregunta más: "¿Entonces cuál es la diferencia entre el conocimiento científico-natural y el histórico-literario?" Steiner respondió:

El verdadero conocimiento en estos dominios es este: La Ciencia Natural abarca fantasmas con sus pensamientos. Usted sólo tiene que tomar la palabra en su sentido original. Lo que el cosmos hila, lo que los planetas tejen, es lo que comprende el pensamiento científico-natural. El pensamiento histórico, por otro lado, comprende "los demonios," pero esta palabra también tomada en su sentido más noble: de la manera en que Sócrates habla de su daimonion, como un espíritu guía, un espíritu como el que menciona Plutarco como la buena estrella que los hombres pueden seguir. Cada hecho histórico es un demonio en el sentido de los griegos. Y cuando uno junta estas dos formas de conocimiento, se acerca a las dos en su forma más noble, entonces se abre un camino. Sí, un verdadero camino. Los pensamientos históricos son pensamientos tentativos, pensamientos de una naturaleza experimental. Uno debe pedir al mundo de los seres espirituales que los animen, que les den vida. Entonces ellos los corrigen y en el curso del tiempo se vuelven verdad. Y los pensamientos científico-naturales también son pensamientos que se piensan por medio del experimento. Uno debe presentarlos al cosmos; entonces ellos se vuelven imágenes artísticas,

Imaginaciones. Y luego, cuando uno pisa ambos caminos simultáneamente y logra la Imaginación científico-natural e Inspiración histórica, entonces la vida misma sufre un cambio; el destino se transforma. Entonces, sacrificando, y celebrando nuestro destino, uno se coloca a sí mismo en la corriente. Ése es el camino que es conocimiento antroposófico, que es vida antroposófica."

(De: Walter Johannes Stein, *Rudolf Steiner, Dokumentation eines wegweisenden Zusammenwirkens: W.J. Steins Dissertation in ihrem Entstehungsprozess und in ihrer Aktualität; mit Briefen und Aufzeichnungen Rudolf Steiners Korrekturen und Ergä nzungen sowie dem "Haager Gespräch" von 1922*, Thomas Meyer editor, Verlag am Goetheanum, 1985)

APÉNDICE 2

ENTENDIMIENTO DEL ESPÍRITU Y EXPERIENCIA CONSCIENTE DEL DESTINO

(Carta a los miembros #17, del 6 de julio de 1924)

Esta semana en estas columnas se dará algo en las comunicaciones dirigidas a los miembros que pueden servir para llevarnos a un mejor entender de los 'Pensamientos Guías' que se publican semanalmente.

Puede promoverse la comprensión de la verdad Antroposófica si la relación que existe entre el hombre y el mundo es constantemente traída ante el alma humana.

Cuando el hombre vuelve su atención al Mundo en que él nace y en el que muere, es rodeado en primer lugar por la plenitud de sus impresiones sensorias. Él forma pensamientos sobre estas impresiones sensorias.

Llevando lo siguiente a su conciencia: 'Estoy formando pensamientos sobre lo que me revelan mis sentidos como el mundo', él ya ha llegado al punto donde puede contemplarse a sí mismo. Él puede decirse: En mis pensamientos vive el 'yo'. El mundo me da la oportunidad de experimentarme a mí mismo en el pensamiento. Me encuentro a mí mismo en los pensamientos en que contemplo el mundo.

Y reflexionando de esta manera, deja de estar consciente del mundo; él se hace consciente del 'yo'. Deja de tener al mundo ante él; empieza a experimentar el ego.

Si se invierte la experiencia, y la atención se dirige a la vida interna en que se refleja el mundo, entonces esos eventos surgen en la conciencia que pertenece al destino de nuestra vida, y en el que nuestro ego humano ha fluido desde el punto del tiempo al que regresa nuestra memoria. Siguiendo los eventos de su destino, un hombre experimenta su propia existencia.

Trayendo esto a su conciencia: 'yo con mi propio ego he experimentado algo que el destino me trajo', un hombre ya ha llegado al punto donde contemplará el mundo. Él puede decirse: yo no estaba solo en mi destino; el mundo participó en mi experiencia. Yo deseaba esto o eso; el mundo se vertió en mi voluntad. Encuentro el mundo en mi voluntad cuando experimento esta voluntad en la auto-contemplación.

Continuando así para entrar en su propio ser, el hombre deja de estar consciente del ego, él se hace consciente del mundo; deja de experimentarse a sí mismo, se hace tiernamente consciente del mundo.

Envío mis pensamientos al mundo, allí me encuentro a mí mismo; me sumerjo en mí mismo, allí encuentro al mundo. Si un hombre experimenta esto fuertemente, se confronta con los grandes enigmas del Mundo y del Hombre.

Para tener el sentimiento: he pasado por interminables dolores para entender el mundo a través del pensar, y después de todo allí estoy yo mismo en mis pensamientos - esto da lugar al primer gran enigma. Y percibir que nuestro propio ego es formado a través del destino, para percibir en este proceso el progresivo flujo de los acontecimientos del mundo - esto presenta el segundo enigma.

En la experiencia de este problema del Hombre y del Mundo germina la estructura de mente en la que el hombre puede confrontar la impresión que en su ser interior recibe de la Antroposofía y que despierta su atención.

Porque la Antroposofía afirma que hay una experiencia espiritual que no pierde al mundo cuando piensa. Uno también puede vivir en el pensamiento. La Antroposofía cuenta de una experiencia interior en que al pensar uno no pierde el mundo de los sentidos, sino que gana el mundo de los sentidos. En lugar de penetrar en el ego en que el mundo de los sentidos se siente desaparecer, uno penetra en el mundo del Espíritu en que el ego se siente creado.

La Antroposofía muestra que hay una experiencia del destino en la cual no se pierde el ego. En el destino, también, uno todavía puede sentirse estando activo. La antroposofía señala, en la observación imparcial, no egoísta del destino humano, una experiencia en la que uno aprende a amar al mundo y no sólo a nuestra propia existencia en lugar de mirar el mundo que lleva al ego sobre las olas de la fortuna y del infortunio, uno llega el ego que forma su propio destino voluntariamente. En lugar de chocar contra el mundo en que el ego es hecho pedazos, uno penetra en el ego que se siente unido con el curso de los eventos en el mundo.

El destino del hombre llega a él desde el mundo que se le revela por sus sentidos. Si entonces él encuentra su propia actividad en el trabajar de su destino, se eleva ante él el verdadero yo no sólo desde su ser interior sino también desde el mundo de los sentidos.

Si una persona puede sentir, aunque débilmente, cómo la parte espiritual del mundo aparece en el ego, y cómo el ego demuestra estar trabajando en el mundo exterior de los sentidos, él ya ha aprendido a entender correctamente la Antroposofía. Porque comprenderá entonces que en la Antroposofía es posible describir el mundo del Espíritu que el ego puede comprender. Y esto le permitirá entender que en el mundo de los sentidos también puede ser encontrado el ego - de manera diferente que sumergiéndose dentro. La antroposofía encuentra el ego mostrando cómo el mundo de los sentidos revela al hombre no sólo las percepciones de los sentidos sino también las consecuencias de su vida antes del nacimiento y sus vidas terrenales anteriores.

El hombre puede mirar ahora el mundo perceptible para sus sentidos y decir: no sólo contiene color, sonido, calor; en él están activas las experiencias atravesadas por las almas antes de su presente vida terrenal. Y él puede ver en sí mismo y decir: encuentro allí no sólo mi ego sino que además se revela un mundo espiritual.

En una comprensión de este tipo, una persona que realmente siente - quién no es conmovida por - los grandes enigmas del Hombre y del Mundo, puede encontrarse en una tierra común con el Iniciado que de acuerdo con su visión está obligado a hablar del mundo exterior de los sentidos como manifestación no sólo de las percepciones sensibles sino también de las impresiones que el alma humana ha hecho en su vida antes del nacimiento y en las vidas terrenales pasadas, y que tiene que decir del mundo del ego interior que éste revela los eventos espirituales que producen impresiones y son tan eficaces como las percepciones del mundo de los sentidos.

El supuesto miembro activo debe conscientemente hacerse mediador entre lo que la inquisitiva alma humana percibe como el problema del Hombre y del Universo, y lo que el conocimiento de los Iniciados tiene que relatar, cuando da lugar a un mundo pasado desde el destino de los seres humanos, y cuando fortaleciendo el alma se abre a la percepción de un mundo espiritual.

De esta manera, a través del trabajo del supuesto miembro activo, la Sociedad Antroposófica puede volverse una verdadera escuela preparatoria para la escuela de Iniciados. Fue la intención de la Asamblea de Navidad indicarlo muy fuertemente; y uno que de verdad entiende lo que significó esa Asamblea continuará señalándolo hasta que la suficiente comprensión de ello puede traer de nuevo a la Sociedad nuevas tareas y posibilidades.

EL KARMA DE LAS ALMAS MICAÉLICAS EN LOS TIEMPOS MODERNOS (*)

Poner la Inteligencia en manos del reino humano, al principio asumió una nueva dimensión con el nacimiento del Alma Consciente a principios del siglo XV, porque entonces eran posibles nuevas tentaciones sobre el alma humana. A fines del siglo XIX acabó la era del Kali Yuga. Esto no significó un súbito giro hacia el bien. De hecho, muchos de los hábitos de la época anterior todavía son muy fuertes, y todavía trabajan de peor y contraproducente manera de cómo fueron usadas.

Ahriman se esfuerza por adquirir la Inteligencia que está al alcance de la humanidad, para apropiarse de ella, para tomar el control de esta Inteligencia desde las fuerzas más bajas en su dominio. Para este propósito, él cuidará de que la inteligencia humana no sea otra cosa que inteligencia personal. Por otro lado, Micaél quiere que esta Inteligencia sea del dominio de toda la humanidad, una Inteligencia que beneficie a todos.

---

* NOTA: en lo que sigue debe entenderse "antropósofos" en un sentido más amplio que el que porta la tarjeta de miembro, o individuos activos en el movimiento antroposófico. El término cubre a todas esas almas que tendrían la capacidad de reconocer la antroposofía, si éste ya ha sido o no el caso.

El trabajo de las Fuerzas Micaélicas en el Ser Humano

Las fuerzas de Micaél trabajan desde el mundo espiritual sobre la naturaleza del alma, y desde allí sobre el cuerpo físico, y tienen fuertes efectos formativos sobre el karma. Esto significa que para los seres humanos que han trabajado en pasados tiempos dentro del impulso de Micaél, su karma sólo puede ser entendido en relación con la corriente de Micaél. Ellos portan un karma "supra-personal". El hecho de que las fuerzas de Micaél trabajen en el cuerpo físico significa que ellas afectan la salud y bienestar del Micaelita. "...es Micaél quien acerca el karma de los hombres a la salud y a la enfermedad." [408] Finalmente, esto significa que los Micaelitas tienen un sentimiento muy fuerte de la batalla que está ocurriendo entre el bien y el mal.

El trabajo de Micaél en el mundo físico es simplemente un aspecto de su influencia; a otro nivel, le arrebata al ser humano la conexión de lo físico, permitiéndole percibir más libremente que otros las conexiones terrenales de lo hereditario y los vínculos consanguíneos. Sabemos que Micaél es el espíritu cosmopolita que está rompiendo las ataduras de sangre, raza, y religión. Tomar el control de su impulso significa que el individuo buscará lo que es universalmente humano. Las fuerzas de Micaél tienen los más fuertes impulsos de construir comunidad para aquéllos que se sienten llamados a través de él por un impulso cosmopolita. De la misma manera, no podemos acercarnos a los seres humanos Micaélicos, y en particular al movimiento Antroposófico, sin que nuestro karma sea profundamente afectado.

Para los seres humanos que encuentran su camino a la antroposofía, es como si escucharan la voz de su propio karma que les dice: "Mire, mi karma se mueve de algún modo y toma control del mensaje de Micaél que está sonando en el mundo. Yo tengo que hacerlo a través de mi propio karma." [409] En efecto, como antropósofo en la tierra, despertamos un recuerdo del gran cultus suprasensible en que nosotros, y muchos otros, estuvimos presentes. Para muchos, esta llamada de Micaél es escuchada, por un lado como una llamada a la salvación personal; por

[408] Steiner, Relaciones Kármicas, Volumen 3, conferencia del 3 de agosto de 1924
[409] Ibid, conferencias del 1 de agosto de 1924

otro lado puede ser una fuente de lucha, porque el alma también puede ser influenciada por Ahriman, y no ser capaz de escoger. Esto es debido a que nuestro karma a menudo es muy complejo; estamos estrechamente unidos a aquéllos en la corriente de Micaél; tan estrechamente unidos como estamos a otros que no están en esa corriente, pero con quienes hemos formado conexiones kármicas. La diferencia entre los dos grupos de personas es de la mayor importancia para el futuro. El que un antropósofo está en íntima conexión con alguien que no es antropósofo, puede ser por resolución del viejo karma por parte del antropósofo; o puede servir al que no es antropósofo para crear nuevas conexiones kármicas para su futuro. Sólo existen estas dos posibilidades; no hay intermedias. [410] Y esto es así porque estamos en la separación de los caminos, el momento de gran decisión del que han hablado todas las sagradas tradiciones.

Las consecuencias del impulso de Micaél sobre la formación del karma tendrá aun más soporte en nuestras próximas encarnaciones. Desde nuestro tiempo en adelante los seres humanos Micaélicos parecerán divorciados de cualquier verdadera conexión con raza y nación en las que encarnará. "Las personas dirán: ¿De dónde viene él? Él no es de cualquier nación, él no es de cualquier raza, él es como si hubiera crecido lejos de todas las razas y naciones." [411] Y las fuerzas de Micaél tendrán más efectos creadores de razas, pero la palabra "raza" no tiene el significado que en el sentido estrecho le damos hoy. Al impulso de Micaél podemos atribuirle poder formador físicamente, de ello después hablaremos más.

Al nivel del alma se esperan otros efectos. El Micaelita no "llena" el cuerpo tanto como lo hacen otros; hay un sentimiento de no poder reconciliarse con el mundo, y lucha para hacerlo plenamente. Esto es simplemente porque un individuo unido con poderosos impulsos espirituales entra menos profundamente en la constitución física, y realmente entra en ella con cierta reserva. Habrá una más suelta integración de lo espiritual-astral con los componentes físico-etérico. Lo inverso también ocurre; aquellos que no pueden acercarse a la

---

[410] Steiner, Relaciones Kármicas, Volumen 3, conferencia del 3 de agosto de 1924.
[411] Ibid.

antroposofía se sienten más cómodos en sus cuerpos y en el mundo. Ellos se relacionan a su propia inteligencia como cosa natural, porque está activa en ellos en virtud de su constitución física, de manera que no necesitan preocuparse tan profundamente de las consecuencias de su pensamiento.

Los hechos anteriores tienen más de una consecuencia para los Micaelitas. Por un lado, aparecen muchas más oportunidades de escoger que otro ser humano; pero también se cansará de las mismas cosas que otros naturalmente continuarán trabajando. Observando esto, Steiner sintió compasión por las nuevas generaciones. "Quizás en ninguna parte lo veamos con tan notable intensidad como en la juventud, y más notablemente en los más jóvenes de esa juventud." [412] Esta condición respecto al karma del antropósofo les exige formar una iniciativa interior y determinación; para desarrollar la habilidad de tomar decisiones a partir de sus más profundos impulsos del alma. Su felicidad dependerá de esto.

Los obstáculos internos sitian al antropósofo debido a esa constitución interior de alma, y ésas pueden llegar a convertirse en excusas para dejar de actuar por iniciativa interior. Steiner comparó al antropósofo con una abeja asustada por usar su propia picadura en el momento correcto. Ese miedo puede surgir por desear evitar el peligro de la tentación Ahrimánica, cierto "miedo de vivir." Y en lugar de desarrollar nuestra iniciativa interior, puede surgir la tentación para poner mucha energía en refutar el tenor de nuestros tiempos; es decir, los elementos materialista e intelectualista. Evitar este movimiento de retirada exige una aceptación de la tarea de hacerse familiar con el materialismo (donde domina el poder) y sumergirse en él. Puede bastar un ejemplo. Steiner formuló su *Ciencia Oculta* después de asimilar las visiones del científico alemán Haeckel sobre la evolución; lo que Steiner ofreció fue una respuesta a lo que Haeckel había producido unilateralmente. No obstante la contribución de Haeckel fue esencial como punto de partida; Steiner pudo entonces modificarlo y desarrollarlo en lo que después fue la *Ciencia Oculta*. Por otro lado, tenemos el ejemplo del rechazo del acercamiento al intelectualismo hecho por Karl Julius Schröer; lo afectó

---

[412] Ibid, conferencia del 4 de agosto de 1924.

incluso a nivel físico en sus postreros días. En Schröer, encuentra una personificación todo a aquello a lo que Steiner se refiere como peligro para el antropósofo.

La doble tensión (a nivel físico y del alma) es tal que los antropósofo experimentarán un karma más duro que la mayoría; querer evitar su impacto sólo llevaría a la enfermedad o al accidente. De manera que lo deje con la necesidad de poner orden en su vida y en su karma. Y esa necesidad es la consecuencia final de la influencia de Micaél sobre los Micaelitas.

Estas verdades corresponden a algo más grande; ellas no involucran sólo el alma humana, sino que afectan el destino de nuestros ángeles, continuando el movimiento que ya aparecía en los siglos VIII y IX. "Ocurre ahora, que el comparativamente simple y uniforme reino del Angeloi está convirtiéndose en un reino doble del Angeloi: un reino del Angeloi con una tendencia ascendente a los mundos superiores, y uno con tendencia descendente a los mundos inferiores." [413] Esta división empezó en los siglos VIII y IX, pero las consecuencias son totalmente percibidas sólo en la actualidad, cuando el Alma Consciente ha entrado totalmente en la humanidad.

En las futuras encarnaciones de los Micaelitas y no Micaelitas, la separación de los ángeles tendrá consecuencias de largo alcance. Al principio el alejamiento entre los seres humanos, común en nuestro tiempo, será más pronunciado. Steiner indicó que Micaél también trabaja en el reino de las simpatías y antipatías. A la luz del hecho que algunos ángeles han permanecido fieles a Micaél, considerando que otros se han vuelto ángeles terrenales, Micaél puede ayudar a la humanidad ha restaurar el orden en el karma, es así de profunda que trabaja su influencia en el ser humano. "...El propio Micaél porta la fuerza que de nuevo pone orden en el karma de aquéllos que lo han acompañado. Así podemos decir: ¿Cuál es en última instancia lo que une a los miembros de la Sociedad Antroposófica? Lo que ocurre es que ellos de nuevo están poniendo en orden su karma. Esto los une." [414] Y más, "Éste es el rayo cósmico que se vierte a través del Movimiento Antroposófico,

---

[413] Steiner, Relaciones Kármicas, Volumen 3, conferencia del 4 de agosto de 1924.
[414] Ibid.

claramente perceptible a quién lo conoce. Es la restauración de la verdad en el karma."

La cuestión de nuestras relaciones con aquéllos fuera del Movimiento Micaélico, y del impulso formador de raza de Micaél, están estrechamente entretejidas y se manifestarán en las futuras encarnaciones. Steiner nos invita a recibir impresiones más profundas de lo que significa estar lado a lado con seres humanos que no pueden recibir los impulsos espirituales en esta presente vida, quizá en nuestras más inmediatas relaciones de familia, y sobre todo para aquellos individuos que pueden ser muy talentosos. Esto no es importante sólo para su propio karma (porque si en esta vida no pueden encontrar una conexión con el espíritu, también sufrirán en la próxima); es importante para el karma del antropósofo. "Debe impactarnos y conmovernos con un sentido de tragedia. Hasta que se haga así, nunca aceptaremos nuestro propio karma." [415]

En futuros tiempos, cuando los Micaélitas vuelvan a ganarse la amistad de sus amados que no podían acercarse al espíritu, serán reconocibles por sus rasgos fisonómicos, porque tal es el poder formador de raza de Micaél. Ellos estarán delante de materialistas como un ejemplo vivo y concreto de cómo el espíritu afecta la materia positivamente. Ellos estarán como una "prueba materialista" del poder del espíritu sobre la materia; los materialistas percibirán que sus amigos han llegado a ser lo que son en el cuerpo físico debido a su predisposición espiritual. En ese punto, habrán dejado de participar las conexiones kármicas anteriores, salvo el hecho que el materialista prestará atención a los Micaelitas. "Aquéllos que fueron materialistas hoy, en el futuro tendrán que dedicar su atención continuamente a aquéllos que empezaron a ver las cosas del espíritu. Esto habrá quedado del karma." [416] Y el materialista deseará colmar su sed de entendimiento de la vida que comprende la idea del karma y la reencarnación. Lo anterior destaca la importancia de una más plena evaluación y entendimiento de las revelaciones de Steiner sobre el karma y la reencarnación.

---

[415] Steiner, Relaciones Kármicas, Volumen 3, conferencia del 4 de agosto de 1924.
[416] Ibid.

Otros Aspectos de la Lucha de los Micaelitas Entre Ahriman y Micaél

La condición de alma de estar entre dos fuegos, entre Ahriman y Micaél, fue particularmente fuerte poco después del año 1879. El mundo espiritual era para muchos directamente perceptible, u oculto detrás de un velo muy delgado. Desde entonces, fenómenos similares pueden revelar las muy diferentes influencias que están en juego, adecuando el destino humano a Micaél o a los propósitos de Ahriman.

Es poco conocido que para superar a Ahriman Micaél cuenta con la cooperación de los espíritus Luciféricos, y los seres humanos están en medio de esta batalla. Este es el porqué desde el siglo XV, gran número de espíritus Luciféricos han tomado parte en la Escuela de Micaél, y Micaél alista su cooperación para oponerse a los planes de Ahriman. "Así los hombres de Micaél están situados en el mismo medio de la batalla, o si podemos llamarlo de otra manera sería, en el mismo medio de las surgentes olas de interacción de los impulsos Luciféricos y Ahrimánicos." [417]

Alrededor del tiempo en que empezó la era de Micaél, las influencias de los progresistas espíritus Luciféricos se apoderaron de la conciencia humana para desviarlos de sus intenciones originales; esto aparentemente fue para proteger a los seres humanos e influir en su karma para acercarse a Micaél. Esto pasó porque Micaél necesitaba entrar en los eventos mundiales a través de la conciencia de particulares seres humanos. Steiner ofrece el ejemplo de un individuo (probablemente profesor) quién, a finales de la década de los años 90 del siglo XIX, fue a estudiar a una personalidad que vivió en el tiempo del Renacimiento y la Reforma en la usual manera académica de su tiempo. Pero este estudio no ocurrió, porque él "entró en un tipo de sueño del que no podría despertar, y fue así como se evitó." La impresión que recibió por estudiar la figura histórica se transformó en su alma, a través del estado de sueño que él vivió, en una capacidad de aprehender el impulso de Micaél en forma viviente. Ésta fue una manera en que el hombre podría ser llevado más cerca al impulso de Micaél. Otro ejemplo puede encontrarse en *El*

---

[417] Ibid.

Guardián del Umbral, tercer drama Misterio de Steiner. El carácter de Capesius pasa por un estado de ausencia de su conciencia diurna a través de la que su alma se vuelve capaz de digerir y transformar los dolorosos recuerdos de una vida terrenal anterior, antes de volver a una vida activa al lado de Micaél.

En otras situaciones, podría ocurrir lo contrario. Aunque un individuo podría no ser llevado más cerca al impulso de Micaél, podría estar impedido de alejarse. Así, un evento podría ser parte de algo karmicamente predestinado para un individuo, pero que también crearía una amenaza latente de distanciarlo del impulso de Micaél; un amigo podría llevar a ese individuo en el momento correcto a otro lugar, y evitar el distanciamiento. Steiner llamó a ambas condiciones ilustradas aquí un "velado de la conciencia."

Ahriman, sin embargo, también ha aumentado el acceso al alma humana. En el caso más radical esto se manifiesta en lo que Steiner llamó "desmayos" que podrían durar un tiempo prolongado, durante el que las fuerzas ahrimánicas se acercan al ser humano, comúnmente a un ser humano muy talentoso y también cómodo en su cuerpo. Éstos son los seres humanos a quienes Ahriman tiene más fácil acceso en sus disminuidos estados de conciencia. En esos momentos, Ahriman puede insertar en el ser humano una inteligencia muy superior a la que antes poseía. Éste fue el caso con Nietzsche. Steiner indicó que esto pasó a través de la Inteligencia de un ángel ahrimánico que se incorporó en él. A través de esa entidad, por primera vez en la historia, Ahriman se volvió autor. [418] Y esto se refleja en dos de los últimos trabajos de Nietzsche, *Ecce Homo* y *Anti-Cristo*. En un pasaje de la edición original de Anti-Cristo comparó a Cristo con un "idiota," aunque en el tiempo Nietzsche incluso aunque en el tiempo de Nietzsche incluso tenían inclinaciones hacia el Catolicismo. Y el libro concluye igualando la Cristiandad con el más grande azote de la humanidad.

Desde la niñez Nietzsche era asediado por muchas enfermedades disociadoras. Entre otras cosas, él sufría violenta indigestión, los hechizos de la corta visión que lleva casi a la ceguera, y migrañas. Estas persistentes condiciones pueden haberse agravado en 1868 por

---

[418] Steiner, Relaciones Kármicas, Volumen 3, conferencia del 8 de agosto de 1924.

un accidente durante un paseo a caballo, y más enfermedades en 1870. A éstas podemos agregar la rabia que vivió en el alma de Nietzsche al serle negado el empleo universitario debido a su fuerte posición anticristiana. Y es muy revelador que las cosas sólo empeoraron después de escribir esos dos cruciales libros cuyo autor fue Ahriman. En enero de 1889, mientras Nietzche estaba en Turin, él causó una perturbación pública en una de las principales plazas de la ciudad, y sufrió un colapso mental. Se cuenta del momento indicado que él había visto que un caballo era fustigado, y antes de caer al suelo había intervenido para protegerlo. Poco después, Nietzsche envió a varios amigos cortos escritos (conocidos como "Cartas de Locura"). Entre otras cosas, declaró haber tenido encarcelado a Caifás; haber sido crucificado; haber pedido que el emperador alemán sea baleado en Roma; y haber convocado a las naciones europeas para tomar las armas contra Alemania. En Nietzsche, Steiner vio la tragedia de un individuo que tenía el valor de abandonar todo lo que en la cultura había servido su tiempo; él se acercó a la ciencia materialista sin poder encontrar el camino de dicha ciencia al espíritu.

APÉNDICE 4

F. W. ZEYLMANS VAN EMMICHOVEN, *EL ENTENDIMIENTO ANTROPOSÓFICO DEL ALMA HUMANA*

Table of Contents

APÉNDICE 5

BERNARD LIEVEGOED, *EL HOMBRE EN EL UMBRAL: EL DESAFÍO DEL DESARROLLO INTERIOR*

Contents

BIBLIOGRAFÍA

Edward Bach, *Heal Thyself: An Explanation of the Real Cause and Cure of Disease* (Saffron Walden, UK: C W Daniel, 2003).

Barnard, Julian, *Patterns of Life Force: A Review of the Life and Work of Dr. Edward Bach and His Discovery of the Bach Flower Remedies* (Hereford, U. K.: Bach Educational Programme, 1987).

Bach Flower Remedies: Form and Function (Hudson: Lindisfarne Books, 2004).

Ben Aharon, Jesaiah, *The Supersensible Experience of the Twentieth Century* (London: Temple Lodge, 1993) (El Evento Espiritual del Siglo XX, Una imaginación - La oculta importancia de los años 1933-45 a la luz de la Ciencia Espiritual, Traducido al español por E.W.M.C., e-mail: emc700@gmail.com)

Bock, Emil, *The Life and Times of Rudolf Steiner*: Volumen 1: *People and Places* y Volumen 2: *Origin and Growth of His Insights* (Edinburgh: Floris Books, 1961).

Brüll, Dieter, *The Mysteries of Social Encounters* (Fair Oaks, CA: AWSNA Publications, 2002). ('El Misterio del Encuentro Social', Traducido al español por E.W.M.C., e-mail: emc700@gmail.com)

Chancellor, Philip M., *Handbook of the Bach Flower Remedies Positive and Negative Effects* (Saffron Wakden, UK: C W Daniel, 1980).

Dunn, Carol, *Plato's Dialogues: Path to Initiation* (Great Barrington, MA: Portal Books, 2002).

Geldard, Richard, *Remembering Heraclitus* (Great Barrington, MA: Lindisfarne Books, 2000).

Hauschka, Rudolf, *At the Dawn of a New Age: Memoirs of a Scientist*, Rudolf Hauschka (Vancouver: Steiner Book Centre, 1982).

The Nature of Substance: Spirit and Matter (Forest Row, UK: Sophia Books, Rudolf Steiner Press, 1983).

Hauschka, *Nutrition: A Holistic Approach* (Forest Row, UK: Sophia Books, 2002).

Howard, Judy and Ramsell, John editors, *The Original Writings of Edward Bach: Compiled from the Archives of the Dr. Edward Bach Healing Trust Mount Vernon, Sotwell* (Saffron Walden, U. K.: C. W. Daniel Co., 1990).

Hiebel, Frederick, *The Gospel of Hellas: the Mission of Ancient Greece and the Advent of Christ* (New York: Anthroposophic Press, 1949).

Jenkins, Jon C. and Jenkins, Maureen R., *The Social Process Triangles* (Groningen, Netherlands: Imaginal Training, 1997).

Jones, T. W. Hyne, *The Bach Remedies: A Self-Help Guide* (Saffron Walden, U. K.: C. W. Daniel Co., 1989).

Kaminski, Patricia and Katz, Richard, *Flower Essences and Homeopathy: An Article Exploring the Relationship between These Two Allied Therapies* (Nevada City, CA.: Flower Essence Society, 1983).

Flower Essence Repertory: A Comprehensive Guide to North American and English Flower Essences for Emotional and Spiritual Well-being (Nevada City, CA.: Flower Essence Society, 1994).

Kaslof, Leslie J., *Dictionary of Bach Flower Remedies: Positive and Negative Aspects* (New Canaan, CN: Keats Publishing, 1988).

Krämer, Dietmar, *New Bach Flower Therapies: Healing the Emotional and Spiritual Causes of Illness* (Rochester, Vt: Healing Arts Press, 1989).

Lievegoed, Bernard C. J., *Towards the Twenty-First Century: Doing the Good* (Toronto: Steiner Book Centre, 1972).

Man on the Threshold: The Challenge of Inner Development (Stroud, UK: Hawthorn Press, 1985).

Developing Communities (Derby, U.K.: Hawthorn Press, 1991).

An Interview with Jelle van der Meulen, *The Eye of the Needle: Bernard Lievegoed; His Life and Working Encounter with Anthroposophy* (Derby, U.K.: Hawthorn Press, 1991).

The Battle for the Soul: The Working Together of Three Great Leaders of Humanity (Stroud, England: Hawthorn Press, 1993).

Lille, Alain de, *Anticlaudianus or The Good and Perfect Man*, translated and commented by James J. Sheridan (Toronto: Pontifical Institute of Medieval Studies, 1973).

The Complaint of Nature, translated by Douglas M Moffat (New York: Henry Holt and Co., 1908).

Meffert, Ekkehard, *Les Cisterciens et leur impulsion civilisatrice: L'ecole de Chartres, Alain de Lille*, (Basel: Triskel Verlag, 2007).

Meyer, Thomas H., W.J. Stein/Rudolf Steiner, *Dokumentation Eines Wegweisenden Zusammenwirkens*, edited by T. Meyer, (Dornach: Philosophisch-Anthropososophischer Verlag, 1985).

T.H. Meyer, *Rudolf Steiner's Core Mission: the Birth and Development of Spiritual-Scientific Karma Research* (Forest Row, UK: Temple Lodge,

2010). (La Misión Principal de Rudolf Steiner, el nacimiento y desarrollo de la investigación científica-espiritual del karma - Traducido al español por E.W.M.C., e-mail: emc700@gmail.com)

Morelli, Luigi, *A Revolution of Hope: Spirituality, Cultural Renewal and Social Change* (Victoria B.C., Canada: Trafford, 2009).

Karl Julius Schröer and Rudolf Steiner: Anthroposophy and the Teachings of Karma and Reincarnation (Bloomington, IN: I-Universe, 2015).

Perlas, Nicanor, *Shaping Globalization: Civil Society, Cultural Power and Threefolding* - Quezon City, Philippines: Center for Alternative Development Initiatives, 2000 - ('Dándole Forma a la Globalización, Sociedad Civil, Poder Cultural y Trimembración', Traducido al español por E.W.M.C., e-mail: emc700@gmail.com)

Morizot, Pierre, *The School of Chartres* (Spring Valley, NY: Saint George Publications, 1987).

Prokofieff, Sergei O., *Rudolf Steiner and the Founding of the Mysteries* (London: Temple Lodge, 1986). *The Occult Significance of Forgiveness* (London: Temple Lodge, 1991). *The Foundation Stone Meditation: A Key to the Christian Mysteries* (London: Temple Lodge, 2006). *May Human Beings Hear It: The Mystery of the Christmas Conference* (London: Temple Lodge, 2004).

Rosenberg, Marshall B., *Nonviolent Communication: A Language of Compassion* (Encinitas, CA: Puddle Dancer Press Book, 2003).

Otto Scharmer, *Theory U: Leading from the Emerging Future; The Social Technology of Presencing* (Cambridge, MA: Society for Organizational Learning, 2007).

Scheffer, Mechthild, *Mastering Bach Flower Therapies: A Guide to Diagnosis and Treatment* (Rochester, Vt: Healing Arts Press, 1996).

Encyclopedia of Bach Flower Therapy (Rochester, Vt: Healing Arts Press, 2001).

Sease Virginia and Schmidt-Brabant, Manfred, *Thinkers, Saints and Heretics: Spiritual Paths in the Middle Ages* (London: Temple Lodge, 2007).

Selg, Peter, *Sergei O. Prokofieff's Life Work: Memorial Address Held in the Goetheanum Carpentry Building, July 29, 2014*, Anthroposophy Worldwide No 9/14.

Senge, Peter; Scharmer, C. Otto; Jaworski, Joseph and Flowers, Betty Sue, *Presence: Exploring Profound Change in People, Organizations and Society* (Cambridge, MA: Society for Organizational Learning, 2004).

Stanfield, R. Brian, *The Art of Focused Conversation: 100 Ways to Access Group Wisdom in the Workplace* (Gabriola Island, Canada: New Society Publishers, 2000).

The Courage to Lead: Transform Self, Transform Society (Toronto: The Canadian Institute of Cultural Affairs, 2000).

The Workshop Book: From Individual Creativity to Group Action (Gabriola Island, Canada: New Society Publishers, 2002).

Stein, Walter Johannes, *Rudolf Steiner's Life and Work*, (New York: St. George Publications, 1987).

Steiner, Rudolf, *Intuitive Thinking as a Spiritual Path: A Philosophy of Freedom*, 1894 (New York: Anthroposophic Press, 1995).

Goethe's World View, 1897 (Spring Valley, NY: Mercury Press, 1985).

Christianity as a Mystical Fact and the Mysteries of Antiquity, 1902 (Great Barrington, Mass.: Steiner Books Anthroposophic Press, 2006). (La Cristiandad como Hecho Místico y los Misterios de la Antigüedad)

How to Know Higher Worlds, 1904 (Hudson, NY, Anthroposophic Press, 1994).

"Origin and Goal of the Human Being," Conferencia del 4 de mayo de 1905 en http://wn.rsarchive.org/Lectures/GA053/English/UNK2014/19050504p01.html

Freemasonry and Ritual Work, the Misraim Service: Letters, Documents, Ritual Texts, and Lectures from the History and Contents of the Cognitive-Ritual Section of the Esoteric School: 1904-14 (Great Barrington, MA: Steiner Books, 2007).

The Influence of Spiritual Beings upon Man, 1908 (Spring Valley, NY: Anthroposophic Press, 1982).

"The Theory of Categories," lecture of November 13, 1908 at http://wn.rsarchive.org/Lectures/19081113p01.html

The Principle of Spiritual Economy, 1909 (London: Rudolf Steiner Press, 1986).

The East in the Light of the West, 1909 - Blauvelt, NY: Garber Communications, 1986 – (El Este a la Luz del Oeste).

The Mission of Folk-Souls in Connection with Germanic-Scandinavian Mythology, 1910 (Blauvelt, N. Y.: Spiritual Research Editions, Division of Garber Communications Inc., 1989).

Background to the Gospel of Saint Mark, 1910 (London: Rudolf Steiner Press, 1968).

Occult History: Historical Personalities and Events in the Light of Spiritual Science, 1910 (London: Rudolf Steiner Press, 1982).

The Reappearance of Christ in the Etheric World, 1910 (Spring Valley, NY: The Anthroposophic Press, 1983).

Four Mystery Dramas, 1910-1913 (London: Rudolf Steiner Press, 1997).

Wonders of the World, Trials of the Soul, Revelations of the Spirit, 1911 (Whitefish, MT: Kessinger Publishing's Rare Mystical Reprints, 1929).

De Jesús a Cristo, 1911.

Esoteric Christianity and the Mission of Christian Rosenkreutz, 1911-12 (London: Rudolf Steiner Press, 2000).

Reencarnación y Karma, 1912.

Self-Education: Autobiographical Reflections: 1861-1893, 1913 (Spring Valley, NY: Mercury Press, 1985).

Secrets of the Threshold, 1913 ('*Secretos del Umbral*', traducido al español por E.W.M.C., e-mail: emc700@gmail.com)

Rudolf Steiner, *Enigmas de la Filosofía*.

Rudolf Steiner, *The Riddle of Man: from the Thinking, Observations, and Contemplations of a Series of German and Austrian Personalities: What They Have Said and Left Unsaid*, 1916 (Spring Valley, NY: Mercury Press, 1990).

Earthly Death and Cosmic Life, 1918 (London: Rudolf Steiner Press, 1964).

The Challenge of the Times, 1918 (Spring Valley: Anthroposophic Press, 1941).

Ancient Myths: Their Meaning and Connection with Evolution, 1918 (Toronto: Steiner Book Centre, 1971).

A Sound Outlook for To-day and a Genuine Hope for the Future, 1918 (Typescript of unpublished English translations of 7 lectures, from GA 181).

From Symptoms to Reality in Modern History, 1918 (Rudolf Steiner Press, 1976).

"Social and Anti-social Forces in the Human Being," lecture of December 6, 1918 (Spring Valley, N.Y.: Mercury Press, 1982).

Aspectos Internos de la Cuestión Social.

Steiner, *Ideas for a New Europe: Crisis and Opportunity for the West*, 1919 (Sussex: Rudolf Steiner Press, 1992).

Estudio del Hombre: Curso de Educación General, 1919 (London, Rudolf Steiner Press, 2004).

Ideas for a New Europe: Crisis and Opportunity for the West, 1919-1920 (Sussex: Rudolf Steiner Press, 1992).

La Redención del Pensamiento; Estudio de la Filosofía de Tomás de Aquino.

The Search for the New Isis, Divine Sophia, 1920 (Spring Valley, NY: Mercury Press, 1983).

Polarities in the Evolution of Mankind: West and East, Materialism and Mysticism, Knowledge and Belief, 1920 (London: Rudolf Steiner Press, 1987).

Awakening to Community, 1923 (Spring Valley, NY: Anthroposophic Press, 1974).

Earthly Knowledge and Heavenly Wisdom, 1923 (Hudson, N.Y.: Anthroposophic Press, 1991).

World History and the Mysteries in the Light of Anthroposophy, 1923 (London: Rudolf Steiner Press, 1997).

Pensamientos Guías: La Antroposofía como un Camino de Conocimiento; El Misterio de Micaél.

The Easter Festival Considered in Relation to the Mysteries, 1924 (London: Rudolf Steiner Press, 1968).

True and False Paths in Spiritual Investigation, 1924 (Whitefish, Montana: Kessinger, 2003).

The Constitution of the School of Spiritual Science; Its Arrangements into Sections, 1924 (London: Anthroposophical Society in Great Britain, 1964).

Autobiografía: Capítulos en el Curso de mi Vida: 1861-1907.

Rosicrucianism and Modern Initiation, 1924 (London: Rudolf Steiner Press 1982).

The Roots of Education, 1924 (Hudson, NY: Anthroposophic Press, 1997).

Relaciones Kármicas, Volúmenes 1 a 8, 1924.

Tradowski, Peter, *Kaspar Hauser: The Struggle for the Spirit; A Contribution Towards an Understanding of the Nineteenth and Twentieth Centuries* (London UK: Temple Lodge, 1997).

Umpleby, Stuart and Oyler, Alisa, *A Global Strategy for Human Development: The Work of the Institute of Cultural Affairs,* published in *Systems Research and Behavioral Sciences,* Vol. 24, # 6, November-December 2007.

Wachsmuth, Guenther, *The Etheric Formative Forces in Cosmos, Earth and Man: a Path of Investigation into the World of the Living,* Volume 1 (London: Anthroposophic Press, 1932).

Weeks, Nora, *The Medical Discoveries of Edward Bach Physician* (Saffron Wakden, UK: C W Daniel, 1977).

Zeylmans, Emanuel *Willem Zeylmans von Emmichoven: An Inspiration for Anthroposophy; A biography* (Forest Row, UK: Temple Lodge 2002).

Zeylmans von Emmichoven, Willem,

Hygiene of the Soul (Whittier Books, 1955).

The Foundation Stone (London: Rudolf Steiner Press, 1963).

The Anthroposophical Understanding of the Human Soul (Spring Valley, NY: The Anthroposophic Press, 1982).

van Houten, Coenraad, *Awakening the Will: Principles and Processes in Adult Learning* (Forest Row, UK: Adult Education Network, 1995).

Practising Destiny (London: Temple Lodge, 2000).

The Threefold Nature of Destiny Learning (London: Temple Lodge, 2004).

von Manen, Hans Peter, *Twin Roads to the Millennium: The Christmas Conference and the Karma of the Anthroposophical Society* (London: Rudolf Steiner Press, 1988).

Watts, Jean, Miller, Pat, & Kloepfer, John, *Cultivating Collective Consciousness with Transcendent Self-presence. A Guided Dialogue Method*, abstract available at http://www.facilitativeleader.com/ pdf files/ja ccc wtsp 03.pdf

Printed in the United States
By Bookmasters